Warum macht Integration schlau?

Materialien zum Kongress
„Eine Schule für Alle"
vom 16. - 18. November 2007 in Köln

Herausgeber: mittendrin e.V. Köln

Wir danken unseren Referentinnen und Referenten für die Überlassung der abgedruckten Texte.

© 2008 mittendrin e.V. Köln
Redaktion: Wolfgang Blaschke
www.eine-schule-fuer-alle.info
Kongressfotos: Kurt Oxenius
Titelfotos: Ruprecht Stempel
Umschlaggestaltung: Bettina Hundhausen
Herstellung und Verlag: Books on Demand GmbH, Norderstedt

ISBN 978-3-8370-6057-7

Inhalt

Einleitung

Bettina Amrhein

Die überfällige Enttabuisierung der Schulstrukturfrage bewirkt gegenwärtig in großen Teilen der Bevölkerung und speziell auch bei LehrerInnen und Eltern so etwas wie eine ‚Grundstimmung für Integration und Inklusion'. Nicht zuletzt durch die Ergebnisse zahlreicher internationaler Schulleistungsvergleiche können selbst ‚Strukturkonservative' nicht mehr daran vorbeisehen, dass eine frühe Selektion im System Schule historisch und international längst überholt ist. Die so genannte „begabungsgerechte Förderung" kann nicht die behaupteten positiven Effekte erzielen.

Fälschlicher Weise wird in diesen Debatten immer von einem dreigliedrigen Schulsystem ausgegangen. In Wahrheit leistet sich Deutschland jedoch mit der Förderschule ein viertes Strukturelement in einem anscheinend ‚begabungsgerechten' System. Dieses beinhaltet Förderschulen, gegliedert in sieben unterschiedliche Förderschwerpunkte.
Als Strukturelement unseres Schulsystems verbirgt es die Tatsache, dass die Eltern von Kindern mit Förderbedarf kein freies Schulwahlrecht haben. ‚Zwangseinweisungen' in die Förderschule bleiben der breiten Öffentlichkeit verborgen.

Initiativen und Einzelpersonen, welche unermüdlich auf diesen Missstand aufmerksam machen, wird immer wieder unterstellt, die an den Förderschulen arbeitenden Lehrerinnen und Lehrer zu diffamieren, ihre Leistungen für die Schüler und Schülerinnen nicht anzuerkennen und somit zu einer Polarisierung der Diskussion beizutragen. Gebetsmühlenartige Erklärungen, dass es in keiner Weise um das Schmälern der Leistungen der Sonderpädagogik und ihrer Vertreter gehe, sondern im Gegenteil sogar eher um eine Aufwertung ihrer Arbeit im Allgemeinen Schulsystem, scheinen kein Gehör zu finden. Eltern selbst, welche sich im bestehenden System für die Integration ihrer Kinder in die Allgemeine Schule einsetzen, sehen sich oft unerträglichen Diskriminierungen ausgesetzt.

Nicht zuletzt führte die durch dieses System immer wieder hervorgerufene Menschenrechtsverletzung auch im November 2006 zur Gründung des Vereins mittendrin e.V.. Bereits 12 Monate nach der Gründung veranstalteten die acht Gründungsmitglieder den Kongress Eine Schule für alle (www.eine-schule-fuer-alle.info). Schon während der umfangreichen Vorbereitungen wurde deutlich, welch enormes Informationsbedürfnis bei vielen betroffenen Eltern einerseits und welches Informationsdefizit seitens der Politik andererseits besteht.

Ziel des Kongresses war es, über ‚inklusive Schule' zu informieren und Überzeugungsarbeit bei Lehrkräften, Eltern, PolitikerInnen und der Öffentlichkeit zu leisten. Der Fachkongress informierte die 350 angemeldeten TeilnehmerInnen über praktische Erfahrungen der inklusiven Schulen und über moderne Unterrichtsmethoden zur Förderung aller Kinder unterschiedlicher Begabung. Der ‚öffentliche Kongress' mit 2500 Teilnehmern informierte vor allem die Eltern von behinderten Kindern über ihr Recht auf Integration und über Möglichkeiten, dieses Recht durchzusetzen. Auch klärte er die Eltern von nicht behinderten Kindern und die Öffentlichkeit darüber auf, warum eine ‚inklusive Schule' die bessere Schule für alle Kinder ist. Es geht hierbei um eine Schule, die alle SchülerInnen unabhängig von Alter, Geschlecht, Leistungsfähigkeit, kulturellem Hintergrund und sozialem Status der Eltern individuell fördert.

Der Kongress „Eine Schule für Alle" trug zugleich die Diskussion um bessere Schulen aus den wissenschaftlichen Fachkreisen hinaus in die Öffentlichkeit Betroffener und interessierter Bürger. Dabei ging es nicht um Fragen wie Lernstandserhebungen oder zentrale Prüfungen, sondern um ein Verständnis von Schule, die kein Kind zurücklässt - und kein Kind beschämt.

Der außerordentliche Erfolg des Kongresses ist Ausgangspunkt einer neuen bundesweiten Bewegung für die Integration von behinderten Kindern in die Allgemeinen Schulen und signalisiert das Ende des viergliedrigen Schulsystems. Mittendrin e.V. fordert die Politik auf, den Eltern behinderter Kinder endlich das uneingeschränkte Recht auf die Wahl der Schulform für ihre Kinder zu garantieren, einen Bau- und Ausbaustopp für Sonderschulen zu beschließen, sowie die UN-Konvention für die Rechte behinderter Menschen zügig und ohne Einschränkungen zu ratifizieren. Der Kongress konnte ein beeindruckendes Zeichen setzen. Unzählige Rückmeldungen machen deutlich, dass die TeilnehmerInnen nach dem Kongress mit neuem Mut und neuer Kraft für Veränderungen nach Hause gefahren sind.

Es war die überwältigende Resonanz auf den Kongress, die bewirkte, dass die Mitglieder von mittendrin e.V. nach nur ein paar Tagen Auszeit seit Jahresbeginn neue Veranstaltungen planen, um die Bewegung für die "Schule für Alle" zu einer breiten Bewegung für bessere Schulen zu machen. Hierbei werden sie von einer immer größer werdenden Welle der Unterstützung getragen. Die Gründung neuer Vereine und Initiativen im ganzen Bundesgebiet ist nur ein Hinweis darauf (www.eine-schule-fuer-alle.info/praxis/regionales/). In Bewegung kommt auch die politische Dimension der Thematik. Die Gründung des Vereins "Politik gegen Aussonderung - BAG für Integration und Inklusion" die aus der Jahrestagung der IntegrationsforscherInnen am 21. Februar 2008 in Bad Boll hervor ging, ist ein wichtiger Schritt gegen die politische Ignoranz gegenüber Ausgrenzung jeglicher Art.

Die vorliegende Dokumentation zum Kongress „Eine Schule für alle" kann als Abschluss der erfolgreichen Kongresstage an der Universität zu Köln verstanden werden. Sie bildet zugleich den Anfang für neue Schritte auf dem Weg zu einer Schule für alle Kinder.

Ein Blick in das Inhaltsverzeichnis zeigt, dass sich die Vielfalt der TeilnehmerInnen an den Kongresstagen auch in den Texten widerspiegelt. Das Thema wird von vielen Seiten für viele Seiten bearbeitet. Die Tatsache, dass alle AutorInnen in ihren jeweiligen Tätigkeitsbereichen seit vielen Jahren engagiert für das Thema der inklusiven Schule eintreten, trägt zu einem hohen Praxisbezug der Kongress Dokumentation bei. Die Texte sind Basisliteratur für angehende und erfahrene LehrerInnen aller Schulformen. Sie können so dazu beitragen, verborgene BefürworterInnen inklusiver Bildungsprozesse aus ihrer Defensive herauszulocken und sie ermutigen, eine offene, gesellschaftliche Debatte über ein innovatives, inklusives Schulsystem zu führen. Debatte und konkreter Umbau unseres Schulsystems gehen dabei Hand in Hand.

Mutige Bündnisse - wie mittendrin e.V. -, aber auch die engagierten Mitglieder zahlreicher weiterer Vereine und Initiativen für ein inklusives Schulsystem, sind dabei, für grundlegende Veränderungen in unserem Schulsystem zu sorgen.

10

Grußwort

Karin Evers-Meyer

Das Thema Bildung ist ein sehr spannendes, ein vielfältiges und vor allem sehr grundsätzliches Thema, wenn wir über Teilhabe und Selbstbestimmung von Menschen sprechen. Das gilt auch und im besonderen Maße für Schülerinnen und Schüler mit einer Behinderung. Bildung und Erziehung sind so entscheidende Komponenten für die Entwicklung sozialer Beziehungen, für die Gestaltung des Lebens und für Chancen und Perspektiven des Einzelnen und der Bildungsgesellschaft insgesamt, dass ihre bestmögliche Ausformung uns alle angeht. Eine Persönlichkeit kann sich nur entwickeln, wenn sie gefördert und gefordert wird, wenn sie ihren Fähigkeiten entsprechend lernt zu lernen. Dabei benötigen Schülerinnen und Schüler mit oder ohne Behinderung individuelle Unterstützung. Es ist unsere Pflicht und es ist unser Interesse, ihnen diese Unterstützung zu bieten.

11

Die Unterstützung sollte dabei aus meiner Sicht der Schülerin/ dem Schüler folgen — nicht umgekehrt. Schülerinnen und Schüler mit Unterstützungsbedarf müssen diese Unterstützung in ihrem natürlichen Umfeld erfahren, also an der Schule vor Ort. Wo dies nicht geschieht, werden aus meiner Sicht zwei wesentliche Dinge übersehen:
Zum einen vergibt man die Chance der Kinder voneinander zu lernen. Behinderte und nicht behinderte Kinder können im gemeinsamen Umgang miteinander Kompetenzen entwickeln, die im weiteren Leben von entscheidender Bedeutung sein können.

Zum anderen erschwert eine Trennung von behinderten und nicht behinderten Kindern Integration. Auch das ein gesellschaftlicher und volkswirtschaftlicher Schaden gleichermaßen. Bundespräsident v. Weizsäcker hat in diesem Zusammenhang den Satz "Was gar nicht erst getrennt wird, muss später nicht mühsam integriert werden" geprägt. Ich sage: "Was Hänschen nicht lernt, lernt Hans nimmermehr." Wir meinen beide das gleiche. Integration muss im Kindesalter beginnen und konsequent fortgesetzt werden. Nur so lernen behinderte und nicht behinderte Menschen den Umgang miteinander. Das ist das effektivste Mittel um spätere Benachteiligungen behinderter Menschen in Alltag und Beruf zu vermeiden.

Ungeachtet dieser positiven Wirkungen für alle Beteiligten und trotz einer Vielzahl entsprechender Absichtserklärungen ist es bislang nicht gelungen, die Quote der in Deutschland integrativ beschulten Kinder und Jugendlichen zu erhöhen. Gemeinsamer Unterricht von behinderten und nicht behinderten Kindern ist mit 12 Prozent in Deutschland nach wie vor die Ausnahme. Ich möchte, dass sich das ändert! Es bedarf des Mutes einiger und des Engagements vieler Menschen, integrative Bildung mit mehr Vehemenz einzufordern und stärker als bisher in die öffentliche Diskussion zu bringen. Ein großer Kongress wie "Eine Schule für Alle" ist ein deutliches Zeichen: Gemeinsames Lernen und individuelle Förderung: Das ist die Bildungsform der Zukunft!

In diesem Sinne wünsche Ihnen allen einen interessante Kongress und viele Ideen und Impulse für eine Schule für alle Kinder!

Ihre

Karin Evers-Meyer

Schirmherrin des Kongresses „Eine Schule für Alle"
Beauftragte der Bundesregierung für die Belange behinderter Menschen

Warum eigentlich: Eine Schule für alle?

Matthias von Saldern

1. Funktionsweise des deutschen Schulsystems

Deutschland ist in Bildungsfragen heftig in Bewegung geraten. Einer der Punkte, die immer wieder diskutiert werden, ist die Frage nach einer angemessenen Schulstruktur. Nach den Ergebnissen der PISA-Studie versuchte die Kultusministerkonferenz die Frage nach der Schulstruktur außen vorzulassen. Dies gelang allerdings nicht, derzeit wird in allen Bundesländern um diese Frage gestritten.

Bevor im Einzelnen auf die Argumente eingegangen wird, soll darauf hingewiesen werden, dass die Frage nach der Schulstruktur sekundärer Natur ist. Schulstrukturen haben keinen eigenständigen Wert, sondern müssen abgeleitet werden aus pädagogischen und gesellschaftlichen Überlegungen. Sie sind notwendige Konsequenz der Ziele, die immer wieder für unser Bildungssystem neu bestimmt werden müssen. Lösungen, die gestern vielleicht richtig waren, können heute unter neuen Gesichtspunkten sich als falsch herausstellen.

Aus diesem Grunde macht es auch keinen Sinn, Anhänger des gegliederten Schulsystems für ihre innere Einstellung zu kritisieren, vielmehr sollte ruhig, gelassen, aber auch fester und unbeirrter Haltung für die Schulform geworben werden, die international Regelstandard ist.

Warum ist es nun der Zeit, über ein integriertes Schulsystem nachzudenken? Für die Beantwortung dieser Frage gibt es zahlreiche Gründe, zu denen es auch umfangreiche Daten und Bewertungen internationaler Organisationen gibt. So ist nur eine grobe Übersicht möglich.

Erstens ist die demographische Entwicklung für viele Bundesländer eine geradezu dramatische Herausforderung, die dazu führt, dass vor Ort mehrere Schultypen des gegliederten Systems kaum überlebensfähig sind. Dies verbindet sich mit dem Wunsch der Eltern, Schulformen anzuwählen, die mehrere Abschlüsse vergeben können. Die Hauptschule gehört nicht dazu, weswegen sie zukünftig aus der Schullandschaft verschwinden wird. Diese Schulform gibt es nur noch in sechs Bundesländern.

Zweitens wurde in den letzten Jahren der Zusammenhang zwischen Bildung und wirtschaftlicher Entwicklung immer wieder thematisiert. Diese weltweit geltende Erkenntnis ist für Deutschland deshalb virulent, weil wir offenbar zu wenig junge Leute an den Universitäten haben, also die Begabungsreserve nicht richtig ausschöpfen. Diese Diskussion erinnert sehr stark an das Buch von Georg Picht (Die deutsche Bildungskatastrophe) aus den sechziger Jahren. Das CDU-Mitglied Picht plädierte für mehr Bildungsinvestitionen, was bis in die Achtzigerjahre hinein dann auch umgesetzt wurde, seit circa sechs Jahren haben wir entgegen aller Äußerungen aus dem politischem Raume allerdings sinkende Bildungsausgaben. Nach einer Studie des Wissenschaftsrates haben die Geistes- und Sozialwissenschaften in den letzten 10 Jahren ein Drittel ihrer Stellen verloren.

Ein dritter Punkt wird durch die so genannte CIVIC-Studie in den Mittelpunkt gerückt: In dieser Studie ging erst um die Frage nach den demokratischen Grundhaltungen unserer Jugendlichen. Auch hier gab es eine Reihenfolge von Ländern, Deutschland findet man im unteren Drittel. Offenbar gelingt es uns in unserem Schulsystem nicht, ausreichendes demokratisches Engagement zu schulen, was langfristig für jede Demokratie zerstörerisch wirken kann. Einer der Gründe für das schlechte Abschneiden Deutschlands war den Autoren zu Folge die Kombination zwischen gegliedertem Schulsystem und der Halbtagsschule, die international auch selten beobachtet werden kann. In Deutschland schaffen wir zudem Parallelgesellschaften durch das gegliederte Schulsystem.

Viertens ist darauf hinzuweisen, dass eine der Grundlagen des gegliederten Schulsystems, Homogenität, in der Praxis nicht erreicht werden kann. Alle Studien zeigen, dass wir in den Hauptschulen potentiell gymnasiale Schüler haben, auf dem Gymnasium potentielle Hauptschüler. Auch das Argument eines begabungsgerechten Schulsystems kann nicht ziehen, weil man Begabungen nicht sehen kann, sondern nur die Leistungen eines Schülers oder einer Schülerin. Ursachen von Leistungsunterschieden können natürlich in Begabungsfaktoren (wie z.B. Intelligenz) liegen, sie sind allerdings auch in Persönlichkeitsmerkmalen wie Motivation usw. und in der Förderung zum Beispiel des familiären Umfeldes zu suchen. Aus diesem Grunde macht es auch keinen Sinn, Grundschulempfehlungen auszusprechen. Lehrkräfte an Grundschulen können die Leistungsfähigkeit ihrer Schüler und Schülerinnen zwar gut einschätzen. Allerdings ist die Feststellung der Leistung noch nicht zwangsläufig eine gute Prognose für die weitere Entwicklung. Die in Deutschland bekannten Hirnforscher zeigen sehr deutlich, dass es sinnlos ist, derart frühe Prognosen durchzuführen. Diese Erkenntnis ist allerdings allen denjenigen, die sich mit Entwicklungspsychologie beschäftigt haben, sowieso nicht neu.

Als fünfter Grund sei angemerkt: Deutschland muss im gegliederten Schulsystem eine ganze Reihe von Reparaturmaßnahmen ergreifen, weil das System nicht so funktioniert, wie es funktionieren sollte. Dazu gehören zum Beispiel die immensen Kosten für das Sitzen bleiben, das zudem pädagogisch wenig sinnvoll ist, da Sitzenbleiber auch in der neuen Klasse zu den schlechteren Schülern gehören. Dazu gehört auch, Schülerinnen und Schülern abschulen zu können, was für das Selbstbewusstsein der jungen Menschen durchaus abträglich sein kann. Zu jedem dieser fünf Gründe gibt es ein großes Ausmaß von empirischem Datenmaterial. Neben diesen empirischen Ergebnissen stellen sich allerdings auch normative Fragen, wie zum Beispiel, ob das gegliederte Schulsystem mit dem Grundgesetz vereinbar ist. Hier sei insbesondere auf Art. 3 hingewiesen, der nach Auffassung des Autors mit einer Sortierung von Zehnjährigen nicht vereinbar ist.

Schaut man sich das deutsche Schulsystem überblicksartig an, dann muss man feststellen, dass an vielen Stellen Selektions- beziehungsweise Auswahlprozesse stattfinden. Oft wird nur diskutiert, dass die Selektion nach der vierten Klasse falsch sei. Allerdings ergeben sich vier weitere Zeitpunkte, zu denen wir Schüler und Schülerinnen einsortieren. Die folgende Abbildung 1 zeigt dies sehr deutlich.

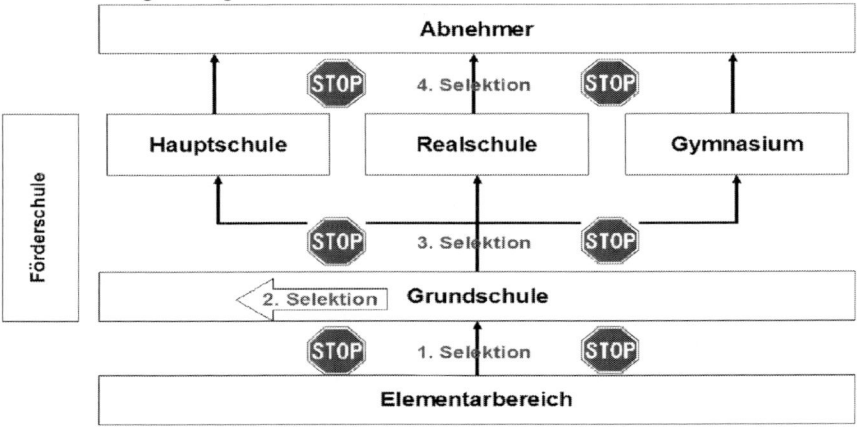

Abbildung 1: Selektionszeitpunkte im deutschen Schulsystem

Bereits vor Eintritt der Schule versucht man Schüler vom Schulbesuch über die so genannte "Zurückstellung" abzuhalten. Inzwischen ist zwar erkannt, dass eine integrierte Eingangsstufe sinnvoller ist, bei der alle Schülerinnen und Schüler die Schule in der ersten Klasse betreten dürfen. Dies gilt allerdings nur für diejenigen Schüler, bei denen man vorher nicht den Eindruck hatte, dass sie die Förderschule besuchen sollten. Diese vierte Säule unseres Schulsystems wird häufig bei der Diskussion um die Gliedrigkeit vergessen. Sie wird noch während der Grundzeit und auch danach durch die Überweisung von Schülerinnen und Schülern am Leben erhalten. Dabei ist bemerkenswert, dass international insbesondere die Schule für Lernbehinderte eher die Ausnahme darstellt, weil Behinderung nach Auffassung ausländischer Erziehungswissenschaftler kein individuelles Merkmal ist, sondern nur Hinweis darauf, dass die Schule nicht so arbeitet, wie sie arbeiten soll.

Nach der vierten Klasse findet eine Grundschulempfehlung statt, über deren Qualität bereits Auskunft gegeben wurde. Dadurch, dass höhere soziale Schichten ihre Kinder besser fördern können, bildet die Grundschule durch die Grundschulempfehlung im Grunde das Eingangsniveau der Erstklässler erneut ab. Der deutsche Soziologe Niklas Luhmann hat bereits darauf hingewiesen, dass die Kinder so aus der Grundschule herauskommen, wie sie hinein gekommen sind. Dies zeigt sich dann bei den PISA-Ergebnissen deutlich, dass die deutsche Schule weniger über die schulische Leistung, sondern eher über die soziale Schicht selektiert.

Die Folge ist, dass zwischen den Schultypen zwar Leistungsunterschiede bei PISA festgestellt werden konnten, dass allerdings die Leistungsverteilungen sich so stark überlappen, dass eine Trennung der Schüler in verschiedene Schularten nicht sinnvoll ist.

2. Aussagen zum deutschen Schulsystem

Man wird sich fragen müssen, warum gerade nach der Pisa-Studie im Jahr 2000 in Deutschland so eine heftige Diskussion entbrannt ist. Die empirischen Ergebnisse über die Funktionsweise des Schulsystems sind eigentlich seit den sechziger Jahren des letzten Jahrhunderts bekannt. Andere Länder haben ihr System konsequent umgestellt, dazu gehören vor allem die skandinavischen Länder. Da Westdeutschland sich nicht an die Vorgabe des Kontrollrats der Alliierten (Grundschule über acht Jahre) gehalten hat (dieses Modell wurde nur in der sowjetischen Besatzungszone umgesetzt), wurde gewissermaßen automatisch das alte gegliederte Schulsystem wieder eingeführt. Interessanterweise sind es nur zwei deutschsprachige Länder (Deutschland, Österreich) und zwei deutschsprachige Kantone in der Schweiz, die 10-jährige versuchen in Häufchen einzuteilen. Ob es hier tiefer liegende kulturelle Eigenheiten des deutschsprachigen Raumes gibt, möge an anderer Stelle untersucht werden. In den neuen Mitgliedsstaaten der EU ist es nur noch Tschechien, das eine frühe Selektion bevorzugt, Polen hat gerade umgestellt auf eine gemeinsame Schule.

Da wir Deutschen mit unserem Schulsystem international also fast alleine stehen, ist es nicht verwunderlich, dass es innerhalb und außerhalb Deutschlands zu zahlreichen Äußerungen gekommen ist, die unser Schulsystem zwingend infrage stellen. Aufsehen erregte das Modell des baden-württembergischen Handwerkskammertages, der für eine Grundschule, die über neun Jahre geht, eintrat. Dies war im Jahre 2002 und wurde offenbar Grundstein für weitere Diskussionen in diesem wirtschaftlich erfolgreichen Bundesland, die letztendlich auch zu dem „Aufstand" von derzeit 150 Hauptschulrektoren geführt hat. Zwei Jahre später legte das Institut für Schulentwicklungsforschung eine repräsentative Bevölkerungsumfrage vor, bei der sich zeigte, dass bei den Meinungen der Eltern über die angemessene Schulstruktur für Gesamtdeutschland ein Übergewicht zu Gunsten integrierter Systeme vorliegt: 44% sind dafür, 34% dagegen, der Rest ist sich unschlüssig. Dabei gibt es immer noch große Differenzen zwischen Ost- und Westdeutschland: in Ostdeutschland sind gut 2/3 für integrierte Systeme. Dies überrascht deshalb, weil diese Generation noch die Einheitsschule persönlich erlebt hat.

Drei Jahre später (2005) kam es dann zu heftigen Meinungsäußerungen zu unserem Schulsystem: es begann mit einer Stellungnahme der National Coalition (UN-Kinderrechtskonvention), die das deutsche Schulsystem als gravierenden Verstoß gegen die Kindermenschenrechte maßregelte. Hinzukamen eine Reihe von deutlichen Äußerungen, erstaunlicherweise gerade aus der „konservativen Ecke". Rita Süssmuth z.B. charakterisierte das deutsche Schulsystem als Schulsystem eines Ständestaates, dessen Nachteile offensichtlich zuerst die Industrie erkannt hätte. Im gleichen Jahr legte auch UNICEF zwei Studien über das deutsche Schulsystem vor. Dies überraschte deshalb, weil bis zu dem damaligen Zeitpunkt die UNICEF noch nie schriftliche Studien über Schulsysteme einzelner Nationen vorgelegt hat. Auch meldete sich der Vorsitzende des Philologenverband Schleswig-Holstein, der sich dahingehend äußerte, nichts gegen das finnische Schulsystem zu haben, wenn mehr Geld in das Schulsystem fließen würde. In diesem Jahr mischte sich dann plötzlich das Ifo-Institut aus München ein, dass den meisten Leserinnen und Lesern durch den Geschäftsklimaindex bekannt sein dürfte. In diesem Institut arbeiten zahlreiche Frauen und Männer aus dem Bereich der Volkswirtschaftslehre, die unser Bildungssystem bis zum heutigen Tage und immer wieder dahingehend kritisieren, dass es volkswirtschaftlich nicht sinnvoll ist, Selektion zum Leitprinzip eines Schulsystems zu erheben.

In diesem Takt gingen die Stellungnahmen weiter: Im Jahr 2006 meldete sich Lothar Späth, ehemaliger Ministerpräsident und Vorstandsvorsitzender einer großen Firma, der das „Dreiklassensystem" als nicht zukunftsfähig charakterisierte. Auch äußerte sich die EU-Kommission, die für eine Verschiebung des Selektionszeitpunktes nach oben plädierte, eine Formulierung, die bereits das Veto Deutschlands eingearbeitet hatte. Aufsehen erregte im gleichen Jahr die Stellungnahme von Herrn Munoz, der unser Schulsystem so deutlich kritisierte, dass einige glaubten, nur noch durch persönliche Diskreditierung sich mit diesen Argumenten auseinander setzen zu müssen. Es meldete sich noch einmal der Leiter des Ifo-Instituts (Sinn) zu Wort, begleitet von dem Vorschlag des Deutschen Industrie- und Handelskammertages, die schulformbezogene Lehrerausbildung umzustellen auf eine Stufenlehrerausbildung.

Ab dem Jahr 2006 scheint sich die Erkenntnis, dass das gegliederte Schulsystem nicht zukunftsfähig ist, langsam durchzusetzen. Einige Bundes-

länder erlauben jetzt neuerdings die Implementation von integrierten Systemen, in anderen Bundesländern werden kommunale Schulträger aktiv, egal zu welcher politischen Richtung sie sich zugehörig fühlen.

Allerdings sind auch die Widerstände gegen eine Änderung des Schulsystems stark. Interessanterweise melden sich meist Vertreter von Schulformen zu Wort, die von Einzelmaßnahmen gar nicht betroffen sind. So kämpfen Verbände für die Hauptschule, die in ihren Reihen gar keine Mitglieder aus dieser Schulform haben. Es sei nochmal deutlich auf die einleitenden Worte hingewiesen, wo begründet wurde, dass man Respekt gegenüber den Verfechtern des gegliederten Schulsystems haben muss, weil dies (Voltaire) eine Grundbedingung funktionierender Demokratie ist. Man darf allerdings auch erwarten, dass von dieser Seite die Diskussion sachlich geführt wird. Dies ist ein Punkt, den der Verfasser häufig vermisst. Die Diskussion um die Einführung einer Gemeinschaftsschule auf der Insel Fehmarn, wie sie gerade von AkademikerInnen und Akademikern geführt wurde, lässt daran zweifeln, ob Schulen, die zum Abitur führen, und Hochschulen ausreichend Wert auf Sozial- und Persönlichkeitskompetenzwert legen. Zu einem solchen Fehlverhalten gibt es eine Reihe von Indizien, die man auch beobachten kann, wenn man sich die mit dummen Sprüchen vermerkte überklebten Plakate der Hamburger Initiative „Schulen für alle" ansieht.

3. Was tun?

Politische Entscheidungen sind nicht immer der Sache angemessen. Das politische System und die darin Agierenden wollen sich selbst dauerhaft

am Leben erhalten und ihren Einfluss nicht verlieren. Dieses durchaus menschliche Verhalten führt allerdings dazu, dass politische Entscheidungen häufig auf Kosten der wenig Einflussreichen gefällt werden. Nur so ist zu erklären, dass eine Schulform in Deutschland gewissermaßen unter Quarantäne gestellt wird. Nur so ist auch zu erklären, warum eine große deutsche Volkspartei vor kurzem auf ihrem Bundeskongress das gemeinsame Lernen bis zum 10. Lebensjahr zum Ziel der Schulpolitik erhoben hat, der Vorsitzende dieser Partei aber als Ministerpräsident eines deutschen Bundeslandes die Gliedrigkeit gerade festgeschrieben hat, wenn auch die Hauptschule in wenigen Jahren verschwunden sein wird. Man kann von Mahatma Gandhi eine Menge lernen. Unter anderem das intensive Festhalten an einer Wahrheit, die nicht mehr geleugnet werden kann. Es gilt daher (wie in einer Demokratie üblich) engagiert, zielgerichtet und vorbildlich um ein Schulsystem zu kämpfen, dass sich mit international erfolgreichen Schulsystemen vergleichen kann und damit dem zunehmenden Wettbewerb in einer globalisierten Welt standhält – und dazu gehört auch eine Wendung hin zu inklusiven Systemen.

Prof. Dr. **Matthias von Saldern** lehrt am Fachbereich Erziehungswissenschaften, Institut für Pädagogik, an der Universität Lüneburg, Professur für Schulpädagogik unter besonderer Berücksichtigung der Grundschulpädagogik.

Menschenrecht auf integrative und inklusive Bildung

Prof. Arnold Köpcke-Duttler

Einleitung

Astrid Lindgren hat nie vergessen, was Kinder und junge Menschen wirklich angeht: die großen Fragen nach Liebe und Einsamkeit, Verlassensein und Sehnsucht, nach Angst und Tod.[1] Gegen das Verarmen der Menschheit richtete sie das Wecken der kindlichen Einbildungskräfte, die Suche nach der Meisterung des Lebens. Mit diesem Aufruf und in dieser Achtung gegenüber dem Kind widerspricht sie jeder Separation von Menschen gegeneinander, jeder Ausgrenzung, Verfolgung und Vernichtung gar. Der Ausgang von der primordialen Gemeinsamkeit führt zur Anerkennung des Lebensrechts und der je-eigenen Würde des Nächsten-Menschen[2] - entgegen jeder Verachtung und Verfolgung Armer, Blinder, Lahmer, Stummer, Tauber, Wahnwitziger, Sinnverrückter, Besessener, Missgestalteter, Aussätziger, in historischer Perspektive: jener Menschen, die im Jahr 1588 als Insassen des in eine psychiatrische Einrichtung umgewandelten Klosters Haina beschrieben werden.[3] Barbara Fornefeld zeigt in ihrer Darstellung der historischen Wurzeln der Geistigbehinderten-Pädagogik Ambivalenzen in dem Umgang und den Begegnungen mit diesen Menschen auf, dass ihnen ihr Menschsein immer wieder abgesprochen worden ist, einem ausgewählten Teil zugleich öffentliche Anerkennung zugesprochen wurde. Sie geht der Idee der Bildungsfähigkeit einiger Geschädigter nach und der Herabsetzung der Schwachsinnigen. Menschen mit geistiger Behinderung sei erst im 19. Jahrhundert pädagogische Aufmerksamkeit geschenkt worden, begünstigt durch die zunehmende Industrialisierung mit ihren gesellschaftlichen Veränderungen und durch die Grundgedanken der Aufklärung, die Befreiung und Behandlung von Sklaven, Gefangenen, Kranken, Blinden und Tauben verheißen hätten.[4] Das Recht auf Bildung sollte nicht privilegierten Teilen des Volkes vorbehalten bleiben; alle Menschen – auch die Kinder – sollten durch den Staat zu Sittlichkeit und bürgerlicher Nützlichkeit erzogen werden. Das Menschen- und Lebensrecht der Menschen mit Behinderung sollte errungen und durchgesetzt werden, die Würde ihnen zugesprochen, wobei sowohl diese Rechte als auch die Idee der menschlichen Würde immer wieder gedrückt wurden unter das äußerliche Maß der gesellschaftlichen Nützlichkeit. Nahm der aufklärerische Optimismus die Bildbarkeit auch der als Behinderte Diskriminierten wahr, strebte das „pädagogische Zeitalter" nach einer Befreiung aus den Gefängnissen und Anstalten, das Recht auf Bildung verheißend, so führte er im Sinn einer Selbstwiderlegung und Selbstdestruktion einer Idee auch zu einer Unterordnung der gegenseitigen Erwürdigung unter die gesellschaftliche Nützlichkeit, die Verwendbarkeit in der Wirtschaft des aufbrechenden Kapitalismus.[5] Die Rückseite und Widerlegung der Proklamation der allgemeinen Bildsamkeit stellte die Erniedrigung anderer Menschen dar, wobei schon damals wenige mutige Pädagogen wie Pestalozzi in seiner Erziehungsanstalt auf dem Neuhof (1777 / 1778) neben verwahrlosten auch zwei schwachsinnige Kinder aus einem Tollhaus aufnahm. In seinen im Jahr 1777 veröffentlichten „Bruchstücken aus der Geschichte der niedrigsten Menschheit" findet sich ein Aufruf zur Menschlichkeit, in dem die Bildsamkeit des „Allerelendesten" verknüpft wird mit der kalkulatorischen Gewinnerwartung für den Staat. Tröstend heißt es über diesen Erziehungsversuch bei Pestalozzi: „Und es ist große tröstende Wahrheit, auch der aller Elendeste ist fast unter allen Umständen fähig zu einer alle Bedürfnisse der Menschheit befriedigenden Lebensart zu gelangen – Keine körperliche Schwäche, kein Blödsinn allein gibt Ursach genug – solche mit Beraubung ihrer Freyheit in Spitälern und Gefängnissen zu versorgen – sie gehören ohne anders in Auferziehungshäuser, wo ihre Bestimmung ihren Kräften und ihrem Blödsinn angemessen gewählt und leicht und einförmig genug ist – so wird ihr Leben, der Menschheit gerettet, für sie nicht Qual sondern beruhigte Freude, für den Staat nicht lange kostbare Ausgabe sondern Gewinnst werden. Und ich fühle die Wichtigkeit dieser Wahrheit so sehr, daß ich der Bestätigung derselben durch mehrere Erfahrung mit Sehnsucht entgegen sehe – und wirklich wünsche ich noch einige Kinder von diesem Grade des Blödsinns – und cörperlicher Schwäche, wenn selbige nicht mit Auszehrungskrankheit behaftet ist, in meiner Anstalt zu haben."[6]

Die Idee der Bildsamkeit und das Recht auf Bildung

Innerhalb der Heilpädagogik und der Pädagogik insgesamt stellt die Idee der Bildsamkeit einen zentralen Begriff dar. Der universalistische Anspruch auf Bildung gilt für alle Menschen. Das Recht auf Bildung für alle Menschen führt zu der Forderung nach einer Schule für Alle, auch für Menschen mit Behinderungen und Benachteiligungen. Gewiss bleibt die moderne Pädagogik durchzogen von Ambivalenzen und Widersprüchen; Ideen unterliegen Prozessen der Selbstdestruktion und blamieren sich nicht selten an der Härte der Wirklichkeiten. Die Idee der Bildsamkeit leitet in Differenzen und Differenzierungsprozesse hinein; Universalität und Partikularität, Inklusion und Exklusion, Gleichheit und Differenz geraten in spannungsvolle Situationen.[7] Die Proklamation der Idee der Bildsamkeit bleibt keinesfalls frei von Ausgrenzungen und Diskriminierungen, geht bis zu Prozessen der Selbstdestruktion; von daher versteht der Erziehungswissenschafter Tenorth die europäische Erziehungsgeschichte als Geschichte der Entsolidarisierung gegenüber Behinderten [8] In dem Wissen um diese Umbrüche und Selbstwiderlegungen einer Idee ist daran zu erinnern, dass die Entdeckung der Bildsamkeit von Menschen mit Behinderung in Europa ein Kind der Aufklärung ist. Allen Menschen, auch Menschen mit Behinderungen, werden das Lebens- und das Bildungsrecht zuerkannt; ihr Recht, erzogen und unterrichtet zu werden, hat bereits der große christliche Pädagoge Comenius (Komenský) im 17. Jahrhundert in seiner „Didacta Magna" hervorgehoben. Die „armen Behinderten" wurden als Menschen anerkannt; zentrale pädagogische Kategorie wurde die der Bildsamkeit. Natürlich kann nicht übergangen werden, dass Kriterien wie gesellschaftliche Nützlichkeit, utilitaristische Tendenzen, Brauchbarkeit, rassischer Un-Wert immer wieder die grundlegende Idee der Bildsamkeit zu hintergehen trachteten – bis hin zur Ausgrenzung und Ausmerzung der zu Minderwertigen Herabgesetzten und Verachteten. Seit Jahrzehnten werden dreigliedrige, selektive Strukturen des Schulwesens kritisiert. Die Anerkennung der Bildsamkeit eines jeden Menschen mit einer Behinderung, die Respektierung des Menschenrechts auf Bildung führen zu einer grundlegenden Infragestellung von Sonderschule / Förderschule und allgemeiner Schule zugleich. Einzulösen bleibt – so Sieglind Ellger-Rüttgardt – die Entwicklung einer Schule für Alle, die Heterogenität achtet, die Zusammenarbeit verschiedener pädagogischer Professionen praktiziert, die sich nicht als Unterrichts- und Berechtigungsbeamte missverstehen, sondern als „Helfer für das Kind" (Hartmut von Hentig) sich neu denken.[9] Der Helfer steht dafür ein, dass kein Mensch aufgegeben werden, niemand von der Anstrengung ausgeschlossen werden darf, nach der Grundlage des je-eigenen Lebens, nach dem Sinn der menschlichen Existenz selber zu suchen.[10] Die Universalität des Menschen besteht darauf, dass alle Menschen ohne Ausnahme sich nicht zu Spezialisten, nicht zu verwendbarem Material als Teil und Instrument, sondern zu Menschen im ursprünglichen Sinn bilden können. Clemens Menze betont, dass die Bildsamkeit je-dieses Menschen korrespondiere mit seiner Weltoffenheit.[11] Angesichts des Befangenseins der großen Ideen in Dialektik, Ambivalenz, Ambiguität, in Paradoxien, wovon auch die Idee der Integration - Inklusion nicht frei ist, rät der Sonderpädagoge Emil E. Kobi, Integration in einem dynamischen, ringsum offenen Fließgleichgewichtssystem zu realisieren; Integration sei eine Aufgabe, der man sich um eines gemeinsamen Anspruchs willen immer wieder neu stellen müsse, verlange die Suche nach einer gemeinsamen Daseinsgestaltung. Von daher fasst Kobi zusammen, Spannung sei ein Integral sozialer Integration, und zieht eine Parallele zu den immanenten Ambivalenzen der Menschenrechts-Trias der Französischen Revolution: „Liberté (Freiheit) verkommt ohne Egalité und Fraternité zu liberalistischer Rücksichtslosigkeit – Egalité (Gleichheit) verkommt ohne Liberté und Fraternité zu kommunistischer Gleichschaltung – Fraternité (Geschwisterlichkeit) verkommt ohne Liberté und Egalité zu christo-sozialistischer Liebestyrannei."[12]

Inklusion und Integration

Inklusion wird in näherer Rücksicht von Integration unterschieden, was natürlich nicht bedeutet, dass von einer unbedingten Gegensätzlichkeit auszugehen ist. Manche sagen, Inklusion impliziere ein neues Denken; während Integration Aussonderung voraussetze, wolle Inklusion Aussonderung gerade verhindern und die volle Teilnahme am gesellschaftlichen Leben ermöglichen. „Inklusion bedeutet mehr als das Wohnen im Stadtteil oder in der Gemeinde. Sie ist Ausdruck einer Philosophie der Gleichwertigkeit jedes Menschen, der Anerkennung von Verschiedenheit, der Solidarität der Gemeinschaft und der Vielfalt von Lebensformen."[13] Dieses verborgene Ethos des Inklusions-Gedankens ist näher auszuarbeiten und weiter zu begründen – auch in genauer Auseinandersetzung mit ihren Kritikern. So befürchtet Emil E. Kobi, dass die Einbeziehung der Schwachen ihr Komplement offenbar in der Auslese der Starken finde. In heftiger Sprache kritisiert er die „utopische Total-Inklusion", die nicht zu einer „Schule für Alle" führen könne. Inklusion erscheine ihm als säkularisierte Variante des Urmythos von der Transmission des Individuums aus kalter, feindseliger Alleinheit in die wärmende „All-Einheit" des Kreatürlichen, als eine der „Großen Erzählungen" vom Zusammensein Aller in Allem – als Utopien beflügelnd, in erzwungenen Realisationen zerstörerisch.[14] Dagegen ist zu sagen, dass Inklusion einen verschärften Fokus für die Praxis-Reflexion bringt, über eine sonderpädagogische Orientierung hinaus zu einer Verortung in einer allgemeinen Pädagogik führt.

Andreas Hinz hebt hervor, dass das Nachdenken über Inklusion die Praxis der Integration erweitern und optimieren solle, Ansatzpunkte für Entwicklungen aufzeige aus der allgemeinen Pädagogik und aus der allgemeinen Schule heraus. Eine „Inklusive Pädagogik"[15] öffne sich unterschiedlichen, mehr oder weniger behindernden Entwicklungsmöglichkeiten, geschlechtsbezogenen Existenzweisen, unterschiedlichen sprachlich-kulturellen Hintergründen, verschiedenen Bildungserfahrungen, sozialen Benachteiligungen. So stelle sie sich verschiedenen Ausprägungen von Heterogenität, nähere sie sich der Integrationspädagogik, der interkulturellen Erziehung, Fragen der Koedukation, fordere Altersmischung in Schulen und das Einstehen für Chancengleichheit.[16] Eine inklusive Pädagogik protestiert (wie eine Integrationspädagogik) gegen die vermeintliche Überlegenheit der Bildungsprivilegierten, der Starken, gegen jedes Recht des

Stärkeren. Das hinter einer inklusiven Pädagogik stehende, sie begründende Ethos ist das der gegenseitigen Erwürdigung (so der Philosoph und Pädagoge Franz Fischer). Gegenseitigkeit verbindet die Menschen miteinander, die Menschen mit den Tieren und den Dingen. Menschlichkeit entsteht durch die Gegenseitigkeit hindurch. Die inklusive Pädagogik geht aus von einer gegenseitigen Bildbarkeit, wobei die beteiligten Menschen in der Hervorbringung ihrer Bildungswege nicht gelenkt werden dürfen - in welche Richtung auch immer. Eine Bestimmung eines Ziels von außen, jede Außensteuerung würde in eine Sackgasse führen und die zu erarbeitende Mit-Menschlichkeit verfehlen. Martin Schuster spricht hier, ohne eine inklusive Pädagogik zu erwähnen, von einer Kunst des Mit-ein-Anders-Werdens.[17] Von diesen pädagogischen Grundgedanken aus gehe ich nun auf Fragen eines menschlichen Rechts zu.

Die neue Menschenrechts-Konvention und das Recht auf Teilhabe

In den verschiedenen Lehren der Menschenrechte kommt auch das Recht auf Teilhabe an einem Gemeinwesen zum Ausdruck. Nach dem Theologen Tödt bedeutet dies, dass man die Würde der Menschen nicht achtet, wenn man ihnen elementare Rechte der Zugehörigkeit verweigert. Damit ist die Zugehörigkeit zur menschlichen Rechtsgemeinschaft angesprochen, zentral: das Recht, überhaupt im Recht zu leben. Korrigiert werden sollen der Individualismus der verschiedenen westlichen Menschenrechtstraditionen und jeder autoritäre Kollektivismus, der andere Menschenrechtslehren durchzieht. Der Mensch ist frei dazu, seine Zugehörigkeit zu seinen Mitmenschen als „Bereicherung" (Tödt) – ich möchte entgegen diesem missverständlichen Wort sagen, als Erweiterung und Vertiefung der eigenen Freiheit zu verstehen. Teilhaberechte sollen die Möglichkeiten sichern, am politischen und gesellschaftlichen Gemeinwesen zu partizipieren.[18] Teilhabe vermittelt so zwischen Freiheit und Gleichheit; Freiheit konstituiert sich in zwischenmenschlichen Beziehungen. Die Grundgestalt des Menschen-Rechts soll in der Trias Freiheit, Gleichheit, Teilhabe deutlich werden, in deren wechselseitiger Bedingtheit und Bezogenheit. Das Recht auf Zugehörigkeit, das zur Menschenwürde gehört, führt in einem pädagogischen Bezugsrahmen zu einem Recht auf integrative und inklusive Bildung. Auch in ihr bleibt zu beachten, dass der einzelne Mensch als Mensch nicht zu einem bloßen Teil der sozialen Bezüge, in denen er lebt, herabgesetzt werden darf. Zugleich ist er unverfügbare, nicht aber sich selbst isolierende Person, teilnehmend am Leben der Gemeinschaft. Zu hören ist der Dreiklang von Freiheit, Gleichheit, Sozialität, genauer: Teilhabe; menschliche Freiheit wird hier zur kommunikativen Freiwerdung.

Im Dezember 2006 hat die Generalversammlung der Vereinten Nationen die „Konvention zum Schutz und zur Förderung der Rechte behinderter Menschen" verabschiedet. Damit liegt jetzt ein internationales und weltweites Übereinkommen über die Rechte von Menschen mit Behinderungen vor, das den Schutz der in zahlreichen UN-Konventionen und Deklarationen geregelten Menschenrechte aus dem spezifischen Blickwinkel von Menschen mit Behinderung regelt. Die Bundesregierung hat den Konventionstext unterzeichnet und sich damit verpflichtet, das Ratifikationsverfahren einzuleiten, das heißt: den Beschluss des deutschen Gesetzgebers herbeizuführen, dem Übereinkommen rechtsverbindlich beizutreten und damit die Verpflichtung zu übernehmen, die gesamte deutsche Gesetzgebung der neuen Konvention anzupassen.

Die neue „Convention on the Rights of Persons with Disabilities" statuiert in ihrem Artikel 24 ein Menschenrecht auf Bildung. Jeder Mensch – unabhängig vom Schweregrad seiner Behinderung – habe ein Recht auf Bildung in einem „integrativen Bildungssystem" und ein Recht auf lebenslängliche Fortbildung. Gemäß Art. 24 Abs. 2 der Konvention ist sicherzustellen, dass behinderte Menschen nicht aufgrund ihrer Behinderung aus dem allgemeinen Bildungssystem ausgeschlossen werden dürfen, desgleichen behinderte Kinder aufgrund ihrer Behinderung vom unentgeltlichen und obligatorischen Grundschulunterricht oder von der Sekundarschul-Bildung. Daraus ist der Schluss zu ziehen, dass Eltern eines Kindes mit geistiger Behinderung – um nur ein Beispiel zu nennen – darauf bestehen können, dass dieses seinen Bildungsweg an einer allgemeinen Grundschule geht.[19] Diesem Menschenrecht auf Bildung entspricht der in Art. 3 der Konvention proklamierte Respekt vor der Unterschiedlichkeit der Menschen; mit ihm verbindet sich die Akzeptanz von Menschen mit Behinderung als Ausdruck der menschlichen Vielfalt, als eigener Gestalt des Mensch-Seins.

Es ist unabdingbar, das Menschenrecht auf integrative und inklusive Bildung zu gründen in einem konkreten Verständnis menschlicher Würde, nachdem diese für eine menschliche Zukunft der Leidenden, der Verachteten, der Unterdrückten, der Beschädigten, der Nutzlosen dieser Erde eintritt, jener Menschen, die ihre Würde zu erstreiten aufgerufen sind. In der Konvention wird die menschliche Würde nicht allein als individuelle Autonomie, als Selbst-Stand ausgelegt, sondern auch als Aufruf zur Überwindung der Armut, als Protest gegen jede Missachtung und Misshandlung, gegen verletzende und herabsetzende Lebensbedingungen. Von da aus wird das Recht auf Bildung gerichtet auf „the full development of human potential and sense of dignity and self-worth" (s. Art. 24 der Konvention). Von den Verletzungen der Würde aus sucht die Konvention nach jener Erwürdigung, die vielfältiger politischer, kultureller, pädagogischer, ökologischer Anstrengungen bedarf. Es lässt sich auch sagen, dass – angesichts der Verletzbarkeit der Würde des Menschen – Menschen als Repräsentanten der Menschheit herausgefordert sind, einander ihre Würde zu geben, sie anzuerkennen in dem anderen.[20] Angesichts der Menschenverachtung werden alle Menschen von Rechts wegen aufgerufen, einander ihre Würde anzuerkennen. So ist die Befreiung der Herabgesetzten und Verachteten das verborgene Ethos einer integrativen und inklusiven Bildung.

Innerhalb der Heilpädagogik wird – dem Aufruf zur gegenseitigen Erwürdigung entsprechend – eine Ethik der Anerkennung des anderen Menschen in seinem Anderssein deutlicher, schließlich die Solidarität der in der Hervorbringung ihrer Lebensmöglichkeiten gehinderten Menschen.[21] Im Horizont einer Pädagogik der Kommunikation Klaus Schallers ließe sich sagen, dass die Erfahrung des primordialen Mit-Anderen-in-der-Welt-Seins niemandem verschlossen ist. Daraufhin ist jeder Mensch ansprechbar (Idee der Bildsamkeit). Von daher fordert Schaller, eine den Spielraum des Denkens gewährende Achtsamkeit auf andere Menschen und anderes (omnino) als humanes Kriterium pädagogischer Kommunikation erinnernd wachzuhalten.[22]

Menschenrecht auf integrative und inklusive Bildung

Integration und Inklusion gründen in rechtlicher Perspektive in der jedem Menschen zukommenden Menschenwürde, in dem Menschenrecht der Gleichheit, das aus sich heraus das Freiwerden zur freundlichen Unterschiedenheit entlässt, hervorbringt, und in dem Menschenrecht auf Bildung. Bereits Art. 26 der Allgemeinen Erklärung der Menschenrechte vom 10. Dezember 1948 bestimmt, dass jeder Mensch das Recht auf Bildung habe. Der Unterricht müsse zumindest in der Elementar- und Grundstufe unentgeltlich sein; der Elementarunterricht sei obligatorisch. Bildung im menschenrechtlichen Sinn richte sich auf die volle Entfaltung der menschlichen Persönlichkeit, auf die Stärkung der Achtung der Menschenrechte und Grundfreiheiten. Gerade das Recht auf Bildung steht für das Recht der Schwächeren; von hier aus werden Schulleistungsnormen für homogene Altersgruppen kritisiert, zudem der Primat der abstrakten Leistungsfähigkeit und die Maßstäbe eines rationalistischen Utilitarismus. Nach den Maßgaben des Menschenrechts auf integrative und inklusive Bildung ist es untersagt, auch nur einen Menschen als nicht integrationsfähig in seinem Leben scheitern zu lassen, ihn herabzusetzen zu einem unnützen Kostenverursacher, zu einer wertlosen Restgruppe.

Auch Artikel 13 des Internationalen Pakts über wirtschaftliche, soziale und kulturelle Rechte vom 16. Dezember 1996 proklamiert, dass die Vertragsstaaten das Recht eines Menschen auf Bildung anerkennen. Diese sollen darin übereinstimmen, dass Bildung nach der Entfaltung der menschlichen Persönlichkeit und nach dem Bewusstsein ihrer Würde sucht. Die schwierige völkerrechtliche Frage, ob Art. 13 Abs. 1 des Sozialpakts nur einen Programmsatz ohne konkrete Rechtsfolgen enthält, kann hier nicht diskutiert werden. Es darf auch nicht versäumt werden, darauf aufmerksam zu machen, dass auch die Verfassungen einiger deutscher Bundesländer (z. B. Artikel 11 Abs. 1 der Verfassung des Landes Baden-Württemberg und Artikel 128 der Bayerischen Verfassung) das Recht auf Bildung bzw. Erziehung und Ausbildung ausdrücklich garantieren.

Den Hintergrund der verschiedenen menschenrechtlichen Deklarationen bilden die Verletzbarkeit der menschlichen Würde und die Beeinträchtigung ihrer Rechte. Die Vereinten Nationen haben bereits im Jahr 1975 eine Erklärung mit dem Titel „Declaration on the Rights of Disabled Persons" angenommen. Diese Rechte werden ohne jede depersonalisierende Diskriminierung allen Menschen mit einer Behinderung zuerkannt. Sie haben das angeborene Recht (inherent right) auf Achtung vor ihrer menschlichen Würde, besitzen überhaupt dieselben fundamentalen Rechte wie ihre Mitbürgerinnen und Mitbürger, ihre Mitmenschen.

In dem UN-Übereinkommen über die Rechte des Kindes vom 20. November 1989 verständigen sich die Vertragsparteien in der Präambel darauf, dass das Kind zur vollen und harmonischen Entfaltung seiner Persönlichkeit in einer Familie und umgeben von Glück, Liebe und Verständnis aufwachsen solle. Die Vertragsstaaten erkennen das Recht des Kindes auf Bildung in Artikel 28 der UN-Kinderrechtskonvention an. Hier sei angemerkt, dass Bildung und Erziehung in der menschenrechtlichen Diskussion kaum unterschieden werden, zumal in den verschiedenen Rechtskulturen ganz unterschiedliche Sprachen das Recht durchdringen. Wenn der Streit darüber, ob das Kind selber aus der Konvention auch subjektive Rechte herleiten kann noch immer nicht völlig abschließend ausgetragen ist, so darf doch der verfassungsrechtlich gebotene Schutz junger Menschen durch die Menschenrechtsdeklararation, die Europäische Menschenrechtskonvention, Artikel 1 und 2 des Grundgesetzes nicht übergangen werden. Ich möchte hervorheben, dass in jeder Diskussion über Fragen der Schulreform und Fragen der Bildung die Kinder und Jugendlichen als Träger von Grundrechten keinesfalls außer Acht gelassen werden dürfen. Wie jeder andere Mensch auch ist im Sinn des Grundgesetzes ein Kind eine Person mit eigener Menschenwürde, mit dem Recht auf freie Entfaltung, auf Leben, körperliche Unversehrtheit, auf Bildung und Erziehung.[23] Diesem Recht hat die Elternverantwortung zu entsprechen.

Das Diskriminierungsverbot des Grundgesetzes
Nach Art. 3 Abs. 3 Satz 2 des Grundgesetzes darf niemand wegen seiner Behinderung benachteiligt werden. Mit diesem Benachteiligungsverbot

soll der Förderungs- und Integrationsauftrag des Sozialstaatsprinzips verstärkt werden. Es geht um die Anstrengung, die Stellung von Menschen mit einer Behinderung in Recht und Gesellschaft deutlich zu verbessern.[24] Das Verbot verdeutlicht ein subjektives Abwehr-Grundrecht zur Vermeidung von Nachteilen, ein Grundrecht, das zugleich in Teilhabe- und Leistungsrechte hineinführt. Manche Verfassungsrechtler meinen zwar, dass die Stärkung von Menschen mit einer Behinderung in der Gesellschaft lediglich Gegenstand einer Staatszielbestimmung sei, nicht ein Grundrecht; dagegen ist zumindest schon zu sagen, dass das Benachteiligungsverbot auf alle Felder des Zusammenlebens ausstrahlt im Sinn gegenseitiger Rücksichtnahme und aktiver Toleranz. Damit seine Grundrechtsqualität noch deutlicher zum Vorschein gelangt, ist über den untergründigen herabsetzenden Sinn des Wortes „Behinderung" näher nachzudenken, was Juristinnen und Juristen nicht immer leicht fällt. Das Grundrecht auf Vermeidung einer Benachteiligung, jeder rechtlichen Ausgrenzung, der Befreiung von stigmatisierenden Tendenzen wird erst dann klar, wenn über das Wort Behinderung hinaus ein Recht auf Teilhabe (participation) gedacht und praktisch eingelöst wird. Über das Verbot eines Ausschlusses von Entfaltungs- und Betätigungsmöglichkeiten durch die öffentliche Hand (freilich mit Auswirkungen auf die privaten Rechtsbeziehungen) begründet das Benachteiligungsverbot eine „besondere Verantwortung" vor den Menschen mit dem Recht auf Teilhabe und für sie.[25] Für Pädagoginnen und Pädagogen zielen Integration und Inklusion auf die Durchsetzung der uneingeschränkten Teilhabe und Teilnahme der in ihren Lebensmöglichkeiten gehinderten Menschen an allen gesellschaftlichen Prozessen, von dem Kindergarten über die Schule, in der Freizeit, im Wohnen, in der Arbeit. Ausgrenzung und Aussonderung von Kindern, Jugendlichen, Erwachsenen widersprechen der Rechtsidee der menschlichen Würde und dem Benachteiligungsverbot.[26] Integration und Inklusion in einem umfassenden pädagogischen Verständnis bedeuten, dass alle Kinder und Jugendlichen in einem gemeinsamen Leben und Lernen, nach Maßgabe ihrer Stärken und Schwächen aneinander Anteil nehmen, einer drohenden Stigmatisierung sich gerade nicht beugen. Im Sinn eines „Menschenrechts auf integrative Bildung" ist der ethische Begründungshorizont der rechtlichen Verfassung freizulegen. Der pädagogische Auftrag für eine integrative / inklusive Erziehung und eine gemeinsame Zeit in dem Kindergarten und in der Schule ist endlich zu verwirklichen, zu befreien von jedem Kostenargument. Heilpädagoginnen und Heilpädagogen sprechen von einem Prinzip der „Wiederherstellung der Einheit des Menschen in der Menschlichkeit"; danach hat jedes Kind ungeachtet seiner Begrenzungen und mit einem befreienden Blick auf seine Stärken und Möglichkeiten hin ein Recht auf Erziehung und Bildung.[27]

Europäisches Recht und ein neuer politischer Horizont

Auf allen rechtlichen Ebenen ist Tendenzen einer Instrumentalisierung der Bildung deutlich zu widersprechen. Proklamiert Art. 14 Abs. 1 der Charta der Grundrechte Europas ein Recht auf Bildung jedes Menschen, so heißt es in einem Arbeitspapier der Europäischen Kommission mit dem Titel „Schools for the 21st century", die Schulsysteme hätten ihren Beitrag zu leisten zu einer Förderung des langfristigen und nachhaltigen wirtschaftlichen Wachstums in Europa.[28] Die ökonomische Steuerungsmacht wird hier unverhohlen ausgesprochen, Freiheit durch ökonomische Determinanten eingeengt, ja festgelegt. Gegen diese ökonomische Funktionalisierung richtet sich die Freiheit der Schülerinnen und Schüler, ihre eigenen Möglichkeiten miteinander zu entfalten, ohne von den äußerlichen Maßstäben abfragbaren Wissens und abrufbarer Schlüsselqualifikationen durchnormt zu werden, ohne funktionalen Direktiven des Wirtschaftssystems unterworfen zu werden. Im März 2002 hat in Madrid ein Europäischer Behindertenkongress stattgefunden und eine Proklamation für das Europäische Jahr von Menschen mit Behinderungen 2003 erstellt. Zu dem Inhalt dieser Proklamation gehört, dass Behinderung ein Menschenrechtsthema ist, Menschen mit Behinderungen dieselben Menschenrechte haben wie alle anderen Menschen auch, die Chancengleichheit wollen, nicht einer Wohltätigkeit ausgeliefert sein wollen. „Behinderte Menschen fordern gleiche Möglichkeiten und Zugang zu allen gesellschaftlichen Ressourcen, d. h. integrative Bildung, neue Technologien, Gesundheits- und soziale Dienste, Sport- und Freizeitaktivitäten, Konsumgüter und Dienstleistungen."[29]
In einem weiteren politischen Horizont wird unter der Fragestellung, wie sozial unser Land bleibt, nachgedacht über das Verhältnis von Ökonomie und dem Recht auf Teilhabe. Gefragt wird, wie sich in wirtschaftlichen Schwierigkeiten das Recht von Menschen mit Behinderung auf Selbstbestimmung und Teilhabe sichern lässt. Die an einem Scheideweg stehende Sozialpolitik hat zu bedenken, ob der eingeleitete Paradigmenwechsel aufrecht erhalten wird, auch Menschen mit schweren und mehrfachen Behinderungen eine umfassende Teilhabe am gesellschaftlichen Leben zu ermöglichen.[30] Gesucht wird nach einem neuen Verständnis von Solidarität, von gemeinsamer Verbundenheit, die nicht an den klassischen Sozialstaat gefesselt ist und nicht durch den ökonomischen Wettbewerb hervorgebracht werden kann, das Prinzip des wechselseitigen Nutzens und der gesellschaftlichen Verwendbarkeit und der ökonomischen Verwertbarkeit überschreitet. Gefragt wird nach gemeinsamen Zielen des Zusammenlebens, nach den Gründen des Zusammenhalts in einem Gemeinwesen, nach neuen Inhalten des Gemeinwohls. Ich gehe jetzt der rechtspolitischen Forderung nach einem Bundesleistungsgesetz (über die

Eingliederungshilfe gemäß dem Sozialgesetzbuch XII hinaus) und nach einem Teilhabegeld nicht genauer nach und betrete erneut die menschenrechtliche Ebene. Noch immer steht eine Ergänzung der menschenrechtlichen Grundzüge des Grundgesetzes aus, eine Ergänzung hin auf die Trias Freiheit – Gleichheit – Solidarität, womit Mitmenschlichkeit, menschliche Verbundenheit gemeint sind, die auf der Seite der Menschen mit Behinderung ein Recht auf aktive Partizipation und gestaltende Teilhabe beinhaltet, ein Recht, ihre Würde zu achten und sie als Menschen anzuerkennen.

Die Überwindung der Segregation in einem solidarischen Gemeinwesen

Mit meinem Plädoyer für ein Menschenrecht auf integrative und inklusive Bildung und im Zusammenhang mit meiner anwaltlichen Tätigkeit unter anderem auf dem Gebiet des Schulrechts und des Rechts der Kindertageseinrichtungen spreche ich mich dafür aus, auf den Begriff der Behinderung nach Möglichkeit zu verzichten. Dieser Begriff – eigentlich kein für die Pädagogik bedeutsamer – gibt inhumanen Selektions- und Segregationsprozessen Nahrung, verkennt eine Beschränkung der Entwicklungs- und Entfaltungsmöglichkeiten von Menschen aufgrund behindernder Lebens- und Lernbedingungen.[31] Ein Recht auf Bildung führt zurück zu dem Menschenrecht der Gleichheit und zu dem Prinzip der gegenseitigen Hilfe. Eine „inklusive Gesellschaft", ein solidarisches Gemeinwesen müht sich ab, keinen Menschen auszugrenzen, eine Segregation gar nicht erst zuzulassen. „Community Care und Inklusion bedeuten, dass Menschen mit geistiger Behinderung in der örtlichen Gesellschaft leben, wohnen, arbeiten und sich erholen und dabei auch von dieser örtlichen Gesellschaft unterstützt werden."[32] Das bedeutet auch, dass Menschen- und Bürgerrechte für Alle Wirklichkeit werden sollen.
Entgegen jedem Sozialdarwinismus und entgegen dem Druck einer Ellenbogengesellschaft muss die an den Menschenrechten sich orientierende eine solidarische Gesellschaft sein, „in der der Mitmensch als ethisches Subjekt geachtet wird, und zwar auch und gerade der alte, kranke und gebrechliche Mensch."[33]
Zusammen mit der Aufstellung rechtspolitischer Forderungen ist auch die Rechtsprechung im Sinn eines Menschenrechts auf integrative und inklusive Bildung anzuregen und weiterzubringen. Dafür sei ein Blick auf aktuelle Beispiele gewählt:
Das Bundesverwaltungsgericht hat am 28. April 2005 (5 C 20.04) die Möglichkeiten der integrativen Bildung an Schulen gestärkt. Das Gericht hat einen Anspruch auf Übernahme der Kosten für die Unterstützung des Kindes durch einen Integrationshelfer (Eingliederungshilfe) anerkannt. Mit

Hilfe des Integrationshelfers sollte dem Kind das Leben und Lernen an einer die Integration praktizierenden Grundschule ermöglicht werden. Dem Kläger, einem im Jahr 1993 geborenen Kind, dürfe nicht entgegengehalten werden, dass solche Kosten „bei einer Beschulung des Kindes in einer Sonderschule" nicht angefallen wären.[34] Das Bundesverwaltungsgericht hat ausdrücklich die Frage offen gelassen, ob und in welcher Hinsicht es den Eltern des Klägers auch von Verfassungs wegen freistehe, sich ungeachtet etwaiger Mehrkosten kraft ihres Elternrechts für eine „integrative Beschulung" ihres Kindes zu entscheiden. Ich ergänze, dass dieser verfassungsrechtlichen Frage auch in Zukunft noch genauer nachzugehen ist, zumal wohl nicht zu erwarten ist, dass die Träger der Sozialhilfe eine mit der vermehrten „integrativen Unterrichtung behinderter Kinder" verbundene Kostenverlagerung einfach hinnehmen werden. Immerhin verdeutlicht das Urteil des Bundesverwaltungsgerichts, dass das Argument der vermehrten Kosten zurückzutreten hat gegenüber dem Elternrecht und dem Recht des Kindes auf integrative (inklusive) Bildung. Es ist zu hoffen, dass die Diskussionen innerhalb der Heilpädagogik und die Anstöße integrativer und inklusiver Bildung noch stärker von der Rechtsprechung berücksichtigt werden – bis in die Sprache der Gerichte hinein, die sich dem Recht des Kindes auf Bildung, dem Elternrecht und dem Menschenrecht auf integrative / inklusive Bildung zuwenden sollten.[35] Diese Zuwendung fordert die Kenntnisnahme der pädagogischen und heilpädagogischen Fachliteratur mit Hilfe von Gutachtern und Sachverständigen. Zugleich sollten sich Rechtsanwälte und Rechtsanwältinnen in die pädagogischen Grundfragen einarbeiten.

Die Entscheidungen des Bundesverwaltungsgerichts vom 26.10.2007 (5 C 34/06; 5 C 35/06) sollen nach einer Mitteilung der Beauftragten der Bundesregierung für die Belange behinderter Menschen das „Recht auf integrative Bildung" stärken entgegen einem „System des schulischen Aussonderns". Diese Entscheidungen werden bei einer anderen Gelegenheit zusammengefasst und kommentiert werden.

Menuchim Singer: Diesseits von Integration und Inklusion

Zu oft schon sind Begriffe wie Integration und mittlerweile auch Inklusion niedergeschrieben worden. In diesem Schlussteil soll ein Denkweg geöffnet werden, der nach einer neuen Sprache sucht. Das neue Sprechen scheut sich nicht davor zurück, sich inspirieren zu lassen von den Worten eines Dichters, des dem Judentum entstammenden Joseph Roth. Joseph Roth hat seinen Roman „Hiob" im Jahr 1930 erscheinen lassen. Es ist der Roman eines einfachen Mannes, des ganz alltäglichen Juden Mendel Singer, der den „schlichten Beruf eines Lehrers"[36] ausübt und im Alter ausruht von der Schwere des Glücks und der Größe der Wunder. Diesem unbedeutenden Mendel Singer, der sechsjährige Schüler im Lesen und Memorieren der Thora unterrichtet und seiner Frau Deborah, die nach dem Besitz Wohlhabender schielt, wird ein viertes Kind geboren. Kurz nach dem Anbruch des Sabbat kommt Deborah mit einem Knaben nieder, der Menuchim genannt wird. Menuchim ist ein missgestaltetes Kind, das von seiner Mutter zu einem Rabbi gebracht wird, „mit einer rasenden Zärtlichkeit" geküsst, „als schlüge sie das Kind mit ihrem liebenden mütterlichen Mund". Der Rabbi, dem sie ihren Sohn wie ein Opfer darbietet, flüstert in mächtiger Güte: „Menuchim, Mendels Sohn, wird gesund werden. Seinesgleichen wird es nicht viele geben in Israel. Der Schmerz wird ihn weise machen, die Hässlichkeit gütig, die Bitternis milde und die Krankheit stark. Seine Augen werden weit sein und tief, seine Ohren hell und voll Widerhall. Sein Mund wird schweigen, aber wenn er die Lippen auftun wird, werden sie Gutes künden. Hab keine Furcht und geh nach Hause!"[37] Dieser lächerliche Bruder erweckt die Zärtlichkeit, die bei Joseph Roth zuweilen etwas Mörderisches in sich trägt. Menuchim Mendel freilich entgeht mit seinem körperlichen Gebrechen der fremden und schrecklichen Welt des Militärs, in der alle seine Brüder getötet werden.

In diesem Roman wird eine menschliche Grunderfahrung deutlich: In dem gebrechlichen Menschen entsteht eine ihm eigene Fülle, eine fragile Ganzheit, eine niemals abgesicherte und vollendete Integrität, eine, die des anderen Menschen bedürftig ist. Von hier aus sollte über ein Diesseits von Integration und Inklusion nachgedacht werden – in einer anderen Sprache.

1 Hans-Dietrich Raapke, Astrid Lindgren, Zum 100. Geburtstag am 14. November 2007, in: Das Kind, Heft 41, 1. Halbjahr 2007, S. 71; s. Astrid Lindgren, Lesebuch zum 100. Geburtstag, Hamburg 2007 (Almanach 44. Jahrgang)
2 s. Otto Speck, Menschen mit geistiger Behinderung und ihre Erziehung, 9. Aufl. München / Basel 1999
3 Barbara Fornefeld, Einführung in die Geistigbehindertenpädagogik, 2. Aufl. München / Basel 2002, S. 29
4 Heinz Mühl, Einführung in die Geistigbehindertenpädagogik, 2. Aufl. Stuttgart 1991. – Pestalozzi hat in der Bestimmung des Menschen nach seiner gesellschaftlich-individuellen Natur das Prinzip und die Nötigung zur allgemeinen Menschenbildung erkannt (s. Heinz-Elmar Tenorth, Geschichte der Erziehung, 3. Aufl. Weinheim und München 2000, S. 95)
5 Zum Verhältnis von Bildsamkeit und Behinderung s. Tenorth, Bildsamkeit und Behinderung – Anspruch, Wirksamkeit und Selbstdestruktion einer Idee, in: L. Raphael / Tenorth (Hrsg.), Ideen als gesellschaftliche Gestaltungskräfte im Europa der Neuzeit, München 2006, S. 497 - 520
6 Pestalozzi, Sämtliche Werke, 1. Band. Schriften aus der Zeit von 1766 bis 1780, Berlin und Leipzig 1927, s. 179; s. Andreas Möckel / Heidemarie Adam / Gottfried Adam (Hrsg.), Quellen zur Erziehung von Kindern mit geistiger

Behinderung. Bd. 1: 19. Jahrhundert, Würzburg 1997; s. a. Möckel, Geschichte der Heilpädagogik, Stuttgart 1988

7 s. Clemens Menze, Bildung, in: Josef Speck und Gerhard Wehle (Hrsg.), Handbuch Pädagogischer Grundbegriffe, Band I, München 1970, Seite 173; s. Jan Patocka, Die Philosophie der Erziehung des J. A. Comenius, Paderborn 1971, S. 24 ff.

8 Sieglind Ellger-Rüttgardt / Heinz-Elmar Tenorth, Die Erweiterung von Idee und Praxis der Bildsamkeit durch die Entdeckung der Bildsamkeit Behinderter, in: Zeitschrift für Heilpädagogik 1998, S. 441; s. Urs Haeberlin, Heilpädagogik als wertgeleitete Wissenschaft, Bern 1996

9 Ellger-Rüttgardt, „Eine europäische Vision seit 20 Jahren: Bildung für alle", In: Zeitschrift für Heilpädagogik 2007, S. 248; s. 9 Ellger-Rüttgardt, Geschichte der Sonderpädagogik, München 2007

10 Comenius nennt diese Grundlage „die Seele"; s. Patocka, Die Philosophie der Erziehung des J. A. Comenius, a.a.O. S. 24

11 Clemens Menze, Bildung, a.a.O.

12 Emil E. Kobi, Integrale Denkaufstöße zum Thema Integration, in: Zeitschrift für Heilpädagogik 1998, S. 374

13 Monika Seifert, Inklusion ist mehr als Wohnen in der Gemeinde, in: Markus Dederich, Heinrich Greving, Christian Mürner, Peter Rödler (Hrsg.), Inklusion statt Integration? Heilpädagogik als Kulturtechnik, Gießen 2006, S. 100; s. Gottfried Biewer, „Inklusive Education", in: Zeitschrift für Heilpädagogik 2005, S. 101 - 108

14 Kobi, Inklusion: ein pädagogischer Mythos?, in: Inklusion statt Integration?, a.a.O. S. 28 ff.

15 Irmtraud Schnell / Alfred Sander (Hrsg.), Inklusive Pädagogik, Bad Heilbrunn 2004; Helmar Lutz / Norbert Wenning (Hrsg.), Unterschiedlich verschieden. Differenz in der Erziehungswissenschaft, Opladen 2001

16 Andreas Hinz, Vom sonderpädagogischen Verständnis der Integration zum integrationspädagogischen Verständnis der Inklusion!?, in: Inklusive Pädagogik, a.a.O. S. 63 f.; s. ders., „Entwicklungswege zu einer Schule für alle mit Hilfe des Index für Inklusion", in: Zeitschrift für Heilpädagogik 2004, S. 245 ff., und Alfred Sander, Konzept einer Inklusiven Pädagogik, in: Zeitschrift für Heilpädagogik 2004, S. 240 ff.

17 Martin Schuster, Kosmische Erziehung, Erdkinderplan und Fragen der Ökologie, in: Arnold Köpcke-Duttler / Armin Müller / Martin Schuster (Hrsg.), Maria Montessori und der Friede, Freiburg 2007, S. 111 ff.

18 Heinz Eduard Tödt, Die Antinomie von Freiheit und Gleichheit, in: Johannes Schwartländer (Hrsg.), Menschenrechte, Tübingen 1978, S. 159; s. Wolfgang Huber / Heinz Eduard Tödt, Menschenrechte, Stuttgart / Berlin 1977

19 Klaus Lachwitz, UNO-Generalversammlung verabschiedet Konvention zum Schutz der Rechte behinderter Menschen, Teil II, in: Rechtsdienst der Lebenshilfe, Heft 2 / 2007, S. 39 f.

20 s. Köpcke-Duttler, Menschliche Würde und Solidarität der Schwachen, in: Behinderung und Dritte Welt, Heft 1 / 2007, S. 21

21 s. A. Margalit, Politik der Würde, Frankfurt 1999; s. a. Paul Tiedemann, Was ist Menschenwürde?, Darmstadt 2006

22 Klaus Schaller, Omnino: Ein Beitrag zur positiven Rezeptionsgeschichte der Pädagogik des J. A. Comenius, in: Spielräume der Vernunft. Jörg Ruhloff zum 60. Geburtstag, Würzburg 2000, S. 343

23 Lore Peschel-Gutzeit, Die Aufnahme von Kinderrechten in das Grundgesetz, in: Recht der Jugend und des Bildungswesens 1994, S. 491 ff.

24 Dreier-Heun, Grundgesetz-Kommentar, Band 1, 2. Aufl. Tübingen 2004, Art. 3 Rn. 134; s. Michael Sachs, Das Grundrecht der Behinderten aus Art. 3 Abs. 3 Satz 2 GG, in: Recht der Jugend und des Bildungswesens 1996, S. 154 ff.

25 BVerfGE 96, S. 288; s. Sachs-Osterloh, Grundgesetz, 3. Aufl. München 2003, Art. 3 Rdnr. 305

26 Konrad Bundschuh u. a. (Hrsg.), Wörterbuch Heilpädagogik, 2. Aufl. Bad Heilbrunn 2002, S. 203 ff.

27 ebd. S. 142

28 s. Ingo Krampen, Freedom versus Social Coherence, in: effe-Informationen, September 2007, S. 4

29 s. Anette Hausotter, Aktuelle Entwicklungen im Rahmen der European Agency for Development in Special Needs Education, in: Inklusive Pädagogik, a. a. O., S. 192

30 Norbert Schumacher, Wie sozial bleibt unser Land? – Ein Tagungsbericht, in: Recht der Lebenshilfe, Heft 1 / 2006, S. 3 ff.

31 Klaus Grünwald und Hans Thiersch, Lebensweltorientierung in der Behindertenhilfe, in: VHN 2006, S. 144 ff.

32 Theo Frühauf und Ulrich Niehoff, Behinderte Menschen sind Bürger ihrer Gemeinde, in: Geistige Behinderung, Heft 1 / 2007, S. 282

33 Heiner Bielefeldt, Zum Ethos der menschenrechtlichen Demokratie, Würzburg 1991, S. 130

34 Rechtsdienst der Lebenshilfe, Heft 3/2005, S. 119 f.; Zentralblatt für Jugendrecht 2005, S. 482 – 484; s. a. Arnold Köpcke-Duttler, Eingliederungshilfe durch Übernahme der Kosten eines Integrationshelfers, in: Recht & Bildung, Heft 1 / 2007, S. 19 - 21

35 s. Köpcke-Duttler, Pädagogik und Rechtswissenschaft im Gespräch, Interdisziplinäre Brückenschläge, Band 1, Oldenburg 2004, S. 117 ff; Karl Ernst Nipkow, Menschen mit Behinderung nicht ausgrenzen! Zur theologischen Begründung und pädagogischen Verwirklichung einer „inklusiven Pädagogik", in: Zeitschrift für Heilpädagogik 2005, S. 122 ff.

36 Joseph Roth, Hiob, Köln 1982, S. 7

37 ebd. S. 19; Nach dem Theologen Jürgen Moltmann ist die Menschenwürde kraft der bleibenden Präsenz Gottes unversehrbar, unabtretbar, unzerstörbar (Gott in der Schöpfung, Ökologische Schöpfungslehre, München 1995, S. 238). Der Theologe Thielecke aber nennt einen Schwerbehinderten ein „Ebenbild Gottes außer Diensten" (Wer darf sterben?, Freiburg 1979, S. 63)

Prof. Dr. **Arnold Köpcke-Duttler** ist Rechtsanwalt und Diplom-Pädagoge

Schulische Integration im europäischen Vergleich

Anette Hausotter

Ich freue mich, dass ich dieses Forum nutzen darf, Ihnen einen Einblick in die Entwicklung sonderpädagogischer Förderung in unseren europäischen Nachbarländern zu gewähren

Als Nationale Koordinatorin der European Agency for Development in Special Needs Education stehe ich seit über 10 Jahren im Dialog mit meinen europäischen Kolleginnen und Kollegen. Ich hatte die Chance, zu erleben, wie Bildung in anderen Ländern umgesetzt wird; manchmal neidisch, meistens inspiriert, hin und wieder auch zuversichtlich bezüglich kleiner Schritte, die sich in unseren Bundesländern in diese Richtung vollziehen. Die Agency verfolgt das Ziel, die Bildungspolitik, -forschung und -praxis für Lernende mit besonderen Bedürfnissen zu verbessern. Dieses Ziel beinhaltet auch Fragen wie Chancengerechtigkeit, Zugang für alle, integrative/inklusive Beschulung und die Förderung der Bildungsqualität – dies alles in Anerkennung von je nach Land unterschiedlicher Politik, Praxis und spezifischem Kontext.

Ich möchte Ihnen beispielhaft aufzeigen, welche pädagogischen Modelle in Europa existieren, was in den europäischen Ländern anders ist und welchen Stellenwert die Sonderpädagogik im allgemeinbildenden Schulsystem hat. Hierzu gehören vor allem die Rahmenbedingungen, die den Prozess, eine Schule für (möglichst) ALLE zu realisieren, durchaus förderlich beeinflussen. Diese Beispiele sollen aber auch deutlich machen, dass der Umgang mit und die Entwicklungen in der sonderpädagogischen Förderung je nach Kultur, Historie, Politik oder ethischen Grundwerten unterschiedlich ist. Obwohl alle die Inklusion als Ziel beschreiben, sind die Wege und das eigene Selbstverständnis doch verschieden. Aus diesen Gründen kann ich auch kein System nahtlos auf ein anderes übertragen, ohne die eigenen Rahmenbedingungen zu berücksichtigen. Diese Beispiele verfolgen somit auch keineswegs die Absicht einer Wertung. Sie sollen vielmehr zur eigenen Reflexion und zum gemeinsamen Dialog anregen. Vielleicht lassen Sie sich auch dazu verleiten, eigene Visionen zu entwickeln, aus denen Sie wiederum Indikatoren, Strategien und/oder innovative Ansätze für Ihre eigene schulische Arbeit entwickeln können, die möglichst viele Kinder gemeinsam erreicht.
Werfen wir einen Blick über die Grenzen unseres Bundeslandes, stellen wir fest, dass in Europa die sonderpädagogische Förderung zunehmend im staatlichen Regelschulsystem stattfindet. So gibt es beispielsweise

Schulen für Lernbehinderte (nach unserem Verständnis) nur noch in Österreich, der Schweiz, im flämischenTeil Belgiens und der tschechischen Republik. Ein Prozess der Reformierung, Reorganisation und Umstrukturierung schulischer Bildung in allen europäischen Ländern hat eingesetzt. Der Begriff der Inklusion hat sich zunehmend durchgesetzt. Es geht um die Frage, wie strukturelle schulische Perspektiven entwickelt werden können, die das gesamte Umfeld, einschließlich der vorhandenen Rahmenbedingungen, mit berücksichtigen. Die Schaffung eines Ortes, an dem jeder und jede entsprechend der individuellen Fähigkeiten und Voraussetzungen gefördert werden kann. Vor allem in den fünf nordischen Ländern gehen die Bestrebungen zunehmend in eine inklusive Richtung. So laufen unterschiedliche Projekte, in denen es darum geht, Schulstrukturen in Richtung einer Schule für alle zu verändern, weil Integration aus ihrer Sicht auch immer Segregation mit sich zieht.

„Eine reine individuumsorientierte, kompensatorische Sonderpädagogik allein reicht nicht aus, um eine neue schulische Ideologie zu realisieren. Das System Schule muss sowohl inkludierend als auch individuell angepasst sein" (NORDAHL, T.: „En Skole for Alle i Norden", 1999, 95, übersetztes Zitat). Wie das gelingen kann, dazu werden Sie im Laufe meines Vortrages unterschiedliche Beispiele erhalten

Dass die Integration/Inklusion von jungen Menschen mit Behinderungen mittlerweile ein europäischer Bildungsauftrag geworden ist, wird durch unterschiedliche europäische und internationale Deklarationen deutlich wie z.B. die zentralen Botschaften Gleichstellung durchsetzen, Selbstbestimmung ermöglichen und Teilhabe verwirklichen (Europäische Jahr der Menschen mit Behinderungen, 2003). Diese richten sich nicht nur an bestimmte Bereiche oder Institutionen, sondern machen einen gesellschaftlichen Diskurs erforderlich. Auch die UN-Standardregeln[1] aus den Jahren 1996 und auch 2006 besagen, dass allgemeine Bildungssysteme grundsätzlich für die Bildung jedes einzelnen behinderten Schülers verantwortlich sind. 2006 fordern sie ein inklusives Bildungswesen auf allen Ebenen. Systematische Veränderungen müssen von innen heraus entstehen. Nur so kann eine ‚Schule für alle' – inklusive[2] Schule – entstehen, in der behinderte und nichtbehinderte Schülerinnen und Schüler gemeinsam unterrichtet werden und die Intention des Gedankens von Integration umgesetzt werden. Denn: je mehr Vielfalt in den Klassenzimmern herrscht, desto weniger fällt Andersartigkeit auf. Ein Kollege aus Dänemark berichtete aus einer schulischen Situation, in der nur zwei Kinder unterrichtet wurden, die Lehrkraft wollte ein Kind „segreglieren". Auf die Frage: „warum?" „Es lernt nicht so gut wie das andere!" Ein Paradigmenwechsel hat stattgefunden, denn es geht nicht mehr ausschließlich darum, dass das eine Kind Defizite hat, sondern um die Frage, wie es individuell im Rahmen des Unterrichts gefördert werden kann.

Die Struktur der Bildungssysteme

Einflussfaktoren für förderliche Bedingungen in Bezug auf Integration oder Inklusion liegen in den einzelnen Strukturen der Bildungssysteme, viele sind als Gesamtschule organisiert. In den meisten europäischen Ländern gehen die Kinder und Jugendlichen mindestens sechs, meist aber acht, neun oder 10 Jahre gemeinsam in die Schule - In Deutschland ist die gemeinsame Schulzeit am kürzesten.

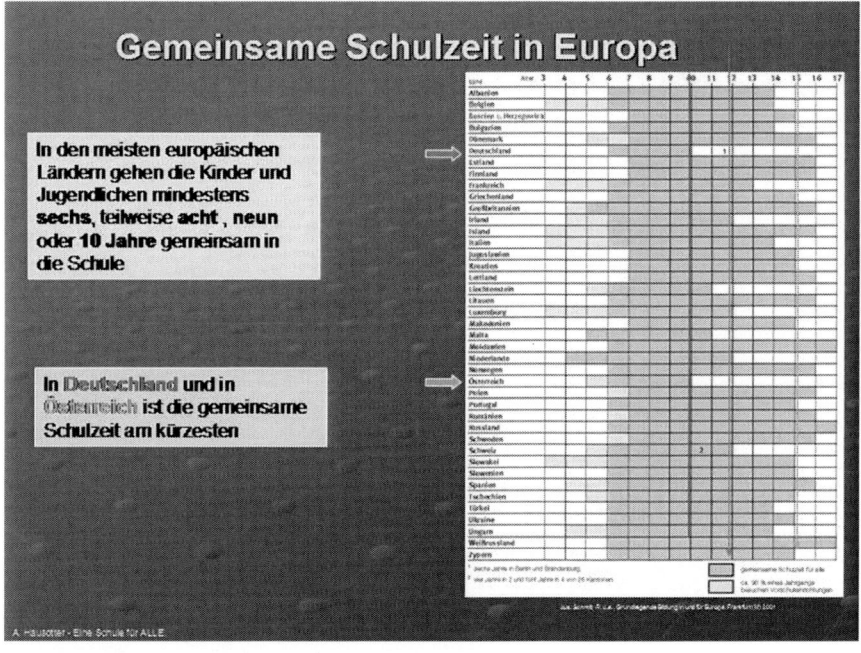

Sonderpädagogische Förderung in Europa ist immer weniger die Aufgabe von Sonderschulen. Einige Länder verfügen gar nicht oder nicht mehr über ein externes Sonderschulsystem. Ihre Umsetzung erfolgt europaweit zunehmend in allgemeinbildenden Schulen. Sonderschulen werden in die Umsetzung mit einbezogen. Portugal hat sein Netz privater Sonderschulen reorganisiert. Als Ressourcenzentren unterstützen sie die allgemeinen Schulen. Diese bilden Koordinationsteams, um den integrativen Unterricht in den Schulen zu organisieren. In Island oder Norwegen haben sich aus einigen Sonderschulen Kompetenzzentren entwickelt, die

Fortbildung sowie Unterstützung für Lehrkräfte anbieten, aber auch Training und Kurse für Kinder mit speziellen Beeinträchtigungen oder Behinderungen.

1971 wurden in Italien bereits alle Sonderschulen per Gesetz abgeschafft Das italienische Schulsystem setzte konsequent auf eine gemeinsame Unterrichtung von Kindern und Jugendlichen mit und ohne Behinderung. Im gleichen Zeitraum haben die skandinavischen Länder ihr Bildungssystem auf eine gemeinsame 9- bzw. 10-jährige Gemeinschaftsschule umgestellt.

Die Regelschulen haben unterschiedliche Modelle förderlicher Maßnahmen entwickelt. Irland fördert z. B. die soziale Integration von Integrationskindern mit einem besonderen System: Jedem Kind mit einem zusätzlichen Förderbedarf wird ein Buddy an die Seite gestellt. Dies ist in der Regel ein Klassenkamerad oder -kameradin, der/ die das Kind unterstützt und es in die Pause begleitet. Auf diese Weise sollen auch Kinder lernen, Verantwortung füreinander zu übernehmen.

Schülerinnen und Schüler mit besonderem Förderbedarf

Bei der Anzahl der Schüler, die mit sonderpädagogischem Förderbedarf angegeben werden, ist eine hohe Diskrepanz zu verzeichnen. Einige Länder nennen weniger als 2% (Italien, Griechenland, Schweden) aller Schüler, andere mehr als 9% (Dänemark, tschechische Republik, Litauen, Estland). Diese Kontraste verweisen vor allem auf die Unterschiedlichkeit

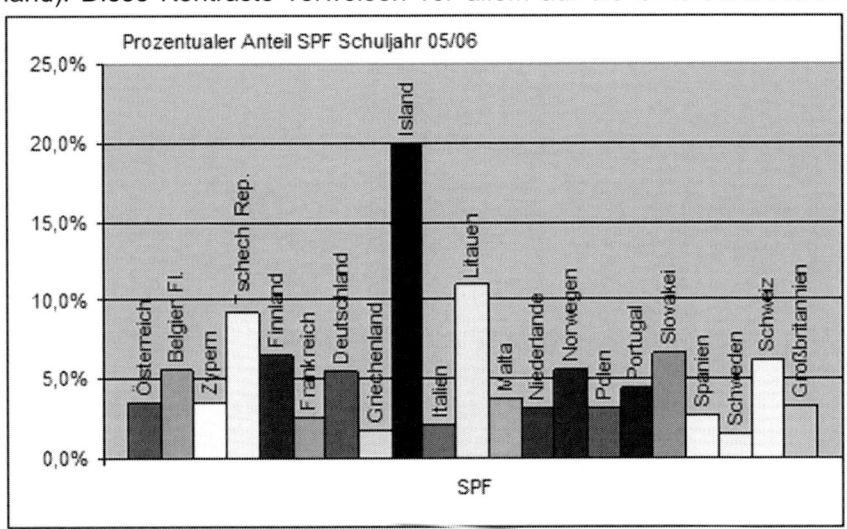

Abbildung 1 zeigt den Anteil der Schülerinnen und Schüler mit sonderpädagogischem Förderbedarf in ausgewählten Ländern (Country Data 2006, © Anette Hausotter)

der Rahmenbedingungen, Gesetzgebung, Beurteilungs- und Diagnoseverfahren (Assessment) und Definition von sonderpädagogischer Förderung. Die Definitionen sonderpädagogischen Förderbedarfs unterscheiden sich z. T. erheblich. Aber auch das Verständnis und die Definition sonderpädagogischen Förderbedarfs oder besonderen Förderbedarfs weichen in vielen Ländern Europas von den unsrigen ab, wie nachfolgende Beispiele zeigen:

So lag der offizielle Anteil von Schulerinnen und Schülern mit besonderem Förderbedarf in Finnland vor zwei Jahren noch bei über 15 %. Die aktuelle Statistik gibt aber nur noch 7,7% an. Dies deutet nicht darauf hin, dass es weniger Kinder mit SEN geworden sind, vielmehr hat Finnland seine offizielle Definition geändert. Wurden die Kinder bislang nicht gesetzlich kategorisiert, wird heute nach offiziell festgestelltem Förderbedarf und nach Förderbedarf in Teilbereichen oder zeitlich befristetem unterteilt. Insgesamt erhalten also 29,6% aller Kinder zusätzliche Unterstützung, wenn sie durch physische Beeinträchtigungen, Lernschwierigkeiten oder aus anderen Gründen nicht in der Lage sind, den Instruktionen der Regelschule zu folgen.

In Norwegen haben Schülerinnen und Schüler einen besonderen Unterstützungsbedarf, die nicht in der Lage sind, dem Stoff der allgemeinen Schule zu folgen.
Auch in Dänemark wird nicht nach Behinderungsarten kategorisiert. Man müsste über 285 unterschiedliche Kategorien von Problemen unterscheiden (psychische, seelische, körperliche, intellektuelle, krankheitsbedingte u.a.). Deshalb wird von einem besonderen Förderbedarf ausgegangen, wenn die allgemeine persönliche Entwicklung weder zeitweise noch dauerhaft ausreichend gewährleistet ist, bzw. wenn ein Kind Lernschwierigkeiten hat, die besondere Maßnahmen erfordern.
In Island sollen alle Kinder die Schule ihres Einzugsbereiches besuchen. Es wird nur festgestellt, ob ein Kind zusätzliche Förderung benötigt, die ihm dann per Gesetz gewährt werden muss. In Griechenland erhalten die Schülerinnen und Schüler zusätzliche Unterstützung, die spezielle Probleme im Lernen oder bei der Anpassung in eine Regelschule haben. Hier haben weniger als 1% aller Schüler im Pflichtschulalter sonderpädagogischen Förderbedarf. Der größte Teil wird im Rahmen integrativer Maßnahmen in der allgemeinen Schule unterrichtet, ein geringerer Teil in segregierenden Maßnahmen.
In Irland gelten die Kinder als sonderpädagogisch förderungsbedürftig, deren Beeinträchtigungen und/oder Umstände sie davon abhalten oder daran hindern, von dem Unterricht, der den Schülern dieser Altersgruppe normalerweise angeboten wird, zu profitieren.

Abbildung 2 zeigt die prozentuale Verteilung der Schülerinnen und Schüler mit sonderpädagogischem Förderbedarf in segregierten und in integrierten Maßnahmen im Schuljahr 05/06. Es fällt auf, dass in Deutschland und im flämischen Teil Belgiens der Anteil segregierter Beschulung am höchsten ist.

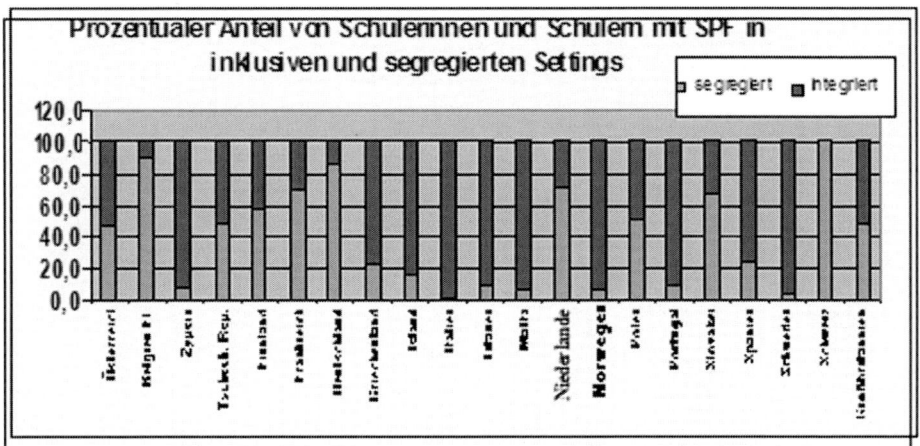

Aus diesen Beispielen wird deutlich, dass konsequenterweise auch keine gesonderten Lehrpläne für die unterschiedlichen Schulstufen oder Förderbedarfe vorgehalten werden. Fast alle Länder haben integrative Strukturen im Sekundarstufenbereich, d.h. alle Schüler haben grundsätzlich ein gemeinsames Curriculum für die allgemeine Bildung, das je nach Bedarf verändert und an bestehende Voraussetzungen angepasst wird. Die meisten Länder haben einen Lehrplan für alle.

Der individuelle Förder- oder Lernplan ist ein Instrument, mit dessen Hilfe der Lernstoff dem jeweiligen Kind oder Jugendlichen angepasst wird. In Schweden und Norwegen werden für jedes Kind ein individueller Lernplan und ein Unterrichtsplan erstellt. Jeder Schüler beschreibt in seinem persönlichen Logbuch den individuellen Wochenplan, seine Einschätzung über das Gelingen, seine offenen Fragen und das, was er sich vornimmt. Eltern und Lehrkräfte haben die Möglichkeit des Kommentierens. Die wöchentlichen Aufgabenpläne werden in das jeweilige virtuelle Schulnetz gestellt. Dies soll zur Transparenz für alle am schulischen Prozess Beteiligten beitragen, den Schülern als Rückmeldung dienen, aber auch das individuelle und selbständige Lernen der Schüler fördern. In England entwickeln die Schulen für jedes Kind ein individuelles Berichtheft, das sie durch die Schulzeit begleitet. In diesem werden die erreichten Kompetenzstufen beschrieben.

Lehrpläne für Schülerinnen und Schüler mit (SPF)				
Land	**Allgemeines Curriculum**	**Extra für Primar- stufe**	**Extra für Sekundar- stufe**	**extra für Sonderpädagogische Förderung/SPF**
Dänemark	Lehrplanempfeh- lungen	nein	nein	nein --Individuelle Anpassungen durch IEP*
Deutschland	16 Lehrpläne (Bundesländer	ja	ja - für alle Schularten	ja--- SPFörderschwerpunkte auf Länderebene
Finnland	Nationales Curriculum	nein	nein	nein --Individuelle Anpassungen durch IEP
Island	Rahmen- curriculum für Alle	nein	nein	nein -- individuelle Anpassung je nach Bedarf - IEP
Norwegen	inklusives Curriculum für Alle	nein	nein	nein --Individuelle Anpassungen durch IEP
Schweden	Nationales Curriculum	nein	nein	nein-- Individuelle Anpassungen durch IEP

Anders gestaltet sich auch die **Ausbildung** der Lehrkräfte. Sonderpädagogische Förderung ist in vielen Ländern ein fester Bestandteil der
Erstausbildung. Im Rahmen der Lehrerausbildung zeichnet sich folgendes Bild ab:
Der Begriff der Sonderschullehrerausbildung existiert außer in Österreich
und den Niederlanden in keinem der Mitgliedsländer der Agency. Ausge-
bildet wird als Spezial-, Stütz- oder Förderlehrer bzw. -lehrerin oder als
Lehrkraft mit sonderpädagogischer Qualifikation.
Lehrkräfte werden in den meisten europäischen Ländern als die Fach-
kräfte im Kontext von Erziehung und Unterricht von Schülerinnen und
Schülern mit und ohne sonderpädagogischen Förderbedarf gesehen. Aus
diesem Grunde wird eine sonderpädagogische Grundausbildung für alle
Lehrkräfte favorisiert. Bestandteile dieser Ausbildung sind u.a.:
- Allgemeine Informationen über Behinderungsarten
- Unterrichtsdifferenzierungen
- Anpassung an das Curriculum
- Anpassen an Bedürfnisse des betreffenden Schülers

In **Finnland** trat zum 1.8 2005 eine erneute Bildungsreform in Kraft. In
diesem Zusammenhang gibt es einen neuen Lehrplan für alle Lehrkräfte
– eine einheitliche Lehrerausbildung für alle Klassen. Diese basiert auf

der Forderung, dass eine Lehrerin, ein Lehrer auch gleichzeitig Forscher sein sollte. Vor diesem Hintergrund ist die Ausbildung von Anfang an in einer Schulklasse angesiedelt, in der Lernforschung vor Ort betrieben, vermittelt und gelernt werden soll. Auf diese Weise sollen interaktive Fähigkeiten real gelernt werden, unterstützt durch die Vermittlung theoretischer Aspekte. Hier lernt die finnische Lehrkraft, dass Sonderpädagogik ein Teil von Pädagogik ist. Die Fachdidaktik wird zunehmend durch eine multidisziplinäre Didaktik abgelöst werden.

Sonderpädagogische Unterstützung durch Fachzentren:

Die Rolle der Sonderschulen befindet sich zunehmend in einem Prozess der Reformierung. Die Überlegungen gehen zunehmend in Richtung einer Umfunktionierung als unterstützendes Angebot für die Regelschulen. In den skandinavischen und einigen südeuropäischen Ländern sind diese zu Ressourcen-, Kompetenz-, Förder- oder Fachzentren umgewandelt worden. In Norwegen wurden die Sonderschulen abgeschafft und in Kompetenzzentren umgewandelt. Es gibt 16 staatliche Kompetenzzentren und 14 sonderpädagogischen Zentren bzw. Institutionen unter privater oder kommunaler Verantwortung (für Sehstörungen-, Hörstörungen-, Sprachstörungen und emotionale Störungen, Mehrfachbehinderungen, geistige Behinderungen, spezielle Störungs- und Krankheitsbilder), In den skandinavischen Ländern sind die Pädagogisch-Psychologischen Dienste (PPT) fester Bestandteil unterstützender schulischer Arbeit.

Kooperation mit den Eltern

Die Einbeziehung der Eltern als gleichberechtigte Partner in Prozesse der Bildung ihrer Kinder hat in den meisten Ländern einen hohen Stellenwert erhalten. Eltern bestimmen den Lernort ihres Kindes, werden bei der Erstellung eines individuellen Förder- oder Lernplanes einbezogen. In manchen Ländern werden Kinder und Eltern an der Schulgestaltung aktiv beteiligt, andere stellen die schulische Kultur in den Vordergrund oder beziehen das gesamte schulische und gesellschaftliche Umfeld mit ein (Norwegen, Dänemark, Schweden, Island). In diesen Ländern haben die Eltern sowohl ein Mitsprache- und Mitgestaltungsrecht als auch die Pflicht, an schulischen Entscheidungs- und Entwicklungsprozessen aktiv teilzunehmen. In Norwegen ist die Mitarbeit von Eltern ein wichtiges Kriterium für gelingende Inklusion. In den Niederlanden haben die Eltern ein Wahlrecht zwischen allgemeiner und Sonderschule, die allgemeine Schule darf einem Kind mit Behinderung die Aufnahme nicht verweigern, wenn dies Elternwunsch ist. Eine gesetzliche Verankerung des Elternwahlrechts besteht u.a. in Belgien, Schweden, Großbritannien. Ein Mitspracherecht bei der Leistungseinschätzung und Feststellung des sonderpädagogischen Förderbedarfes besteht u.a. in Griechenland, Spanien, Luxemburg, Österreich, Dänemark. In Großbritannien haben die Eltern einen Anspruch auf regelmäßige Information über die Lern- und Entwicklungsfortschritte ihres Kindes. Jede Schule nutzt das System der P-scales zur Beschreibung der Entwicklung eines Kindes und Qualitätssicherung der schulischen Arbeit. Ein Report-Book begleitet das Kind durch die Schulzeit. (http:// www.european-agency.org/site/themes/assessment/docs/indexed_reports/ uk.doc, Zugriff 8/07) In Italien darf ein Kind keiner sonderpädagogischen Überprüfung unterzogen werden, wenn die Eltern dies nicht wünschen. In Griechenland nehmen Eltern mit Migrationshintergrund häufig andere Namen an, aus Angst vor Stigmatisierung oder Benachteiligung. Sie müssen dies nicht der Schule mitteilen. In beiden Fällen müssen die Schulen dann - auch ohne zusätzliche Unterstützung – fördern, denn diese wird nur mit einem entsprechenden Gutachten durch die Schulbehörde gewährt. In den genannten europäischen Ländern wird auf bildungspolitischer Ebene die Einbeziehung der Eltern als gleichberechtigte Partner in den Prozess der Bildung ihrer Kinder gefordert. Sie sollen mehr Möglichkeiten erhalten, sich zu informieren und unterschiedliche Bildungsangebote kennen zu lernen, um entsprechende Entscheidungen treffen zu können. (EUROPEAN AGENCY, 2003, S.9; http://www.european-agency.org/ site/info/publications/agency/ereports/06.html -Zugriff 8/07)

Entwicklungen in den Nachbarländern:

Dänemark

In Dänemark erhalten die Schüler erst ab Klasse 8 Noten in der Skala 1-13. Es gibt kein Sitzenbleiben, nur etwa 0, 7% der Schüler/innen wiederholen in Ausnahmefällen eine Klasse (in Deutschland über 14%). Ausschlaggebend für die Beurteilung eines Schülers/ einer Schülerin ist nicht überwiegend die Leistung, sondern der Gesamteindruck, inwieweit die Reife für das folgende Schuljahr vorhanden ist. Die Lehrkräfte arbeiten nach einem Jahresarbeitszeitmodell, einem Zeitkontingent, in dem die genauen Anteile für Korrektur, Pausenaufsicht, Wandertage, Fortbildung u.a. aufgeführt und als Arbeitszeit vergütet werden. Das Schulgesetz von 1995 verpflichtet alle öffentlichen Schulen dazu, Angebote für Kinder mit sonderpädagogischem Förderbedarf zu machen – in allen Schulstufen und Schularten, einschließlich der Berufschulen.

Kinder mit einer besonderen Begabung fallen auch unter die Definition SEN

Zitat einer deutschen Lehrerin, die an einer Schule in Dänemark unterrichtet:

„Hier wird keiner aussortiert. Der menschliche Zusammenhalt zwischen den Schülern ist ausgeprägter als in Deutschland. Schulen sind als Einheitsschulen konzipiert – keine Noten, das schafft Entspannung ... Das Verhältnis zwischen Arbeitszeit und Bezahlung ist ausgewogener. Es gibt ein Zeitkontingent, in dem die genauen Anteile für Korrektur, Pausenaufsicht, Wandertage, Fortbildung usw. aufgeführt werden. Die Zeit, die gearbeitet wird, wird auch vergütet."[3]

Spanien
- Das Schulgesetz von 1995 verpflichtet alle öffentlichen Schulen dazu, Angebote für Kinder mit sonderpädagogischem Förderbedarf zu machen
- in allen Schulstufen und Schularten, einschließlich der Berufs schulen.
- Spanien unterteilt sonderpädagogischen Förderbedarf in acht Ka tegorien mit den Schwerpunkten: Intellektuell, Sehen, Hören, Be wegung, Hochbegabung, Mehrfachbehinderung und schwere per sönliche Beeinträchtigung / Autismus.
- Schüler haben sonderpädagogischen Förderbedarf, wenn sie während oder im Laufe ihrer Schulzeit besondere Angebote sonderpädagogischer Unterstützung erhalten, die aufgrund einer physischen, intellektuellen oder sensorischen Beeinträchtigung, schweren Verhaltensproblemen oder benachteiligten sozialen und kulturellen Bedingungen erforderlich werden.
- Ca. 2,7% aller Schüler im Pflichtschulalter haben festgestellten sonderpädagogischen Förderbedarf. 77% aller Kinder mit SPF werden in Regelschulen gefördert.

Portugal
- Seit 1997 hat eine Reorganisation der Sondereinrichtungen in Richtung Ressourcenzentren stattgefunden. Sonderschulkräfte erhalten die Aufgabe als Ambulanzlehrer die allgemeine Schule und das soziale Umfeld zu beraten und zu unterstützen.
- Keine Klassifikation von Behinderung im Sinne einer Kategorisierung.
- Kinder und Jugendliche haben dann sonderpädagogischen Förderbedarf, wenn sie besondere Ressourcen oder Differenzierungsangebote für ihren Lernprozess benötigen.
- Der integrative Unterricht wird in den Schulen durch Koordinationsteams organisiert. Das Ergebnis ist eine Kombination aus gemeinsamem Unterricht und speziellen Angeboten der Schule.
- Per Gesetz: sonderpädagogische Förderung muss durch Integration in der Regelschule stattfinden.

- Zur Verbesserung der Qualität integrativer Bildung in der weiter führenden Schule wird eine Agentur "Integrative und inklusive Unterrichtspraxis im Sekundarschulbereich" eingerichtet.

Am Beispiel **Norwegens** möchte ich darstellen, wie ein Land die gesetzliche Verpflichtung eine Schule für alle versucht einzulösen und was die Norweger darunter verstehen.

Norwegen hat das Recht auf Integration von Schüler/innen mit und ohne Behinderung im Jahre 1975 gesetzlich verankert, auch unter Berücksichtigung der besonderen Förderung von Migrantenkindern. In diesem Zusammenhang sollten verschiedene Reformen dazu beitragen, Angebote der unterschiedlichen Stufen des Bildungssystems unter einem ganzheitlichen Aspekt besser aufeinander abzustimmen. Hierzu gehörte u.a. die gemeinsame Bildung einschließlich der 3-jährigen weiterführenden Schulbildung, die mit einer Berufsqualifikation abschließen sollte oder zu einem Besuch einer Hochschule berechtigte. In der Konsequenz wurde 1987 ein gemeinsames Rahmencurriculum für alle für Schulen und Schularten einschließlich der berufsbildenden Schulen entwickelt. Schüler/innen mit sonderpädagogischem Förderbedarf werden nicht extra erwähnt – sie sind ein Teil davon. Dieses Curriculum besteht aus Richtlinien, Ratschlägen und Anregungen für Arbeitsformen, Hilfsmittel u. ä. Jede Schule sollte anhand dieser Richtlinien ihr eigenes Curriculum entwickeln, dessen Lehrinhalte die Bedürfnisse des Einzelnen und das jeweilige Umfeld der Schule mit einbeziehen. Eine Umstrukturierung der staatlichen Sonderschulen in Fach- und Kompetenzzentren sollte fortan die Regelschulen durch Diagnose, Beratung, Fortbildung und Entwicklungsarbeit unterstützen und das sonderpädagogische Fachwissen vertiefen. 1991 wurden per Gesetz alle staatlichen Einrichtungen für geistigbehinderte Menschen aufgelöst. Die Verantwortung wurde den Kommunen übertragen mit dem Ziel der Normalisierung, Dezentralisierung und Integration in die Gesellschaft. Mit dieser langen Tradition hat es Norwegen schon früh geschafft, ein verändertes Bewusstsein in der Gesellschaft zu entwickeln: Als normal gilt, dass alle Kinder ihre Schulzeit gemeinsam verbringen und nicht in verschiedenen Schulen, z. B. wegen einer Behinderung.

Foto: Flatåsen Skole in Trondheim 2005 – Eine Schule für Alle, Schullandschaft, drei Klassen sind in einem großen Raum mit halbhohen Wandtei-lern, PC-Plätzen und Bücherei mittendrin, Nischen für Gruppenarbeit etc.

Eine Kommune stellt sich dem Regierungsauftrag, eine „inkludierende Schule" zu schaffen

Die Kommune Trondheim hat ein Programm zur Qualitätsentwicklung geschrieben, mit der Zielsetzung,, eine inkludierende Schule zu entwikkeln, die die Eigenständigkeit jedes Einzelnen innerhalb einer erlebten Gemeinschaft wahrt.

In diesem Programm hat die Kommune mit ihren Schulen Eckpunkte gesetzt, die eine Schule für alle, eine inkludierende Schule ausmacht. Eine Schule für alle …

> …in der alle Sch. einen Platz haben und nicht aussortiert werden
> …in der alle Sch. in eine normale Klasse gehen
> …die Erziehung und Unterricht an jedes Kind anpasst
> ... in der alle an der Gemeinschaft teilhaben und
>   entsprechend ihrer Fähigkeiten gefördert werden
> …mit der sich alle Sch. identifizieren (meine Schule)
> …in der jeder den größtmöglichen persönlichen Nutzen erfährt in
>   Bezug auf Selbstvertrauen, Einsicht, Fähigkeiten und Fertigkeiten, Haltungen und Werte, Wissen und nicht zuletzt ein soziales
>   Netzwerk"

Die Besonderheiten jedes Einzelnen entwickeln – innerhalb einer gelebten Gemeinschaft

Für alle:
Schülermitwirkung
Involvierung u. Mitwirkung der Eltern
Beurteilung der Schule
Zusammenarbeit zwischen verschiedenen Berufsgruppen in und außerhalb der Schule

Folgende Strategien wurden als vorrangig gesetzt:

- Umfeld und Kultur - Organisation, persönliches Umfeld, soziales und pädagogisches Umfeld.
- Pädagogische Arbeit - angepasste Bildung, Variationen in der Lehrerarbeit, eine Unterrichtsarbeit, die mehr in die Tiefe statt in die Breite geht
- Hilfs- und Unterstützungsdienste - Assistenz, Anwesenheit in Klasse und Schule.
- Beschluss /Vertrag - Programmerstellung mit allen Involvierten, Kerngruppen frühzeitig einbeziehen, alle Schüler einbeziehen, gute Informations- und Diskussionsbasis schaffen

Großbritannien ist bemüht, durch eine neue politische Initiative im „Every Child Matters – Change for Children" (www.everychildmatters.gov.uk) eine größere Kohärenz zwischen den verschiedenen Diensten für Lernende und ihre Familien zu schaffen. Damit sollen unnötige Verwaltungsverfahren reduziert werden, wenn es darum geht, die notwendige Unterstützung zu erhalten.

Finnland befasst sich mit der Frage der Vermeidung von ungleichen Chancen im Bildungssystem. Etwa 20 % der Lernenden sind davon betroffen. Ein Lösungsweg wird in der regionalen und lokalen Verzahnung der einzelnen Dienste der sonderpädagogischen Förderung gesehen. (www.cec.jyu.fi/).

DER BAUM DER ERKENNTNIS
für Kinder und Jugendliche im Alter von 1 - 16 Jahren

Als letztes Beispiel möchte ich Ihnen den Baum der Erkenntnis zeigen. Der schwedische Lehrplan für alle Erziehenden und Lehrenden.

Der Baum der Erkenntnis „Kunskapens Träd" ist ein Lehrplan für alle Kinder und Jugendlichen im Alter von 1-16 Jahren. Dieser Baum besteht aus Wurzeln, einem Stamm, unterschiedlicher Zweigschichten und einer Baumkrone. Jedem Bereich werden unterschiedliche Ziele und auch Beispiele zugeordnet, die angestrebt werden sollen.

48

„Du liest den Baum:
– In der Krone des Baumes steht geschrieben, welche Ziele du anstreben sollst
– In den Wurzeln findest du Beispiele für Kompetenzen, ausgehend von der Entwicklung des Kindes
– im unteren Teil des Stammes findest du anzustrebende Ziele gemäß dem Lehrplan für die Vorschule
– In der ersten Zweigschicht findest du Ziele, die Kinder nach 5 Schuljahren erreicht haben sollen
– In der zweiten Zweigschicht findest du Ziele, die Jugendliche nach 9 Jahren Schule erreicht haben sollen."

Merkmale gelingender integrativer Unterrichtspraxis
Die European Agency hat zwei Projekte durchgeführt, die sich mit der Analyse von gutem integrativen Unterricht auseinander gesetzt haben. Europäische Experten und Expertinnen aus der schulischen Praxis sind, angeregt durch Schulbesuche, in einen gemeinsamen Dialog getreten, um Erfahrungen auszutauschen und förderliche sowie hinderliche Bedingungen herauszuarbeiten. Die Ergebnisse liegen in Form von zwei kleinen Broschüren für den Primar- und Sekundarbereich vor (Download über: http://www.european-agency.org/iecp/iecp_intro.htm). Eine Aktualisierung dieser Berichte und der Fragestellung, welche Indikatoren inklusive Bildung und Unterricht förderlich bedingen, wird aktuell in einer Arbeitsgruppe der European Agency erarbeitet.

Auf europäischer Ebene besteht Konsens in der Beschreibung der wesentlichen Merkmale guter integrativer Unterrichtspraxis, hierzu gehören

– Kooperativer Unterricht – die Zusammenarbeit innerhalb der Schule sowie mit externen Fachkräften.
– Kooperatives Lernen – „Peer Tutoring" (Lernbegleitung durch Mitschülerinnen und Mitschüler) Schülerinnen und Schüler, die einander helfen, besonders innerhalb einer flexiblen und gut durchdachten Schülergruppierung, profitieren vom gemeinsamen Lernen. (z.B. in Irland)
– Kooperative Problembewältigung als systematischer Ansatz und effektives Instrument bei der Integration von Schülerinnen und Schülern mit Verhaltensauffälligkeiten. Klare Verhaltensnormen und Spielregeln, die mit allen Jugendlichen vereinbart werden, haben sich (neben angemessenen Anreizen) als effizient erwiesen.
– Heterogene Gruppenbildung und binnendifferenzierte Unterrichtsgestaltung.
– Wirksamer Unterricht – Die genannten Verfahren sollten im Gesamt-

rahmen eines Bildungskonzepts stehen, das sich auf Beurteilung, Evaluierung und hohe Erwartungen gründet. Alle Lernenden, einschließlich derjenigen, die sonderpädagogisch gefördert werden müssen, zeigen verbesserte Schulleistungen, wenn ihre Arbeit systematisch beobachtet, bewertet, geplant und evaluiert wird. Der Lehrplan kann entsprechend den individuellen Bedürfnissen angepasst werden und mit Hilfe eines individuellen Förderplans adäquat umgesetzt werden. Es sollte eine Passung zwischen dem individuellen Förderplan und dem allgemeinen Curriculum bestehen.

– Stammklassen – In einigen Schulen wurde die Unterrichtsorganisation radikal verändert: Der gesamte Unterricht findet in zwei oder drei eng beieinander liegenden Klassenräumen mit gemeinsamem Bereich statt. Ein kleines, überschaubares Team von Lehrkräften ist für alle Schülerinnen und Schüler eines Jahrganges zuständig.

– Alternative Lernstrategien – Um die Integration/Inklusion von Lernenden mit sonderpädagogischem Förderbedarf zu unterstützen, wurden in den letzten Jahren verschiedene Programme entwickelt, die den Jugendlichen vermitteln, wie sie lernen und Probleme lösen können. Es trägt zum Erfolg der Integration im Sekundarschulbereich bei, wenn ihnen mehr Verantwortung für ihr eigenes Lernen übertragen wird."

Fazit

Wir leben in einer spannenden Zeit, es gibt viele Herausforderungen, wir haben Schulen für Besondere, wir haben einzelne Besondere, die in die allgemeine Schule integriert werden und es besteht in den europäischen Ländern zunehmend der Wunsch, eine Schule für alle zu realisieren. Auch das bildungspolitische Konzept Schleswig-Holsteins hat aktuell den Grundstein für längeres gemeinsames Lernen gelegt: Die Gemeinschaftsschule, in der Schülerinnen und Schüler von Klasse 5-10 gemeinsam unterrichtet werden.

Der Index for Inclusion (Developing learning and participation schools. Tony Booth, Mel Ainscow, CSIE 2000) ist für einige Bildungssysteme der Ausgangspunkt ihrer innovativen Überlegungen geworden. Andere achten darauf, die Einbeziehung des einzelnen Schulkindes und die Eltern in die Schulgestaltung aktiver zu voranzutreiben. Manche stellen die schulische Kultur in den Vordergrund oder beziehen das gesamte schulische und gesellschaftliche Umfeld mit ein (wie in Norwegen). Deutlich wird, dass sich alle Länder mit der Frage auseinander setzen, wie eine inklusive Bildung umgesetzt und gleichzeitig die Förderung der Bildungsqualität gewährleistet werden kann. Wesentliche Kernpunkte in diesem Kontext sind u.a.
•   Evaluation von innerschulischer Arbeit,

- Mehr Flexibilität in der Bildungspraxis
- Strukturelle Veränderungen des Systems Schule und Verknüpfung mit anderen außerschulischen Diensten
- Umstrukturierung von Diensten und eine bessere Verzahnung
- Schule und Gemeinschaft als Team
- Gesetzesnovellierungen
- Umschichtung von Ressourcen
- Veränderung von Ausbildung - (so hat UK ein „Curriculum for Excellence" entwickelt, mit dem Ziel, die Einstellung von Lehrkräften in der Ausbildung positiv zu beeinflussen.)

Um Bildungschancengleichheit für Schülerinnen und Schüler mit zusätzlichen Bedürfnissen/mit (sonder)pädagogischen Förderbedarf zu gewährleisten, befassen sich alle Länder mit der Weiterentwicklung in diese Richtung. Zu den erforderlichen Aufgaben in diesem Prozess gehören:

– Die vollständige Umsetzung der inklusiven Bildung und die Verbesserung der Ausbildungchancen für Lernende mit sonderpädagogischem Förderbedarf

– Die Beseitigung von Zugangshindernissen zur Ausbildung durch die Entwicklung von unterstützenden Fachdiensten und durch die Förderung von Synergien innerhalb der Schulen sowie zwischen den Schulen und den externen Partnern

– Der Ausbau der sonderpädagogischen und beruflichen Bildung für sämtliches pädagogisches Personal und nicht nur für Förderlehrer

– Die Erschließung von Methoden zur Beobachtung und Überprüfung der Bildungsergebnisse.

Wenn es uns gelingt, sowohl aus den förderlichen als auch den hinderlichen Bedingungen für gelingende integrative Bildung zu lernen und diese für eigene integrative Konzepte zu nutzen, entwickelt sich vielleicht auch eine verändertes Bewusstsein in der Gesellschaft, wie es Norwegen zum Ausdruck bringt. Als normal gilt, dass alle Kinder und Jugendlichen die Schulzeit gemeinsam in der Schule verbringen und nicht wegen einer Behinderung die Schule wechseln müssen.

Hundertwasser sagt, die gerade Linie ist gottlos (Hundertwasser: Wenn einer alleine träumt. Pattloch, München, 2003). Übertragen könnten wir sagen: kein Mensch gleicht dem anderen - es gibt keine wirklich homogene Gruppe von Menschen. Was können wir als Pädagogen und Gesellschaft tun, um diese Vielfalt an Stärken, Schwächen und Besonderheiten als Herausforderung und Chance für experimentierendes Lernen zu nutzen?

Nutzen wir die Anregungen aus anderen Ländern, suchen wir den Dialog mit dem schulischen Umfeld, um gemeinsam zu reflektieren und sich miteinander auszutauschen. Vielleicht verwandeln sich unsere Schulen eines Tages zu Treibhäusern der Zukunft, wie sie Reinhard Kahl in seinen Beispielen guter Praxis und den Bildern des Gelingens dokumentiert hat oder wie es im Haus der Vielfalt ohne gerade Linien zum Ausdruck kommt? Vielleicht sieht die Schule der Vielfalt so aus?

Entwickeln Sie Visionen – aber vergessen Sie nie:
Jeder Schüler, jede Schülerin ist einzigartig!
Ich bedanke mich für Ihre Aufmerksamkeit.

---

1) United Nations Standard Rules on the Equalization of Opportunities for Persons with Disabilities, A/RES/48/96, Resolution der vereinten Nationen, angenommen von der Generalversammlung bei ihrer 48. Sitzung am 20.12. 1993
2) Der Begriff „Inclusion" wird in der Salamanca Erklärung 1994 deutlich geprägt, eine deutsche Übersetzung kann die Bedeutung nicht in einem Begriff widerspiegeln; die englische Version wird beibehalten
3) Auszug aus dem Schleiboten, 12.3.06

Anette Hausotter ist Mitarbeiterin des European Angency for Special Needs Education

Gewaltfreie Kommunikation und Kooperatives Lernen in Gruppen – Schlüsselelemente inklusiver Pädagogik

Ines Boban & Andreas Hinz

„Inclusion means WITH – not just IN."
(Marsha Forest)

Eine Schule für alle bedarf der Entwicklung einer Pädagogik, die alle Kinder des Umfelds willkommen heißt, einer inklusiven Pädagogik. Es geht nicht länger um die Integration in die – oder besseren Falls in der – Regelschule. Jetzt geht es um die Entwicklung des mit einander Tuns. Und hier kommt die gute Nachricht: Nichts muss dafür neu erfunden werden – alles ist bereits vorhanden, bekannt, ja gut erforscht, international und sogar auch in Deutschland – trotz des eigentlich im Widerspruch dazu stehenden segregierenden und selektiven Schulsystems hierzulande. Zwei besonders hilfreiche Konzepte sollen im Folgenden als Schlüsselelemente inklusiver Pädagogik näher betrachtet werden: Gewaltfreie Kommunikation bzw. Lebensbereichernde Pädagogik und Kooperatives Lernen in Gruppen.
Eine kurze Würdigung des Inklusionsbegriffs und des Index für Inklusion (BOBAN & HINZ 2003), ein Exkurs in den internationalen Kontext und in die Hirnforschung zur Begründung aus einer neuen Sicht und einige abschließende Gedanken rahmen diese beiden Kernteile.

Inklusion, der Index und seine Indikatoren
„Das Und durchlöchert das Entweder/Oder!"
(Ulrich Beck)

Die (deutsche) Integrationspraxis hat nicht zur Überwindung der Zweigruppentheorie behindert/nichtbehindert, deutsch/nichtdeutsch geführt (vgl. HINZ 2004). Mit wachsendem Anpassungsdruck steigt der Ausgrenzungsdruck, das Entweder/Oder-Denken verfestigt sich im extrem ‚aufgeräumten' deutschen Schulsystem. Die viel sagenden Zahlen belegen dies (vgl. VON SALDERN in diesem Band). Alle Integrationsbemühungen – vor allem – von Eltern (vor allem behinderter Kinder) und PädagogInnen (vor allem SonderpädagogInnen) haben nicht wirklich zu einem Um- und Und-Denken in der gesamten Eltern- bzw. Lehrerschaft, geschweige denn in der Bildungspolitik und -verwaltung geführt.
Wichtige Impulse zur Veränderung kamen und kommen aus den internationalen Entwicklungen in Sachen Bildung. Das englische Original des „Index for Inclusion" (BOOTH & AINSCOW 2002) wurde in über 30 Spra-

chen übersetzt und wird international überall dort genutzt, wo es darum geht, eine inklusivere, alle Heterogenitätsaspekte würdigende Praxis zu entwickeln. Mit seinen 44 Indikatoren und den dazugehörigen 560 Fragen regt der Index für Inklusion Schulen zur kritischen Reflexion ihrer kulturellen Werte, ihrer Strukturen und ihrer (Unterrichts-)Praktiken an, um der realen bzw. insgesamt denkbaren Vielfalt in einem kontinuierlichen Prozess immer besser entsprechen zu können. Er baut dabei auf das Potenzial aller in den Schulen beteiligter Menschen, durch eine Form der Selbstbefragung und im Dialog miteinander selbst Antworten zu finden. Zugleich ist es sinnvoll, sich umzuschauen und bereits existierende Konzepte und Zugänge zum Anliegen der Inklusion in Beziehung zu setzen. Zu den drei Dimensionen des Index und seinen sechs Bereichen lassen sich diverse Konzepte zuordnen, Abb. 1 zeigt eine potenzielle Zuordnung.

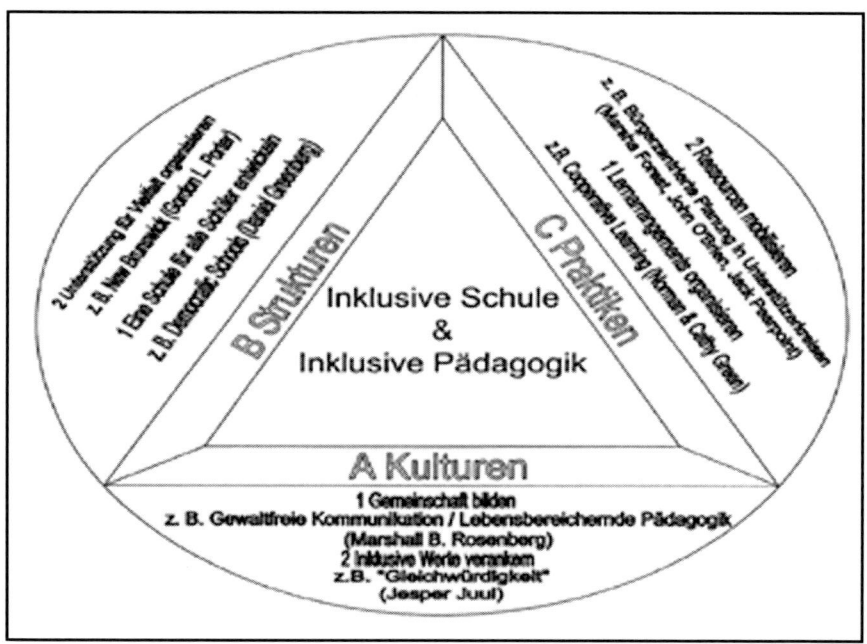

Abb. 1: Ansätze für die Entwicklung inklusiver Schulen und Pädagogik (BOBAN & HINZ 2008)

Entscheidet sich eine Schulgemeinschaft dafür, sich ihrer tragenden Werte zu versichern, so könnte sie Anregungen für den weiteren Dialog (vgl. insgesamt HARTKEMEYER & HARTKEMEYER 2005, BOBAN & HINZ 2004a) bei Jesper JUUL (2006) suchen – oder bei dem hier vorzustellenden Konzept der Gewaltfreien Kommunikation. Geht es um die Veränderung der Strukturen, wäre anregend, was hierzu in der kanadischen Atlantik-provinz New Brunswick, dem nach Aussagen der OECD weltweit am inklu-sivsten strukturierten Schulsystem (vgl. PORTER & RICHLER 1991, HINZ 2006, 2007), oder in Democratic Schools (vgl. GREENBERG 2004, 2006, GRIBBLE 2000, HECHT 2002, BOBAN & HINZ 2004b) entwickelt ist. Geht es um Ideen, wie weitere Ressourcen mobilisiert werden können, bietet der Ansatz der Bürgerzentrierten Planung (vgl. O'BRIEN & O'BRIEN 2000, 2002, PEARPOINT, O'BRIEN & FOREST 2001, BOBAN & HINZ 2004c) wichtige Hilfen. Und für die Weiterentwicklung der Lehr-Lern-Pra-xis ist das Kooperative Lernen in Gruppen zukunftsträchtig – wie gezeigt werden wird (vgl. BOBAN & HINZ 2007a). Empfehlenswert ist jeweils über eine Fortbildung mit der ganzen Schul-Community nachzudenken, statt dass einzelne in die Weiterbildung gehen und dann mit der Last des Trans-fers in das eigene Feld belastet und oft überfordert sind.

Dieser Beitrag verknüpft exemplarisch zwei Bereiche des Index für Inklusion, die die Schulkultur und die Unterrichtsorganisation betreffen, mit der aktuellen Entwicklung lebensbereichernder Pädagogik bzw. gewalt-freier Kommunikation und kooperativer Lernformen (zum Überblick über alle Bereiche vgl. BOBAN & HINZ 2008). Mit Blick auf diese beiden Be-reiche lassen sich Begründungen für eine veränderte Pädagogik in inklusiver Richtung auch aus der Perspektive der Hirnforschung (vgl. HÜTHER in diesem Band) formulieren: „Bei anderen Resonanz zu fin-den, anderen selbst Resonanz zu geben und zu sehen, dass sie ihnen etwas bedeutet, ist ein biologisches Grundbedürfnis. … Unser Gehirn ist … neurobiologisch auf gute soziale Beziehungen geeicht… Personen, die von sozialer Ächtung betroffen sind, zeigen eine signifikante Aktivie-rung neurobiologischer Schmerzzentren" (BAUER 2006a, 169f.).

Gemeinschaft aufbauen und stärken: ‚Ubuntu' – internationale Blitzlichter

„Dass die südafrikanische Gesellschaft sich
schneller, bereitwilliger und gründlicher
mit ihrer Vergangenheit befasst als Nazi-Deutschland,
das liegt auch an der Tradition des ‚Ubuntu'"
(Ute Scheub 2007, 274)

Ubuntu – „den Begriff kann man nicht übersetzen. … Er bedeutet: Ein Mensch ist ein Mensch durch andere Menschen. Miteinander verbunden sein. Ich bin, weil Du bist. Wir alle spiegeln uns ineinander. Ein mensch-liches Wesen wird zu einem menschlichen Wesen durch das Anderssein der anderen menschlichen Wesen. Ubuntu meine, sagt Bischof Tutu, dass eine Person menschlich wird, indem sie in die Gemeinschaft anderer

Menschen eingebunden wird. Ubuntu fördere Mitgefühl, Gastfreundlichkeit und Vergebung" (SCHEUB 2007, 274).

In einem Film aus einem EU-Projekt zum „Cooperative Group-Learning" in inklusiv orientierten Schulen in Island, Österreich, Portugal und Spanien wird eine Gruppe von SchülerInnen vorgestellt, die es gelernt hat, mit Kalli zu kommunizieren, bzw. seine per Worttafel oder Sprechcomputer einzuholenden Inputs in den Gruppenarbeitsprozess einzubeziehen. Der dazu notwendige Zeitaufwand wird bei der Aufgabenstellung und Gruppenarbeitsplanung von den beiden anwesenden Pädagoginnen einkalkuliert. Der Vater eines Mitschülers von Kalli betont in diesem Film, dass sein Sohn damit eine Freundschaft gewonnen hat, die so vorher nicht einmal denkbar gewesen wäre.

Michael EVANS, Mitarbeiter der OECD, konstatiert in einem ZDF-Bericht zur Diagnose des sozial entmischenden deutschen Schulsystems im Rahmen der PISA-Untersuchungen und den Menschenrechtsbericht von MUNOZ reflektierend im Sommer 2007, dass Deutschland 25 Jahre brauche, um Anschluss an internationale Standards zu erreichen, wenn es jetzt sofort mit der Umgestaltung beginnen würde – er würde allerdings noch kein einziges Anzeichen für irgendeine bildungspolitische Anstrengung in diese Richtung sehen.

Die südafrikanische Regierung hat alle LehrerInnen aufgefordert, nunmehr alle Kinder des Schulumfelds – unabhängig von ihrem sozialen Status, ihrer Hautfarbe, einer HIV-Infektion etc. willkommen zu heißen. Die Bildungspolitik der Inclusive Education (vgl. DEPARTMENT OF EDUCATION 2001) legt ihnen überdies nahe, in die umliegenden Häuser und Ställe zu gehen und nach Kindern zu suchen, die bisher dort zurückgehalten oder gar versteckt worden sind. Seitdem lernt – in einer südafrikanischen Grundschulklasse mit 90 Kindern – ein taubblindes Kind. Mit ihm lernen alle LehrerInnen und alle Kinder das Lormen-Alphabet, damit in wechselnden Gruppenkonstellationen alle die spannende Erfahrung machen können, mit dieser Mitschülerin zu verschiedenen Sachverhalten zu kommunizieren. Dass die Terrasse vor dem Klassenraum ohne Geländer 1,50 Meter zum Garten hin abbricht, wäre in Deutschland mit Sicherheit ein Sicherheitsproblem, das die Teilhabe dieses taubblinden Kindes verhindert hätte – die KollegInnen dieser Schule sehen dies jedoch anders: Es ist gar kein Problem, denn dieses Mädchen sei immer von 89 anderen sehenden Kindern umgeben, da könne gar nichts passieren …

Diese Gemeinschaftsorientierung kommt auch im südafrikanischen Märchen von „Senkatana" zum Ausdruck, der, nachdem ein großer Drachen alle Menschen aufgefressen hat, nun endlich tun und lassen kann, was er will, aber jetzt bemerkt, wie unglücklich er dabei ist: „Ich kann mich selbst nicht finden / Denn ich befinde mich nicht bei den anderen / Worüber soll ich mich freuen, wenn ich ganz allein bin? / Wovon soll ich befreit werden, wenn nur ich da bin? / Warum sollte irgendetwas schön sein, wenn nur meine Augen es sehen? / Ihr seid es, die mein Ich hervorrufen / Ich bin es, der sein Ich durch Euch denkt / Ihr denkt mein Ich aus / Ich wähle Euch nicht / Dass es Euch gibt, erschafft mich / Wir sind gemacht, mit anderen zu sein / Oder wir werden hungrig bleiben mitten im Überfluss" (SCHEUB 2007, 275).

Inklusive Pädagogik und der Index fragt also nach der Gestaltung eines Miteinanders, das zu echter Partizipation führt und gerade so das je eigene Lernen steigert. Das White-Paper des südafrikanischen Kultusministeriums zur Entwicklung eines inklusiven Schulsystems (vgl. DEPART-MENT OF EDUCATION 2001) verwendet die Begrifflichkeit des Index für Inclusion und spricht z.B. nicht mehr von ‚special educational needs', sondern von ‚barriers for learning and participation' und fordert alle an Schule Beteiligten dazu auf, Barrieren für das Lernen und die Teilhabe abzubauen (zum internationalen Diskurs vgl. BOBAN & HINZ 2007b).

„Erstes und letztes Ziel soll es sein, die Unterrichtsweise aufzuspüren, bei welcher die Lehrer weniger zu lehren brauchen und die Schüler dennoch mehr lernen; in den Schulen weniger lernen, Überdruss und unnütze Mühe herrsche, dafür mehr Freiheit, Vergnügen und wahrhafter Fortschritt" forderte COMENIUS bereits 1632 (zit. in RENOLDNER, SCALA & RABEN-STEIN 2007, 76) – und viele Schulen tragen seinen Namen. Hier stellt sich verschärft die Frage, worauf in unserem Land gewartet wird. Es gibt allen Grund dafür, trotz aller bestehenden gesellschaftlichen und bildungspolitischen Barrieren die seit 365 Jahren anstehenden Veränderungen anzugehen – und die Hirnforschung leistet hierzu einen wichtigen Beitrag.

Resonanz als menschliches Grundbedürfnis
„Die stärkste und beste Droge für den Menschen
ist der andere Mensch"
(Joachim Bauer 2006b, 51)

Hirnforschungsergebnisse der letzten Jahre stellen eine starke Argumentationshilfe für eine zu verän-ernde Schul- und Lernkultur dar. Die unabweisbare Konsequenz aus den gewonnenen neurobiologi-schen Daten lautet: Will man Menschen nachhaltig stärken, muss man ihnen die Möglichkeit geben, mit anderen zu kooperieren und Beziehungen zu gestalten. Hierfür ist insbesondere das Phänomen der Spiegelneurone und das so genannte Motivationssystem im Gehirn von Bedeutung: „Da sie mit der Ausschüttung der Glücksbotenstoffe Dopamin, Oxytozin und Opioide einhergehen, sind gelingende Beziehungen das unbewusste Ziel allen menschlichen Bemühens. Ohne Beziehung gibt es keine dauerhafte Motivation. Die von den Motivationssystemen ausgeschütteten Botenstoffe ‚belohnen' uns nicht nur mit subjektivem Wohlergehen, sondern ... auch mit körperlicher und mentaler Gesundheit. Dopamin sorgt für Konzentration und mentale Energie, die wir zum Handeln benötigen. Besonders gesundheitsrelevant ist jedoch das, was Oxytozin und die endogenen Opioide leisten: Sie reduzieren Stress und Angst, indem sie das Angstzentrum ... und das oberste Emotionszentrum ... beruhigen. Belastete und belastende Beziehungen führen nicht nur zu einem ‚Sinkflug' der Motivationssysteme. Wenn die Ausschüttung von Oxytozin und Opioiden ausbleibt, entfallen auch die erwähnten beruhigenden Wirkungen auf das Angst- und das oberste Emotionszentrum. Dies hat eine neurobiologische Erregungsreaktion zur Folge. Im Normalfall, also bei Beziehungskonflikten, wie sie im Alltag laufend vorkommen, ist diese Reaktion durchaus sinnvoll, denn sie veranlasst uns, uns verstärkt um Kooperation und Normalisierung zu bemühen. Dauerhaft gestörte Beziehungen oder der vollständige Verlust tragender Bindungen können dagegen einen ‚Absturz' der Motivationssysteme zur Folge haben. ... Abgesehen von der Möglichkeit massiver Aggressionsentwicklung, ziehen Beziehungskrisen oder Verluste in der Regel eine zweiphasige seelische Reaktion nach sich: Kurzfristig setzt meistens ein Gefühl von Schmerz und Erregung ein, das mit Angst, Panik, Trauer (oder Aggression) verbunden sein kann. Langfristig ... kann es zu verschiedenen Spielarten einer depressiven Störung kommen" (BAUER 2006b, 61ff.).

Es ist nachgewiesen, „dass Menschen, die in einer für sie unverständlichen Weise von anderen aus der Gemeinschaft ausgegrenzt und ausgeschlossen werden, nicht nur psychologisch, sondern auch neurobiologisch mit einer Mobilisierung des emotionalen Schmerzzentrums reagieren. Das Gehirn scheint zwischen seelischem und körperlichem Schmerz nur unscharf zu trennen. Untersuchungen zufolge erleben Menschen, die sich allein gelassen fühlen, körperliche Schmerzen stärker als Perso-nen, denen mitmenschliche Unterstützung zur Verfügung steht. Auch hier zeigt sich, wie sehr wir neurobiologisch auf Kooperation hin konstruiert sind" (BAUER 2006b, 64) – und wie fatal sich alle Formen schulorganisatorischer Sortierung und Aussonderung auswirken. Es gibt also auch gute biologische Gründe dafür, auch und gerade in der Institution Schule Raum und Bedingungen für stärkende Beziehungserfahrungen zu schaffen – wie mit den folgenden Konzepten gezeigt wird.

Gewaltfreie Kommunikation als basales
Schlüsselelement inklusiver Pädagogik
„Lehren heißt, den Schülern Lust aufs Reisen zu machen."
(Marshall B. Rosenberg 2004b, 122)

Für das Lernen in heterogenen Gruppen stellt der „Bereich A 1: Gemeinschaft bilden" im Index die Grundlage für alle weiteren Entwicklungen dar. Das Konzept der Gewaltfreien Kommunikation bzw. lebensbereichernden Pädagogik, wie es von Marshall B. ROSENBERG genannt wird, bietet Schulen, die ein stärkender Ort für jegliches Kind sein wollen, hierzu eine Orientierung, die im Index für Inklusion mit einer Reihe von Indikatoren angeregt wird.

Bereich A 1: Gemeinschaft bilden
- JedeR fühlt sich willkommen.
- Die SchülerInnen helfen einander.
- Die MitarbeiterInnen arbeiten zusammen.
- MitarbeiterInnen und SchülerInnen gehen respektvoll miteinander um.
- MitarbeiterInnen und Eltern gehen partnerschaftlich miteinander um.
- MitarbeiterInnen und schulische Gremien arbeiten gut zusammen.
- Alle lokalen Gruppierungen sind in die Arbeit der Schule einbezogen.

Tab. 1: Indikatoren im Bereich A 1: Gemeinschaft bilden
(Boban & Hinz 2003, 50)

Haltungen – wie z.B. jemanden willkommen zu heißen, einander gegenseitig Hilfe anzubieten, zu kooperieren, respektvoll und partnerschaftlich und andere oder alle einbeziehend zu agieren – vermitteln sich durch Kommunikation. Ihre Art und Qualität entscheidet über (Ein-, Un- und Miss-)Verständnis. Gewaltfreie Kommunikation „ist eine Art des Umgangs miteinander, die den Kommunikationsfluss, der im Austausch von Informationen und im friedlichen Lösen von Konflikten notwendig ist, erleichtert. Der Fokus liegt dabei auf den Werten und Bedürfnissen, die alle Menschen gemeinsam haben, und wir werden zu einem Sprachgebrauch angeregt, der Wohlwollen verstärkt. Ein Sprachgebrauch, der zu Ablehnung oder Abwertung führt, wird vermieden". (ROSENBERG 2004a, 2004b, 2006, 1)
Die Face-to-face-Ebene der Demokratie zeigt sich beim Aushandeln verschiedener Interessensvertreter, beim Ringen um Interessensausgleich, insbesondere in Interessenskollisionen, Disputen und Konflikten. Bei der Gewaltfreien Kommunikation wird davon ausgegangen, „dass die befriedigendste Handlungsmotivation darin liegt, das Leben zu bereichern und

nicht aus Angst, Schuld oder Scham etwas zu tun. Besondere Bedeutung kommt der Übernahme von Verantwortung zu für getroffene Entscheidungen sowie der Verbesserung der Beziehungsqualität als vorrangigem Ziel" (ROSENBERG 2004a, 2004b, 2006, 1; Hervorhebung i. O.). Dem liegt die Überzeugung zugrunde, dass alles, was ein Mensch tut, ein Versuch ist, Bedürfnisse zu erfüllen, und es dazu für alle Beteiligten förderlicher ist, Bedürfnisse durch Kooperation statt durch Wettbewerb zu erfüllen. Es bereitet Menschen von ihrer Natur her Freude, zum Wohlergehen anderer beizutragen, wenn sie das freiwillig tun können.

Ursprünglich Psychotherapeut, als Schüler von ROGERS (humanistische Psychologie) und angelehnt an die Themenzentrierte Interaktion (COHN), begründet er das „Center for Nonviolent Communication" in den USA und erprobt später als Konfliktmediator seinen Ansatz in extremen Konfliktstrukturen wie z. B. im Nahen Osten, in der Bronx, in Serbien, in Nordirland und in Missbrauchskonflikten bei Täter-Opfer-Gesprächen. Den auf Mahatma GANDHI und Martin Luther KING zurückgehende Begriff der ‚Gewaltfreiheit' ergänzt ROSENBERG im Hinblick auf Schule durch den Begriff ‚Lebensbereichernde Pädagogik', um die es ihm auch bei der Gründung seiner Schule in Rockford, USA, geht. Dort werden BewerberInnen gefragt, ob sie bei der Beziehungsgestaltung mit den SchülerInnen auf die Begriffe ‚richtig/falsch', ‚Fehler', ‚müssen/sollen' verzichten können, denn die Qualität von Kommunikation sei grundlegend für die Schulkultur. Rosenberg stellt zwei grundlegend unterschiedliche Kommunikationsstile gegenüber, die er als ‚Giraffensprache' und ‚Wolfssprache' bezeichnet – und die o. g. Begrifflichkeiten gehören zum zweiten Stil. ‚Wolfssprache' bezeichnet die von Gefühlen und Bedürfnissen abgeschnittene, mit Be- und Verurteilungen verbundene, pflichtorientierte Sprache des ‚Rechthaben-Wollens'. Sie führt schnell in immer tiefere Konflikte. ‚Giraffensprache' dagegen ist eine mit Gefühlen und Bedürfnissen verbundene Sprache, ohne Be- und Verurteilungen, die stets Wahlmöglichkeiten im Blick behält. Das Herz einer ausgewachsenen Giraffe ist mit 12,5 kg das größte aller Säugetiere, und die besondere Perspektive des Pflanzenfressers trägt zusätzlich dazu bei, dass die Giraffe als Symbol für diese Art der dialogischen Kommunikation ausgewählt wurde. Sich darin trainierende Schulen bezeichnen sich selbst als ‚Giraffenschulen', so in Schweden (vgl. NIELSEN 2002, HOFFSKOV 2004).

Um auch im Klassenzimmer Empathie leben zu können, üben HART und KINDLE HODSON (2006) mit ihren SchülerInnen diese Gemeinschaftsstiftende, die Energien positiv aufladende Kommunikation des Gebens und Nehmens, die sie wie oben in der Tabelle der des Beschimpfens und Beurteilens gegenüberstellen. Die Wahrnhemung und der Ausdruck grundlegender Gefühle sind Indikatoren dafür, ob eine Situation als stärkend und das Leben bereichernd erfahren wird - oder ob das Gegenteil der Fall

Giraffensprache versus Wolfsprache	
Sprache des Gebens und Nehmens	Sprache des Beschimpfens und Beurteilens
Ziele und Motive	**Ziele und Motive**

- das Leben bereichern
- Bedürfnisse aller zufrieden
  stellen
- Gemeinschaft stiften und ge
  meinsame Energie spüren
- Freude
- Empathie
	- Recht behalten
	- Bekommen was ich will
	- Hierarchie aufbauen und Macht
	  über andere haben
	- Furcht, Schuld, Scham
	- Zwang, Pflicht

Strategien
- beobachten: sehen und hören
- meine Gefühle und Bedürfnisse
- mit anderen teilen
- Bitten äußern
- Gefühle und Bedürfnisse
  anderer hören
	Strategien
	- urteilen und analysieren
	- beschuldigen und kritisieren
	- Forderungen aufstellen, Bestraf-
	  ungen und Belohnungen
	  einsetzen

Tab. 2: Giraffensprache versus Wolfssprache
(nach HART & KINDLE HODSON 2006, 73)

ist. Wenn Bedürfnisse erfüllt sind, dominieren Empfindungen, die mit „angeregt, bewegt, dankbar, energiegeladen, erfreut, erfüllt, erleichtert, erstaunt, fasziniert, fröhlich, gerührt, hoffnungsvoll, inspiriert, optimistisch, stolz, vertrauensvoll, wohl, zuversichtlich" (ROSENBERG 2004a, 163) beschreibbar sind. Empfindungen, die hingegen aufkommen, wenn grundlegende Bedürfnisse nicht erfüllt werden, sind mit den Adjektiven „bekümmert, besorgt, einsam, entmutigt, enttäuscht, frustriert, gereizt, hilflos, hoffnungslos, nervös, traurig, unbehaglich, ungeduldig, verärgert, verlegen, verwirrt, widerwillig, wütend" (ROSENBERG 2004a, 163) zu belegen.

Auch die Schule ist gefordert, den grundlegenden Bedürfnissen von Menschen umfassend Rechnung zu tragen. „Zwischenmenschliche Beziehungen sind für Kinder eine Art essenzielles Vitamin, sie sind ebenso wichtig wie gesunde Ernährung und ausreichender Schlaf" (BAUER 2007, 128). Die folgenden Aspekte gilt es insbesondere abzusichern (vgl. ROSENBERG 2004a, 163f.):

- Autonomie: Träume, Ziele, Werte wählen; Pläne für deren Erfüllung entwickeln
- Feiern: Entstehung des Lebens, Erfüllung von Träumen feiern; Verluste feierlich begehen (trauern)

- Integrität: Authentizität, Kreativität, Sinn, Selbstwert
- Interdependenz: Akzeptieren, Wertschätzen, Nähe, Gemeinschaft, Rücksichtnahme, ...
- Nähren der physischen Existenz: Luft, Nahrung, Bewegung, Ruhe, Körperkontakt, ...
- Spiel: Freude, Lachen
- Spirituelle Verbundenheit: Schönheit, Harmonie, Inspiration, Ordnung, Frieden

Um Gewaltfreie Kommunikation zu lernen und insbesondere die Aspekte von Integrität und Interdependenz zu leben, empfiehlt ROSENBERG einer Gemeinschaft, jeweils in folgenden vier Schritten an Situationen heranzugehen (vgl. 2004a, 168):

1. Wahrnehmen der Beobachtungen und deren Artikulation: „Wenn ich sehe /höre, ..."
2. Wahrnehmen der dazugehörigen Gefühle und deren Artikulation: „Ich fühle ..."
3. Wahrnehmen der eigentlichen Bedürfnisse und deren Artikulation: „Mir ist wichtig ..."
4. Formulieren eine echten/positiven Bitte (ohne zu fordern): „Würdest du bitte ..."

All diese Überlegungen haben enorme Bedeutung für die Schule und die Frage, was sie für ein Lebensort sein kann bzw. will. ROSENBERG unterscheidet „dominanzbasierte Organisationen" (2004a, 26), deren Ziel es ist, zu beweisen, wer im Recht oder Unrecht ist und die dafür sorgen, dass man bekommt was man will. Hier ist es oberstes Gebot, der Autorität zu gehorchen. ‚Motivation' erfolgt über Bestrafung bzw. Belohnung, Zuweisung von Schuld, Erzeugen von Scham- und Verpflichtungsgefühlen. ‚Pflicht' ist ein Kernbegriff dieser Logik, deren Bewertungsstrategie durch Etikettierung und Be- bzw. Verurteilung gekennzeichnet ist.

Dagegen stellt ROSENBERG das Konzept „lebensbereichernde Organisationen" (2004a, 26f.), deren Ziel es ist, das Leben jeweils schöner zu machen und für die Erfüllung der Bedürfnisse aller zu sorgen, indem jedeR zu sich und anderen Verbindung sucht. Zum Wohlbefinden anderer beizutragen und von anderen etwas zwanglos anzunehmen, führt zur Erfüllung menschlicher Bedürfnisse und zu echter Lebensqualität. Der Bewertungsmaßstab ist dann die oben aufgeführte Liste der Gefühle, die eintreten, wenn grundlegende Bedürfnisse erfüllt sind.

Als Essentials einer lebensbereichernden Pädagogik können die folgenden Punkte zusammengefasst werden (vgl. ROSENBERG 2004a, 27f.):

- In partnerschaftlicher Zusammenarbeit findet eine einvernehmliche Festlegung von Arbeitszielen statt,
- es wird eine prozessorientierte Sprache gepflegt,
- nur eine inspirierte Person kann in anderen Menschen etwas entfachen ('jemanden motivieren' meint oft, etwas so anlegen, dass der andere nicht merkt, dass es eigentlich nicht seinem Interesse entspricht, was er nun tut – und dies trägt nicht längerfristig),
- wenn überhaupt Tests geschrieben werden, dann am Anfang eines Lernprozesses, um zu klären, wo gestartet wird – statt ,am Ende', denn es gibt kein definiertes; gebraucht werden Lernentwicklungsberichte, nicht Zensuren,
- nur eine interdependente Lerngemeinschaft mit gegenseitiger Hilfe (ohne Konkurrenzkampf) und gegenseitiger Unterstützung bei individuellen Zielen kann das Leben aller bereichern,
- einvernehmliche Festlegungen von Regeln und Bestimmungen, und die Funktion von Macht lediglich zum Schutz (nicht aber zur Bestrafung) als Ergebnisse von Aushandlungen nach dem vierschrittigen Muster bereiten den Weg für das Leben der Gemeinschaft.

Zur Wolfssprache im Sinne der hierarchischen Sprache der Manipulation wird auch das Loben und Komplimente-Machen gezählt. Gemäß dem Motto „sei nicht nett, sei echt!" (BRYSON 2006) werden beide als „schädliche Urteile" eingeschätzt, da „positive Urteile andere gleichermaßen entmenschlichen wie negative. Wir behaupten auch, dass positives Feedback als Belohnung destruktiv ist. Entmenschlichen Sie andere nicht, indem Sie ihnen Komplimente machen oder sie loben. Wenn ich das zu Managern in der Industrie oder zu Lehrern sage, sind sie oft geschockt. Oft hatten sie an Trainingsprogrammen teilgenommen, wo ihnen beigebracht wurde, ihre Angestellten oder Schüler zwecks Leistungssteigerung zu loben. Ich weise sie dann darauf hin, dass Forschungsergebnisse belegen, dass die meisten Kinder wirklich mehr arbeiten, wenn sie gelobt werden. Die meisten Angestellten arbeiten mehr, wenn sie gelobt werden - aber nur für kurze Zeit. Es dauert so lange, bis sie die Manipulation ahnen, bis sie spüren, dass es nicht das Wahre ist, dass es keine Dankbarkeit ist, die von Herzen kommt. Es ist nur eine weitere Manipulation, ein weiterer Versuch, sie zu etwas zu bringen. Und wenn die Menschen die Manipulation spüren, bleibt die Produktivität nicht länger hoch" (ROSENBERG 2006, 107).
Beide Kommunikationsstile, Wolfs- wie Giraffensprache, stehen in einem unmittelbaren Zusammenhang mit der Lehrerrolle. Hierzu bietet ROSENBERG zwei Bilder an, die man als ,Milchflaschen-Pädagogik' und ,Reiseveranstalter-Pädagogik' bezeichnen kann. Die Lehrerrolle in ,Wolfsschulen'

stellt sich wie folgt dar: „In den regulären Schulen, in denen ich oft arbeite, sind Lehrer wie Milchflaschen und die Schüler wie leere Gläser, die in einer Reihe aufgestellt sind. Unterrichten ist: die Milch in die Gläser gießen. Wenn die Prüfung kommt, dann schütten die Gläser die Milch wieder in die Milchflasche, und am Ende haben wir 30 leere Gläser und eine Milchflasche voll mit ausgekotzter Milch" (ROSENBERG 2004b, 122).

In ‚Giraffenschulen' hingegen, in denen das Prinzip der Freiwilligkeit gilt und kein ‚Soll' und ‚Muss' greift, besteht folgende Lehrerrolle: „Reiseveranstalter bieten dir verschiedene Reiseziele an, sie können dir auch etwas empfehlen oder dich beraten, aber sie sagen dir nicht, wo du hinfahren sollst. Reiseveranstalter erwarten von ihren Kunden weder, dass sie alle zusammen fahren, noch, dass sie an den gleichen Ort fahren. Und: Reiseveranstalter vermitteln die Reise und kümmern sich um das Organisatorische, aber sie fahren nicht mit" (ROSENBERG 2004b, 120f.).

Illustriert wird dies mit einem Beispiel aus einer ‚Giraffenschule' in Israel: „Die Schüler waren so um die 12 Jahre alt. Die Lehrerin war in einer Ecke des Raumes und hat mit zwei Schülern und einer Schülerin gearbeitet, die individuelle Unterstützung zu brauchen schienen. Die restlichen Schüler waren in Vierer- und Fünfergruppen im Raum verteilt. Ich habe mich bei einem dieser Tische dazugesetzt. Da saß ein Mädchen, das einem Jungen kurz etwas erklärte, ihm dann eine Übung gab und sich anschließend zu einem anderen Mädchen umdrehte, die ihr wiederum irgendeinen Stoff vermittelte. Alle waren auf irgendeine Weise eingebunden. Das heißt: Als Lehrer schaffe ich den Rahmen zum Lernen, aber es muss nicht immer durch mich passieren. Studien zeigen immer wieder, dass Schüler, die gerade etwas gelernt haben, die besten Lehrer sind. Kinder lernen das allermeiste von anderen Kindern. Wenn Schule so organisiert ist, dann kann der Lehrer sich mit einigen wenigen beschäftigen, ohne dass die anderen warten" (ROSENBERG 2004b, 122).

Diese Situation belegt, was im ‚Bereich A.1: Gemeinschaft bilden' im Index als praktizierte inklusive Qualität eines schulischen Miteinanders gelten kann, und sie leitet zugleich über zu dem Kernelement inklusiver Didaktik, dem Kooperativen Lernen in Gruppen. Aus der Suche nach Passung, nach Spiegelung und nach Abstimmung zwischen biologischen Systemen „haben sich die differenzierten, intuitiven kommunikativen Phänomene entwickelt, die wir beim Menschen beobachten können....: Nicht dass wir um jeden Preis überleben, sondern dass wir andere finden, die unsere Gefühle binden und spiegelnd erwidern können, ist das Geheimnis des Lebens" (BAUER 2006a, 173).

Kooperatives Lernen in Gruppen als zentrales Schlüsselelement inklusiver Pädagogik

„Kreativität entsteht erst dann,
wenn die passende Mischung
mit einem gewissen Maß an Gegensätzlichkeit und Vielfalt gegeben ist.
Weil diese Einsicht zu wenig berücksichtigt wird,
erweisen sich viele unserer Bildungsbemühungen als kreativitäts-
feindlich!"
(Olaf-Axel BUROW 2000, 21)

Arbeit in Gruppen ist im bundesdeutschen Schulalltag oft die seltenste Sozialform von Lernenden. In Schulen, die die Heterogenität ihrer Schülerschaft schon immer als Chance aufgefasst haben, sind eigenverantwortlich intensiv zusammenarbeitende Schülergruppen alltägliche Praxis: In der Lübecker Geschwister-Prenski-Gesamtschule und in der IGS Köln-Holweide beispielsweise, beide Schulen mit langjähriger Erfahrung im Gemeinsamen Unterricht, wird das Konzept des Kooperativen Lernens erprobt. Sie beziehen sich auf Norm und Kathy GREEN, die im Durham School Board (Ontario, Kanada) Kooperatives Lernen als wesentlichen Baustein einer grundlegenden Schulreform im Kontext intensiver Lehrerfortbildung entwickelt haben. Ganze Kollegien der Gesamtschulen Bonn-Beuel und Hagen-Haspe oder aller Schulformen in Mönchengladbach bildeten sich entsprechend fort und geben ihre Erkenntnisse weiter (vgl. BRÜNING & SAUM 2006, 2007, BOCHMANN & KIRCHMANN 2006).

Im ‚Bereich C 1: Lernarrangements organisieren' finden sich eine Reihe von Indikatoren, die sich alle auf die Unterrichtspraxis beziehen. In der englischen Originalversion wird dieser Bereich mit „Orchestrating Learning" bezeichnet (BOOTH & AINSCOW 2002y) – eine Begrifflichkeit, die die Vielfalt deutlicher in den Blick nimmt als die bisherige deutsche Übersetzung.

Mit den ersten sechs Indikatoren dieses Bereiches wird das Konzept des Kooperativen Lernens in Gruppen direkt berührt. Kooperatives Lernen wird verstanden als „eine besondere Form von Kleingruppenunterricht, der – anders als der traditionelle Gruppenunterricht – die sozialen Prozesse beim Lernen besonders thematisiert, akzentuiert und strukturiert. Der Entwicklung von der losen Gruppe zum ‚echten' Team mit erkennbarer Identität kommt hohe Bedeutung zu. Durch vielfältige Maßnahmen und Aktivitäten wird die Eigenverantwortlichkeit für die Gruppenlernprozesse angebahnt und ausgebaut. Durch sensibel geplante Prozesse wird eine positive gegenseitige Abhängigkeit der Gruppenmitglieder er-

Bereich C 1: Lernarrangements organisieren
Der Unterricht wird auf die Vielfalt der SchülerInnen hin geplant.
Der Unterricht stärkt die Teilhabe aller SchülerInnen.
Der Unterricht entwickelt ein positives Verständnis von Unterschieden.
Die SchülerInnen sind Subjekte ihres eigenen Lernens.
Die SchülerInnen lernen miteinander.
Bewertung erfolgt für alle SchülerInnen in leistungsförderlicher Form.
Die Disziplin in der Klasse basiert auf gegenseitigem Respekt.
Die LehrerInnen planen, unterrichten und reflektieren im Team.
Die ErzieherInnen unterstützen das Lernen und die Teilhabe aller SchülerInnen.
Die Hausaufgaben tragen zum Lernen aller SchülerInnen bei.
Alle SchülerInnen beteiligen sich an Aktivitäten außerhalb der Klasse.

Tab. 3: Indikatoren im Bereich C 1: Lernarrangements organisieren (BOBAN & HINZ 2003, 52)

zeugt, was sich sowohl auf die sozialen Interaktionsprozesse als auch auf die Arbeitsergebnisse oder -produkte günstig auswirkt" (WEIDNER 2005, 29). Hervorgehoben wird, dass die Gruppenprozesse beim Kooperativen Lernen mindestens genau so wichtig sind wie das Arbeitsprodukt: Lernen wird „in weiten Teilen als ein sozialer Prozess gesehen, in dem man durch vielfältige Auseinandersetzung mit Anderen Wissen und Kompetenz erwirbt. Schüler wollen gern in Kontakt mit ihren Mitschülern sein. Dieses wird im lehrerzentrierten Unterricht oft als Stören (‚Schwätzen') unterbunden oder sanktioniert. Beim Kooperativen Lernen wird das Bedürfnis nach Interaktion mit Gleichaltrigen in der strukturierten Kleingruppensituation konstruktiv und positiv genutzt. Lernen durch Lehren bringt Vorteile und wirkt nachhaltiger. Im Kleingruppenunterricht werden bewusst und geplant Situationen erzeugt, in denen Schüler sich gegenseitig Lerninhalte ‚beibringen'" (WEIDNER 2005, 33).

Hier könnte die Sorge entstehen, dass Kooperatives Lernen zu viele Kompetenzen bei SchülerInnen voraussetzen und solche mit Lernschwierigkeiten hier benachteiligt werden. Dagegen wird argumentiert, dass lehrerzentrierter Frontalunterricht wie auch Formen des offenen Unterrichts gerade für diese SchülerInnen überfordernd sein können. Künftig dürfte sogar gut strukturiertes Kooperatives Lernen den bisherigen Stellenwert des Offenen Unterrichts einnehmen (vgl. HECKT 2006, 23).

Im Konzept des Kooperativen Lernens stellen die pädagogischen Mitarbeiterteams Teams von SchülerInnen im Rahmen so zusammen, dass in einer vier- bis sechsköpfigen Tischgruppe alle Heterogenitätsaspekte als Ressource zur Verfügung stehen. So wird es immer eine Mischung aus Mädchen und Jungen geben, aus Personen, die die Welt aus unterschiedlichen Perspektiven sehen können, weil sie immer im Frieden leben konnten, weil sie einen Krieg überlebten, weil sie eine Flucht geschafft haben oder andere Erfahrungen in ihrem Gepäck als zu teilenden Schatz bei sich tragen. In jeder Gruppe sollte es z.b. zum Reichtum der Möglichkeiten gehören, dass ein Gruppenmitglied über den Zugang zu einer anderen Kultur und zu einer anderen Sprache verfügt. Unterschiedliche physische Konditionen erweitern das Kompetenzspektrum einer Gruppe ebenso wie unterschiedliche psychische Strukturen und Wahrnehmungspräferenzen innerhalb eines Teams. So bietet diese Form des Unterrichts große Chancen, verschiedensten Interessen zu entsprechen. Damit wird der Theorie kreativer Felder entsprochen: „Harmonisierende, homogene Teamkulturen sind hinsichtlich ihrer Ergebnisse vielfältig und gegensätzlich zusammengesetzten Teams, in denen man sich gegenseitig herausfordert und konstruktiv streitet, unterlegen" (BUROW 2000, 94). Aufgaben werden so in diese Teams gegeben, dass jeder involviert wird, z.B. durch die Arbeitsgrundregel „Think-pair-share!" Damit es nicht zur Verfestigung von Zuständigkeiten und Rollen kommt, führt diese Grundregel (neben rotierenden Posten der Aufgabenstellung, des Vorlesens, Material Besorgens, Präsentierens etc.) dazu, dass alle Gruppenmitglieder sich zunächst selbst („Think") mit der Grundfrage auseinandersetzen, dann zu zweit („Pair") darüber austauschen und sich schließlich innerhalb des gesamten Teams („Share") beraten. So werden alle SchülerInnen herausgefordert, Aktivitäten vielfältigster Art zu entfalten und sich so im Lernen zu steigern. Versuche, durch Standardisierungen in unseren Bildungssystemen vergleichbare Leistungen abzufragen, gehen in eine vollkommen falsche Richtung, da sie Kreativität und Kompetenzentwicklung behindern: „Wir brauchen mehr eigensinnige Vielfalt statt normierte Einfalt, wenn wir die Wahrscheinlichkeit des Auftretens von kreativen Leistungen erhöhen wollen" (BUROW 2000, 22).

Zurückgehend auf Kurt KOFFKA, Gründer der Berliner Schule der Gestaltpsychologie Anfang des 20. Jahrhunderts, und dessen Mitarbeiter Kurt LEWIN, entwickeln die Brüder David und Roger JOHNSON die These von der Gruppe als dynamischem Ganzen, in dem die Rollen der Mitglieder sich verändern können. Aus diesen Überlegungen geht die Theorie der sozialen Interdependenz hervor, der wechselseitigen sozialen Abhängigkeit. Positive Interdependenz bedingt unterstützende Interaktion, negative Interdependenz oppositionelle Interaktion und keine Interdependenz null Interaktion (vgl. JOHNSON, JOHNSON & HOLUBEC 2005). In ca. 500 experimentellen Studien zwischen 1898 und 1989 wurde über die Fragen der Interdependenz geforscht (vgl. JOHNSON, JOHNSON & HOLUBEC 2005, 88).

Für die Dominanz und Pflege der unterstützenden Interaktion gegenüber der tradierten oppositionellen, auf Konkurrenz zielenden Interaktion liefert zudem die Neurobiologie eine starke Begründung: „Das notwendige Umdenken hinsichtlich der biologischen Bedeutung von Kooperation und Aggression steht derzeit noch am Anfang. Über viele Jahrzehnte hinweg waren Kampf und Aggression ein in westlichen Ländern idealisiertes, zeitweise geradezu religiös verehrtes Prinzip. ‚Leben heißt Kämpfen', dieses Motto wurde nicht nur in den Jahren des Naziregimes, sondern schon in den Jahrzehnten davor – aber auch danach wieder – hochgehalten, und es kommt auch neuerdings wieder in Mode. Seinen Ausgangspunkt in der Neuzeit nahm dieses Denken bei Charles Darwin. Er betrachtete Aggression als ein Grundgesetz der Natur. Der von Lebewesen gegeneinander geführte Überlebenskampf war für ihn das alles andere dominierende biologische Prinzip. … Dass nicht Kampf und Aggression, son-dern Kooperation und ihr dienende Aggression die optimale Lebensstrategie darstellen, zeigen nicht nur neurobiologische und psychologische Studien, sondern auch neuere Beobachtungen aus der modernen, unter anderem auf der Spieltheorie fußenden Kooperationsforschung" (BAUER 2006b, 75f.). Dabei wird die hohe Bedeutung von Akzeptanz und Anerkennung herausgestellt: „Die Motivationssysteme schalten ab, wenn keine Chance auf soziale Zuwendung besteht, und sie springen an, wenn das Gegenteil der Fall ist, wenn also Anerkennung oder Liebe im Spiel ist" (BAUER 2006b, 35). „Kinder brauchen persönliche Bindungen zu Bezugspersonen, um ihre Motivationssysteme zu entfalten" (BAUER 2007, 127f.).

Was dies für den Unterricht in der Schule bedeutet, wird in einer zuspitzenden Gegenüberstellung verdeutlicht (vgl. Tab. 4).

Zur Überwindung eines tradierten und zum Aufbau eines neuen Unterrichtsverständnisses werden Faktoren wie in obiger Tabelle zusammengestellt, das aktive beziehungsreiche Lernen der SchülerInnen wird ebenso wie das Arbeiten in Teams auf der Ebene der KollegInnen betont. „Cooperative, Inclusive Classroom Communities" bedeuten eine veränderte Welt, wie Mara SAPON-SHEVIN (1999) herausstellt. Herzstück des kooperativen Lernens ist die positive Interdependenz, wie auch andere Autoren betonen: „Effective group-work can take a variety of forms, but the central feature is that the completion of the task necessitates the active participation of all individuals within a working group and that one member of the group cannot succeed without the success of others. It is essential, therefore, that group members perceive the importance of working together and interacting in helpful ways"(AINSCOW 1999, 65).

Für die Entwicklung positiver Interdependenz werden in der Literatur verschiedenste Schritte vorgeschlagen: Sinnvoll ist beispielsweise, ein klares, messbares Gruppenziel vorzugeben; wichtig ist auch die Klärung,

Faktor	Altes Verständnis	Neues Verständnis
Wissen ...	wird von Lehrer auf Schüler übertragen	wird von Schülern und Lehrer gemeinsam aufgebaut
Schüler ...	nehmen passiv das Wissen der Lehrer auf	konstruieren, entdecken und verarbeiten aktiv ihr Wissen
Aufgabe des Lehrers ist es	Schüler in Kategorien einzuteilen und auszusortieren	Kompetenzen und Talente der Schüler zu fördern
Beziehungen sind ...	unpersönliche Beziehungen zwischen Lehrer und Schüler sowie zwischen Schülern	persönliche Beziehungen zwischen Lehrern und Schülern sowie zwischen Schülern
Kontext ist ...	konkurrierend / individuell	kooperatives Lernen in der Klasse und Teams im Kollegium
Prämisse lautet	Jeder Experte kann unterrichten	Unterrichten ist ein komplexer Vorgang, der eine gute Ausbildung erfordert

Tab. 4: Altes und neues Unterrichtsverständnis (nach JOHNSON, JOHNSON & HOLUBEC 2005, 214)

dass jedes Gruppenmitglied seine Ziele nur erreicht, wenn alle ihre Ziele erreichen; der Gruppe als Ganzes kann die gemeinsame Verantwortung für Ergebnisse bei individuellen Tests sowie bei Leistungssteigerungen, für ein konkretes Produkt oder einen vollständig ausgefüllten Fragebogen verdeutlich werden. Das gemeinsame Ziel kann durch andere positive Interdependenzen ergänzt werden, so durch Feiern oder andere Gratifikation bei guten Ergebnissen von allen (vgl. JOHNSON, JOHN-SON & HOLUBEC 2005, 110f.).
Durch die wechselnden Tätigkeiten in den Teams – in den Gruppen rotieren die verschiedenen Rollen (wie Aufgabenholer, Vorleser, Sekretär, Informationssammler, Präsentant) –, aber auch durch das Aufteilen der Ressourcen (Informationen, Material etc.) und durch die Initiierung einer Team- bzw. Gruppenidentität durch Namen, Logo, Motto (JOHNSON, JOHNSON & HOLUBEC 2005, 112) wird die positive Interdependenz zusätzlich gestärkt.

Eine Fülle von Strategien und Visualisierungstechniken erlauben es bereits in der Grundschule (vgl. BOCHMANN & KIRCHMANN 2006) und erst recht in der Sekundarstufe (vgl. BRÜNING & SAUM 2006, 2007), abwechslungsreich kontinuierlich Kooperatives Lernen in Gruppen zu gestalten: mit dem Grundelement „think – pair – share", über Mind Maps, Cluster, Venn-Diagramm, Jigsaw-Puzzle, Fishbones, Schnittkreise, Team-Turnaments, Line-Ups u.v.a.m. (vgl. auch WEIDNER 2005, GREEN & GREEN 2006, 126ff).

Auch bestimmte Formen der Evaluation bilden – neben der Funktion der Leistungsbewertung – Möglichkeiten, positive Abhängigkeiten und Verantwortung für das gegenseitige Lernen zu steigern: So kann die Gruppe für ein Produkt eine gemeinsame Note, ein Zertifikat oder eine andere Anerkennung bekommen; denkbar ist auch, eine Arbeit pro Gruppe auszuwählen, die dann für alle gilt und bewertet wird. Erprobt ist auch, allen Gruppenmitgliedern die niedrigste Einzelnote zuzuordnen oder eine Durchschnittsnote plus Bewertung der kooperativen Fertigkeiten zu verabreden. Gruppenquiz und Teamtests sind angemessenere Leistungsnachweisformen als Einzelleistungsnachweise. Wenn nicht mehr konkurrierend oder individuell, sondern kooperativ gelehrt und gelernt wird, bedarf es eben solcher Evaluationsformen des Geleisteten; die Selbstreflexion der Lerngruppen-Leistungskurve (vgl. GREEN & GREEN 2006, 55) ist ein weiteres Beispiel für eine differenzierte Sicht von Gruppenleistungen. Dass sich über diese Form des Lernens höhere Leistungen erzielen lassen, ist dokumentierte Erfahrung: „Wenn Schüler verschiedener kultureller Herkunft zusammenarbeiten, beginnen sie ihre Unterschiede zu verstehen und wie sie konstruktiv zusammenarbeiten können. Die Fähigkeit zu kritischem Denken nimmt zu, das Interesse und die Behaltensleistung in Bezug auf den Unterrichtsstoff verbessern sich", denn was jemand heute in einer Gruppe zu tun lernt, kann man morgen als Einzelner tun (GREEN & GREEN 2006, 12). Wenn Lernende sich gegenseitig helfen und so eine fördernde Gemeinschaft bilden, wird das Leistungsniveau des Einzelnen gehoben, da 95% von dem was man gelernt hat erst dann wirklich begriffen wird, wenn es anderen zu vermitteln ist; dabei ist evident, dass Gruppen „schwierigere Aufgaben als Einzelnen" zugetraut werden können (GREEN & GREEN 2006, 12).

Statt des „Ich anstatt du!" in konkurrierenden oder des „Ich allein!" in individualisierenden Interaktionsformen von Unterricht, bietet der Ansatz des Kooperierenden Lernens mit seinem „Wir anstatt ich!" einen stärkenden und damit die Emotionen für echtes Lernen befreiende Grunddisposition (vgl. GREEN & GREEN 2006, 47).

70

Gemeinschaft bilden und das Lernen orchestrieren – Jazz & Oxytozin oder: vom Unterricht zum Aufrichten

„Alles, was zwischenmenschliche Resonanz und soziale Verbundenheit erzeugt,
scheint für die Bildung dieses Glücksbotenstoffes gut zu sein:
Selbst das gemeinsame Singen, aber auch gemeinsames Lachen stimu-
liert die Oxytozin-Produktion"
(Joachim BAUER 2006b, 49)

Starke Individuen ermöglichen eine starke Gruppe und die stärkt die Individuen – dies gilt, wie gesehen, für die Schule, und dies gilt in diversen aktuellen Projekten. Ein prominentes Beispiel ist die Arbeit von Sir Simon RATTLE und Royston MALDOOM im Berliner „education project", dokumentiert in dem Film „Rhythm is it!" Nicht zufällig kooperieren die Berliner Philharmoniker mit dem Jugendorchesterprojekt El Sistema in Caracas, das der jetzt 26jährige Gustavo DUDAMEL dirigiert und in dem Jugendliche Kinder und Kinder Kleinkinder auf ihrem Instrument unterrichten. Genauso lehrt das Ost-West-Divan-Orchester von Daniel BAARENBOIM und Edvard SAID, welche Kraft, welcher Flow in der gemein-samen Hinwendung zu einer echten Herausforderung liegt. Dies könnte auch an anderen Beispielen wie aus dem Sportbereich aufgezeigt werden. Allerdings liegt ein besonderer Reiz in den musikali-schen Beispielen, denn ‚Orchestrating Learning' (BOOTH & AINSCOW 2002) fordert dazu heraus, dar-über nachzudenken, ob und wenn in welcher Art die Dirigentenrolle ausgefüllt wird. „Musik ist – vor allem verbunden mit gemeinsamer Bewegung oder mit Tanz – in der Lage, kooperatives Verhalten in sozialen Gemeinschaften zu verstärken. Diese Bedeutung der Musik scheint auch der Körper zu empfinden. Es sind also nicht nur Akte unmittelbarer zwischenmenschlicher Zuwendung, die unser Motivationssystem anspringen lassen, sondern – neben dem Humor – auch andere Resonanzphänomene wie die Musik, welche mittelbar soziale Verbundenheit herstellen und verstärken" (BAUER 2006b, 44). So faszinierend derlei Projekte hinsichtlich ihrer Prozesse und Effekte sind – sie dürfen nicht darüber hinwegtäuschen, dass das Bildungssystem sich nicht nur durch sie faszinieren lassen und damit Veränderungswillen demonstrieren sollte, sondern die ihnen zugrunde liegenden Prinzipien für sich realisieren müsste. Es kann nicht der Sinn musikalischer Projekte sein, als ergänzender Kurbetrieb eines ansonsten weiterhin demotivierenden und behindernden Bildungssystems zu fungieren – das Ganze muss verändert werden.
Für eine solche Veränderung des Ganzen kann das abschließende Bild von kreativer Bildung als Jazzband stehen: In einer Jazzband spielen

verschiedene Instrumentalisten, zum gemeinsamen Groove und Thema improvisieren sie und kreieren stets Neues. Für diesen Schöpfungsprozess ist es unerlässlich, „dass sie aufeinander hören (Dialog und Partizipation), dass einer in den Vordergrund tritt, während die anderen zurücktreten und Unterstützung geben. Nicht jeder muss alles können, aber jeder muss seine individuellen Fähigkeiten in die Komposition einbringen" (BUROW 2006, 185). Das ist der Sound einer inklusiven Schule, das Klassenklima der Zukunft, bei dem jeder seinen Beitrag einbringt und so an der Klangfülle teilhat. Gewaltfreie Kommunikation und Kooperatives Lernen bauen nicht nur Barrieren für das Lernen und die Teilhabe ab – sie vergrößern Lernpotenziale und Partizipationsmöglichkeiten um ein Vielfaches, und zwar für alle, denn sie entsprechen dem Streben nach dem Ziel: „soziale Gemeinschaft und gelingende Beziehungen mit anderen Individuen, wobei dies nicht nur persönliche Beziehungen betrifft, Zärtlichkeit und Liebe eingeschlossen, sondern alle Formen sozialen Zusammenwirkens … Kern aller Motivation ist es, zwischenmenschliche Anerkennung, Wertschätzung, Zuwendung oder Zuneigung zu finden und zu geben. Wir sind – aus neurobiologischer Sicht – auf soziale Resonanz und Kooperation angelegte Wesen" (BAUER 2006b, 34). Es ist an der Zeit und es ist möglich, aus der „Individualisierungsfalle" (BUROW 1999) herauszukommen und Schulen als kreative Felder so zu gestalten, dass sie zur Jam-Session einladen: „Wir haben heute die Möglichkeit, uns aus dem Albtraum des Darwinismus und der Soziobiologie zu befreien. Die Alternative heißt Kooperation. Das Ergebnis gelingender Kooperation hieße: Menschlichkeit" (BAUER 2006b, 223).

Literatur

AINSCOW, Mel (1999): Understanding the Development of Inclusive Schools. Studies in Inclusive Education Series. London/Philadelphia: Falmer
BAUER, Joachim (2006a): Warum ich fühle, was Du fühlst. Intuitive Kommunikation und das Geheimnis der Spiegelneurone. Hamburg: Hoffmann & Campe
BAUER, Joachim (2006b): Prinzip Menschlichkeit. Warum wir von Natur aus kooperieren. Hamburg: Hoffmann & Campe
BAUER, Joachim (2007): Lob der Schule. Sieben Perspektiven für Schüler, Lehrer und Eltern. Hamburg: Hoffmann & Campe
BOBAN, Ines & HINZ, Andreas (Hrsg.) (2003): Index für Inklusion. Lernen und Teilhabe in Schulen der Vielfalt entwickeln. Halle (Saale): Martin-Luther-Universität
BOBAN, Ines & HINZ, Andreas (Hrsg.) (2004a): Gemeinsamer Unterricht im Dialog.
BOBAN, Ines & HINZ, Andreas (2004b): Der Index für Inklusion – ein Katalysator für demokratische Entwicklung in der „Schule für alle". In: HEINZEL, Friederike & GEILING, Ute (Hrsg.): Demokratische Perspektiven in der Pädagogik. Wiesbaden: Verlag für Sozialwissenschaften, 37-48

BOBAN, Ines & HINZ, Andreas (2004c): Persönliche Zukunftsplanung mit Unterstützerkreisen – ein Schlüsselelement des Lebens mit Unterstützung. In: VERBAND SONDERPÄDAGOGIK (Hrsg.): Grenzen überwinden – Erfahrungen austauschen. Würzburg: Verband Sonderpädagogik, 9-17

BOBAN, Ines & HINZ, Andreas (2007a): Orchestrating Learning!?! – der Index fragt, Koopera¬tives Ler-nen hat Antworten. In: DEMMER-DIECKMANN, Irene & TEXTOR, Annette (Hrsg.): Inklusionsforschung und Bildungspolitik. Bad Heilbrunn: Klinkhardt, 117-125

BOBAN, Ines & HINZ, Andreas (2007b): Inclusive Education – Annäherungen an Praxisentwicklung und Diskurs in verschiedenen Kontexten. In: BIEWER, Gottfried, LUCIAK, Mikael & SCHWINGE, Mariella (Hrsg.): Begegnung und Differenz: Menschen - Länder - Kulturen. Beiträge zur Heil- und Sonderpäda-gogik. Bad Heilbrunn: Klinkhardt (im Erscheinen)

BOBAN, Ines & HINZ, Andreas (2008): Schlüsselelemente inklusiver Pädago-gik – Orientierungen zur Beantwortung der Fragen des Index für Inklusion. In: KNAUDER, Hannelore, FEINER, Franz & SCHAUPP, Hubert (Hrsg.): Jede/r ist willkommen! Die inklusive Schule – theoretische Perspektiven und praktische Beispiele. Graz: Leykam (im Erscheinen)

BOCHMANN, Reinhard & KIRCHMANN, Ruth (2006): Kooperatives Lernen in der Grundschule. Zusammen arbeiten – Aktive Kinder lernen mehr. Essen: Neue Deutsche Schule

BOOTH, Tony & AINSCOW, Mel (Eds.) (2002): Index for Inclusion. Developing Learning and Participation in Schools. Bristol: Centre for Studies on Inclusive Education

BRÜNING, Ludger & SAUM, Tobias (2006): Erfolgreich unterrichten durch Kooperatives Lernen. Strategien zur Schüleraktivierung. Essen: Neue Deutsche Schule

BRÜNING, Ludger & SAUM, Tobias (2007): Erfolgreich unterrichten durch Visualisieren. Grafisches Strukturieren mit Strategien des Kooperativen Lernens. Essen: Neue Deutsche Schule

BRYSON, Kelly (2006): Sei nicht nett, sei echt! Handbuch für gewaltfreie Kommunikation. Paderborn: Junfermann

BUROW, Olaf-Axel (1999): Die Individualisierungsfalle. Kreativität gibt es nur im Plural. Stuttgart: Klett-Cotta

BUROW, Olaf-Axel (2000): Ich bin gut – wir sind besser. Erfolgsmodelle kreativer Gruppen. Stuttgart: Klett-Cotta

BUROW, Olaf-Axel (2006): Ganztagsschule entwickeln. Von der Unterrichts-anstalt zum kreativen Feld. Schwalbach, Ts.: Wochenschau

DEPARTMENT OF EDUCATION (Ed.) (2001): Education White Paper 6: Special Needs Education. Building an Inclusive Education and Training Sy-stem. Pretoria: Department of Education

GREEN, Norm & GREEN, Kathy (22006): Kooperatives Lernen im Klassen-raum und im Kollegium. Das Trainingsbuch. Seelze: Kallmeyer

GREENBERG, Daniel (2004): Endlich frei! Leben und Lernen an der Sudbury-Valley-Schule. Freiamt: Arbor

GREENBERG, Daniel (2006): Ein klarer Blick. Neue Erkenntnisse aus 30 Jahren Sudbury Valley School. Leipzig: tologo

GRIBBLE, David (2000): Schule im Aufbruch. Neue Wege des Lernens in der Praxis. Freiamt: Mit Kindern wachsen Verlag

HART, Sura & KINDLE HODSON, Victoria (2006): Empathie im Klassenzimmer. Ein Lehren und Lernen, das zwischenmenschliche Beziehungen in den Mittelpunkt stellt. Paderborn: Junfermann

HARTKEMEYER, Johannes F. & HARTKEMEYER, Martina (2005): Die Kunst des Dialogs – kreative Kommunikation entdecken. Erfahrungen, Anregungen, Übungen. Stuttgart: Klett-Cotta

HECHT, Yaacov (2002): Pluralistic Learning as the Core of Democratic Education. Im Internet: http://www.democratic-edu.org/International/DataRepository/Files/Articles/PluralisticLearningIDEC2002.doc

HECKT, Dietlinde Hedwig (22006): Kooperatives Lernen mit behinderten Kindern. In: Green, Norm & GREEN, Kathy: Kooperatives Lernen im Klassenraum und im Kollegium. Das Trainingsbuch. Seelze: Kallmeyer, 22-23

HINZ, Andreas (2004): Vom sonderpädagogischen Verständnis der Integration zum integrationspäda-gogischen Verständnis der Inklusion!? In: SCHNELL, Irmtraud & SANDER, Alfred (Hrsg.): Inklusive Pädagogik. Bad Heilbrunn: Klinkhardt, 41-74

HINZ, Andreas (2006): Kanada – ein ,Nordstern' in Sachen Inklusion. In: PLATTE, Andrea, SEITZ, Simone & TERFLOTH, Karin (Hrsg.): Inklusive Bildungsprozesse. Bad Heilbrunn: Klinkhardt, 149-158

HINZ, Andreas (2007): Inklusion – Vision und Realität! Herausforderungen in Deutschland und Praxis in Kanada. In: KATZENBACH, Dieter (Hrsg.): Vielfalt braucht Struktur. Heterogenität als Herausforde-rung für die Schul- und Unterrichtsforschung. Frankfurt am Main: Goethe-Universität, 81-98

HOFFSKOV, Annette (2004): Ein guter Ort zum Wachsen. Im Internet: http://gewaltfrei.de/berlin/schulegoethlin28032004.pdf (Zugriff am 26. 12. 2007)

JOHNSON, David W., JOHNSON, Roger T. & HOLUBEK, Edythe (2005): Kooperatives Lernen – Kooperative Schule. Mühlheim: Verlag an der Ruhr

JUUL, Jesper (22006): Was Familien trägt. Werte in Erziehung und Partnerschaft. München: Kösel

NIELSEN, Birthe Gaj (2002): Eine andere Weise zu reden. JydskeVestkysten, 10. November 2002 (im Internet: http://gewaltfrei.de/berlin/gajnielsen10052002.pdf; Zugriff 25. 12. 2007)

O'BRIEN, John & O'BRIEN, Connie Lyle (22000) (Eds.): A little book about Person Centered Planning. Toronto: Inclusion Press

O'BRIEN, John & O'BRIEN, Connie Lyle (2002) (Eds.): Implementing Person-Centered Planning. Voices of Experiences. Toronto: Inclusion Press

PEARPOINT, Jack, O'BRIEN, John & FOREST, Marsha (42001): PATH: Planning Alternative Tomorrows with Hope. A Workbook for Planning Possible Positive Futures. Toronto: Inclusion Press

PORTER, Gordon L. & RICHLER, Diane (Eds.) (1991): Changing Canadian Schools. Perspectives on Disability and Inclusion. North York, Ontario: Roeher Institute

RENOLDNER, Christa, SCALA, Eva & RABENSTEIN, Reinhold (2007): Einfach systemisch! Systemische Grundlagen und Methoden für Ihre pädagogische Arbeit. Münster: Ökotopia

ROSENBERG, Marshall B. (2004a): Erziehung, die das Leben bereichert. Gewaltfreie Kommunikation im Schulalltag. Paderborn: Junfermann
ROSENBERG, Marshall B. (2004b): Konflikte lösen durch Gewaltfreie Kommunikation. Freiburg: Herder
ROSENBERG, Marshall B. (2006): Die Sprache des Friedens sprechen – in einer konfliktreichen Welt. Paderborn: Junfermann
SAPON-SHEVIN, Mara (1999): Because we can change the world. A practical Guide to Building Cooperative, Inclusive Classroom Communities. Boston: Allyn & Bacon
SCHEUB, Ute (2006): Das falsche Leben. Eine Vatersuche. München: Piper
WEIDNER, Margit (22005): Kooperatives Lernen im Unterricht. Das Arbeitsbuch. Seelze: Kallmeyer

Boban, Ines ist wissenschaftliche Mitarbeiterin im Institut für Rehabilitationspädagogik, Arbeitsbereich Allgemeine Rehabilitations- und Integrationspädagogik, Martin-Luther-Universität Halle-Wittenberg; e-mail: ines.boban@paedagogik.uni-halle.de

Hinz, Andreas, Dr. phil., ist Professor für Allgemeine Rehabilitations- und Integrationspädagogik, Martin-Luther-Universität Halle-Wittenberg; e-mail: andreas.hinz@paedagogik.uni-halle.de

Homepage: http://inklusionspaedagogik.dyndns.org

Reformschub inklusives Lernen oder: Warum wir so nicht weiterkommen

Dietlinde Hedwig Heckt

„Niemand darf wegen seiner Behinderung benachteiligt werden."
(Ergänzungssatz zum deutschen Grundgesetzes 1994)

Dass unser Bildungssystem und damit auch die Grundschule verändert werden müssen, ist offensichtlich. Zu lange, zu oft ist darüber geredet worden, dass alle Kinder ihren Fähigkeiten entsprechend gefördert werden sollten, dass Bildung und Ausbildung die entscheidenden Aspekte einer prosperierenden Wirtschaft angesichts dramatisch wachsender internationaler Konkurrenz seien. Die pädagogische Wirklichkeit unterscheidet sich grundlegend von der bildungspolitisch oder auch erziehungswissenschaftlich schön geredeten.

Selbstverständlich gibt es mitreißende Schulen, Kinder, die trotz widriger Umstände lernen, Lehrerinnen und Lehrer, die trotz zunehmender Belastungen und abnehmender Unterstützung für ihre Schülerinnen und Schüler da sind und immer wieder auch begeisternden Unterricht machen. Es ist aber auch so, dass Deutschland ein unrühmliches Schlusslicht bezogen auf die Integration behinderter Kinder ist, dass unser Schulsystem selek-tions- und keineswegs förderorientiert arbeitet, dass der Sozialstatus der Eltern die Bildungsabschlüsse weitgehend bestimmt, dass die im mit Nibelungentreue verteidigten gegliederten Schulsystem erbrachten Schülerleistungen – je nach Studie in unterschiedlichem Maße – keineswegs in der jeweils ermittelten Spitzengruppe anzusiedeln sind, dass die Abiturientenquote im internationalen Vergleich zu gering ausfällt und vieles mehr. Andererseits galten und gelten Grundschulen als reformfreudig. Hier wurden neue und andere Kulturen des Lehrens und Lernens umfassender etabliert als an irgendeiner anderen Schulform – und auch das spiegelt sich in den Studien. Dennoch hat auch die Grundschule ihr Ziel, eine Schule für alle Kinder zu sein und größtmögliche Chancengerechtigkeit zu realisieren, nicht mal annähernd erreicht. Neben bildungspolitischen Fehlentscheidungen trägt dazu auch die Krise der deutschen Lehrerbildung bei, die inzwischen so alltäglich geworden ist, dass sie der allgemeinen Aufmerksamkeit entgeht.

Die gut getestete Schule .
Nachdem die erste Erschütterung über die schlechten PISA-Ergebnisse durch eine allgemeine mediale Bildungsschelte ersetzt worden war, gin-

76

gen die regierenden Bildungspolitiker daran, Deutschland im Schnellverfahren wieder wettbewerbsfähig zu machen. Ganze Abteilungen aus Ministerien und Busse voller Schulräte (sämtlicher Parteizugehörigkeiten) pilgerten beispielsweise nach Finnland um herauszufinden, warum ausgerechnet dieses so weitgehend unbeachtete und unterschätzte Land auf der Bildungssiegertreppe steht. Zur allgemeinen Überraschung fand man dort Gesamtschulen vor, beobachtete weitgehend differenzierende Unterrichtsverfahren, erfuhr erstaunt, dass es hier Kinder und Jugendliche gibt, die scheinbar jenseits von Notendruck und Sitzenbleiben bereitwillig, zwanglos und gerne lernen, dass die Kinder nicht schon mit fünf Jahren eingeschult werden, dass die Lehrerinnen und Lehrer in der finnischen Gesellschaft hoch angesehen sind und dass man nur die besten Bewerber für ein theoretisch fundiertes und dennoch auf Unterrichtskompetenzen orientiertes Studium zulässt. Die Deutschen Besucher kamen auch nicht umhin festzustellen, dass die finnischen Lerngruppen sehr heterogen sind und dass die selbstverständlich und überall anzutreffenden Kinder mit Behinderungen offenbar keineswegs leistungsreduzierend wirken. (Auch wenn diese Vorstellung in viele deutsche Hirne geradezu einzementiert erscheint). Was die deutschen Besucher nolens volens auch bemerkten, war eine Unterstützungskultur - Sozialpädagogen, Schulpsychologen und andere.

Und dann kamen diese Besucherinnen und Besucher zurück, um unser Schulsystem zu reformieren. Einige von Ihnen verblüfften im Vorwege mit der (veröffentlichten) Einsicht, dass Finnland zwar eindrucksvoll sei, aber das gegliederte deutsche Schulsystem (einchließlich seinen mehr als problematischen Haupt- und Sonderschulen) zukunftsfähig und darum erhaltenswert sei. So einfach ist das …

… und das gut funktionierende Kind
Nachfolgend wurde dann die Schulqualität mittels Bildungsstandards, Vergleichsarbeiten und weiterer Tests, einschließlich weiterer PISA-Auflagen, erhöht. So die offizielle Erfolgsbilanz. Geschehen ist seither – davon abgesehen – wenig. Denn das Bildungssystem, das wir uns leisten müssten, wollen wir uns lieber ersparen. Im Wortsinne. Also wird weiter über Heterogenität geredet und von gut funktionierenden und angepassten Kindern ausgegangen und die neue Bachelor-Bürokratie als Reform der Lehrerbildung gefeiert (was sie überwiegend nicht ist).
Gleichwohl sind Dinge geschehen, die diejenigen, die sich wider den allgemeinen Funktionalisierungs- und Testtrend immer noch als „Anwalt des Kindes" in der Nachfolge von Pädagogen wie Erwin Schwartz, Jakob Muth, Ilse Lichtenstein-Rother und vielen anderen verstehen, nachdenklich machen:

Wovon wir uns verabschieden sollten:

homogene Lerngruppen und eine ihnen „angepasste" gleichschrittige Förderung

Leistungssteigerung durch Selektion und Sitzenbleiben

Leistungs- und Zielgleichheit (in der Schule müssen alle zur gleichen Zeit die gleichen Ziele erreichen; derzeit forciert durch Vergleichsarbeiten etc., ungeachtet der Tatsache, dass diese eigentlich Indikatoren zur gezielteren Systementwicklung sind)

Zensurengebung von Anfang an (angeblich sorgen Ziffernnoten für Unterrichtsqualität und Vergleichbarkeit; Länder wie Finnland kommen allerdings bis zur Klasse 8 mit Lernberichten aus, und auch deutschen Gesamt- und Alternativschulen gelingt dies).

Bildungssparen insgesamt, flächendeckender Ressourcenabbau, insbesondere bei der integrativen Unterstützung, bei Förderangeboten usw., in der Lehreraus- und –fortbildung (proportional zur traditionell „gefühlten" Bedeutung und entgegen der Empfehlungen der OECD usw.)

geringes gesellschaftliches und bildungspolitisches Interesse jenseits von „Eliteförderung" etc. an einer chancengerechten Schule für alle Kinder, an inklusiven Lernkonzepten, inhaltlichen (!) Innovationen, an gründlicher und geduldiger pädagogischer Arbeit ohne „Eventcharakter" und politischen Erfolgsmeldungen

---

Aufgrund der veränderten Ausbildungsordnung Grundschule (AO-GS, §§ 5 und 6) für Nordrhein-Westfalen werden ab 01. August 2006 schon die Versetzungszeugnisse in die Klasse 3 in Ziffernnoten verfasst, es kann nicht mehr von der Schulkonferenz darüber entschieden werden, ob die Schüler in Klasse 3 ohne Noten bewertet werden. Das geht nur noch, wenn ein Kind „noch ein drittes Jahr in der Schuleingangsphase verbleibt", also ein Schuljahr wiederholen muss.

Man könnte auch die „Aufnahme von Aussagen zum Arbeitsverhalten und zum Sozialverhalten in die Zeugnisse", nach § 49 Abs. 2 Nr. 2 SchulG, anführen, nach dem das Versetzungszeugnis in die Klasse 3 jeweils eine Note für das Arbeitsverhalten und das Sozialverhalten aufweist.

Nordrhein-Westfalen steht mit diesen Änderungen nicht alleine da, auch in anderen Bundesländern werden die Ziffernbenotungen wieder vorgezogen und auch die „Kopfnoten" sind inzwischen deutschlandweit in der schulischen Beurteilungspraxis anzutreffen. Dass man in Finnland bis zur achten Klasse ohne Ziffernnoten auskommt, spielt da ebenso wenig eine Rolle wie die pädagogische Diskussion um eine pädagogische Leistungserziehung.

Anders und pointierter formuliert: Statt sich mit den tatsächlichen Problemen des deutschen Bildungssystems langfristig, konzeptionell überzeugend und auf der Basis bisheriger Forschungsergebnisse und Erfahrungswerte (womit ich nicht die von Bildungspolitikern meine) auseinanderzusetzen, werden weitgehend kostenneutrale Rückwärtsreformen präferiert, die sich medienwirksam verwerten lassen. Die inzwischen entstandene „PISA-Industrie" (Jahnke 2008) trägt das Ihre dazu bei.

Nicht nur in Deutschland, auch in der Schweiz hat sich die Philosophie einer standortübergreifenden Leistungslogik als mit hohen bildungspolitischen Erwartungen verknüpfter Qualitätsbeschleuniger für Schulen etabliert, dieses übrigens in einer Zeit gesetzlich verankerter Selbständigkeit von Schulen und ihrer pädagogischen Arbeit. Schlägt das Pendel zurück zur kompletten Rezentralisierung der Qualitätshoheit über Schule? Oder wie soll man das deuten? In vielen deutschen Bundesländern sind neue Kernlehrpläne und Schulgesetze unterwegs. NRW will in seinem Schulgesetz beides verbinden: externe Qualitätskontrolle über das Erreichen von Bildungsstandards mit dem Ausbau schulischer Selbständigkeit. Durchaus ein interessanter Ansatz, dessen Qualität allerdings entscheidend davon abhängt, wie Input-, Output- und Prozesssteuerung in einem rückkopplungsstarken Lernsystem aller Beteiligten an lokalen und regionalen Schulentwicklungsprozessen verbunden sind.

Teaching to the test oder eine Schule für alle Kinder?
Die Expertise zur Entwicklung nationaler Bildungsstandards in Deutschland (Klieme et al. 2003, s. auch Klieme 2004) geht ähnlich wie der österreichische Haider-Bericht davon aus, dass Bildungsstandards bei allgemeinen Bildungszielen ansetzen – warum nicht auch bei bildungsrelevanten Lebenssituationen? Sie legen fest, so Klieme, „welche Kompetenzen die Kinder oder Jugendlichen bis zu einer bestimmten Jahrgangsstufe mindestens erworben haben sollen" (Klieme et al. 2003, 9). Die Kompetenzen sollen in Aufgaben übersetzt und prinzipiell „mit Hilfe von Testverfahren" erfasst werden. Man traut sich kaum noch, darauf hinzuweisen, dass sich keineswegs jedes Lerngebiet und jedes Bildungsziel in Tests abbilden lässt und dass dies in den siebziger Jahren zu einer intensiven Curriculumdiskussion geführt hat.

Wenn Bildungsstandards Kompetenzen sein sollen, warum dann die Erfindung des neuen Wortes? Und wie wird man mit Kindern umgehen, die Standards nicht oder nur schwer erreichen? Strategisch betrachtet „müssten Bildungsstandards mit Investitionen in Förderung insbesondere dort einhergehen, wo die pädagogische Not am größten ist. Womit wir wieder bei den Kindern und Jugendlichen wären, die einer besonders intensiven Förderung bedürfen, bei heterogenen Lerngruppen, die ungleich höhere Lernchancen für alle Beteiligten beinhalten als die deutsche Homogenitäts-doktrin glauben macht. Siehe Finnland … Ansonsten werden Bildungs-standards vermutlich als Instrumente verschärfter Selektion wirken" (Bött-cher & Brohm 2004, 275). Bildung für alle Kinder neu denken – das ist eine erkennbare, aber bisher nicht eingelöste Absicht von Standarddenkern. Der Deutsche Bildungsrat hat dazu in den siebziger Jahren Vorschläge vorgelegt, an die anzuknüpfen wäre. Es geht um nicht weniger als um ein tragfähiges Konzept jenseits bildungspolitischer Ideologien und wahl-taktischer Überlegungen. Dergleichen können wir uns nicht länger leisten. Der Bildungsrat hatte seinerzeit ein Gesamtcurriculum vorgeschlagen – vom Kindergarten bis zur Universität.

Es ist das, was in Europas Norden im Laufe vieler Jahre realisiert worden ist und was in Deutschland so nachhaltig fehlt. Föderalismus hin oder her. Der norwegische Lehrplan beispielsweise (Norwegisches Ministerium 1995)

Inklusives Lernen für die Schulen von morgen

These 1: Eine umfangreiche Verwirklichung inklusiven (bzw. integrativen) Lernens, einhergehend mit der überfälligen Verabschiedung des Homo-genitätsmythos, mit dem konsequenten Nutzen (!) der Heterogenität von Lerngruppen schafft ein menschenfreundlicheres und zugleich lei-stungsstärkeres Schulsystem.

These 2: Das angelsächsische Konzept des Cooperative Learning, wie es beispielsweise von Norm & Kathy Green oder David & Roger Johnson vertreten wird, ist geeignet, im Klassenraum wie in der Schule und im Bildungssystem effiziente Lern- und Entwicklungsprozesse mit großer Wahrscheinlichkeit zu erreichen (vgl. die Leistungskriterien des Ber-telsmann Preises 1996).

These 3: Konzepte kooperativen und inklusiven Lernen sind so angelegt, dass gegenseitiges Wertschätzen und Verständnis zunimmt ohne dass auf hohe Leistungsanforderungen – bei jeweils individuell erreichba-ren, differenten Lernzielen – verzichtet würde. Kognitive und soziale Kompetenzen stehen in gleichwertiger Balance und werden gleichzei-tig gelernt und gelehrt (!).

These 4: Unterrichtsqualitäten verbessern sich dann, wenn Lehrerinnen und Lehrer vor Ort daran gehen, ihre Unterrichtsqualität zu verbes-sern. Das umfangreiche und zugleich praxistaugliche, unaufwändige Methoden- und Feedbackspektrum des kooperativen Lernens ist sehr gut geeignet, um Unterricht Schritt für Schritt und zielorientiert zu ver-ändern. Es ist für Lernende und Lehrende gleichermaßen motivierend.

ist ein Gesamtcurriculum vom Kindergarten bis zur Erwachsenenbildung. Die Gliederung geht von einer anthropologisch-systematischen Bestimmung des Menschen aus (und nicht vom Wissenszuwachs oder einer Leistungssteigerungsethik). Das Inhaltsverzeichnis konturiert den Bildungsauftrag:

Der nach Sinn suchende Mensch
Der schöpferische Mensch
Der arbeitende Mensch
Der allgemein gebildete Mensch
Der Mensch als Mitmensch
Der umweltbewusste Mensch
Der integrierte Mensch

Die grundlegende Bildung hat dem Menschen zu dienen, nicht irgendwelchen gesellschaftlichen Standardansprüchen an Schule und nicht irgendwelchen Rankings im Rahmen von Leistungsvergleichsstudien. Die grundlegende Bildung hat allen Menschen zu dienen und ihre respektvolle Gemeinschaft zu fördern, indem sie von Heterogenität ausgeht und Inklusion anstrebt. Beides ist – siehe Finnland, Norwegen und andere Länder – im Kontext einer zur Leistung erziehenden, unterstützenden Schule erreichbar. Für die Deutschen bedeutet das den Abschied von einigen Denktraditionen.

Reformschub inklusives Lernen
Wenn wir uns von der Homogenitätsdoktrin verabschieden und schlichtweg davon ausgehen, dass unser Bildungsauftrag darin besteht, sehr unterschiedliche Menschen in heterogenen Lerngruppen zu gemeinschaftlichen Lernprozessen zu befähigen und sie darin zu unterstützen, das für sie jeweils Mögliche zu erreichen, dann haben wir eine andere Schule. Wir werden Einiges in diese Schule investieren müssen, denn eine solche Schule benötigt sehr professionell und engagiert arbeitende Lehrerinnen und Lehrer, die ihrerseits von Schulpsychologen und anderen pädagogischen Fachkräften unterstützt werden. Sie braucht überschaubare Klassen und den gesellschaftlichen Konsens, dass auch Bildungsstandards und Leistungsstudien vor allem eine Aufgabe haben, nämlich zu überprüfen, wie weit unsere Schulen auf dem Weg zum chancengerechten Lernen, für und bei der Förderung aller (!) Kindern, gekommen sind. Und die Zahl der Kinder, für die die Allgemeinbildende Schule die erste und zugleich einzige Chance – oder eben auch nicht. „Es ist notwendig, eine Bildung für alle zu erreichen, die auf den Prinzipien der vollen Teilhabe und Gleichberechtigung basiert. Bildung spielt eine Schlüsselrolle für die Zukunft jedes Menschen … Das Bildungssystem ist der erste Schritt zu einer einbeziehenden Gesellschaft." (Deklaration von Madrid des European

Literatur

Altrichter, H. & Schratz, M. (2004). Bildungsstandards und die Weiterentwicklung von Unterricht und Schule. Journal für Schulentwicklung (8) 3.

Böttcher, W. & Brohm, M. (2004). Die Methodik des Change Managements und die aktuelle Schulreform. Über das gebrochene Ver-hältnis von Chancen und Realität. Die Deutsche Schule (96) 3, pp. 268-278.

Ekholm, M. & Hameyer, U. (2000). Wie können wir unsere Schulentwicklung tragfähig machen? Grundschule (32) 6, pp. 29-33.

Fullan, M. (1985). Change Processes and Strategies at the School Level. The Elementary School Journal (85) 3, pp- 391-421.

Hameyer, U. (2003). School development in European countries. Current state and outlook. In Berg, G. & H.-A. Scherp (Eds.), School development in Sweden. Stockholm: Skolverket.

Hameyer, U., Akker, J. van den, Anderson, R. & Ekholm, M. (1995). Portraits of productive schools. An international study of institutionalizing activity-based pratices in elementary science. New York: SUNY Press.

Heller, W. (1986). Primarschule Schweiz. 22 Thesen zur Entwicklung der Primarschule. Bern: EDK - Schweizerische Konferenz der kantonalen Erziehungsdirektoren.

Jahnke, T. (2008):Die PISA-Unternehmer. Eine Kritik. In: Forschung & Lehre 1, S. 26-27

Klafki, W. (21991). Grundzüge eines neuen Allgemeinbildungskon-zepts. Im Zentrum: Epochaltypische Schlüsselprobleme. In Klafki, W. (Hg.), Neue Studien zur Bildungstheorie und Didaktik. Zeitgemäße Allgemeinbildung und kritischkonstruktive Didaktik [1985] (pp. 43-81). Weinheim : Beltz.

Klieme, E. (2004). Was sind Kompetenzen und wie lassen sie sich messen? Pädagogik (56) 6, pp. 10-13.

Norwegisches Ministerium für Bildung, Wissenschaft und kirchliche Angelegenheiten (1995). Curriculum für den Primarbereich, die S-kundarbereiche und die Erwachsenenbildung. Oslo: Akademika AS [Bestelladdresse: Akademika AS, Postboks 8134 Dep., N-0033 Oslo].

Rolff, H.-G. (2004). Schulentwicklung durch Standards? Das Konzept der KMK. Journal für Schulentwicklung (8) 3.

Dietlinde Heckt ist Professorin am Institut für Pädagogik der Universität Oldenburg

Förderzentrum ohne Schüler/innen
Staatliche Schule für Sehgeschädigte, Schleswig
Josef Adrian

Eine Schule für alle benötigt sonderpädagogische Kompetenzen in differenziertester Form, um tatsächlich allen gerecht werden zu können. Dazu gehören sonderpädagogisch versierte Fachkräfte als Mitglieder der Kollegien ebenso wie moderne, subsidiär ausgerichtete sonderpädagogische Unterstützungs- und Beratungssysteme.

Mit Ende dieses Schuljahres existiert die Staatliche Schule für Sehgeschädigte, Schleswig, 25 Jahre. Sie ist ein solches „sonderpädagogisches Servicezentrum", das den gemeinsamen Unterricht und eine inklusive Schule unterstützt und ermöglicht, und bietet sich deshalb in der aktuellen Diskussion in NRW u.a. als Beispiel an, in welche Richtung die Diskussion um die sogenannten Kompetenzzentren beeinflusst werden könnte.

Um es vorweg zu sagen: Ich teile die auf dem Kongress vielfach zum Ausdruck gebrachte krasse Ablehnung des Kompetenzzentrums-Konzeptes der Landesregierung nicht, wenngleich ich Verständnis habe für

- die Skepsis, dass auf diesem Wege die Integration oder gar die Inklusion „gefördert" werden soll, wenn man unterstellt, der eigentliche Sinn zukünftiger Kompetenzzentren bestehe darin, das traditionelle Sonderschulwesen zu stärken.
- den Argwohn, nachdem in den letzten Jahren die I-Maßnahmen vor Ort, bzw. die Kompetenzen der Sonderpädagoginnen und –pädagogen in den I-Maßnahmen eingeschränkt wurden.
- die Enttäuschung, dass nach vielen Jahren der Auseinandersetzung und des Kampfes für Integration und Inklusion der erhoffte große Schritt nach vorn ausbleibt, sich gar vermeintlich als Rückschritt erweist, wenn der „Bock zum Gärtner" gemacht wird: die Segregationsinstitution Sonderschule unter neuem Namen und mit zusätzlichen Zuständigkeiten zukünftige „Integrationsleitstelle"?

Eine solche Vision wäre in der Tat beängstigend. Die Entwicklung muss aber keineswegs zwangsläufig so sein, weshalb die krasse Ablehnung auch nicht gerechtfertigt ist – aus zwei Gründen:

1. Das Kompetenzzentrums-Konzept ist besser als sein Ruf.
2. Das Kompetenzzentrums-Konzept ist eine realistische Chance, den Stillstand zu überwinden.

1. Das Kompetenzzentrums-Konzept der Landesregierung und das Eckpunktepapier sind keineswegs so angelegt, dass von vornherein angenommen werden muss, auf diese Weise würde die institutionelle „Segregationsagentur Sonderschule" die 80 und mehr Prozent der Sonderpädagogik in NRW ausmacht, die 20 und weniger Prozent Sonderpädagogik in der Integration zwangsläufig wieder „einkassieren". Dafür ist das Konzept zu offen in Hinblick auf Entwicklungsmöglichkeiten und Mitspracherecht der Schulen im Netzwerk oder Einzugsbereich künftiger Kompetenzzentren angelegt. Hier liegen die Chancen auf Einflussnahme und auf konzeptionelle wie praktische Mitgestaltung eines subsidiär angelegten, die Inklusion fördernden, sonderpädagogischen Zentrums. Hilfreich hierzu können Erfahrungen aus anderen Bundesländern, wie aus Schleswig-Holstein, sein, wo sich – trotz aller noch vorhandenen Schwächen – ein funktionierendes System von Förderzentren (m. E. auch im Namen besser als der des Kompetenzzentrums) entwickelt hat. Es ist dafür verantwortlich, dass inzwischen die Zahl der Schülerinnen und Schüler mit sonderpädagogischem Förderbedarf im gemeinsamen Unterricht - im prozentualen Vergleich - doppelt so groß ist wie in NRW.

2. Ruft das Kompetenzzentrums-Konzept der Landesregierung auch in Kreisen der Integrationsbefürworter/-innen wie der Kongressteilnehmer/-innen in Köln Enttäuschung, Wut und resignative Bekundungen hervor, so formieren sich die tatsächlichen Widerstände gegen den fortschrittlichen Kern des Konzeptes deutlicher und vermutlich effektiver im Lager der Sonderschulen, wie z. B. die GEW-Tagung im Juni 2007 in Velbert offenbarte. Dieses entspricht auch eher den „Machtverhältnissen" in der Sonderpädagogik in NRW, mit einem Übergewicht von 80 und mehr Prozent Sonderschulpädagogik, wo Inklusion und Integration bisweilen noch mit Beschreibungen für den pädagogischen Umgang mit einer „heterogenen" Sonderschul-Schülerschaft verwechselt werden. Dabei bemüht man gern große Worte, denen zufolge Kompetenzzentren das vermeintliche Ende aller Weiterentwicklungen sonderpädagogischer Arbeit und damit auch der Integration besiegeln würde. Letztlich sind es aber diese Kräfte, das zeigt u.a. die Erfahrung der Förderzentrumsdiskussion in den neunziger Jahren, die nach der verbalen Auseinandersetzung als erste bereit sind, sich die neuen Schilder über die Schultür zu hängen, wenn sie feststellen, dass sich auch auf diese Weise gewohnte Praxis fortsetzen lässt. Insofern ist die Skepsis der Integrationsbefürworter durchaus realistisch!

Wer Integration und Inklusion will, darf sich mit diesen Kräften nicht gemein machen, auch wenn es verlockend ist, in großer Allianz gegen einen vermeintlich gemeinsamen Gegner zu sein. Die Interessen sind zu unterschiedlich und deshalb nicht „kompatibel". Wer Integration und Inklusion will, sollte abklopfen, ob und ggf. unter welchen Bedingungen die neuen Vorgaben genutzt werden können, die alten, verkrusteten Sonderschulstrukturen aufzubrechen und in Richtung eines modernen, subsidiär angelegten sonderpädagogischen, die Inklusion fördernden und stützenden Service-Systems zu verändern und dabei die im sog. Eckpunkte-Papier aufgezeigten Chancen und den Einfluss jeweiliger Netzwerke auf Konzept, Personaleinsatz und praktische Angebote des Kompetenz-Zentrums nutzen.

Staatliche Schule für Sehgeschädigte Schleswig

Überregionales Förderzentrum
Trägerschaft: Sozialministerium
Schulaufsicht: Bildungsministerium

Vorbemerkung: In Schleswig-Holstein sind inzwischen alle Sonderschulen Förderzentren, wenn sie Schülerinnen und Schüler im gemeinsamen Unterricht unterstützen. Die gesetzlichen Bedingungen und die sonstigen Rahmenvorgaben (z. B. Lehrerzuweisung im Förderschwerpunkt Lernen nach prozentualem Anteil der Schülerpopulation, unabhängig vom Förderort) lassen es zu, dass Förderzentren sich zu sonderpädagogischen Stützpunkten als „Schulen ohne Schülerinnen und Schüler" entwickeln können, was in einzelnen Schulen bereits vollständig bzw. weitgehend geschehen ist. Auf diese Weise sind in Schleswig-Holstein ca. 38 % (etwa 6000) aller Schülerinnen und Schüler mit sonderpädagogischem Förderbedarf im gemeinsamen Unterricht (weitere Informationen: www.lernnetz-sh.de). Dabei sollte man berücksichtigen, dass die Größe Schleswig-Holsteins eher einem Regierungsbezirk in NRW entspricht. Das wiederum könnte Anlass für die Überlegung sein, in NRW nicht immer alle Lösungen gleich landesweit anzustreben, sondern regional. Auf diese Weise könnten sich Kompetenzzentren unterschiedlich, freier und - bezogen auf die regionalen Verhältnisse - zutreffender entwickeln als unter dem gewaltigen Druck, dass immer alles für alle gleich passend und unstrittig sein soll. Die Qualität sonderpädagogischer Angebote lebt auch von der Vielfalt und der Kreativität in den Regionen, von der Zeit für Entwicklungen mit entsprechenden Diskussionen um Konzepte und der Einbindung der Menschen vor Ort.

Auftrag der „Staatlichen Schule für Sehgeschädigte, Schleswig": Landesweite wohnortnahe sonderpädagogische Unterstützung und Beratung von Kindern, Jugendlichen und jungen Erwachsenen mit Sehschädigung in Schleswig-Holstein

Die „Staatliche Schule für Sehgeschädigte, Schleswig" ist ein landesweit arbeitendes Förderzentrum und als einzige Schule seit Aufnahme ihrer Arbeit im Jahre 1983 ausschließlich mobil organisiert. Ihr Angebot basiert auf einem subsidiären Verständnis von Sonderpädagogik. Ihre Leitidee ist, Inklusion im Rahmen ihrer Möglichkeiten auf den Weg zu bringen und mit den Kooperationspartnerinnen und -partnern vor Ort zu realisieren. Darauf ist ihr Unterstützungs- und Beratungskonzept ausgerichtet und daran will sie sich messen lassen.

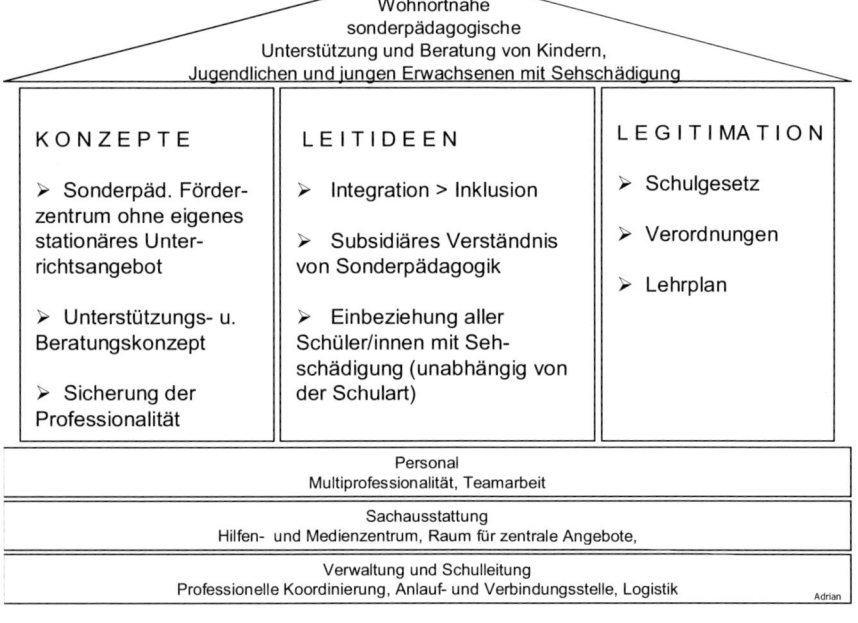

Der Auftrag der „Staatlichen Schule für Sehgeschädigte, Schleswig" ist weitreichender. Er hat die „wohnortnahe sonderpädagogische Unterstützung und Beratung aller Kinder, Jugendlicher und junger Erwachsener mit Sehschädigung" in Schleswig-Holstein zum Ziel. Deshalb werden selbstverständlich auch die Schülerinnen und Schüler mit Sehschädigung, die derzeit noch die Sonderschulen des Landes besuchen, wohnortnah unterstützt.

Die Aufgaben reichen von der sonderpädagogischen Unterstützung und Beratung im Früh- und Elementarbereich über die Arbeit in allen Schularten bis zum Ende der beruflichen Ausbildung. Letzteres war und ist ein weiterer innovativer Ansatz in der sonderpädagogischen Arbeit, der in Schleswig entwickelt wurde und jungen Menschen mit einer Sehschädigung wohnortnahe berufliche Ausbildungen ermöglicht. Die „Staatliche Schule für Sehgeschädigte, Schleswig", ist ein Förderzentrum (insgesamt 80 Mitarbeiter/innen) für über 850 Kinder, Jugendliche und junge Erwachsene ohne eigenes regelmäßiges Unterrichtsangebot, was zu der – eigentlich unzutreffenden – Bezeichnung „Schule ohne Schüler/innen" geführt hat. Sie ist in dem Sinne auch ein „Kompetenzzentrum" als sich hier vielfältige berufliche Kompetenzen und Qualifikationen, die für eine moderne sonderpädagogische Unterstützung unabdingbar sind (in traditionell arbeitenden Sonderschulen aber nicht vorkommen), unter einem Dach vereinen und interdisziplinär ineinander wirkend für die Schülerinnen und Schüler vor Ort zum Einsatz kommen.

Multidisziplinäre Kompetenzen/Qualifikationen im Förderzentrum:	
• Sonderpädagoginnen und –pädagogen	
• Lehrbefähigungen für andere Schularten	
• Diplom-Pädagogin/-ge / - Diplom-Psychologe	
• Orthoptistinnen	/ - Low-Vision-Trainer/in
• Diplom-Motologe	/ - Reha-Lehrerinnen
• Erzieher/innen	/ – Lehrkräfte: Orientierung u. Mobilität
• Heilpädagoginnen	/ - Sozialpädagoginnen
• EDV-Koordinator	/ - Verwaltungsfachkräfte
• Medienassistent/in	/ - Fachkräfte: Punktschriftübertragung

Auf diese Weise erfahren die Bildungseinrichtungen vor Ort die notwendige fachliche Unterstützung und Beratung, damit sie inklusive Schulen sein können. Solange noch segregative Strukturen als objektive Bestandteile eines hierarchisch gegliederten Schulsystems gegeben sind, ist es Aufgabe des Förderzentrums, in Konzeption und Praxis an deren Überwindung in jedem Einzelfall mitzuwirken. Anderenfalls wäre es überflüssig, könnte lediglich als mobile Sonderschule („ambulant") agieren und würde Inklusion verhindern!

Arbeitsprinzipien dieses subsidiären sonderpädagogischen Angebotes sind u.a.:

- Wohnortnahe Bedingungen für gemeinsames Leben und Lernen eruieren, initiieren und unterstützen
- Perspektiven vor Ort analysieren und fördern, vorhandene Ressourcen nutzen und stärken
- Selbstverantwortliches und vernetztes Handeln aller beteiligten Personen ermöglichen und unterstützen (i.d.R. vorrangig vor individueller Förderung i.s.v. „Förder-/Sonderunterricht")

Unabdingbare Voraussetzungen dabei sind:

- Lösungsorientierte Beratungskonzepte
- Ganzheitlicher Unterstützungsansatz über den Gemeinsamen Unterricht hinaus mit dem Ziel der sozialen Integration
- Flexibilität: Individueller Unterstützungsbedarf ist nicht immer gleich groß; Unterstützung nach (wechselndem) Bedarf und in unterschiedlicher Intensität
- Multiprofessionalität, Interdisziplinarität, Teamarbeit
- Transparenz der Arbeit

Die **Unterstützung und Beratung** vor Ort wird von Kolleginnen und Kollegen des Förderzentrums von dezentralen dienstlichen Wohnsitzen aus geleistet. Sie sind mit dem Schleswiger Zentrum (Zugriff auf das Medienzentrum mit Hilfsmittelzentrum und EDV-Koordination) und allen Kolleginnen und Kollegen mit spezifischen Fachkenntnissen eng vernetzt, um sie bei Bedarf abrufen zu können. Alle zwei Wochen treffen sich alle Kolleginnen und Kollegen des Förderzentrums zu fachlichem Austausch im jeweiligen Fachteam oder zur Arbeit in übergreifenden Gruppen im Schleswiger Zentrum.

Die Schülerinnen und Schüler, zeitweise auch ihre Familien, erhalten in Abständen mehrmals im Jahr die Möglichkeit, in Schleswig **Kurse** (Kursprogramm: www.sfs-schleswig.de) zu besuchen, die dem Austausch untereinander, dem Aufbau von Kontakten, der Stärkung sozialer Kompetenzen oder der Vermittlung spezifischer Fertigkeiten, (u.a. zur Orientierung und Mobilität oder zur Alltagsbewältigung) dienen. Die Teilnahme gilt als reguläres Unterrichtsangebot. Wenn es erforderlich ist, bzw. nicht vor Ort geschehen kann, kommen die Schüler/innen außerdem (häufig in Begleitung ihrer Lehrkräfte) zur Abklärung diagnostischer Fragestellungen, zur Erprobung von Hilfsmitteln oder von (EDV-gestützten) Arbeitsplätzen ins Zentrum nach Schleswig, wo ein breites Spektrum an Möglichkeiten zum Kennenlernen, Ausprobieren und Ausleihen vorgehalten wird.

Die Lehrkräfte, welche die Schülerinnen und Schüler vor Ort unterrichten, Erzieher/innen oder Ausbilder/innen erhalten über die Unterstützung und Beratung vor Ort hinaus im Schleswiger Zentrum **Fortbildungsangebote** (Seminarprogramm: www.sfs-schleswig.de) zum Verständnis von Sehschädigung, zu Fragen der angemessenen Berücksichtigung der Auswirkungen, zur sozialen Integration, zu didaktisch/methodischen Aspekten des Unterrichts oder zur Gestaltung der Kooperation.

Die Förderzentrumsarbeit unterscheidet sich von traditioneller schulischer Arbeit und erfordert ein anderes Verständnis von der Arbeit der Lehrkräfte. Sonderpädagogische Unterstützung und Beratung sind zwar seit eh und je elementare Lehrer/innen-Tätigkeiten, in der Förderzentrumsarbeit nehmen sie einen zentralen Platz ein. Professionelle Förderzentrumsarbeit auf anspruchsvollem Niveau bedarf u.a. intensiver Fortbildungsangebote für die Förderzentrumslehrkräfte und passender **Rahmenbedingungen**. Dazu gehören u.a.:

° Passende Arbeitszeitregelung (ganztägige Arbeitszeit; flexible Handhabung im Rahmen der Jahresarbeitszeit . . .)
° Hohes Maß an Flexibilität und Eigenverantwortlichkeit des Förderzentrumspersonals mit ausreichenden Handlungsspielräumen
° Entsprechendes Leitungsverständnis von Schulleitung und Schulaufsicht
° Reflexions- und Innovationsbereitschaft im Kollegium
° Regelmäßiger Austausch und Arbeit im Team (alle 14 Tage „Versammlungstag" im Förderzentrum mit
    - Konferenz der Lehrkräfte (jede 4. Woche), Teamsitzungen, individueller Arbeitszeit
    - Teamübergreifenden Arbeitsgruppen und Projekten
    - Gesprächen mit der Schulleitung
° Funktionierende Informationssysteme

Die Entwicklung des Schleswiger Förderzentrums über nahezu 25 Jahre zeigt, dass dieses sonderpädagogische Angebot von den Schülerinnen und Schülern, ihren Familien und den Schulen vor Ort angenommen wird. Der schrittweise Ausbau des Förderzentrumssystems in Schleswig-Holstein, für den die „Staatliche Schule für Sehgeschädigte, Schleswig", in vielen Bereichen Vorbild war, hat zu einer erheblichen Ausweitung des Gemeinsamen Unterrichts geführt.

Sicherlich lassen sich die Schleswiger Bedingungen und Erfahrungen nicht 1:1 auf nordrheinwestfälische Verhältnisse übertragen. Trotzdem zeigen sie grundsätzlich auf, dass ein Sonderpädagogisches Förder- bzw. Kompetenzzentrum mit entsprechendem Konzept und Auftrag ein sonderpädagogischer Beitrag auf dem Wege zur inklusiven Schule ist, individuelle sonderpädagogische Versorgung gewährleisten kann und in dieser Organisationsform sonderpädagogische Kompetenzen erhalten und weiterentwickelt werden können.

Kompetenzzentren in NRW müssten, um diese Entwicklung nehmen zu können, einen entsprechenden Entwicklungsauftrag (Förderung des Gemeinsamen Unterrichts, von Integration und Inklusion), Zeit und die notwendige personelle und sachliche Ausstattung erhalten. Dabei wäre es widersinnig, bestehende, funktionierende sonderpädagogische Systeme, z.B. in großen Bildungseinrichtungen wie inklusiven Grund- oder Gesamtschulen, die in der Lage sind, autonom zu arbeiten, dem neuen Konstrukt Kompetenzzentrum zu- oder gar unterzuordnen, bevor diese den Nachweis erbracht haben, dass sie Vergleichbares leisten können. Vielmehr müssten erfolgreich arbeitende Systeme in die Konzeptdiskussionen eingebunden werden, damit vorhandenes Wissen und vorhandene Erfahrung für die Entwicklung von Kompetenzzentren genutzt werden können. Ob sie dann mittelfristig den Status eigenständiger Kompetenzzentren erhalten oder als relativ autonome Dependancen agieren, sei dahingestellt. Entscheidend wird die erkennbare Absicht aller Beteiligten sein, die inklusive Schule, eine Schule für alle, zu schaffen und die Sonderpädagogik dazu ihren Beitrag leisten zu lassen. Das kann weder von Sonderschulsystemen erwartet (im Gegenteil: es wird gegen sie auch weiterhin durchzusetzen sein!) noch in einer einzigen Organisationsform umgesetzt werden. Es gibt verschiedene Wege zu diesem Ziel und alle werden gebraucht!

Josef Adrian ist seit 1995 in der Schulleitung der „Staatlichen Schule für Sehgeschädigte, Schleswig" tätig. Seit über 5 Jahren als Schulleiter. Er verfügt über Erfahrungen sonderpädagogischer Praxis in NRW (14 Jahre) und Schleswig-Holstein (15 Jahre). Seit vielen Jahren ist er Mitglied der GEW und war in verschiedenen Funktionen der GEW-Fachgruppe Sonderpädagogik auf Orts-, Bezirks-, Landesebene der Bundesländer NRW und Schleswig-Holstein sowie auf Bundesebene täti.; Interessens- und Themenschwerpunkt: Integration, Inklusion, Förderzentrum.

Integration und Pubertät
Voraussetzungen an unserer Schule, der Integrierten Gesamtschule Bonn-Beuel

Renate Plachetka

„Jedes Kind ist einzigartig", so lautet der Leitsatz unserer Schule. Ein Satz, der bei einer so heterogenen Schülerschaft wie sie an Gesamtschulen, insbesondere aber in Integrationsklassen, vorzufinden ist, Grundlage des Schulalltags sein muss.

Seit 23 Jahren gibt es an unserer Schule, die im nächsten Jahr ihr dreißigjähriges Bestehen feiert, gemeinsamen Unterricht. Zunächst begannen wir, auf Grund der Initiative von Grundschuleltern mit einer im Schulalltag so genannten ‚I-Klasse' pro Jahrgang, heute sind es zwei. Die Nachfrage nach einem Platz in einer Integrationsklasse ist wesentlich höher als die zwölf Plätze, die wir pro Jahrgang anbieten können.

Wir bemühen uns, Kinder mit unterschiedlichem Förderbedarf aufzunehmen, wohl wissend, dass der Anteil der so genannten ‚lernbehinderten Kinder' im engeren Schuleinzugsbereich wesentlich höher ist als der der Kinder mit einem anderem Förderschwerpunkt. Die Heterogenität der Schülerinnen und Schüler mit Förderbedarf ist uns wichtig, damit sich keine Sondergruppe in einer Klasse bildet. So haben wir in unseren ‚I-Klassen' sehr unterschiedliche Kinder:

Kinder mit den Förderschwerpunkten Sehen, Hören und Kommunikation, geistige Entwicklung, körperliche und motorische Entwicklung und Lern- und Entwicklungsstörungen mit den Förderschwerpunkten Lernen, Sprache oder Emotionale und soziale Entwicklung.

Diese Aufzählung ist nicht vollständig. Wir neigen dazu, in Deutschland jede Abweichung von der Norm zu einer besonderen Behinderung zu machen, um diese Kinder dann in die für sie zuständige Förderschule zuzuordnen. Wenn man aber davon ausgeht, dass „jedes Kind einzigartig ist", einen Anspruch auf individuelle Förderung hat, gleichzeitig aber mit anderen Kindern im Unterricht gemeinsam lernt, in der Schule gemeinsame Freizeit verbringt, gemeinsam lebt, dann weiß man, dass diese Einteilung allenfalls Anhaltspunkte für den Unterrichtsalltag geben kann. Diese Einteilung ersetzt aber nicht die genaue Beobachtung und Diagnose, die zur individuellen Förderung führt. Dies gilt allerdings nicht nur für Kinder mit ausgewiesenem Förderbedarf.

Grundsätzlich arbeiten in unserer Schule eine Regelschullehrerin bzw. ein Regelschullehrer mit einer Sonderschullehrerin bzw. einem Sonderschullehrer zusammen. Sie begleiten eine Integrationsklasse in einem

Dreier- bzw. Zweierteam in der gesamten Zeit der Sekundarstufe I. Hierbei fällt den Sonderschullehrerinnen bzw. den Sonderschullehrern eine besondere Rolle zu. Da sie die meiste Zeit mit den Kindern im Schulalltag verbringen, sie in verschiedenen Fächern begleiten, kennen sie die Kinder sehr gut. Sie sind für alle Kinder der Ansprechpartner, keineswegs nur für die ‚I-Kinder'. Gleichzeitig sind sie für uns so genannte Regelschullehrer Berater, wenn es um die besonderen Belange der Kinder mit Förderbedarf geht.

An unserer Schule arbeiten Sonderschullehrkräfte mit unterschiedlichen Schwerpunkten. Für die blinde Schülerin kommt einmal wöchentlich einen Lehrerin aus einer (Spezial-) Förderschule.

Soweit könnte man zufrieden sein und feststellen: die Voraussetzungen stimmen und Integration findet statt, die Schulgemeinde steht hinter diesem Projekt, alles in Ordnung. Ich möchte Ihnen ganz persönlich sagen, dass ich jedes Mal, wenn ich ‚meine' Klasse oder besser gesagt ‚unsere' Klasse (in den I-Klassen ist man kein ‚Einzelkämpfer') verabschiedet habe, so etwas wie Rührung, wie Stolz, wie Begeisterung darüber empfunden habe, diese sehr unterschiedlichen Schülerinnen und Schüler gemeinsam zu ihrem jeweiligen Abschluss geführt zu haben und dies in einem wunderbaren Team.

Integration: immer Alltag, manchmal aber nicht einfach
Fallbeispiele

Jeder Befürworter einer Schule für alle Kinder sollte allerdings wissen, dass es in I-Klassen nicht nur Harmonie, nicht nur Sonnenschein, nicht nur nette, sozial engagierte, tolerante junge Leute gibt, die unbeeinflusst von den jeweiligen Strömungen der Jugendkultur nur nett oder besser immer hilfsbereit und verständnisvoll sind, an denen die Pubertät sozusagen spurlos vorbeigeht. Dies ist eine Erfahrung, die wir - und hier spreche ich auch für meine Teamkolleginnen und Teamkollegen - in unserer ersten ‚I-Klasse' mehr oder minder unvorbereitet machen mussten. Zwar hatten wir Kongresse besucht, die Kinder in einer Grundschule, die schon Jahre lang Integrationserfahrung hatte, im Unterricht erlebt. Wir hatten über italienische Erfahrungen mit der Auflösung von Sonderschulen gelesen. Wir hatten Erfahrung im persönlichen Umgang mit Menschen mit Behinderungen gemacht.

Wir sahen - vor dem Hintergrund unserer jüngsten Geschichte – letztendlich den Umgang mit behinderten Menschen geradezu als einen politischen, sozialen Auftrag. Wir wollten einen Beitrag dazu zu leisten, dass Integration gelingt, dass niemand auf Grund seiner Behinderung je wieder benachteiligt wird. Glaubten wir wirklich, dass Kinder - von in der Integrations-Bewegung besonders engagierten Eltern - außergewöhnlich soziale Wesen seien? Waren wir naiv? Dies ist immerhin zwanzig Jahre her. Es gab in Deutschland damals wenig Erfahrung mit Integration in der Sekundarstufe.

Dann fiel in Klasse sieben der Satz: „Mit dem gehe ich doch nicht ins Kino. Was sollen denn meine Freunde denken?" Daneben saß ein Junge mit einer geistigen Behinderung und verstand die Welt nicht mehr. Kurze Zeit später kam mir aufgeregt ein Schüler meiner Klasse mit den Worten entgegen gelaufen „Schnell, schnell, die spielen mit Antons Windeln Fußball! Anton will abhauen." Ich traf auf einen völlig verstörten Jungen im Rollstuhl, der nur noch Wut und Scham empfand, fort wollte. Auch sein bester Freund konnte ihn zunächst nicht beruhigen.

Völlig unpädagogisch, aber äußerst empört stellte ich den Anstifter dieses Ereignisses im Klassenzimmer sofort zur Rede, die anderen gleich mit, da sie entweder mitgemacht hatten oder Zuschauer waren und dem Ganzen kein Ende gesetzt hatten. Dabei wussten alle, dass Anton immer einen Koffer dabei hatte, der nur ihn etwas anging und den man nicht anzufassen hatte. Um unser weiteres Vorgehen zu beraten, verließen wir eine irritierte Klasse. Wir beruhigten Anton, der - von seinem Freund begleitet - sich erst einmal in die Cafeteria begab.

Wir versuchten zunächst, den Unterricht wie üblich durchzuführen. Dann merkten wir jedoch, wie sehr sich die Schülerinnen und Schüler mit dem Vorfall und unserer Reaktion beschäftigten. Wir drei Tutoren setzen uns zur Beratung über unser weiteres Vorgehen zusammen. Zu diesem Gespräch baten wir Anton und - mit seiner Einwilligung - auch seinen Freund hinzu. Anton sprach über seine Gefühle, darüber, dass er nie wollte, dass jemand aus seiner Klasse erführe, dass er wegen seiner Behinderung Windeln brauchte (mit den meisten Schülern war er allerdings schon in der Grundschule und im Kindergarten gewesen). Wir merkten, dass es für ihn ein Tabu war, darüber zu sprechen. Uns Lehrern war allerdings klar, nur eine Aufklärung über Antons Behinderung würde zukünftig solche Vorkommnisse verhindern können.

Wir überließen es unserem männlichen Kollegen - einem Sport- und Biologielehrer -, unter vier Augen mit Anton über seine Behinderung zu sprechen, auch über seine Ängste, seine Scham. Dieser Kollege hatte ein gutes Vertrauensverhältnis zu ihm aufgebaut. Anton wusste, dass er sich auf ihn verlassen konnte, war er doch mit ihm an Wandertagen sehr steile Abhänge im Rollstuhl hinauf- und hinabgedüst. Dabei hatte er all seine Angst überwunden und wunderbare Erfolgserlebnisse gehabt.

Das Ergebnis dieser Gespräche war, dass Anton sich bereit erklärte, - unterstützt von dem Kollegen, seinem Freund und uns - die Mitschüler und Mitschülerinnen über seine Behinderung und ihre Folgen aufzuklären. Wir saßen im Kreis. Der Kollege hatte aus der Biologie-Sammlung Anschauungsmaterial organisiert. Anton erzählte, was er über seine Behinderung wusste, der Lehrer ergänzte ihn mit weiteren Fakten. Niemals später war es so still in dieser siebten Klasse, es herrschte eine Stimmung zwischen Neugier und Betroffenheit, zwischen Anteilnahme und Bewunderung. Anton anfangs unsichere, ja zitternde Stimme wurde immer fester. Unsere Rolle - die meiner Sonderschulkollegin und meine - war es, Anton zu unterstützen, mehr still als durch Worte. Sein Freund, der neben ihm saß, gab ihm wohl neben dem Lehrerkollegen die größte Sicherheit. Am Ende sprudelten dann Fragen und Mitschüler entschuldigten sich. Das Wichtigste aber war, dass Anton zukünftig keine Angst mehr haben musste, denn sein Koffer war kein Geheimnis mehr.

Wie schon oben berichtet, traf uns dieses Ereignis unvorbereitet. Anton und seine Eltern hatten uns zwar Anfang der fünften Klasse gebeten, nicht ‚darüber' zu sprechen, denn Anton wolle das nicht. Wir sollten allerdings sehr auf den Koffer aufpassen. Die Kinder aus seiner Grundschulklasse wüssten, dass man da nicht drangehen dürfe. Die anderen sollten wir darauf hinweisen. Alle wussten oder ahnten, der Koffer hat etwas mit Antons Toilettengängen zu tun. Er nahm ihn stets mit, wenn er seine ‚Behindertentoilette' aufsuchte. Was macht besonders neugierig, was besonders Spaß, insbesondere im siebten Jahrgang? Das Verbotene zu tun. Wir hätten es wissen können.

Wir hatten zunächst ein Problem gelöst. Doch in der Folgezeit stellten wir uns den Fragen, die mit Pubertät und Behinderung zu tun hatten, sehr viel intensiver. Wie aber lernt ein Jugendlicher zu seinem Anderssein zu stehen und damit zu sich selbst ja zu sagen, wenn bei anderen schon ein Pickel zu Katastrophen führt, oder wenn die Mehrheit damit beschäftigt ist, sich für die Schule schick zu machen? Man möchte doch schließlich zur Clique gehören, den anderen gefallen. Die Normen der ‚Peer-Group' sind in diesem Alter oft stärker als alle Erziehungsversuche seitens der Eltern und Lehrer.

Eltern von Kindern mit Behinderungen kommen zu diesem Zeitpunkt manchmal Zweifel, ob Integration wirklich das Richtige für ihr Kind ist. Mir kamen diese nicht, denn auch in den Förderschulen gibt es Pubertätsprobleme, aber viel wichtiger ist es, zu erkennen: Diese Welt ist nicht konfliktfrei, junge Menschen (egal ob ‚behindert' oder nicht) müssen lernen, mit diesen Konflikten und Krisen umzugehen. Anton hat es gelernt. Auf unser Anraten hin begleitete ihn zwei Jahre lang ein Therapeut, der ihn psychisch sehr stärkte, der ihm auch half, mit seinen behinderungsbedingten Problemen umzugehen.

Als Anton dann in der Skifreizeit mit einer Freundin abends in die Stadt rollte, wussten wir, er ist auf dem richtigen Weg. Er hat Abitur gemacht, hat ein Studium begonnen und lebt heute mit einer Freundin zusammen. Anton hat nach wie vor ein gutes Verhältnis zu seiner alten Schule. Bei Treffen der Ehemaligen ist er immer dabei.

Wir Lehrerinnen und Lehrer hatten gelernt, dass gemeinsamer Unterricht nicht nur ein Schön-Wetter-Modell ist, sondern um im Bild zu bleiben, dass es dort auch Zeiten mit Regen, Sturm und Gewitter gibt. Um es aber ganz klar zu sagen, so ist es in allen Klassen, besonders im siebten und achten Schuljahr, überall, in allen Schulformen.

In den Integrationsklassen an unserer Schule haben wir Kollegen (noch) den Vorteil, in der überwiegenden Zeit, die die Kinder in der Schule sind, in Doppelbesetzung zu arbeiten, also nicht als ‚Einzelkämpfer' mit den Problemen von dreißig Schülerinnen und Schülern allein zu sein. Zwei – manchmal auch verschiedene - Sichtweisen haben den großen Vorteil, schneller Lösungen zu finden, da wir sehr intensiv mit allen Kindern unserer Klasse zusammen sind.

Bevor ich dazu komme, einige Ideen vorzustellen, die wir in unserer zwanzigjährigen Zusammenarbeit entwickelt haben, damit Jugendliche lernen, im miteinander Arbeiten, im gemeinsamen Tun Achtung vor anderen zu haben, Verantwortung für andere zu übernehmen, möchte ich noch einige Beispiele aus unserem Schulalltag schildern, die typische Konflikte aufzeigen, die in der Zeit der Pubertät aufkommen.

Für Piet, einen liebenswürdigen Jungen mit einem Down Syndrom, - in seiner Klasse anerkannt und beliebt -, entwickelte sich Anfang der achten Klasse ein Problem, denn er hatte sich in Evi verliebt, die wie die jüngere Schwester von Claudia Schiffer aussah. Piet schrieb wiederholt Zettel oder Briefchen, die nicht immer ihr Ziel erreichten, sondern anderen Mitschülern - nicht nur der eigenen Klasse - in die Hände fielen. So wurde getuschelt, getratscht, gelästert. Bis sich Evi verzweifelt an uns wandte und uns erklärte, sie möge Piet zwar, aber er solle aufhören, ihr Briefchen zu schreiben und zu erzählen, dass er in sie verliebt sei. Das Problem war nicht so einfach zu lösen. Denn Piet sah zwar ein, dass er mit dem Briefchen schreiben aufhören musste, aber „Liebe könne man nicht verbieten", war sein Kommentar.

Evi entwickelte zwar etwas Verständnis für Piet, aber sein Verhalten ihr gegenüber war nach wie vor ungenehm für sie Sie baute deshalb Distanz zu Piet auf. Auch die Hoffnung, Piet würde sich in ein anderes nettes Mädchen mit Down Syndrom verlieben und Evi deshalb in Ruhe lassen, erfüllte sich nicht. „Die hat ja nicht so schöne blonde Haare wie Evi" und „Was ich einmal will, das erreiche ich auch" waren sein Sprüche.

So begleitete uns diese Geschichte bis zur Abschlussfahrt. Piet bemühte sich, im Alltag nicht mehr lästig für Evi zu sein und sie lernte, mit zunehmendem Alter mit Piet freundlich, aber auch Distanz wahrend umzugehen. Piet musste lernen, zu erkennen, dass man Liebe nicht erzwingen kann. Diese Erfahrung machen viele Menschen. Aber in seiner Äußerung: „Ich weiß, ich habe ja Down Syndrom" zeigt sich, dass er sich seiner

Behinderung bewusst wurde und Ansätze zeigte, damit umzugehen. Unsere Aufgabe als Lehrer war es, ihn auf diesem Weg zu unterstützen. Ein anderes Problem ergab sich bei Verena, einem aus Indien stammenden Adoptivkind, das stark schwerhörig war. Schon bei anderen gehörlosen oder schwerhörigen Kindern hatten wir erlebt, dass es in den Pausen manchmal zu Konflikten mit den anderen Kindern kam. Der Unterricht erforderte ihre ganze Aufmerksamkeit, war also sehr anstrengend für diese Kinder. Wir wussten, dass sie in den Pausen Rückzugsmöglichkeiten haben mussten, in denen sie Ruhe und Erholung finden konnten. Dazu gibt es in unsere Schule ausreichend Möglichkeiten Aber gerade in den Pausen fängt das eigentliche Schulleben an, denn man möchte ja nichts versäumen. Insbesondere Verena hatte das Gefühl, dass ständig über sie geredet würde. Alle Beteuerungen der Mitschülerinnen nutzten nichts. Sie tat alles, um aufzufallen, sie stellte sich in den Türrahmen, um andere daran zu hindern, den Klassenraum zu verlassen. In der folgenden Tutorenstunde beklagte sie sich darüber, dass sie von einigen Mädchen geschubst worden sei. Wir Lehrerinnen ermahnten zunächst wieder die Mitschülerinnen, doch Rücksicht zu nehmen, mit Verena zu sprechen, sie in ihre Mitte aufzunehmen. Eines Tages platzte es jedoch aus den Mitschülerinnen heraus, nicht sie, sondern Verena provoziere oft die Konflikte, manipuliere sogar den Jungen mit der geistigen Behinderung, um davon abzulenken, was sie anstelle. Es hat lange Zeit gedauert und vieler Gespräche bedurft, um Verenas Verhalten richtig zu verstehen und ihr Verhalten mit Hilfe der Schulpsychologin zu verändern.

Nicht zuletzt möchte ich darauf hinweisen, was es für Schülerinnen und Schüler bedeutet, in einer Zeit, in der nur Höchstleistungen honoriert werden, zu erkennen, wie ihre Aussichten auf dem Arbeitsmarkt sind. Ein Problem, das sich besonders in den neunten und zehnten Klassen zeigt. Die Schule ist für diese Jugendlichen noch ein Schonraum. Von der Gesellschaft, insbesondere aber von der Wirtschaft müssen wir verlangen, jedem Menschen eine Chance zu geben und in jedem Beruf ein angemessenes Gehalt zu bezahlen, das ein eigenständiges Leben ermöglicht.

Gemeinsamer Unterricht ist die richtige Antwort

Ich konnte hier nur einige der Punkte ansprechen, die wir in unserer langjährigen Praxis im gemeinsamen Unterricht erfahren haben. Wir, damit meine ich alle am Prozess Beteiligten, müssen wissen, gemeinsamer Unterricht ebnet die Unterschiedlichkeit der Schülerinnen und Schüler nicht ein, hebt Behinderungen nicht auf, kann allein nicht alle Probleme lösen, die sich gerade heute in der auseinander driftenden Gesellschaft ergeben. Gemeinsamer Unterricht führt aber zu mehr Toleranz, Akzeptanz, zu mehr Verständnis gegenüber Menschen in ihrem Unterschiedlichsein.

Kinder mit unterschiedlichen Beeinträchtigungen sitzen aber nicht ausschließlich in einem Schonraum, sondern mitten in der Welt. Sie müssen früh lernen, ihre Bedürfnisse zu artikulieren. Dabei brauchen sie manchmal die Unterstützung der Erwachsenen. In vielen Aussagen ehemaliger Schülerinnen und Schüler kommt ihre Zufriedenheit mit ihrer Schulzeit zum Ausdruck. Die „tollen Ausflüge, Theaterbesuche und die Klassenfeste. Das hat mir viel Spaß gemacht" schreibt Piet. Susi (jetzt 27 Jahre alt), eine geistig behinderte junge Frau, sie arbeitet im Bereich Gartenbau, telefoniert regelmäßig mit meiner Kollegin. Kürzlich meinte sie, ihr Freund sei ja so unselbstständig, seine Mutter mache alles für ihn, sie habe aber in der ‚I-Klasse' gelernt, selbständig zu sein, ein Kind wolle sie auch nicht mehr, das sei ihr zu viel Arbeit'. Ein ehemals lernbehinderter junger Mann kam in die Schule, um von seinem beruflichen Erfolg zu erzählen, er hatte die Ausbildung zum Kraftfahrzeugmechaniker geschafft. Er berichtete darüber in unserer neuen ‚I-Klasse', damit war er wohl der größte Mutmacher für unsere ‚I-Schüler'.

Nach zwanzig Jahren Arbeit im ‚gemeinsamen Unterricht' kann ich nur sagen, er ist ein Erfolgsmodell an unserer Schule.

Abschließend möchte ich betonen, dass ergänzend zum individuellen Lernen wichtig ist, viele gemeinsame Projekte zu machen, bei denen sich die Schülerinnen und Schüler in ihrer Unterschiedlichkeit begegnen. Dazu gehören Literaturabende mit Lesungen selbst geschriebener Stücke, Aufführungen eigener Theaterstücke, Filmprojekte, Hörspielproduktionen, Kunstprojekte, das Herstellen einer eigenen Zeitung, Projekte im naturwissenschaftlichen Unterricht, im Sport, dazu gehören aber auch Klassenfeste, Klassenfahrten, dazu gehört Teilnahme am örtlichen Brauchtum und vieles mehr. Hierzu müssen Schülerinnen und Schüler miteinander kommunizieren, sie müssen miteinander überlegen, welche Aufgaben die einzelnen Mitglieder ihrer Gruppe entsprechend ihrer Fähigkeiten und Fertigkeiten übernehmen können. Sie müssen sich außerhalb der Schule treffen. Neben den vielen Gesprächen, die in Krisensituationen nötig sind, scheinen mir die oben genannten Unterrichtsvorhaben das beste Mittel zu sein, um Achtung vor einander zu entwickeln, Verantwortung für die Gruppe zu übernehmen, um so alle Schülerinnen und Schüler sozial einzubinden.

Die gemeinsame Präsentation, das gemeinsame Gelingen eines Projekts macht stolz, stärkt das Zusammengehörigkeitsgefühl und zwar aller Mitglieder der Gruppe.

Renate Plachetka ist Lehrerin an der IGS Bonn-Beuel.
Sie ist Abteilungsleiterin der 7/8 und Tutorin von drei Integrationsklassen.

Alle sind verschieden - und davon profitieren alle! Unterricht und Schulleben in jahrgangsgemischten und integrativen Lerngruppen an der Sophie-Scholl-Schule in Gießen

Wiltrud Thies

Gleitzeit am Morgen. Lena[1] freut sich schon seit gestern darauf: sie hat sich nachmittags vorgenommen, Herrn Dreyer, den Zivildienstleistenden ihrer Gruppe gleich früh in ein selbst ausgedachtes Spiel zu verwickeln. Andreas und Yannik kommen gemeinsam und ergattern, weil es noch früh ist, ein derzeit in der Gruppe beliebtes Brettspiel. Frederic holt seinen Wochenplan, setzt sich an seinen Platz und beginnt zu arbeiten. Leonie schließt sich nach kurzem Umsehen Lena und Herrn Dreyer an. Daniel liest in einem Buch aus der Bibliothek, das er morgen zurückgeben muss. Miriam kommt in Begleitung ihrer Integrationshelferin im Rolli. Sie möchte heute gleich im Nebenraum am Rechner mit der Arbeit beginnen.

Frau Hinze ist Klassenlehrerin der „Wale". In der Gleitzeit ordnet sie letzte Materialien und bespricht sich kurz mit dem Zivi und Herrn Korn, dem Erzieher der Gruppe. Gemeinsam begrüßen sie die übrigen Kinder, die nun nach und nach im Klassenraum ankommen. Die meisten wissen schon, wie sie ihren Tag in der Schule beginnen wollen. Andere benötigen Hilfe in der Orientierung oder auch einfach beim Öffnen des Reißverschlusses im Anorak oder beim Auffinden der Hausschuhe.

Alle suchen sich ihre Beschäftigung, mehr und mehr wandelt sich im Laufe der nächsten 30 Minuten das Bild vom „Ankommen" zum „Arbeiten". Frau Hinze gibt ein Zeichen für den Unterrichtsbeginn, das vor allem für diejenigen Kinder wichtig ist, die nicht allein vom Spiel in die Arbeit finden. Alle übrigen haben bereits Aufgaben aus dem Wochenplan vor sich auf dem Tisch und nehmen den hellen Glockenklang nur nebenbei wahr. Die Atmosphäre ist ruhig, gelassen, fröhlich und aufmerksam: Der neue Tag in der Gruppe hat begonnen.

Die kleine Szene beschreibt den Unterrichtsbeginn in einer Lerngruppe der Sophie-Scholl-Schule in Gießen, in der 11 Kinder des Jahrgangs 3 und 10 Kinder des Jahrgangs 4 gemeinsam unterrichtet werden. Unter ihnen sind 5 Kinder mit verschiedenen Formen der Behinderung.

Das pädagogische Team[2] dieser Gruppe hat entschieden, die an der Schule übliche „Gleitzeit" so für die Kinder zu etablieren, dass diese selbständig eine Entscheidung für den eigenen Arbeitsbeginn treffen und sich nach einer Zeit des Ankommens weitgehend ohne Aufforderung der für sie vorbereiteten Aufgabe zuwenden. Auch während der Gleitzeit herrscht eine ruhige Atmosphäre im Raum; Toben und Schreien kann man draußen.

Der früher den Unterrichtsbeginn markierende Morgenkreis findet in dieser Gruppe nun am Ende der ersten Arbeitsphase statt: Nach der intensiven Arbeit am Wochenplan ist dies die geeignete Zeit für das Gespräch in der Gruppe.

Mit dieser Einführung ist ein kleiner Einblick möglich in einen Unterricht in heterogenen Gruppen und in ein Schulleben, das es ermöglicht, die Vielfalt der Kinder als Gewinn bringend zu erfahren.

Angesprochen sind schon einige Dinge, die in diesem Vortrag Bedeutung haben werden:

- Die Kinder lernen in heterogenen Gruppen an einer besonderen Schule.

  Drei Säulen des Schulkonzepts:
  o   Jahrgangsmischung,
  o   Integration/Inklusion und
  o   Ganztag

- Wenn man so unterschiedliche Kinder in einer Lerngruppe zusammenfasst, dann muss sich Stoffvermittlung, müssen sich Arbeits- und Betreuungsformen ändern: Wie muss also Unterricht in so einer Schule aussehen?

  Stichworte sind hier:
  o   Methodenvielfalt
  o   Kultur: Rituale und Regeln, sinnvolle Zeit- und Inhaltseinheiten
  o   Multiprofessionelle Teams der Erwachsenen
  o   Auswahl der Unterrichtsinhalte und Bearbeitungsformen in inklusiven Gruppen (mit Bsp.)

- Im letzten Punkt meines Vortrages möchte ich Bezug nehmen auf den zweiten Teil des Titels: hier wird behauptet, ein solches Lernen in heterogenen Gruppen sei ein Gewinn für alle. Dies möchte ich ausführen
  o   Für die Gruppe der Kinder mit Behinderung
  o   Für die Gruppe der Kinder ohne Behinderung
  o   Für die Erwachsenen, die in der Schule mit den Kindern arbeiten
  o   Und schließlich für die Gruppe der Eltern

Prinzipiell ist ein Arbeiten mit heterogenen Gruppen m.E. in allen Schulen, allen Schulformen und überall möglich und notwendig.

Der folgende Beitrag zeigt am Beispiel der Sophie-Scholl-Schule in Gießen, dass dort, wo mit Jahrgangsmischung und Integration das Maß an Heterogenität innerhalb der Lerngruppe bewusst potenziert wird, neue Lerngelegenheiten für Kinder und Entwicklungschancen für Lehrerinnen und Lehrer entstehen.

1. Lernen in heterogenen Gruppen an einer besonderen Schule: Integration/Inklusion, Jahrgangsmischung, Ganztag

Die Sophie-Scholl-Schule ist eine sechsjährige Grundschule mit Förderstufe (Klassenstufen 1 – 6) in Trägerschaft der Lebenshilfe Gießen. Als Schule mit besonderer pädagogischer Prägung entwickelt sie auf der Grundlage des reformpädagogisch tradierten Jenaplans (vgl. Winkel 1997, Petersen 1980) ein lebendiges Schulkonzept, das auf den drei Säulen Integration/Inklusion, Jahrgangsmischung und Ganztag ruht.

In jeder Lerngruppe lernen und arbeiten ca. 20 Kinder, davon 5 Mädchen und Jungen mit sonderpädagogischem Förderbedarf.[3] Bewusst experimentieren wir in der Gruppenzusammensetzung mit ähnlichen und/oder verschiedenen Behinderungsformen: wie viel Verschiedenheit ist günstig, wie viel Ähnlichkeit der jeweiligen Entwicklung zuträglich?

Der Schultag an der Sophie-Scholl-Schule beginnt für alle Kinder unabhängig von der Schulstufe ab 7.30 Uhr mit einer Gleitzeit (ankommen, spielen, erzählen, etwas zuende bringen, schon mal arbeiten) bis 8 Uhr. Der Unterricht erfolgt in 2 doppelstündigen Blöcken, die durch Pausen- und Frühstückszeiten unterbrochen werden. Für die älteren Kinder schließt sich eine 5 und/oder 6. Stunde an, die Jüngeren haben zusätzliche Spiel- und Bewegungszeiten.

Nach dem Mittagessen werden bis 14.00 bzw. 14.30 Uhr die Schul- und Übungsaufgaben angefertigt (Hausaufgaben gibt es wegen des Ganztagsangebotes bis auf kleine Lern- oder „Forschungs"-Ausnahmen nicht...).

Bis 16.30 Uhr können die Kinder das Nachmittagsangebot wahrnehmen. Hier gibt es die Möglichkeit der Kursteilnahme (von Psychomotorik über Hämmern und Sägen bis zu Spanisch...) oder des betreuten Freien Spiels. Eingelassen in die Betreuungszeit sind verlässliche „Aktivitätsinseln", so heißen die täglich zur gleichen Zeit und am gleichen Ort stattfindenden Angebote zum Malen, Basteln, Handwerken und Bewegen.

Jahrgangsmischung und Integration als offen-sichtliches, augen-fälliges Anerkenntnis von Heterogenität in der Lerngruppe.

Schülerinnen und Schüler der Sophie-Scholl-Schule bringen individuell extrem unterschiedliche Bildungsvoraussetzungen und Leistungsmöglichkeiten mit.

Sie erwartet ein Schulkonzept, das sich auf reformpädagogische Wurzeln beruft, welche die Jahrgangsmischung als Bereicherung proklamieren, weil die Kinder das natürlich vorhandene Entwicklungs- und Bildungsgefälle für eigene Lernprozesse nutzen (lernen) können. Dabei fokussiert der Lernbegriff nicht allein auf die kognitiven Aspekte etwa des Erwerbs von Kulturtechniken, sondern bezieht das soziale Lernen gleichgewichtig mit ein (vgl. Laging 1999).

Das Schulkonzept befördert neben der Jahrgangsmischung den gemeinsamen Unterricht, indem es in jeder Lerngruppe ein Viertel der Plätze für

Kinder mit sonderpädagogischem Förderbedarf ausweist, - und zwar für alle Behinderungsformen, d.h. auch für Kinder mit geistiger und mit schwerer Mehrfachbehinderung. Die immer sichtbare Tatsache der Integration ist im täglichen Ablauf so augenällig, dass Heterogenität aufgrund von Behinderung und Nicht-Behinderung niemals zur Nebensache erklärt werden kann.

Wer sich die entstehende Gruppe exemplarisch vor Augen führt und gar weitere Items wie Geschlecht, kulturelle und nationale Herkunft, Bildungshintergrund der Familie etc. hinzu nimmt, spürt gleichsam, dass sich jahrzehntelang gewohnte Attribute des Schulalltags, nämlich mit der Grundannahme von Gruppenhomogenität verbundene Gleichschrittigkeit und Ziel- und Methodengleichheit hier nicht verwirklichen lassen.

Die jahrgangsgemischten und integrativen Lerngruppen, in denen jedes Kind auf andere Weise verschieden ist, sind für die verantwortlichen Erwachsenen stete, offen-sichtliche Herausforderungen im pädagogischen Alltag. Vielleicht haben wir aufgrund der beschriebenen eklatant heterogenen Gruppierungsform sogar günstigere Bedingungen als anderswo, unsere pädagogische Entwicklung voranzutreiben. Ein Wegschauen ist nicht möglich, ebenso wenig wie das vielfach unter Lehrerinnen und Lehrern verbreitete stille Leiden an der heterogenen Gruppe, da wir diese selbst und bewusst herbeiführen, weil wir sie für Kinder und pädagogisches Personal gleichsam als grundständig entwicklungsfördernd begreifen.

Ausgangspunkt allen Unterrichtens und Lernens ist in einem solchen Setting immer das einzelne Kind mit seinen individuellen Fähigkeiten. An der Sophie-Scholl-Schule soll es selbständiges Lernen in größtmöglicher Freiheit in einem kultivierten gemeinschaftlichen Rahmen erfahren, in dem die Verschiedenheit aller Kinder Voraussetzung und Basis für ein kindgerechtes, lebensnahes und natürliches Lernen ist.

2. Unterrichten: Methodenvielfalt, Kultur, Kooperation, Fortbildung

Der Unterricht für alle Kinder wird in den multiprofessionell zusammen gesetzten Teams gemeinsam geplant und vorbereitet. Es gibt keine Aufsplitterung in der Zuständigkeit für bestimmte Kinder (etwa diejenigen mit oder ohne sonderpädagogischen Förderbedarf oder die der verschiedenen Jahrgänge). Wenn Arbeitsverantwortung verteilt wird, so erfolgt dies innerhalb eines Teams arbeitsteilig-pragmatisch mit Blick auf Vorbereitungsverantwortung für einzelne Projekte, Schulfächer bzw. Inhaltsbereiche.

Allerdings ist es nicht so, dass Lehrkräfte in Deutschland auf ein solches kooperatives Arbeiten in heterogenen Gruppen durch ihre Ausbildung bereits hinreichend vorbereitet wären. Es fehlt neben Erfahrung in kooperativen Unterrichtsformen oft auch an konkreten Wissensbeständen, z.B.

im Bereich der Diagnostik. Auch für die Praxis direkt nutzbare Aspekte einer Pädagogik der Vielfalt (Prengel 1983), das Wissen um integrationsspezifische Lernprinzipien (Podlesch 2003) und die Entwicklung individueller Förder- und Entwicklungspläne (Höhmann 2004) gehören leider – noch – nicht zum grundständigen Handwerkszeug aller Lehrerinnen und Lehrer. Im Team der Sophie-Scholl-Schule setzen wir gemeinsam auf kontinuierliche Weiterentwicklung, Fortbildung und kooperative Teamprozesse.

Im Prozess der Schulentwicklung wächst unter dieser Grundhaltung der kollegiale Anspruch an Unterrichtsqualität und an Nachhaltigkeit der Lernprozesse in heterogenen Lerngruppen. Dieser wird in mehreren Strängen verfolgt:

• Einsatz geeigneter Unterrichtsformen; Sicherstellung des erfolgreichen Einsatzes

Heterogene Gruppen verlangen den flexiblen Einsatz von Unterrichtsmethoden, die größtmögliche Differenzierung erlauben. Die Arbeit mit dem Wochenplan[4], in seiner ursprünglichen Form u.a. wichtiger Bestandteil des Unterrichts in der Jenaplan-Schule Peter Petersens, impliziert in ihrer heutigen Umsetzung im modernen Unterricht der Grundschule und Sekundarstufe ein differenzierendes Arbeiten auf individuell unterschiedlichem Niveau mit unterschiedlichen Aufgabenformaten und Inhalten (vgl. Vaupel 1995). Aus diesem Grund wird man diese Arbeitsform – neben anderen – überall dort finden, wo es darauf ankommt, in heterogenen Gruppen alle Kinder individuell bestmöglich zu fördern. Wochenplanarbeit eignet sich in besonderem Maße für das zunehmend selbständige Arbeiten der Kinder allein oder in kleinen Gruppen. Sie macht es möglich, in der Lerngruppe Unterschiedliches zur gleichen Zeit zu tun – und jedem Tun Wertschätzung und bei Bedarf Hilfe entgegenbringen zu können.

Wer jeweils innerhalb der Gruppe Hilfe benötigt oder geben kann, ist je nach Situation sehr verschieden. Längst wissen wir, dass in jahrgangsgemischten Gruppen der höhere Jahrgang eines Kindes nicht mit höherem Wissens- oder Könnensstand korrelieren muss. Auch machen wir gute Erfahrungen damit, dass Kinder mit Behinderung nicht nur Hilfe-Empfangende sind, sondern in vielerlei Hinsicht auch Unterstützung und Orientierung für andere geben können.

Tages- und Wochenpläne lassen sich so gestalten, dass jedes Kind seinen individuell nächsten Lernschritt gehen kann. Wichtig ist, dass die Mitglieder der Lerngruppe sich gegenseitig über ihr Tun informieren und dass Gruppierungsformen stets wechseln. Einzelarbeit gehört dazu, darf jedoch den Tagesablauf nicht dominieren.

Durch die klare Struktur- und Inhaltsvorgabe erhält jedes Kind einen sicheren Rahmen für die eigene Orientierung in vorgegebener Arbeitszeit. Andere unterrichtliche Schwerpunkte werden z.B. mit „Werkstätten" verfolgt, die größere Freiräume zur Entwicklung eigener Fragen und Bearbeitungs(um)wege zulassen und Kinder geradezu aus der Schülerrolle in die des forschenden, berichtenden, helfenden, vermittelnden Subjekts katapultieren (vgl. Brügelmann/Dankwerts 1997). Mit unaufwändigen methodischen Kleinformen wie dem „Experiment der Woche" üben Schülerinnen und Schüler von Anfang an

• das Formulieren eigener Fragen an einen Sachverhalt,
• Formen selbständiger Lösungssuche und Bearbeitung sowie
• Techniken der Ergebnissicherung und Präsentation.

Um abzuschätzen, ob und inwieweit mit dem Einsatz dieser und weiterer Unterrichtsformen und dem Beachten der Gruppierungsregel auch tatsächlich die Qualität des Unterrichts sicher gestellt ist, sind neben der Sichtung und Bewertung der Lernleistungen und Beiträge der Kinder wöchentlich Ergebnis sichernde Reflexionsformen im Lerngruppenteam wichtig.

• Entwicklung von sinnvollen Ritualen, Zeit- und Inhaltseinheiten

Die Arbeit mit einer heterogenen Gruppe bringt in besonderer Weise die Bedeutung schulischer Rituale und Kultur zur Geltung, ebenso verlangt sie ein Nachdenken über sinnvolle, d.h. allen Kindern mögliche Zeiteinheiten für Lernen und Unterricht an einem rhythmisierten Schultag. Rituale dienen allen Kindern an der Sophie-Scholl-Schule zur sicheren Orientierung im Tages- und Wochenverlauf. Sie verändern sich von Schulstufe zu Schulstufe, weil veränderte kindliche Entwicklung eben auch veränderte Formen des ritualisierten Tagesverlaufs verträgt. Rituale sind der jeweiligen Lerngruppe zugehörig, manche, wie der Montagmorgenkreis, aber auch der ganzen Schulgemeinde.

Die regulär an der Sophie-Scholl-Schule vorgesehenen Stufenwechsel nach jeweils 2 Schuljahren in einer Lerngruppe konfrontieren die Kinder mit der Veränderbarkeit von Ritualen und Personenbeziehungen. Eine dichte pädagogische Begleitung dieser „Wechsel" oder „Brüche" stellt sicher, dass im Einzelfall keine Überforderung entsteht und ein langsames Hineinwachsen in neue Rituale und Beziehungskonstellationen ermöglicht wird. Dass im jahrgangsgemischten Zusammenhang immer ein Teil der Kindergruppe in der Lerngruppe verbleibt und neue Kinder aufnimmt, zeigt sich als stabilisierender Faktor für die Gruppenkultur und -rituale (Kinder sind da sehr genau!).

Von Schulstufe zu Schulstufe verändern sich auch die (Zeit-)Einheiten, in denen gearbeitet wird. Dies betrifft einerseits wie an allen anderen Schulen das tägliche Budget an Unterrichtszeit, andererseits aber auch die spezifische Zusammenfassung von Unterrichtszeiten für fächerübergreifende, ganzheitliche Themenbearbeitung. So haben an der Sophie-Scholl-Schule die Schülerinnen und Schüler in der Stufe III täglich 1,5 Stunden Zeit für die Bearbeitung einer „Thematischen Einheit", in die die Stunden mehrerer Fächer eingehen. Diese werden durch diesen Kunstgriff epochal unterrichtet, was einen vernetzten, ganzheitlichen Zugang, ein für einen festgelegten Zeitraum größeres Zeitbudget und die Möglichkeit einer größeren Methodenvielfalt in der Bearbeitung möglich macht.[5]

- Sicherung von Unterrichtsqualität durch Doppelbesetzungen und gegenseitige Hospitation und Fortbildung

Unterrichten in heterogenen Gruppen ist eine Herausforderung, die bei Lehrkräften stets auch Fragen und Unsicherheiten hervorbringt. An der Sophie-Scholl-Schule verändert sich das Unterricht-Halten und –Reflektieren besonders stark durch die Tatsache der Doppelbesetzung im Unterricht. Weil stets mehrere Erwachsene im Raum sind, gehört die Veröffentlichung des eigenen unterrichtlichen Handelns zum beruflichen Alltag. Lehrerinnen und Lehrer, aber auch Lehrerin und Erzieher können sich so gegenseitig Hilfestellung und Korrektiv sein.

Daneben gibt es auch die Möglichkeit, andere Kolleginnen und Kollegen oder die Schulleitung um eine Hospitation zu bitten. Dies geschieht beispielsweise in der Absicht, ein erkanntes Problem dem fremden Blick auszusetzen und auf diese Weise durch konkrete Rückmeldung eine neue Sicht auf die Sache gewinnen zu können. Die vertrauensvolle Zusammenarbeit, die eine solche Offenheit im Gesamtteam voraussetzt, ist an der Sophie-Scholl-Schule in den letzten Jahren gewachsen. Es verändert sich die Kultur geschlossener Klassentüren hin zu einer Kultur der gegenseitigen Beratung und Hilfe.

Die Kernfrage des pädagogischen Geschäfts, wie man guten Unterricht mit einer sehr heterogenen Lerngruppe gestaltet, zieht sich durch den schulischen Alltag und die Diskussionen und entsprechenden Foren im Kollegium. Suchbewegungen als Gruppe oder Einzelne führen zur Nutzung vielfältiger Möglichkeiten zur Fortbildung. Einerseits finden diese nach Wunsch und gemeinsamer Absprache nach einem schuleigenen Fortbildungskonzept gezielt über das Schuljahr verteilt für alle in der Schule statt (z.B. „Arbeiten als pädagogisches Team", „Gestützte Kommunikation" oder „Arbeitsweisen der Ergotherapie"), andererseits werden sie gezielt bei unterschiedlichen Anbietern nachgefragt (z.B. „Rechtschreibwerkstatt nach N. Sommer-Stumpenhorst" über das Schulamt der Stadt Gießen in Kooperation mit der Universität oder „Neue Möglichkeiten im Musikunterricht der Grundschule" durch das Orff-Institut...). Auf 14-tägig nachmittags stattfindenden Sitzungen des Gesamtteams wird regelmäßig von extern wahrgenommenen Fortbildungen berichtet oder auch gezielt in neue Methoden oder Materialien eingeführt.

3. Unterrichtsinhalte in heterogenen Gruppen: für alle gleich, für alle verschieden?

Arbeiten mit größtmöglicher Differenzierung – das liegt für uns inzwischen nahe bei allen Formen individualisierenden Arbeitens. Was aber, wenn gemeinsam an einem Thema gearbeitet werden soll?

Das Thema des Unterrichts in einer Lerngruppe der Sophie-Scholl-Schule ergibt sich aus dem Stufen-Curriculum, das in Sitzungen der Stufenteams sowie in Fachkonferenzen entwickelt wird. Als Ersatzschule sind wir gehalten, uns an den gültigen Rahmenplänen bzw. an den verbindlichen Zielen für die Grundschule zu orientieren. Durch die durch die Jahrgangsmischung veränderte Rahmung des Unterrichts muss sich der Planungsprozess im Vergleich zur Regelschule verändern. Gleichzeitig besteht die Herausforderung, auch den Bildungsbedürfnissen der Kinder mit Behinderung gerecht zu werden, weitere, z.b. lebenspraktische Themen einzubeziehen und für alle Kinder fruchtbar werden zu lassen.

Konkret müssen wir im Planungsprozess fragen, welche Inhalte und Themen in welcher Rhythmisierung für alle angemessen erscheinen, wie Inhaltsdopplungen im jahrgangsgemischten Unterricht einer zwei-jährigen Stufe vermieden werden, welche methodischen Wege wir beschreiten und wie viele inhaltliche Neben-, Um- und Abwege unterwegs für die Kinder bedeutsam sein können.

Wesentlich ist dabei im Planungsprozess von gemeinsamen Unterrichtsinhalten an unserer Schule, dass die Zugehörigkeit der Kinder zu unterschiedlichen Jahrgängen, die Zuordnung der Themen zu Stufen-Jahren genauso wie die Frage nach Differenzierungsmöglichkeiten oder – notwendigkeiten in größtmöglicher inhaltlicher Spanne grundlegende Parameter sind, mit denen wir jeden Lerninhalt konfrontieren. Eine Gewichtung der Differenzierungsgründe erfolgt damit nicht, diese sind einfach Basis aller Überlegungen zur Inhaltsplanung.

Wir fragen uns in Anlehnung an Feuser (2003) z.B. im Sachunterricht, was das Gemeinsame an einem Thema für alle Kinder sein kann und entwickeln aus diesem Gemeinsamen dann Differenzierungsmöglichkeiten. Jedes Kind erhält schließlich Lern- und Entwicklungsangebote, die seinen Lernmöglichkeiten angepasst sind. Auf diese Weise kann die Arbeit am gleichen Thema viele verschiedene Teil-Inhalte und –methoden der Bearbeitung vorsehen. In der Praxis finden sich dann kleinere Gruppen von Kindern zusammen, für die ein ähnlicher Lernweg gerade passend ist.

Entscheidend für das Gelingen eines gemeinsamen Lernprozesses ist es, die nach gemeinsamer Einführung in Teilgruppen erfolgte Bearbeitung wieder der Gesamtgruppe zugänglich zu machen. Hierfür suchen die Gruppen auf den verschiedenen Schulstufen unterschiedliche Formen der gegenseitigen Vermittlung. Gleichzeitig entwickeln sich Anforderungen an

Verbindlichkeit für den eigenen Bearbeitungsweg und Lernerfolg und den der anderen, wenn z.b. in der Stufe III nach Abschluss einer Thematischen Einheit nicht nur das Wissen um den selbst bearbeiteten Aspekt, sondern die Kenntnis des Gesamtthemas Gegenstand der Überprüfung für alle wird.

In einem Beispiel bearbeiten die Schülerinnen und Schüler das Thema „Säugetiere". Die Lehrkräfte haben in einer Einführung für alle zusammengestellt, welche verbindenden Aspekte des Grund-Themas für die Bearbeitung von Einzelthemen verbindlich sind, z.b. Aussehen, Größe, Vorkommen, Lebensweise, Fortpflanzung und Aufzucht der Jungtiere etc. und – ganz wichtig für eine kreative Bearbeitung durch die Schüler/innen -: „Was besonders interessant ist ...".

Im gemeinsamen Gespräch wird gesammelt, wie eine Präsentation der Ergebnisse so stattfinden kann, dass Wesentliches von allen nachvollzogen werden kann, so dass ein gemeinsamer Wissenspool zum Thema entsteht. Die Kinder einigen sich schnell:

- Etwas zum Ansehen oder Anfassen gehört dazu (selbst erstelltes Plakat, Bilder, Figur mimisch darstellen, gebastelte oder gebaute Modelle).
- Alle müssen gut zuhören können: Ein Vortrag darf also nicht abgelesen werden, sondern soll nach Stichworten frei formuliert werden; ein Theaterstück muss vorher geübt sein.
- Der Inhalt muss verdichtet sein: das Wichtigste soll innerhalb weniger Minuten so mitgeteilt werden, dass die Gruppe es erfassen kann.
- Die Ergebnisse sollen gesichert werden (Fragebogen, Quiz).
- Mit der Lehrerin wird abgesprochen, welche Inhalte für alle verbindlicher Wissensbestand sind (Kartei; Überprüfung).

Nun werden aus einer gemeinsamen Sammlung einzelne Tiere zur einen Erforschung ausgewählt. Je nach Vorgabe durch die Lehrerin können die Schüler/innen in Gruppen- oder Einzelarbeit arbeiten, manchmal gibt es auch genauere Hinweise zur Gruppenkonstellation.

Manche Kinder sammeln selbständig Material, z.B. in von Zuhause mitgebrachten Büchern und Bildern, andere werden in der Schulbibliothek fündig. Für manche gehört die Internet-Recherche schon zum Handwerkszeug, andere machen erste Erfahrungen in der Nutzung von CD-Rom. Für einen Teil der Gruppe stellt die Lehrerin das benötigte Material kleinschrittig zusammen. Für Kinder mit Lernbehinderung, die noch langsam Texte erlesen und Mühe haben, Informationen zu verarbeiten, müssen z.B. manche Materialien ganz neu geschrieben, Bildmaterial zusätzlich beschriftet, praktische Versuche vorbereitet werden.

Die Lehrkräfte sind im weiteren Bearbeitungsprozess
- Beratende in inhaltlichen Fragen,

- Zeitwächter (mit Blick auf Erarbeitungsphase und Vorbereitung der Präsentation),
- Helfende bei schwieriger Recherche oder praktischen Versuchen,
- Unterstützende für die Vorbereitung unterschiedlichster Formen der Präsentation.

Die Kinder fiebern in der Regel der Phase der Präsentation geradezu entgegen. Zwischendurch arbeiten sie über mehrere Wochen täglich in einem verlässlichen Zeitfenster von 1,5 Stunden konzentriert mit unterschiedlichen Mitteln und wechselndem Elan. Es gibt zwischendurch „Hänger", wenn man nicht weiterzukommen scheint, oder wenn jemand realisiert, wie schwierig es wirklich ist, das erworbene eigene Wissen so zu reduzieren, dass es z.b. auf einem Plakat darstellbar wird und von anderen auch behalten werden kann. Hier ist die Beratungsarbeit der Lehrenden immer wieder von entscheidender Bedeutung. Manche der älteren Kinder in der Gruppe sind schon verlässliche Co-Berater, - aber längst nicht alle! Am Ende einer Thematischen Einheit präsentieren die Kinder ihre Arbeit. Da gibt es Vorträge mit Einsatz von Overheadfolien oder gar Power-Point, aus Pappmachee gebaute Tierfamilien, interessante Größenvergleiche, die plastisch hergestellt worden sind, aber auch ein selbst geschriebenes Gedicht zum Thema. Jede Teilgruppe formuliert mit Unterstützung der Lehrerin abschließend Fragen an Gesamtgruppe, um die Ergebnisse inhaltlich zu sichern. Gleichzeitig wandern diese Fragen und entsprechende Erläuterungen in eine Kartei, die während der täglichen Übungs- und Schulaufgabenzeit allen zur Verfügung steht, um den Stoff zu wiederholen. Er ist damit nicht nur Lernstoff der vortragenden Gruppe, sondern Lernverpflichtung für alle. Jede Präsentation wird abschließend in einer gemeinsamen Reflexion von Schüler/innen und Lehrkräften auf Stärken und Schwächen hin analysiert.

Die in den verschiedenen Lerngruppen gefundenen Inhaltsfächerungen und unterrichtlichen Differenzierungsformen werden im kollegialen Rahmen veröffentlicht. Dies organisieren wir im regelmäßigen Gespräch auf Stufenebene, im Rahmen von Fachkonferenzen sowie durch gegenseitige Hospitation. So wächst mit der Schule auch der Fundus an Erfahrungen und inhaltlichen Versuchen einer inklusiven Pädagogik (vgl. Hinz 2002, Thies 2006) – es profitieren gleichzeitig die Kinder und das pädagogische Team.

Bei allen Herausforderungen und dazu gehörigen Schwierigkeiten ist es dem Kollegium wichtig, im Tagesgeschäft das Ziel nicht aus den Augen zu verlieren, sich nämlich tatsächlich auf die speziellen Lernbedürfnisse aller Kinder einzustellen und individuelle Hilfen ohne Platz zuweisende Etikettierung am gemeinsamen Ort der inklusiven Schule möglich zu machen. Hierzu benötigen wir viel pädagogische Kreativität und Beweglichkeit, inhaltliche Unterstützung in Form von Fortbildung und einen sicheren organisatorischen und finanziellen Rahmen für unsere Arbeit.

1 Alle Namen sind für die Veröffentlichung verändert.

2 Das Pädagogische Team einer Gruppe besteht aus 2 Lehrer/innen (mit unterschiedlichem Stundendeputat), einem Erzieher bzw. einer Erzieherin und einer Kraft im Berufsvorbereitenden Sozialen Jahr (BSJ bzw. Zivi).

3 Die Sophie-Scholl-Schule nimmt als Schule für alle Kinder prinzipiell jedes Kind auf, sofern der allgemeine Rahmen (Lerngruppengröße und räumlich-sächliche Voraussetzungen) für dieses Kind geeignet erscheint oder mit vertretbarem Aufwand hergestellt werden kann. Derzeit besuchen Kinder mit Lern- und/oder Körperbehinderung, Hörbehinderung, seelischer Behinderung, geistiger Behinderung, mit Förderbedarf im Sinne der Erziehungshilfe sowie mit Mehrfachbehinderungen die Schule.

4 Kinder, die mit dem Wochenplan noch nicht arbeiten können, erhalten flexible Tagespläne. Diese bieten Übungsgelegenheit für selbständiges Lernen in einem zunächst überschaubareren Rahmen.

5 Die fächerübergreifend epochalisiert unterrichteten "Thematischen Einheiten" entwickeln wir für die Besonderheiten und Schwerpunkte unserer Schule nach dem ursprünglichen Modell der Reformschule Kassel. Dort durchlaufen die Schülerinnen und Schüler in den Jahrgängen 0 - 10 entsprechende Unterrichtsformen vom Rahmenthema über die Thematische Einheit bis zum Projektlernen. Vgl. dazu Röhner/Skischus/Thies 1998

Literatur:

Brügelmann, Hans/ Danckwerts, Babette: Fördern durch Fordern. Schülerinnen und Schüler ernst nehmen – in der Verantwortung für ihr eigenes Lernen. In: Lernmethoden – Lehrmethoden. Wege zur Selbständigkeit. Friedrich Jahresheft XV, Seelze 1997, 27-29

Feuser, Georg: Gemeinsame Erziehung, Bildung und Unterrichtung behinderter und nichtbehinderter Kinder und Jugendlicher in Kindergarten und Schule. Thesenpapier zum Grundschulkongress. Bremen 2003

Hinz, Andreas: Von der Integration zur Inklusion – terminologisches Spiel oder konzeptionelle Weiterentwicklung? In: Zeitschrift für Heilpädagogik 53 (2002), 354-361

Höhmann, Katrin: Lehrplan, Lernplan, Förderplan? In: Heterogenität. Friedrich Jahresheft XXII, Seelze 2004, 128-143

Laging, Ralf: Altersmischung – eine pädagogische Chance zur Reform der Schule. In: Laging, Ralf (Hg.): Altersgemischtes Lernen in der Schule. Baltmannsweiler 1999, 6-29

Petersen, Peter: Der Kleine Jena-Plan. Nachdruck. Weinheim, Basel 1980

Podlesch, Wolfgang: Miteinander und voneinander lernen: Gilt das auch für Kinder mit geistiger Behinderung und mit schwerer Mehrfachbehinderung? In: Heyer, Peter/Sack, Lothar/Preuss-Lausitz, Ulf (Hg.): Länger gemeinsam lernen. Frankfurt 2003, 230-236

Prengel, Annedore: Pädagogik der Vielfalt. Opladen 1983

Röhner, Charlotte / Skischus, Gabriele / Thies, Wiltrud: Was versuchen Versuchsschulen? Einblicke in die Reformschule Kassel. Baltmannsweiler 1998

Thies, Wiltrud: Gemeinsam lernen in der Sophie-Scholl-Schule Gießen. Pädagogik der Vielfalt in der Perspektive einer inklusiven Schule. In: Geistige Behinderung 3/2006, 241-250

Vaupel, Dieter: Das Wochenplanbuch für die Sekundarstufe. Weinheim 1995

Winkel, Rainer (Hg.). Reformpädagogik konkret. Hamburg 1997

Wiltrud Thies ist Schulleiterin der Sophie-Scholl-Schule in Gießen, Grünberger Str. 222, 35394 Gießen, w.thies@sophie-scholl-schule-giessen.de

Sonderpädagogische Förderung
im Gemeinsamen Unterricht
Informationen für Eltern, die für ihr Kind
Gemeinsamen Unterricht wünschen

Harry Brabeck und Peter May

hr Kind kommt bald in die Schule. Ihr Kind ist behindert oder Sie haben aus anderen Gründen Anhaltspunkte dafür, dass Ihr Kind auf eine sonderpädagogische Förderung angewiesen ist.

Das Schulgesetz regelt, dass diejenigen Schülerinnen und Schüler, die wegen ihrer körperlichen, seelischen oder geistigen Behinderung oder wegen ihres erheblich beeinträchtigten Lernvermögens nicht am Unterricht einer allgemeinen Schule (allgemeinbildende oder berufsbildende Schule) teilnehmen können, nach ihrem individuellen Bedarf sonderpädagogisch gefördert werden.

Initiativrecht der Eltern
Was machen Sie jetzt? Sie haben für sich und Ihr Kind entschieden, dass es in einer normalen Umgebung lernen soll und nicht in eine der speziellen Förderschulen (früher: Sonderschulen) gehen soll. Sie möchten also, dass Ihr Kind den Gemeinsamen Unterricht besucht. Hier lernen behinderte und nicht behinderte Kinder gemeinsam. In Schulen mit Gemeinsamem Unterricht arbeiten Grundschullehrkräfte und Sonderpädagogen im Team.

Schulamt
Früh sollten Sie sich erkundigen, welche Grundschulen in Ihrem Umfeld so arbeiten. Informationen darüber erhalten Sie in den Schulen selbst oder im Schulamt. In allen Kreisen und kreisfreien Städten gibt es solche Schulämter. Die Ämter führen die Bezeichnung „Schulamt für die Stadt..." oder „Schulamt für den Kreis...". Sie sind zwar eine untere Landesbehörde, aber eingebunden in die entsprechende Stadt- oder Kreisverwaltung. In diesen Ämtern arbeiten die Schulräte, die für Sie wichtige Ansprechpartner sind.

Das Schulministerium hat in einer Verordnung (sie heißt im Kürzel AO-SF) festgelegt, wie das Verfahren abläuft, mit dem festgestellt wird, ob das Kind einen sonderpädagogischen Förderbedarf hat.
In dem Verfahren ist auch geregelt, wie der Förderschwerpunkt und der

Förderort festgelegt werden und wie die Eltern beteiligt werden.

Start des Verfahrens in der Grundschule Ihrer Wahl

Erreicht Ihr Kind das Alter, in dem es schulpflichtig wird, wenden Sie sich an die Grundschule Ihrer Wahl, d.h. also an eine Grundschule mit Gemeinsamen Unterricht. Sie geben an, dass Sie auf jeden Fall eine Teilnahme Ihres Kindes am Gemeinsamen Unterricht wünschen.

Am besten ist es, wenn die Grundschule Ihrem Kind unvoreingenommen begegnen kann. Berichte aus dem Kindergarten sind nicht immer hilfreich und grundsätzlich nicht erforderlich. Dennoch sollte man alle Unterlagen von Ärzten und Pädagogen – zumindest wenn sie sich für eine integrative Beschulung aussprechen – sammeln und für ein eventuelles Verfahren in der Hinterhand halten.

Kinder mit sonderpädagogischem Förderbedarf können am Gemeinsamen Unterricht nur dann teilnahmen, wenn zuvor eine entsprechende Feststellung dieses Bedarfs getroffen wurde und das Schulamt entschieden hat, dass die Förderung im Gemeinsamen Unterricht stattfinden kann. Die Initiative zur Überprüfung kann von Ihnen oder der Grundschule ausgehen. Die Schule wird sich deswegen mit dem Schulamt in Verbindung setzen. Bürokratisch heißt das: Sie oder die Schule haben einen Antrag auf Eröffnung des Verfahrens zur Feststellung des sonderpädagogischen Förderbedarfs beim zuständigen Schulamt gestellt.

Gutachten

Das Schulamt wird nun zwei Lehrkräfte mit einem Gutachten beauftragen. Eine Grundschullehrkraft und eine sonderpädagogische Lehrkraft werden gemeinsam feststellen, welche Art und welchen Umfang der besonderen Förderung Ihr Kind braucht. Dazu müssen sie natürlich Ihr Kind kennen lernen und werden es im Kindergarten beobachten. Sie werden während der Erstellung des Gutachtens auch mit Ihnen sprechen; dazu sind sie verpflichtet. Diese Regelung erkennt an, dass Sie die Experten für Ihr Kind sind.

Schulärztlicher Dienst

Bevor die Lehrkräfte das Gutachten abschließen, wird ein Arzt oder eine Ärztin des Schulärztlichen Dienstes (Bestandteil der Stadt- oder Kreisverwaltung) Ihr Kind untersuchen. Bei dieser Untersuchung geht es um die Feststellung des körperlichen Entwicklungsstandes und um die Beurteilung der Leistungsfähigkeit, soweit sie gesundheitlich bedingt ist, um die Prüfung der Sinnesorgane und die Feststellungen der Beeinträchtigungen und Behinderungen aus medizinischer Sicht. Es geht also um eine grundsätzliche Feststellung, nicht um die Frage, an welchem Ort das Kind am besten gefördert wird.

Das Ergebnis der medizinischen Untersuchung müssen die Lehrkräfte in ihr Gutachten einbeziehen. Die Gutachter schicken ihr Gutachten dann mit allen Unterlagen an das Schulamt. Das Schulamt kann Gutachten weiterer Fachkräfte oder Fachdienste einholen, wenn es kein klares Bild für eine Entscheidung hat.

Gespräch vor der Entscheidung

Wenn das Schulamt – das ist immer ein mit dieser Aufgabe beauftragter Schulrat – sich in der Lage sieht, die Entscheidung aufgrund der Unterlagen zu treffen, wird es Sie – vor der Entscheidung! - zu einem Gespräch einladen (Verpflichtung). In der Einladung zu diesem Gespräch werden Sie über die beabsichtigte Entscheidung informiert.

In dem Gespräch werden Ihnen die Gründe für die beabsichtigte Entscheidung genannt. Die Verordnung nennt ausdrücklich als Ziel des Gespräches, möglichst Einvernehmen über die zukünftige Förderung Ihres Kindes herbeizuführen. Deshalb ist auch die Möglichkeit geschaffen worden, dass Sie eine Person Ihres Vertrauens zu diesem Gespräch mitnehmen. Außerdem haben Sie das Recht, das Gutachten und alle dazugehörigen Unterlagen einzusehen. Die meisten Schulämter geben das Gutachten allerdings nicht automatisch heraus, sondern nur auf Antrag.

Entscheidung durch das Schulamt

Was entscheidet der Schulrat? Es sind drei verschiedene, aber miteinander verbundene Entscheidungen. Das Schulamt entscheidet über
• den sonderpädagogischen Förderbedarf
• den Förderschwerpunkt (oder die Förderschwerpunkte)
• den Förderort

Was ist damit gemeint? Die erste Entscheidung beantwortet mit Hilfe des Gutachtens der beiden Lehrkräfte die Frage, ob Ihr Kind besondere Unterstützung, nämlich sonderpädagogische Förderung braucht.

Die zweite Entscheidung legt den Förderschwerpunkt, u.U. auch die Förderschwerpunkte fest. Die Verordnung nennt sieben Förderschwerpunkte: Lernen, Sprache, Emotionale und soziale Entwicklung (diese Schwerpunkte stehen im Zusammenhang mit Lern- und Entwicklungsstörungen), Hören und Kommunikation (Hörschädigungen), Sehen (Sehschädigungen), Geistige Entwicklung (Geistige Behinderung), Körperliche und motorische Entwicklung (Körperbehinderung).
Für die genannten Förderschwerpunkte gibt es jeweils spezielle Förderschulen.
Den Erfordernissen aller Schwerpunkte kann aber auch im Gemeinsa-

men Unterricht entsprochen werden. Auch in diesem Fall ist die Festlegung wichtig, da der Einsatz der Sonderpädagogen schwerpunktbezogen erfolgt.
Die dritte Entscheidung legt schließlich den Ort, an dem die sonderpädagogische Förderung stattfindet, fest. Orte der sonderpädagogischen Förderung sind die speziellen Förderschulen und die allgemeinen Schulen, die Gemeinsamen Unterricht durchführen. Das Problem dabei ist, dass die Plätze im Gemeinsamen Unterricht sehr begrenzt sind. Schulräte sehen sich also oft gezwungen, zwischen mehreren Interessenten zu entscheiden.

Mitteilung und Begründung der Entscheidung
Nach dem Gespräch mit Ihnen wird das Schulamt Ihnen die Entscheidung schriftlich mitteilen und sie begründen.

Wenn es zu einer einvernehmlichen Regelung gekommen ist, können Sie nun Ihr Kind an der Schule anmelden. Das Schulamt schickt die Unterlagen an die Schule, die Ihr Kind besuchen wird.

Widerspruchsrecht/Klagerecht
Gegen die Entscheidung des Schulamtes können Sie seit einiger Zeit keinen Widerspruch mehr einlegen. Sie haben die Möglichkeit, innerhalb eines Monats nach Zustellung des Bescheides vor dem Verwaltungsgericht zu klagen.

Harry Brabeck war Ministerialrat im Schulminsterium von NRW und **Peter May** war Leitender Regierungsschuldirektor a. D. in der Bezirksregierung Köln

Lernen als Herausforderung - Inklusiver Sachunterricht

Simone Seitz
1 Ausgangslage

Die Qualität eines Schulsystems zeigt sich in erster Linie daran, ob es ihm gelingt, Schulen für möglichst alle Schüler/innen zu produktiven Räumen des Lernens und der Entwicklung als Gesamtpersönlichkeit werden zu lassen. Für das Lernen bedeutet dies, dass alle Kinder dazu herausgefordert werden, an ihren aktuellen Leistungsgrenzen zu arbeiten. Die vorliegenden Erkenntnisse zur mangelnden Effektivität des Unterrichts in Sonderschulen[1] (vgl. u. a. Hildeschmidt/Sander 1996; Wocken 2000; 2006) verweisen auf die Hypothese, dass dieses Qualitätskriterium in dieser Schulform besonders schwierig umzusetzen ist. Diese Problemlage kann allerdings nicht einfach als Ausdruck mangelnder Professionalität der dort tätigen Lehrer/innen interpretiert werden, es handelt sich vielmehr um ein Symptom eines umfassenden schulstrukturellen Problems, das im Folgenden einführend umrissen wird.

Die Schulstruktur in Deutschland unterliegt im Ganzen der impliziten Logik, es gäbe für jede spezielle Schulform, also auch für Sonderschulen, die jeweils „passenden" Schüler/innen, die es mittels diagnostischer Instrumente und Verfahren möglichst frühzeitig - nach antizipiertem Bildungserfolg - zu sortieren und speziell zu fördern gälte. Diese „Sortierungslogik" prägt die gesamte Schularchitektur und wirkt sich dann auf die Schulkulturen vor Ort aus. Sie erschwert Lehrer/innen die Ausbildung einer anerkennenden und unterstützenden Haltung allen Schüler/innen gegenüber - an allgemeinbildenden Schulen, weil die Schüler/innen im Zweifel auch an eine andere Schulform „weitergereicht" werden können und an Sonderschulen, weil geringe Lern- und Entwicklungsfortschritte jederzeit den ungünstigen Lernvoraussetzungen der Schüler/innen zugeschrieben werden können.

Hinter diesen Professionalisierungserschwernissen steckt damit der schlichte, aber nur selten benannte Zusammenhang, dass wir nur deshalb Sonderschüler/innen haben, weil wir Sonderschulen haben. Anders gesagt: Solange wir Sonderschulen haben, wird es immer Schüler/innen geben, die als hierfür passend angesehen werden. Das Sonderschulsystem wirkt dabei als perspektivenbegrenzender Rahmen im pädagogisch-diagnostischen Denken. Im „blinden Fleck" bleiben die Grundprobleme der Schulstruktur und damit auch die Zusammenhänge zu den hinlänglich bekannten Problemen der Bildungs(un)gerechtigkeit (vgl. u. a. Maaz/ Watermann/Baumert 2007). Wenn wir über Inklusion nachdenken, greift es daher zu kurz, lediglich die Auflösung von Sonderschulen zu fordern.

Vielmehr müssen wir die Schulstruktur als Ganze in den Blick nehmen und hinterfragen, also auch die unterschiedlichen allgemeinbildenden Schulformen der Sekundarstufe.

In jüngster Zeit engagieren sich Eltern und Lehrer/innen mit neuer Kraft für eine offene Schulstruktur und die Umgestaltung von Schulen zu Orten, an denen jedes Kind als einzigartige Gesamtpersönlichkeit willkommen geheißen wird. Der Kölner Kongress „Eine Schule für alle" kann als ein deutliches Signal in diese Richtung verstanden werden. Die Integrationsbewegung, die in den Anfängen – den 1970er/1980er Jahren - primär von Eltern getragen worden ist (vgl. Roebke/Hüwe/Rosenberger 2000), erhält ganz offensichtlich neuen Schwung.

Fragt man von wissenschaftlicher Seite aus nach Strategien zur Implementierung einer lern- und entwicklungsförderlichen „Schule für alle", so geht es gegenwärtig darum, auf der Basis der in langjähriger Praxis und Forschung gewonnenen Erkenntnisse der Integrations- und Inklusionsforschung die pädagogisch-didaktischen Konzepte weiter zu entwickeln und letztlich darum, eine Theorie der „Schule für alle" auszudifferenzieren. Der vorliegende Beitrag widmet sich der Konzeptentwicklung für den Unterricht in der „Schule für alle". Der größte Bedarf ist diesbezüglich in Fragen bei fachdidaktisch reflektierten Konzepten zu erkennen. Die verschiedenen fachdidaktischen Diskurse werden immer noch zu großen Teilen geführt, ohne die mittlerweile über drei Jahrzehnte während Praxis Gemeinsamen Unterrichts zur Kenntnis zu nehmen. Abgesehen von einzelnen primarstufenbezogenen Überlegungen (für Mathematik vgl. u. a. Eberle/Kornmann 1996; Lorenz 2004) werden Lernschwierigkeiten in fachdidaktischen Konzepten, Materialien und empirischen Fragestellungen auch gegenwärtig marginalisiert. Demgegenüber liegen zwar einzelne sonderpädagogisch reflektierte fachdidaktische Ansätze vor, diese sind aber nur schwer mit dem Anspruch an eine inklusive Pädagogik und Didaktik zu vereinbaren, denn sie unterliegen mit diesem gedanklichen Rahmen in der Regel spezifischen Vorannahmen über das Lernen ihrer jeweiligen Zielgruppe (in der Regel Schüler/innen, die einem spezifischen Förderschwerpunkt zugeordnet werden), die sich in sachunterrichtsdidaktischen Überlegungen zumeist als unverhältnismäßige Reduzierungen niederschlagen (zur Kritik vgl. Seitz 2005). Zugleich werden innerhalb der Integrations- und Inklusionsforschung kaum fachdidaktische Forschungsfragen bearbeitet. Durch diese fehlende Vernetzung werden sowohl konkrete Unterrichtsentwicklungen vor Ort als auch theoretische Weiterentwicklungen gleichermaßen behindert.

Ausgehend von diesen Überlegungen werden in den folgenden Abschnitten Vorschläge für einen inklusiven Sachunterricht vorgestellt. Hierfür werden drei didaktische Grundfragen formuliert und für den Sachunterricht reflektiert.

2 Wann ist eine Lerngruppe heterogen?

Inklusive Pädagogik und Didaktik macht es sich zur Aufgabe, auf heterogene Lernvoraussetzungen Bezug zu nehmen, ohne dabei das soziale Miteinander aufzugeben. Heterogenität stellt allerdings keine „natürliche", messbare Eigenschaft bestimmter Lerngruppen dar. Eine Lerngruppe ist also nicht deswegen heterogen, weil mindestens eines der anwesenden Kinder als sonderpädagogisch förderbedürftig angesehen wird. Homogenität und Heterogenität können nicht einfach als gedankliche „Gegenspieler" verstanden werden, die gegeneinander austariert werden könnten wie Balken einer Waage. Vielmehr sind sie perspektivengebundene Konstruktionen, die jeweils von den Beteiligten hervorgebracht und diskursiv verhandelt werden (vgl. Prengel 1999; Wenning 2004). Daher können sie in jeder Lerngruppe mit jeweils unterschiedlichem Fokus herausgefiltert werden, wenn der Blick darauf „eingestellt" ist.

Wie aber zeigen sich diese Zusammenhänge auf sachunterrichts-didaktischer Ebene? Hier geht es vor allem um die (dynamischen) Lernausgangslagen der Kinder, die auf der Folie von Heterogenität und Homogenität zu spiegeln sind. Neben den überfachlichen Kompetenzen der Kinder sind dies in erster Linie die lebensweltlich geprägten Vorstellungen der Kinder zur jeweiligen Fragestellung, die sie in den Unterricht einbringen, also die Sichtweisen der Kinder auf eine in der inneren Auseinandersetzung entstehende „Sache". Da diese erfahrungsgebunden und unmittelbar in die sozial verfassten Verschiedenheiten der Individualbiografien „eingewoben" sind, sind sie einzigartig, unverwechselbar und mit subjektivem Sinn erfüllt. Nur auf der Basis dieser „mitgebrachten", stets in Veränderung begriffenen Sichtweisen kann sich ein Kind ein Lernangebot erschließen und dementsprechend die eigene Perspektive erweitern und/oder modifizieren. Bei didaktischen Überlegungen kann folglich nicht dichotom nach den Lernvoraussetzungen der „nichtbehinderten" Kinder und denen der Kinder mit Förderbedarf unterschieden werden. Vielmehr sollte lernfeldbezogen nach den individuellen Vorerfahrungen, dem Vorverständnis und den Zugangsweisen der Kinder gefragt werden, also nach ihrem konkreten Denken und Fühlen zu einem Problem bzw. zu einer Fragestellung. Lernangebote können dann individuell als Herausforderungen wirken und somit Erweiterungen aus der eigenen Entwicklungs- und Lerndynamik heraus ermöglichen.

Die hieran anknüpfenden Lernangebotsstrukturen sollten im Sinne einer „Differenzierung von unten" (vgl. Peschel 2003) von den Kindern (mit-)bestimmt werden können. Didaktisches Handeln ist im inklusiven Sachunterricht folglich kein allein der Lehrerin vorbehaltenes Privileg, vielmehr werden die Kinder als Didaktiker/innen ihres eigenen Lernens anerkannt (vgl. Reich 2006, 29). Es geht dabei um die Hinwendung zu einer „Ermöglichungslogik", nach der allen Kindern Lernräume angeboten werden, in denen sie sich an (im Ideal selbst gestellten) individuell herausfordernden Fragen und Problemen weiterentwickeln können und auch in Bezug auf die Lernwege anderer Kinder didaktisch handeln können. Voraussetzung für letzteres ist, dass die Handlungs- und Sozialformen des Unterrichts dies unterstützen. Die Kinder werden dazu herausgefordert, ihr eigenes Denken und Fühlen mit dem der Anderen in einen Bezug zu setzen, so dass alle Kinder die Chance eröffnet bekommen, zu Ko-Konstrukteur/innen der „Sache" im Unterricht zu werden. Inklusiver Sachunterricht nutzt folglich offensiv die Ressource des Lernens von Kind zu Kind, zwingt die Kinder aber nicht zur Kooperation. Denn kooperatives Lernen gelingt nur, wenn die Kinder innerlich bereit sind, sich aufeinander einzulassen bzw. diese Bereitschaft in der Situation selbst entwickeln können. Über das Gelingen von Kooperation wird zuvorderst auf der unmittelbaren Beziehungsebene zwischen den Kindern entschieden. Die Beziehungen der Kinder untereinander brauchen demnach im Unterricht Beachtung und u. U. Aufarbeitungen im Klassengespräch.

Die Frage, ob sich in einer Lerngruppe ein Kind befindet, das – nach momentan üblichen und durchaus streitbaren Kriterien und Verfahrensweisen (vgl. Kottmann 2006) – für sonderpädagogisch förderbedürftig gehalten wird, ist damit für inklusiven Sachunterricht obsolet, denn die offenen Strukturen von Individualisierung und Differenzierung gehen direkt im didaktischen Gesamtkonzept auf und sind folglich kein „spezielles Handwerkszeug" für bestimmte Lerngruppen.

3 Wie wird entschieden, um welche „Sache" es gehen soll?

Die Grundschule ist von ihrem Auftrag her der schulische Ort grundlegender Bildung für alle Kinder. Damit hat sie die Aufgabe, Fragestellungen und Probleme, deren Bearbeitung für eine aktive Teilnahme an (Welt-)Gesellschaft und Kultur als bedeutsam erachtet werden, allen Kindern in angemessener Form zugänglich zu machen. Was aber als bedeutsam erachtet wird, unterliegt Aushandlungsprozessen, ist also wandelbar und bedarf daher ständiger Reflexion. Vor allem aber kann es für Erwachsene bzw. Lehrer/innen und Kinder sehr unterschiedlich sein. Kinder nähern sich sachunterrichtlichen Fragestellungen nicht anhand von Kategorien gesellschaftlicher Relevanz an, sondern aus ihren individuellen Lebenskontexten heraus und zumeist primär von den Phänomenen ausgehend, die sie innerlich berühren und/oder unmittelbar betreffen. Zentrale Aufgabe des Sachunterrichts ist es daher, zwischen den Kinderinteressen und dem, was aus Erwachsenensicht als lernförderlich erachtet wird und wie es fachwissenschaftlich reflektiert wird, so zu vermitteln, dass sich die Kinder innerlich motiviert und ausgehend von ihren Erfahrungen herausfordernden Fragen und Problemen zuwenden können.

Das veraltete Konzept des „Heimat- und Sachunterrichts" sah dabei vor, zunächst von raumzeitlich nahe gelegenen Aspekten auszugehen und von hier aus den kindlichen Horizont schrittweise zu erweitern (vgl. Richter 2002, 27 ff). Dies ist angesichts der Herausforderungen, die sich der derzeit nachwachsenden Generation in einer globalisierten und „vernetzten" Welt stellen, für zukünftigen Sachunterricht nicht mehr tragfähig (vgl. Pech/Kaiser 2004). Zum einen sind Raum und Zeit für Kinder vor allem durch die neuen Kommunikationsformen (Internet, Handy ...) flexibel geworden. Zum anderen können Kinder emotional stark von in zeitlicher oder räumlicher Entfernung ablaufenden Ereignissen wie einem Krieg berührt sein, zunächst indem sie familiär oder auch selbst unmittelbar betroffen sein können, aber auch durch mediale Erfahrungen oder Auswirkungen, die sie im täglichen Leben spüren (etwa veränderter Umgang mit Energieressourcen). Unzeitgemäße Reduzierungen auf das unmittelbar Naheliegende in den curricularen Vorgaben und didaktischen Konzepten gelten daher im Sachunterrichtsdiskurs seit einiger Zeit als überwunden. Allerdings findet die affektive Dimension des Lernens, die entscheidend für den Zugang zu äußerlich entfernten und komplexen Fragestellungen sein kann, auch in neueren Konzepten nur zum Teil Berücksichtigung.

In sonderpädagogischen Konzepten für den Sachunterricht zeigt sich die konzeptionelle Bearbeitung der Frage, um welche „Sache" es im Unterricht gehen soll, etwas anders, wodurch Brüche für die Planung inklusiven Sachunterrichts entstehen. Dies wird hier kurz am Beispiel des Lernfelds Zeit verdeutlicht.

Viele Unterrichtsmaterialien zum Lernfeld Zeit für die Grundschule konzentrieren sich auf den Umgang mit Kalender und Uhr – also vorrangig kognitiv zu erfassenden Aspekten des Lernfelds – und widmen sich späterhin dem historischen Lernen, behandeln aber z.B. das Zeiterleben nachrangig, nur wenige neuere Konzepte thematisieren stärker auch solche Dimensionen (vgl. Schaub 2002). Nun könnte man denken, dass sonderpädagogische Konzepte, dem oft formulierten Anspruch einer „ganzheitlichen Förderung" gemäß, einen stärker an den Gesamtpersönlichkeiten der Kinder orientierten und damit umfassenderen Zugang wählen. Hierzu vorgenommene Analysen zeigten allerdings, dass das Gegenteil der Fall ist. In den sonderpädagogischen Lehrplänen und Konzepten ist die Reduzierung auf funktionale Aspekte weit stärker ausgeprägt, affektive Dimensionen des Lernfelds finden so gut wie gar keine Berücksichtigung. Komplexere Lernbereiche wie das historische Lernen werden reduziert, sehr spät und unverbunden mit dem Lernfeld Zeit eingebracht oder fehlen vollständig (vgl. Seitz 2005). Wie ist dies zu erklären? Als Begründungshintergrund lässt sich das Anliegen vermuten, schulische Lerninhalte für „lernschwache" Schüler/innen auf die lebenspraktischen, äußerlich nahe liegenden Aspekte hin zu reduzieren, um den Kindern möglichst konkrete Hilfen zur Alltagsbewältigung zu geben. Das reduzierende Denken des veralteten Konzepts vom „Heimat- und Sachunterricht" hat sich folglich speziell in der Sonderpädagogik in Teilen bis in die Gegenwart halten können. Beim Lernfeld Zeit führt dies dazu, dass mit den äußerlich besonders nahe liegenden Aspekten von Zeit (Umgang mit Uhr und Kalender etc.) just jene in den Fokus geholt werden, die mit den höchsten kognitiven Ansprüchen an die Schüler/innen einhergehen (Abstraktionsfähigkeit, mathematisches Verständnis). Auf diese Weise werden also gerade für die Schüler/innen mit den vermeintlich größten kognitiven Schwierigkeiten beim Lernen die höchsten Lernbarrieren aufgestellt. Innerlich „nahe liegende" Dimensionen, welche die Kinder als Gesamtpersönlichkeiten berühren und zu denen sie besonders motiviert arbeiten, nämlich das Zeiterleben und die biografische Zeit (vgl. Seitz 2005), bleiben hingegen außen vor.

Im inklusiven Sachunterricht wird demgegenüber die inhaltliche Dimension nicht unabhängig von den Kinderperspektiven reflektiert, sondern genau hierüber entwickelt, denn die Blicke der Kinder (und der Lehrer/innen) bringen die Inhalte des Unterrichts erst in gemeinsamer Auseinandersetzung hervor. Mittels in den Unterricht eingelassener lernfeldspezifischer und ressourcenorientierter Diagnostikinstrumente (vgl. Seitz 2007) wird die „Sache" im Unterricht lebendig. Die affektiven Dimensionen einer sachunterrichtlichen Fragestellung, also etwa Aspekte biografischen Lernens innerhalb des Lernfelds Zeit, bleiben im Blick, weil die Kinder sich als Gesamtpersönlichkeiten einbringen können.

Die Entscheidung, welche Fragen im inklusiven Sachunterricht gerade wirklich „wichtig" sind, unterliegt damit einem diskursiven Aushandlungsprozess aller am Unterricht Beteiligten, der sich allerdings stets vor dem Hintergrund gesellschaftlich-kulturell und wissenschaftlich vorherrschender Argumentations- und Interpretationsregeln von „Sachen" (vgl. Rauterberg 2004) vollzieht. Dabei wird kein Kind aus theoretischen Vorentscheidungen heraus generalisierend vor bestimmten Inhalten „verschont".

4 Was ist der „Kern der Sache"?

Eine zentrale didaktische Frage inklusiven Sachunterrichts ist die nach möglichen gemeinsamen Motiven und Zugangsweisen der Kinder zu einer Fragestellung oder einem Phänomen, denn diese können ihr Lernen „vorangehend" zu der individuellen Verschiedenheit in einer grundlegenden Weise verbinden und so allen Kindern ein Lernen in sozialer Eingebundenheit ermöglichen. Dabei wird vermutet, dass die Zugangsweisen der Kinder - ungeachtet der individuellen Einzigartigkeit - interpersonell von Ähnlichkeiten durchzogen sind, denn sie sind letztlich anthropologisch verankert und basieren damit auf gemeinsamen grundmenschlichen Erfahrungen (vgl. Prengel 2003). Es wird also gefragt, was alle Schüler/innen mit einem Lerninhalt verbinden und was demnach das anthropologisch Bedeutsame des Lerninhalts ausmachen kann, allerdings ohne hierzu standardisierte und allgemeingültige Antworten zu liefern.

Finden die verbindenden Aspekte der Lernausgangslagen in dieser Weise Beachtung, so können die Kinder ihr eigenes Lernen im Gegenüber gespiegelt finden. Angelehnt an die Idee des „gemeinsamen Gegenstands" (Feuser 1989; 1995) kann auf diesem Weg abgesichert werden, dass sich jedes Kind mit dem eigenen Lernen in soziale Bezüge setzen kann. Im Unterschied zur entwicklungslogischen Didaktik Feusers ist dieses verbindende Moment allerdings nicht theoriegeleitet, sondern primär über die Kinderperspektiven zu erschließen und konstituiert sich folglich in jeder Lerngruppe neu (vgl. Seitz 2005, 168 ff.).

Auf der Ebene didaktischer Theoriebildung kann die Suche nach der verbindenden Dimension einer sachunterichtlichen Problemstellung mit der Frage nach dem Elementaren übersetzt werden (vgl. Klafki 1996, 152; Feuser 1995, 181). Das Elementare wird dabei als eine erfahrungsbasierte und die Motivationen umschließende Konstruktionsleitung der Kinder verstanden. Dieser „Kern der Sache" ist somit weder eine verborgene „Eigenschaft" der Aspekte, mit denen wir uns im Unterricht auseinandersetzen, noch repräsentiert er frühe Entwicklungsstufen im Zugang zu einem Lernfeld. Es geht also nicht um das besonders „Banale" oder Simple, vielmehr wird der Blick auf die anthropologische Dimension in den Kinderperspektiven erweitert, sodass – aus fachwissenschaftlicher Sicht gedacht - grundlegende und zugleich komplexe Facetten, die den planerischen Blicken von Lehrer/innen ansonsten leicht verborgen bleiben können (vgl. Seitz 2006), in den Fokus rücken. Im Falle des Lernfelds Zeit etwa konnten solche Aspekte auf empirischem Weg in Fragen des Zeiterlebens und dem biografischen Lernen ausgemacht werden und damit genau bei jenen Schwerpunkten, die in grundschulpädagogischen Materialien tendenziell vernachlässigt und in sonderpädagogischen Materialien zumeist ausgespart werden (vgl. Seitz 2005). Setzen sich Kinder aber mit Fragen des Zeiterlebens und der biografischen Zeit auseinander, so können sie sich mit hoher Wahrscheinlichkeit auch dann, wenn sie dabei auf sehr unterschiedliche Wissensvorräte, Erfahrungen und kognitive Möglichkeiten zurückgreifen, im Lernen „begegnen" und in einen Austausch kommen (zu Unterrichtsideen vgl. ebd., 173 ff).

Was heißt das nun konkret für den Unterricht? Offene Unterrichtsstrukturen sollten den Kindern erlauben, ihre Ideen und Gefühle zur „Sache" in Sprache und Handeln zu übersetzen und sich hiermit wertgeschätzt zu fühlen. Hierfür gilt es, didaktisch ertragreiche Lernbeobachtungssituationen zu schaffen. Diese sollten offen arrangiert sein, lernfeldspezifische Fragen fokussieren und den Lernenden auf unterschiedlichen Ebenen (verbal, handelnd) Gelegenheit geben, zu zeigen, was sie denken, fühlen und können. Insbesondere der Einstieg in ein Lernfeld sollte als ein solches offenes Handlungsangebot gestaltet werden, in dem die Kinder ihre Motivationen herausbilden und ausdifferenzieren können. Lehrer/innen wird dabei die Möglichkeit eröffnet, mit einer wertschätzenden, forschenden Haltung das Geschehen zu beobachten. Auch nonverbale Signale wie Körperhaltung, Mimik und Gestik sollten in die Beobachtungen einbezogen werden, da an diesen oftmals der emotionale Bezug zur „Sache" deutlich werden kann. Lehrer/innen können dann Hypothesen anstellen zu den Motiven der Kinder sowie zu den Aspekten, die diese miteinander verbinden könnten und diese in die weitere Gestaltung geeigneter Lernumgebungen einfließen lassen. Von hier aus können sich über den Bezug auf die Einzelpersönlichkeiten offene Unterrichtsstrukturen entwickeln, die für alle Kinder herausforderndes und damit motiviertes Lernen möglich machen.

Lehrer/innen werden dabei insgesamt zu Wegbegleiter/innen, die Verknüpfungen zwischen den Zugängen der Kinder und fachwissenschaftlichen Sichtweisen aufspüren und unterstützen und deren eigenes fachliches Interesse an der „Sache" sich damit auch über die Neugier auf das unterschiedliche Lernen der Kinder herausbildet und speist.

5 Schluss

Das oft formulierte Dilemma des Unterrichts zwischen Individualisierung und Gemeinsamkeit in Lerngruppen, die als heterogen angesehen werden, erweist sich nach dem hier vertretenen Ansatz für den Sachunterricht als ein scheinbares, denn individuelle Besonderheiten und Verbindendes können nicht gegeneinander ausgespielt werden, sondern stehen in einem inneren Zusammenhang. Das bewegliche Geflecht von Dimensionen der Verschiedenheit und der Gemeinsamkeit konstituiert sich dabei bezogen auf jede neue „Sache" anders und kann auch innerhalb jedes einzelnen Lernweges beobachtet werden. Der Anspruch auf ein Lernen in sozialer Eingebundenheit in individuell herausfordernden Lernumgebungen muss folglich auch dann nicht aufgegeben werden, wenn Lehrer/innen in

1 Es wird hier bewusst von „Sonderschulen" und nicht von „Förderschulen" gesprochen, um die Aussonderung der betroffenen Schüler/innen aus allgemeinbildenden Schulformen und die hiermit verbundenen Folgen für die Betroffenen nicht sprachlich zu verschleiern.

Literatur

Eberle, Gerhard/Kornmann, Reimer (Hrsg.) (1996): Lernschwierigkeiten und Vermittlungsprobleme im Mathematikunterricht an Grund- und Sonderschulen. Möglichkeiten der Vermeidung und Überwindung. Weinheim: Dt. Studien-Verl.

Feuser, Georg (1989): Allgemeine integrative Pädagogik und entwicklungslogische Didaktik. In: Behindertenpädagogik. 28. Jg. H.1. 4-48.

Feuser, Georg (1995): Behinderte Kinder und Jugendliche zwischen Integration und Aussonderung. Darmstadt: Wissenschaftliche Buchgesellschaft.

Hildeschmidt, Anne/Sander Alfred (1996): Zur Effizienz der Beschulung so genannter Lernbehinderter in Sonderschulen. In: Eberwein, Hans (Hrsg.): Handbuch Lernen und Lern-Behinderungen. Aneignungsprobleme, neues Verständnis von Lernen, integrationspädagogische Lösungsansätze. Weinheim: Beltz (Beltz-Handbuch), 115-135.

Klafki, Wolfgang (1996): Neue Studien zur Bildungstheorie und Didaktik. 5. Auflage. Weinheim: Beltz.

Kottmann, Brigitte (2006): Selektion in die Sonderschule. Bad Heilbrunn: Klinkhardt.

Lorenz, Jens Holger (2004): Differenzieren im mathematischen Anfangsunterricht. Wie kann man mit Entwicklungsunterschieden umgehen? In: Grundschule, 36. Jg. H. 3, 25-28.

Maaz, Kai/Watermann, Rainer/Baumert, Jürgen (2007): Familiärer Hintergrund, Kompetenzentwicklung und Selektionsentscheidungen in gegliederten Schulsystemen im internationalen Vergleich. Eine vertiefende Analyse von PISA-Daten. In: Zeitschrift für Pädagogik 53, 444 – 461.

Pech, Detlef/Kaiser, Astrid (2004): Problem und Welt. Ein Bildungsverständnis und seine Bedeutung für den Sachunterricht. In: Kaiser, Astrid/Pech, Detlef (Hrsg.): Die Welt als Ausgangspunkt des Sachunterrichts. Baltmannsweiler: Schneider-Verl. Hohengehren (Basiswissen Sachunterricht/hrsg. von Astrid Kaiser und Detlef Pech, Band 6).

Peschel, Falko (2003): Offener Unterricht. Idee, Realität, Perspektive und ein praxiserprobtes Konzept zur Diskussion. Teil I: Allgemeindidaktische Überlegungen. Baltmannsweiler: Schneider Verl. Hohengehren.

Prengel, Annedore (1999): Vielfalt durch gute Ordnung im Anfangsunterricht. Opladen: Leske + Budrich.

Prengel, Annedore (2003): Kinder akzeptieren, diagnostizieren, etikettieren? – Kulturen- und Leistungsvielfalt im Bildungswesen. In: Warzecha, Birgit (Hrsg.): Heterogenität macht Schule. Beiträge aus sonderpädagogischer und interkultureller Perspektive. Münster: Waxmann, 2003, 27-40.

Rauterberg, Marcus (2004): Die Sache als Ausgangspunkt des Weltverstehens. In: Kaiser, Astrid/Pech, Detlef (Hrsg.): Neuere Konzeptionen und Zielsetzungen im Sachunterricht. 5 Bände. Baltmannsweiler: Schneider Verl. Hohengehren (2), 24-31.

Reich, Kersten (2006): Konstruktivistische Didaktik. 3. Auflage. Weinheim: Beltz.
Richter, Dagmar (2002): Sachunterricht - Ziele und Inhalte. Ein Lehr- und Studienbuch zur Didaktik. Baltmannsweiler: Schneider-Verl. Hohengehren.
Roebke, Christa/Hüwe, Birgit/Rosenberger, Manfred (Hrsg.) (2000): Leben ohne Aussonderung. Eltern kämpfen für Kinder mit Beeinträchtigungen. Neuwied: Luchterhand.

Simone Seitz ist Professorin für „Inklusive Pädagogik unter besonderer Berücksichtigung der Geistigbehindertenpädagogik" an der Universität Bremen.

Integration als Selbstverständlichkeit:
Die integrativen Regelklassen und Integrationsklassen in Hamburg

Reinhilde Böhm

Die **Integrationsklassen** (I-Klassen) entstanden ab 1984 durch zahlreiche Elterninitiativen.

In diesen Klassen werden Kinder zieldifferent integriert, die aufgrund diagnostizierter Behinderungen[1] (körperliche, geistige, Sinnesbehinderungen) von Beginn ihrer Schulzeit an in der Grundschule und in der Sekundarstufe I - wenn nötig - nach Lehrplänen spezifischer Sonderschulen, unterrichtet werden.

Die Integrationsklassen sind im Schulgesetz verankert. Die Schulen erhalten für die Kinder mit Behinderungen zusätzliche sonderpädagogische Fachkräfte (siehe Tabelle 3)[2].

Jeder Grundschule mit Integrationsklassen ist eine Schule der Sekundarstufe zugeordnet. Auf diese Weise kann jedes Kind mit Behinderungen bis Klasse 10 integrativ unterrichtet werden.

Nach der 10. Klasse wurden im Berufschulbereich einige Integrationsgruppen eingerichtet (BVJ-i, BVJ-TQ, BBE-i, G17, G13, G11), ein Bistro wurde 1995 eröffnet, in dem behinderte und nichtbehinderte Jugendliche lernen und arbeiten (Schulpraktika).

Auf Privatinitiative wurde das Stadthaushotel eröffnet, in dem behinderte Menschen arbeiten.

Mit Unterstützung von Arbeitsassistenzen arbeiten geistig behinderte Menschen in Betrieben. (Hamburger Arbeitsassistenz[3])

Dennoch bestehen weiterhin Sonderschulen für alle Förderschwerpunkte, außer dem Förderschwerpunkt sozial-emotionale Entwicklung. Die Schulen mit Förderschwerpunkt sozial-emotionale Entwicklung wurden abgeschafft. Dafür wurde **REBUS** (Regionales Beratungs- und Unterstützungssystem) eingerichtet. Die Kollegen von REBUS[4] unterstützen meist integrativ im Regelschulsystem.

Integrative Regelklassen (IR-Klassen) wurden ab 1991 von der Schulbehörde eingeführt, im Schulversuch erprobt und bis 1996 wissenschaftlich begleitet. Das sind 35 von insgesamt 247 Grundschulen. Zielgruppe sind die Kinder vor allem in sozialen Brennpunkten, die üblicherweise im Verlauf der Grundschulzeit als lernbehindert, sprachbehindert oder verhaltensgestört etikettiert und in Sonderschulen überwiesen werden. Anders als bei den Integrationsklassen arbeiten hier alle Klassen der Grundschule integrativ. Diese Schulen haben sich durch ihren Schulkonferenz-

Integrationsklassen im Schuljahr 2006/07

111 Klassen	Klasse 1-4 in 28 Grundschulen (von 247)	424 Kinder mit sonderpädagogischem Förderbedarf
22 Klassen	Kl. 5-10 in 4 Haupt- und Realschulen (von 14)	577 Kinder mit sonderpädagogischem Förderbedarf
140 Klassen	Kl. 5-10 in 22 Gesamtschulen (von 48)	

beschluss (oberstes Gremium der Schule) entschlossen, auf Dauer diesen Status anzunehmen.

Die Integrativen Regelklassen erhalten eine pauschale Zuweisung von sonderpädagogischen Fachkräften ohne Verwendung eines formalen Diagnoseverfahrens (siehe Tabelle 2). Nach der Grundschule endet diese Maßnahme. Kinder, die dann nicht die Leistungen für eine weiterführende Schule erbringen, müssen sich einer sonderpädagogischen Begutachtung unterziehen und werden ggf. in eine Förderschule für Lernbehinderte umgeschult.

Ursprünglich war geplant dieses Modell flächendeckend einzuführen. Die Schulen haben immer noch den Status des Schulversuchs[5], stehen auf dem Prüfstand und sollen evtl. abgeschafft werden. Dafür sollen die Diagnose- und Förderzentren (IF) eingeführt werden. (z. Z. gibt es zwei Pilotregionen IF mit 44 Grundschulen).

In beiden Modellen (Integrationsklassen und Integrative Regelklassen) sind die zusätzlichen Pädagogen Mitglieder des Kollegiums der Regelschule. (In den Förderzentren (IF) sind sie Kollegen des Förderzentrums.) „Die Organisationsform der Integrativen Regelklassen ist dabei (auf dem Weg zu einer Schule für alle, R.B.) ein Schritt in die richtige Richtung und trägt die Strukturen einer Inklusiven Schule als Schule der Zukunft in sich. Die Diagnose- und Förderzentren gehören demgegenüber zur Logik des gegliederten Schulsystems und weisen nicht über dieses antiquierte Schulmodell hinaus. Ihre Einführung könnte geradezu Bewusstseins und System stabilisierend wirken und durchgreifende Reformen behindern." (Karl-Dieter Schuck, 2005)

In 28 Grundschulen mit Integrationsklassen führen 16 Schulen auch Integrative Regelklassen und gehen damit noch einen Schritt weiter als in dem Zitat beschrieben. In allen Klassen werden „diagnostizierte"(I-Klasse) und „nicht-diagnostizierte"(IR-Klasse) Kinder unterrichtet. Dabei können wir dann wirklich von inklusiver Schule sprechen.

Tabelle zur Struktur der integrativen Maßnahmen in Hamburg

	Integrationsklasse Grundschule	Integrationsklasse Sekundarstufe I	Integrative Regelklasse Grundschule
Ziel	gemeinsames Lernen von Kindern mit Behinderung und Kindern ohne Behinderung	Weiterführung der Integrationsklassen nach der Grundschule	Vermeidung der Etikettierung und Aussonderung von Kindern mit Sprach-Lern- oder Verhaltensauffälligkeiten in der Grundschule (präventiv)
Klassenfrequenz	20-22	20-22	Orientierungsfrequenz der Regelklasse
Kinder mit Behinderungen	geistig, körper-, sehbehindert, blind, schwerhörig, gehörlos; in der Regel 4 Kinder auch aus anderen Schuleinzugsbezirken, möglichst aber wohnortnah	geistig, körper-, sehbehindert, blind, schwerhörig, gehörlos; in der Regel 4 Kinder auch aus anderen Schuleinzugsbezirken, möglichst aber wohnortnah	• Unterricht und Erziehung von Kindern mit Sprach-, Lern- oder Verhaltensauffälligkeiten, die während der Grundschule auftreten •nur Kinder aus dem Einzugsbereich der Schule
Zusätzliche Ausstattung	¾ Stelle Erzieher/in pro Klasse 2,5 Wochenstunden Sonderpädagoge/in pro Kind mit Behinderung	¾ Stelle Sozialpädagoge/in ½ Stelle Sonderpädagoge/in pro Klasse	3 Stellen Sonderpädagogen/innen ¾ Stelle Erzieher/in für eine zweizügige Grundschule mit Vorschulklasse(n)
	durchgängige Doppelbesetzung	durchgängige Doppelbesetzung	teilweise Doppelbesetzung

Beratungszentrum Integration

1988 erhielt die Elterninitiative (LAG Eltern für Integration) den Grundschulpreis, mit dem ein Beratungszentrum im Institut für Lehrerfortbildung (IfL) eingerichtet wurde. Zunächst unterstützten nur einige von der Schule teilabgeordnete Kolleginnen und Kollegen die integrative Arbeit in regionalen Arbeitskreisen als Moderatoren. Durch die Einrichtung weiterer Integrationsklassen an unterschiedlichen Schulen, wurden auch mehr Mitarbeiter eingestellt.

Seit 2001 ist das BZI ein Arbeitsbereich des Landesinstituts für Lehrerbildung und Schulentwicklung, Abteilung Fortbildung (LIF), mit pädagogischen Mitarbeiterinnen (stundenweise abgeordnete Lehrerinnen, eine Sozialpädagogin und eine Erzieherin).

Alle Kolleginnen und Kollegen, die in integrativen Schulen arbeiten, werden in ihrer Arbeit unterstützt. Wichtigstes Ziel ist es, die Pädagogen für die gewünschte heterogene Schülerschaft zu sensibilisieren und Hilfen für veränderten Unterricht anzubieten. Die Unterstützung bezieht sich sowohl auf Teams als auch auf die einzelnen Berufsgruppen. In jedem Schuljahr werden unterschiedliche Themenschwerpunkte angeboten.

Zwei Arbeitskreise mit Fachvertretern für Integration (Grundschule und Sekundarstufe I) wurden im BZI zur Implementation und Vernetzung von integrativer Arbeit in der Schule, in der Region und in der Stadt eingerichtet.

Ein weiterer Schwerpunkt des BZI stellt das Beratungsangebot dar. Es steht für Eltern, Kinder und Pädagogen für möglichst schnelle Beratung zur Verfügung:

Teamentwicklung, Einzelberatung, Teamberatung, Schulberatung, Elternberatung, Schülerberatung, Beratung in der mit vielfältigen Differenzierungs- und anderen Materialien ausgestatteten Mediothek für behinderte und nichtbehinderte Kinder.

Für die integrativen Regelklassen wurde ein Ressourcenpool eingerichtet, um auf Antrag der Schule einem Team für schwer lösbare Probleme Hilfe zu gewähren. 10-12 Kolleginnen und Kollegen (Teilabordnungen aus der Schule) mit zusätzlicher Qualifikation bilden einen Arbeitskreis im BZI, der sich regelmäßig zum Austausch, zur Reflexion und zur Weiterbildung trifft. Die Kollegen arbeiten vor Ort und unterstützen eine Zeit lang (nach einem gemeinsam erarbeiteten Kontrakt) einige Stunden pro Woche im System.

In jedem Schuljahr bietet das BZI im Jahresprogramm des LIF eine Anzahl von Schwerpunktthemen an, die von allen Pädagogen, die in Hamburg unterrichten, gewählt werden können. Einige Beispiele:

Binnendifferenzierender Unterricht, kollegiale Praxisberatung, Fallbesprechung, Pädagogische Diagnostik, Sonderpädagogisches Gutachten, ADS, Qualifizierungsangebot für Erzieher(innen) und Sozialpädagog(inn)en

Außerdem werden auf Anfrage Informationsveranstaltungen für Institutionen aus anderen Bundesländern und Ländern, für andere interessierte Gruppen, für Studenten und Referendare angeboten.

Diese Unterstützungsangebote sind immer notwendig. In den letzten Jahren wurden viele neue Kolleginnen und Kollegen, neue Schulleiterinnen und Schulleiter eingestellt, die keine oder nur wenig Erfahrung mit integrativem Unterricht haben.

---

1 Eine Aufnahmekommission wird gebildet. Sie setzt sich aus folgenden Personen zusammen:

Schulleiter/in der Grundschule, Schulleiter/in einer Sonderschule, eine Kollegin/ ein Kollege des zukünftigen Teams, unabhängige mit Integration vertraute Person, ggf. Interessenvertretung der Eltern.

Die Kommission entscheidet, welche Kinder in das Auswahlverfahren aufgenommen werden; sie besucht die Einrichtungen oder das Zuhause der Kinder, führt Gespräche mit Therapeuten, erhält Einblick in die Akten, spricht mit den Eltern und schreibt einen Bericht mit Empfehlung für das Amt für Schule. Dort fällt die Entscheidung. (Aus: Verordnung über die Aufnahme von Kindern in Integrationsklassen, 20.Januar 1998, Mitteilungsblatt der Behörde für Schule, Jugend und Berufsbildung)

2 Bei der Übernahme von Integrationsklassen der Grundschulen in die Sekundarstufe I wird eine von der Schulaufsicht eingesetzte Übernahmekommission tätig.

Die Mitglieder der Übernahmekommission werden auf Vorschlag der Schule von der Schulaufsicht eingesetzt. Es sollen vertreten sein:
- ein Mitglied der Schulleitung der aufnehmenden Schule (Vorsitz).
- ein Mitglied der Schulleitung (oder beauftragte Lehrkraft) der abgebenden Grundschule.
- ein Mitglied des künftigen Pädagogenteams, das die Integrationsklasse in der Sek I unterrichten wird.
- ein Mitglied der Schulleitung einer Sonderschule oder eine Sonderschullehrerin bzw. ein Sonderschullehrer, die bzw. der nicht der aufnehmenden Schule angehört.
- eine weitere unabhängige Person mit Erfahrung in der Integrationsarbeit. (z.B. Schulpsychologe).

Als weitere Teilnehmer mit beratender Stimme kann die Schulaufsicht Pädagoginnen und Pädagogen des abgebenden Grundschulteams bzw. des Teams der aufnehmenden Schule einladen. Außerdem kann die Kommission nach Abstimmung mit der Schulaufsicht ggf. eine Vertrauensperson der Eltern zu den Beratungen hinzuziehen. (aus: Aktuelle Rahmenbedingungen für die Arbeit der Integrationsklassen in der Sek I, B 21-4, Aart Pabst, 8/2003)

3 http://www.hamburger-arbeitsassistenz.de/

4 http://fhh.hamburg.de/stadt/Aktuell/behoerden/bildung-sport/bildung-schule/ beratung/rebus/start.html

5 „Insgesamt ist mit dem Schulversuch die Tauglichkeit des Konzepts der IR-Klassen zur Veränderung der Qualität der Grundschule und der Veränderung der Schullandschaft im Primarbereich belegt. ... Es ist mit dem Schulversuch ein beispielhaftes Rahmenkonzept der Organisation der Grundschule geschaffen worden." (Hinz, Rauer, Schuck, Wocken, Wudtke, Arbeitsbericht 1995, FBE, Hamburg

Reinhilde Böhm
ist Leiterin des Hamburger „Beratungszentrum Integration".

Inklusion in der Praxis - konkrete Beispiele aus den Fächern Sprache, Mathematik, Kunst, Sport und Sachunterricht an der Grundschule

Mechthild Kemper und Johannes Krane-Erdmann

Ausgehend von der Heterogenität einer I-Klasse, wird das Konzept des Gemeinsamen Unterrichts (GU) der Ernst-Moritz-Arndt-Schule (Kölner Grundschule) vorgestellt. Die „EMA-Schule" arbeitet in einem sehr flexiblen System mit einer Doppelbesetzung durch Regelschullehrer und Sonderpädagogen. In einer Klasse lernen ca. 23 Kinder gemeinsam. Von den Kindern benötigen sechs „mehr" Unterstützung im Sinne eines sonderpädagogischen Förderbedarfs. Alle Behinderungsarten und Förderschwerpunkte sind vertreten. Auch die besonders „Schnellen" sollen nicht zu kurz kommen.

Die alltägliche pädagogische Praxis wird beispielhaft vorgestellt. Wir erläutern die eingesetzten Methoden und die Didaktik. Wir nehmen die Teilnehmer mit in den Unterricht, in dem wir praxisnahe Beispiele aus fünf Fächern anschaulich mit Fotos illustrieren (Sprache, Mathematik, Kunst, Sport und Sachunterricht). Im weiteren Verlauf können Fragen gestellt werden und wir wollen mit den Seminar-Teilnehmern ins Gespräch kommen.

Auf den folgenden Seiten ist unser Vortrag für den „Kongress-Reader" wiedergegeben (teilweise nur als Überschriften und / oder in Stichworten, teilweise in kurzen Sätzen, teilweise ausformuliert)

Astrid Lindgren wäre vor einigen Tagen 100 Jahre alt geworden (Hinweis auf den „schwedischen" Weg der Integration: ca. 90 % der behinderten Kinder sind integriert...). In ihren Romanen, Filmen gibt es „integrierte Gemeinschaften mit „besonderen" Menschen (Ronjas Räuberbande: Mattis (verhaltensauffällig), Klein-Klipp (stumm), ein Räuber hinkt, ein anderer ist sehbehindert, Glatzen-Per ist alt und stirbt...

Bei einem Urlaub 2007 in Schweden fällt auf, dass Menschen mit Behinderungen dort nicht versteckt werden, sondern am Leben teilhaben. Auf dem Bild (rechts) ist eine Jugendliche mit Down-Syndrom neben Glatzen-Per auf der Bühne (im Themenpark „Astrid Lindgrens Värld"). Niemanden stört es...

1.1 Die Lernvoraussetzungen der Kinder (in Analogie zu den Förderschulen)

Die Grafik (nächste Seite) verdeutlicht die immense Heterogenität der Schüler in einer I-Klasse, die sogar schulformübergreifend ist:
-     Förderschule Lernen
-     Förderschule geistige Entwicklung,
-     auch Schwerstmehrfachbehinderte gehören dazu
In einer I-Klasse - wie an unserer Schule - wird niemand von vorneherein ausgeschlossen.

1.2 Alle Kinder sind an unserer Schule willkommen! (auch Kinder mit dem Förderschwerpunkten Geistige Entwicklung, Autismus, SMB...)

2 Die Bedingungen für ein erfolgreiches inklusives Lernen (Kemper) 7 Min.

2.1 Einstellung des Kollegiums
2.2 Räumlichkeiten

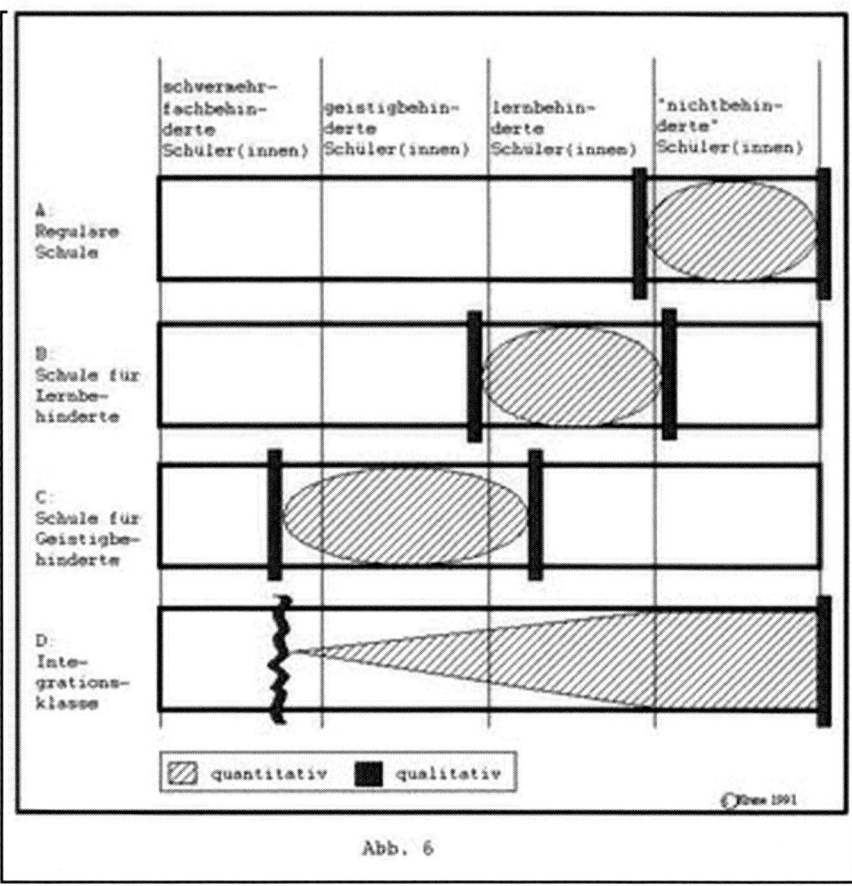

Abb. 6

2.3 „Bündelung" der Schüler (6 Kinder mit Förderbedarf in einer I-Klasse sorgen für eine überwiegende Doppelbesetzung von „Regel-„ und „Sonderpädagoge")

2.4 Ein bis zwei Klassen pro Jahrgangsstufe sind „I-Klassen"

2.5 Personelle Vorsaussetzungen (überwiegende Doppelbesetzung plus evtl. weiteres Personal: Schulbegleitung, Therapie während und nach dem Unterricht, ...)

2.6 Flexible Möglichkeiten der inneren und äußeren Differenzierung (Gruppenraum, Nebenraum)

2.7 Möglichkeit klassenübergreifender Gruppen / Unterrichtsteilnahme einzelner Schüler an anderen Klassen (z.B. in bestimmten Fächern)

2.8 Lernen im Ganztag („Integrative Offenen Ganztagsschule")

2.9 Vernetzung von Therapie und Schule (Psychomot., KG, Sprachth.)

3. Anmerkungen zur Didaktik (Krane-Erdmann) 3 Min.

3.1 Eine Möglichkeit: Das „entwicklungslogische" didaktische Modell von Feuser (1989)

Integration bedarf einer Pädagogik und Didaktik in der "alle Kinder in Kooperation miteinander auf ihrem jeweiligen Entwicklungsniveau und mittels ihrer momentanen Denk- und Handlungskompetenzen an und mit einem gemeinsamen Gegenstand lernen und arbeiten." (Feuser 1989, S. 22). (...)
Feuser beschreibt die bisherigen Modelle von Didaktik (z.B. bildungstheoretisch nach Klafki 1964 bzw. 1985) als Konzeptionen, die zu einseitig die Inhalte und ihre Sachstrukturen in den Vordergrund stellen und somit den individuellen Bedürfnissen von Schüler/innen nicht gerecht werden können. (...).

3.2 Übertragung des Feuser-Modells auf unser Konzept

Für unsere Unterrichtspraxis orientieren wir uns an Feusers Maßstäben und gehen in Anlehnung an sein "Baum - Modell" vor. Sein Stamm bildet die Thematik eines gemeinsamen Unterrichtsvorhabens oder eines Projektes, an dem alle Schüler/innen arbeiten. Gespeist wird der Stamm durch die Wissenschaften der Fächer. Die Äste und deren Verzweigungen stellen die einzelnen Lernbereiche dar, mit denen die Inhalte des Vorhabens für die Schüler/innen fassbar werden und zwar für die jeweiligen Entwicklungsniveaus der Schüler/innen auf unterschiedliche Weise: sowohl 'sinnlich konkret' (am Astansatz) wie in abstrakt-logisch symbolischer Weise durch Sprache, Schrift, Formeln u.a. (Astspitze).

In der Grafik sind die „Lernniveaus" farblich markiert. Alle Kinder lernen an einem Thema / Gegenstand „auf verschiedenen Niveaus / Abstraktionsstufen / Schwierigkeitsgraden"

4. Zur Rolle der beteiligten Mitarbeiter / Professionen (Kemper)   5 Min.

4.1 „Schuster, bleib´ bei Deinen Leisten", Verantwortlichkeiten gegenüber Schülern, Eltern, Schulleitung, Schulaufsicht
4.2 Fachkompetenzen werden im Team weiter ausgetauscht, vermittelt, übertragen (praxisbegleitende Fortbildung)
4.3 „Rollenwechsel" in bestimmten Fächern, bei Projekten, Werkstätten
4.4 Team-Arbeit muss im regulären Zeitrahmen stattfinden
4.5 Hinweis auf Hürden, Schwierigkeiten (Druck der Regelschule, Zeugnisse, Ziffernoten, Kopfnoten, Trennung nach der Klasse 4 auf ver-

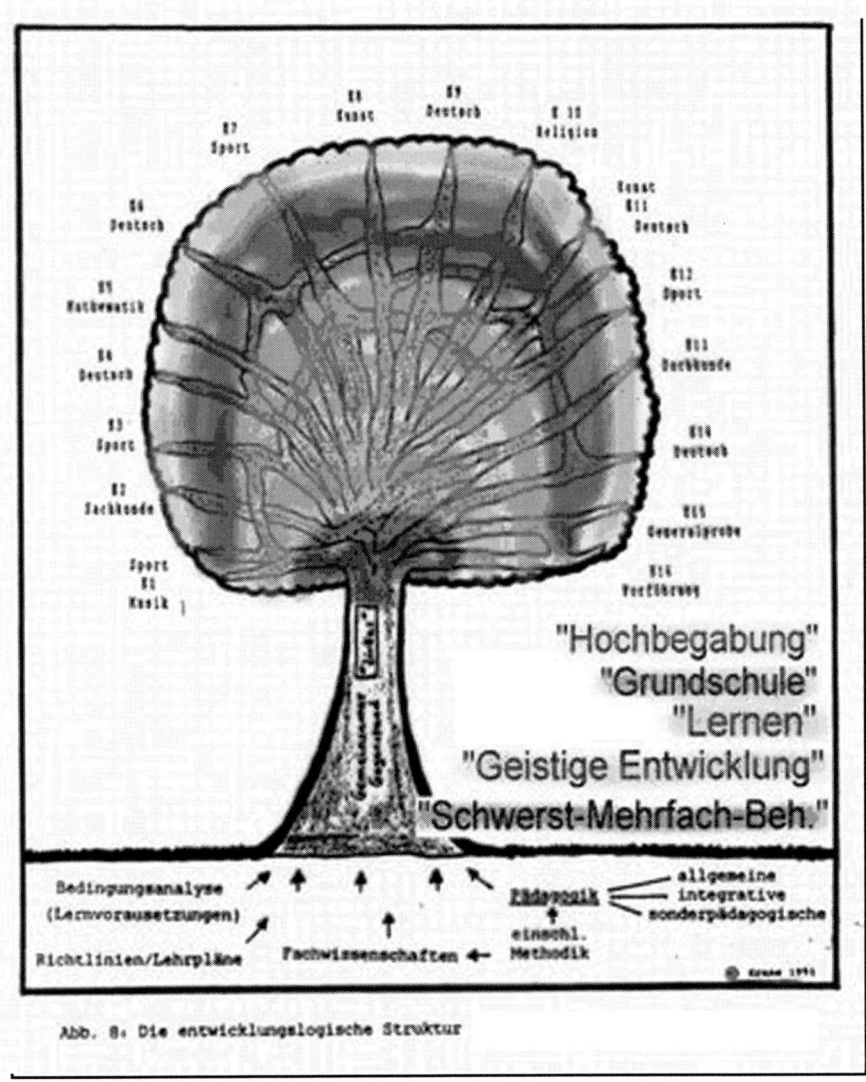

Abb. 8. Die entwicklungslogische Struktur

5. Beispiele inklusiver Pädagogik aus den verschiedenen Fächern
   (Kemper / Krane) 30 Min.

5.0 Machen wir uns auf den Weg zu unserer Schule...
Die EMA-Schule bietet seit dem Schuljahr 1989/90 den Gemeinsamen
Unterricht an.   (...)
Die Schüler der Ernst-Moritz-Arndt-Schule in Köln-Rodenkirchen (in
Kongress-T-Shirts) möchten die Teilnehmer des Kongresses begrü-

132

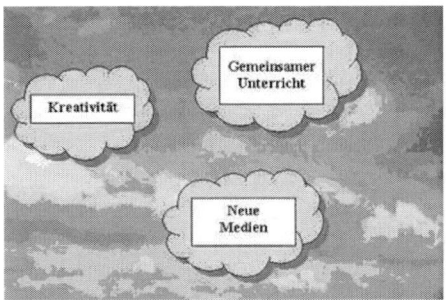

Die Schwerpunkte des Schulprogramms lauten „Gemeinsamer Unterricht",
„Kreativität" und „Neue Medien / Medienerziehung" (links). Schüler am
10.11.2007 (eine Woche vor dem Kongress)

5.1 Sprache (Kemper): Ganzschrift, Lernwörter, Stempel, ...

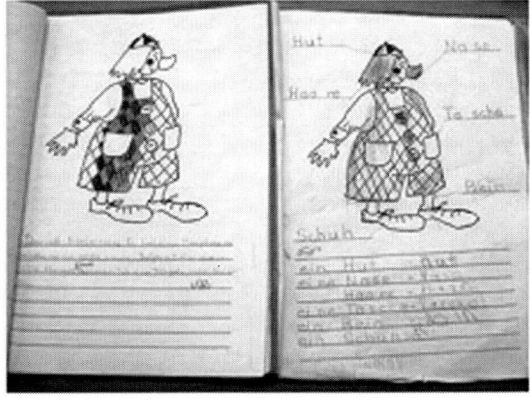

Ganzschriften: Inzwischen gibt es an unserer Schule 3-4 Ganzschriften
auch als „light"-Versionen für Kinder, die weniger gut lesen. Bei Ganzschriften können szenische Spiele / Rollenspiele eingesetzt werden... Die
Arbeitsblätter können vereinfacht angeboten werden. Ein Thema, verschiedene Lernstufen.

Die Individualisierung beim Üben der „Lernwörter" kann durch quantitative oder qualitative Anpassung erreicht werden. Oder durch die Rückzugsmöglichkeit in einen ruhigen Nebenraum (mit medialer oder personeller Zusatzhilfe...)

Es kann sinnvoll sein, dass ein Kind immer nur ein Wort sieht und alle anderen abgedeckt werden.

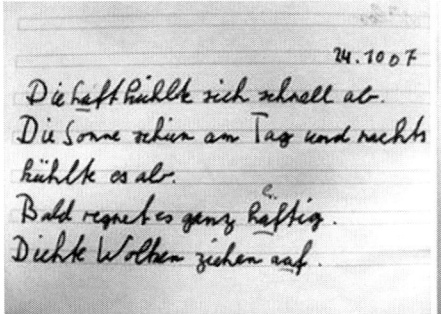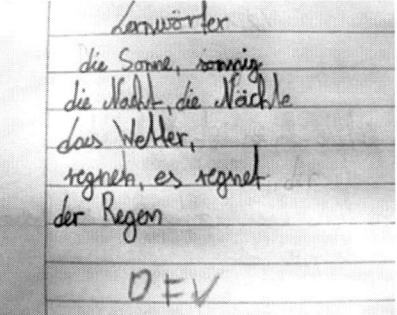

Beispiel für Differenzierung beim Thema „Wetter, Regen" (Klasse 4):
- die meisten bekommen den „normalen" Text
- einige erhalten einen verkürzten Text ohne ganze Sätze (FSP „Lernen")
- und ein drittes Kind muss im Text die Buchstaben „A, a" markieren (FSP „GE")

Ein Thema - verschiedene Niveaus.

Es regnet. Anita kommt ganz naß nach Hause.

5.2 Kunst (Krane): Klee, Römer, Winter, Drachen, Schmetterling,
   Schablonen

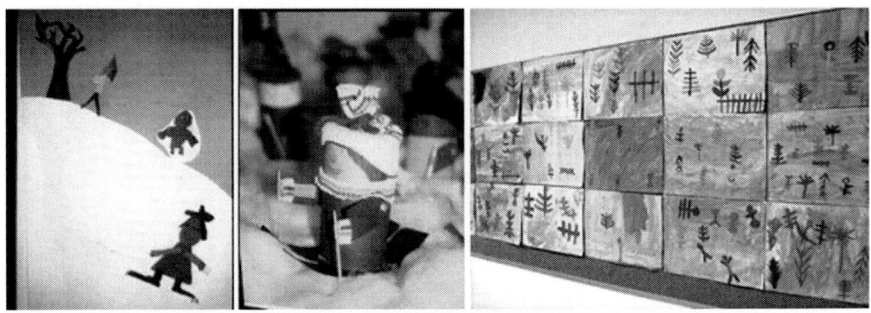

Beispiele für die Vielfalt der Arbeiten bei Kunstarbeiten (Thema „Skifahren" bzw. „Malen wie Paul Klee"). Jedes Kind arbeitet nach seinen Möglichkeiten.

5.3 Sachunterricht (Kemper): Holunder, Brot, Wald, ...

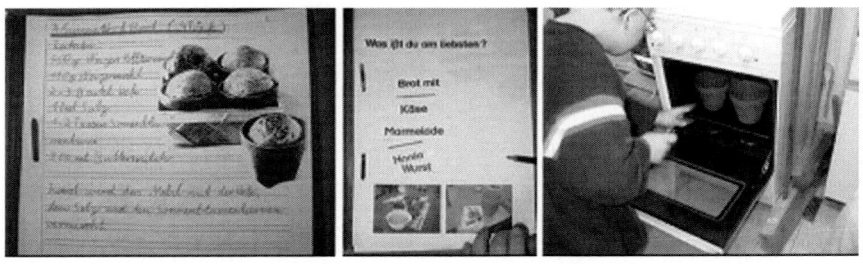

Beim Beispiel-Thema „Blumentopf-Brot-backen" schreiben die einen Kinder ein Rezept in ihr Heft, andere kleben gedruckte vorgefertigte Textteile zusammen und sorgen dafür, dass die Form eingefettet ist und das Brot im Ofen richtig gebacken wird. Gegessen wird das frische Brot dann natürlich wieder zusammen. Ein Lerngegenstand / ein Thema ... verschie-

Beispiel Holunder:
Gemeinsames Suchen der Blüten, gemeinsames Schreiben des Sachtextes (die meisten frei ins Heft von der Tafel, andere schreiben zeilenweise auf einem Arbeitsblatt ab, noch ein anderes Kind erhält den Text als „Umrissschrift" zum „Nachfahren". Am Ende werden die frittierten „Holler-Küchlein" gemeinsam verspeist.

  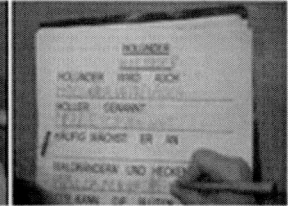

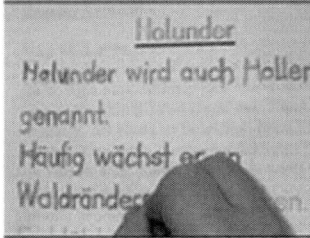 

5.4 Musik / Religion (Krane): Albert Schweitzer, Moses (Möglichkeit von Bildergeschichten)

  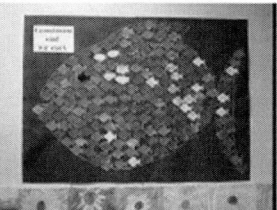

Gemeinsamer Auftritt beim Chor-Musical „Vier-Farben-Land" - Gemeinsam sind wir stark (Geschichte von „Swimmy")

136

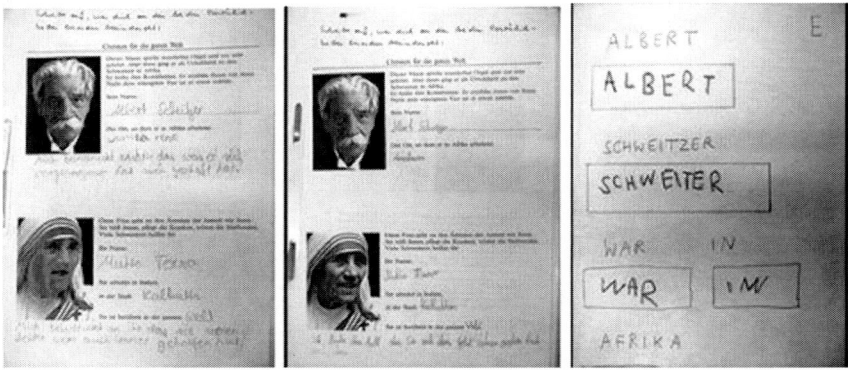

Eine ganz einfaches Beispiel der Differenzierung im Fach Religion:
Die meisten Kinder schreiben auf, was sie über das Leben von Albert
Schweitzer wissen, andere beschränken sich auf den Namen und Arbeits-
ort (Förderschwerpunkt Lernen), wiederum andere schreiben ganz einfa-
che Sätze und lesen diese (Förderschwerpunkt Geistige Entwicklung).

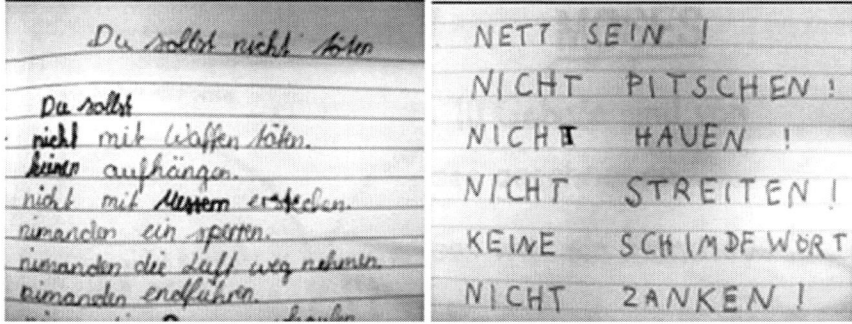

Thema: Die zehn Gebote bzw. Regeln beim Miteinander, links „abstrak-
ter", rechts „konkreter..."

5.5 Mathematik (Kemper / Krane): Rechnen mit Geld, Tangram

Gemeinsames Thema: Geld: Die meisten Kinder beschäftigen sich mit dem Umrechnen von Euro in Cent und mit dem richtigen Setzen des Kommas bei Geldbeträgen (140 ct = 1,40 Euro). Andere Kinder sortieren das Geld nach Cent-Beträgen.

Thema: Geometrie, Tangram: Während die meisten Kinder der Klasse 2 die Tangram-Stücke des Mathebuches Klasse 2 benutzen, bekommen andere Kinder die Aufgaben mit dem Tangram, das aus weniger Teilen besteht (nämlich das aus der Klasse1 vom vorherigen Jahr)

5.6 Sport (Krane): Parcour, „Leistungssport?" (Bundesjugendspiele), Sport- und Spielefest

Vielfältige Bewegungsangebote ermöglichen allen Kindern die Teilnahme am Sportunterricht nach ihren individuellen Möglichkeiten

Durch kleine Anpassungen können Alle beim Fußball mitmachen.

Die traditionellen Bundesjugendspiele sind bei uns seit vielen Jahren abgelöst worden durch ein kooperatives „Spiel- und Sportfest", bei dem altersgemischte Gruppen als Mannschaft miteinander um Punkte kämpfen. Die besten drei Teams werden genannt. Es gibt Aufgaben wie „400-Meter-Lauf". Wenn der letzte der Gruppe durchs Ziel kommt, wird die Zeit gestoppt. Das kann dazu führen, dass die besonders „Langsamen" von den Schnelleren die letzten Meter getragen werden. Im Sportunterricht der einzelnen Klassen haben die Kinder die Möglichkeit, ihre Leistungen (Bestzeiten beim Laufen und Bestweiten beim Springen / Werfen) miteinander zu messen.

Organisation von Werkstätten, Freiarbeit (*, **, ***), Medien: Schere, PC, Schablonen, Schreiblinien...

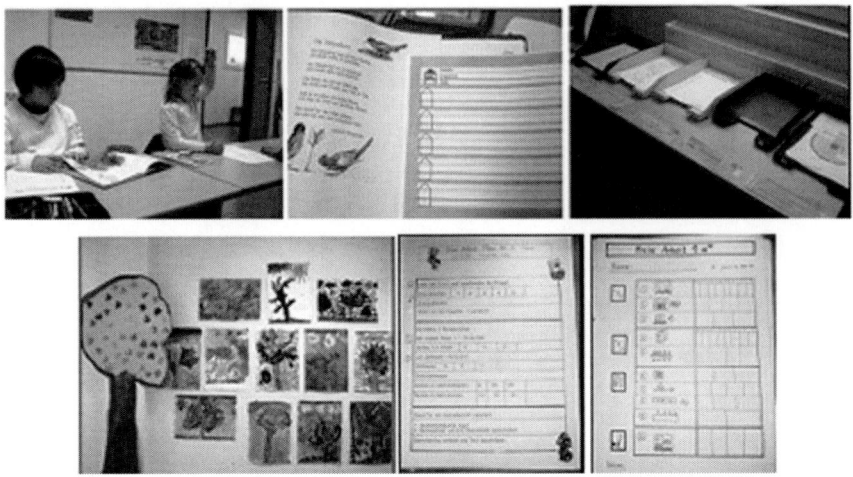

Frei-Arbeits-Listen für die einen und für die anderen Schüler (mit und ohne Sternchen)

Mechthild Kemper und Johannes Krane-Erdmann arbeiten an der Ernst-Moritz-Arndt-Grundschule in Köln
Homepage: www.ema-koeln.de

Eine Weisheit der Dakota-Indianer sagt:

„Wenn du entdeckt hast, dass du ein totes Pferd reitest, steig ab."

von Peter Wahl

Im Leben im Allgemeinen und in der Politik im Besonderen versuchen wir meist andere Strategien:

1. Wir wechseln die Reiterinnen.
2. Wir besorgen eine stärkere Peitsche.
3. Wir gründen einen Arbeitskreis, um das Pferd zu analysieren.
4. Wir machen eine Strukturreform, um das Pferd kampagnenfähig zu machen.
5. Wir entwickeln eine Neudefinition des Begriffs vom Tod.
6. Wir bilden eine Task-Force, um das Pferd wiederzubeleben.
7. Wir machen einen Qualifizierungskursus über die Ernährung von Pferden.
8. Wir verfassen eine vergleichende Studie über andere tote Pferde.
9. Wir schirren mehrere tote Pferde zusammen, damit sie schneller werden.
10. Wir holen externe Expertisen von Profis über das Reiten toter Pferde ein.
11. Wir verbessern die Öffentlichkeitsarbeit und sagen: „Das Pferd ist quicklebendig."
12. Wir sagen: „Andere Pferde sind noch viel toter."
13. Wir fahren in die USA, um dort Erfahrungen mit toten Pferden zu studieren.
14. Wir werben Leute von außen an, die das tote Pferd reiten sollen.
15. Wir stellen Extrafutter bereit, um die Leistung des Pferdes zu erhöhen.
16. Wir senken die Leistungsstandards für Pferde.
17. Wir sagen: „So haben wir das Pferd doch immer geritten."
18. Wir können nicht absteigen, weil wir vom Pferd leben und Familie haben.
19. Wir haben den Ehrgeiz zum Vorreiter zu werden.
20. Wir passen unser Reiseziel programmatisch den neuen Bedingungen an.

In Anlehnung an die Weisheit der Dakota-Indianer könnte man sagen:

**„Wenn du entdeckt hast,
dass dein Schulsystem signifikante Schwächen hat („tot ist"),
ändere etwas am System. "**

frei nach Peter Wahl von **Johannes Krane-Erdmann**

Im Leben im Allgemeinen und in der Politik im Besonderen versuchen wir meist andere Strategien:

1. Wir tauschen Personal aus (Politiker, Minister, Dezernenten, Bezirksregierungen).
2. Wir erhöhen den Druck auf die beteiligten Personengruppen (Schüler, Eltern, Lehrer). Wir kürzen das Gehalt, wir erhöhen die Klassenfrequenzen, wir erhöhen die Arbeitszeit.
3. Wir gründen eine Bildungskommission (Deutscher Bildungsrat 70er Jahre), das Haus des Lernens (90er Jahre)....
4. Wir erlassen neue Schulgesetze, um das Schulsystem wieder flott zu machen. (NRW: „modernstes Schulsystem...")
5. Wir ignorieren die Schwächen und stellen die guten Seiten heraus (stellen Vergleiche in Frage). Z.B.: Wir benennen die „Sonderschulen" um in „Förderschulen" oder „Kompetenzzentren".
6. Wir setzen Inspektoren ein, um das Schulsystem wiederzubeleben. (Q-Team, Qualitätssiegel)
7. Wir verpflichten die Lehrer zu mehr Fortbildung im bestehenden System (Korrespondenzschulen, Selbständige Schulen, Steuergruppen).
8. Wir verfassen eine vergleichende Studie über andere Bundesländer (VERA). (Spruch aus Finnland: „Durch Wiegen wird die Sau nicht fetter....")
9. Wir schirren mehrere schwächelnde Systeme zusammen, damit sie besser werden (Hauptschule als Ganztagsschule oder: mögliches Zusammenlegen von Gesamt-, Haupt-, Realschule).
10. Wir holen externe Expertisen von Profis über die Bildungspolitik anderer Bundesländer ein.
11. Wir verbessern die Öffentlichkeitsarbeit und sagen: „Unser System ist gut und gesund."
12. Wir sagen: „Andere Systeme sind noch viel toter." (Bremen...)

13. Wir fahren in die Schweiz, um dort Erfahrungen mit anderen schwachen Systemen zu studieren.
14. Wir werben Leute von außen an, die das schwache System stärken sollen (Quereinsteiger aus der Industrie...).
15. Wir erhöhen die finanziellen Mittel in einigen Bereichen ein wenig, um die Leistung des Systems zu erhöhen (Hauptschule mit Ganztagsmodellen).
16. Wir senken die Leistungsanforderungen.
17. Wir sagen: „So haben wir es doch immer gemacht."
18. Wir können nichts ändern, weil wir vom System leben (z.B. Gymnasial-Lobby, Förderschul-Lobby).
19. Wir haben den Ehrgeiz zum „Vorreiter" zu werden („andere sollen es machen wie wir").
20. Wir passen das Ziel unseres Schulsystems den Bedingungen an („nicht alle müssen studieren").

Als Grundproblem erscheint uns:
Viele merken nicht, dass sie „auf einem toten Pferd sitzen".

Jede Jeck is anders: Teamarbeit ist wenn...

Funktionierende Teamarbeit als wichtiger Baustein in einer Schule für Alle
Lust und Frust in der täglichen Arbeit:
Warum lasse ich mich darauf ein?
Was muss ich wissen? Was kann ich lernen?
Wo liegen Stolpersteine?
Input - Ausprobieren - Austausch.

Anne Unger (Grundschullehrerin)
Juliane Callegari (Sonderschullehrerin)
Teamarbeit an zwei integrativen Kölner Grundschulen
(PPS Am Rosenmaar, KGS Am Portzenacker)

Vielfalt aller Kinder

Es ist selbstverständlich und gut, dass in jeder Klasse Kinder mit unterschiedlichen Lernvoraussetzungen gemeinsam und individuell lernen,

Kinder mit unterschiedlichen Interessen und Fähigkeiten,
Kinder, für die es individuell verschiedene Lernziele gibt,
Kinder, die unterschiedlich alt sind,
Kinder verschiedener Herkunft und Religion,

einfach alle Kinder, die da sind.

Vielfalt aller Lehrer

Es ist gut, dass in jeder Klasse Lehrer/innen mit unterschiedlichen Voraussetzungen gemeinsam und individuell mit Kindern arbeiten.

Lehrer/innen, die unterschiedliche Interessen, Fähigkeiten und Erfahrungen mitbringen,
Lehrer/innen, die aufgrund ihrer Ausbildung verschieden denken und handeln,
Lehrer/innen, die aufgrund ihrer Persönlichkeit unterschiedlich sind.

einfach, die Lehrer/innen, die als erwachsene Menschen gerne mit allen Kindern arbeiten.

Mögliches Thema für Teamarbeit ...

Eine Lehrerin (SOL) berichtet:

Nach mehreren Jahren an einer Förderschule für sozial-emotionales Lernen sollte ich nun an einer GU- Schule arbeiten.
Zum ersten Mal sollte ich in Teamsitzungen mit anderen Lehrerinnen Stundenplan, Lerninhalte und Strukturen erarbeiten und absprechen. Ich fühlte mich irritiert und in meiner gesamten Person verunsichert.
Es vergingen schwierige Wochen. Ich lernte und veränderte mich in der gemeinsamen Arbeit mit anderen im Team. Es wurde wichtig, eigenes Handeln offen zu legen und Informationen über das Handeln des anderen aufzunehmen. Meine Bereitschaft, über Auseinandersetzungen und Diskussionen einen Konsens zu finden, wuchs. Toleranz gegenüber Verschiedenartigkeiten sowie das Aushalten von Gegensätzen wurde erforderlich.
Durch die Arbeit im Team erfuhr ich, dass auch Lernen und Erziehung Prozesscharakter haben und sich ständig verändern. Im Team war die ständige Reflexion über Grenzen und Konsequenz angesagt.

Fazit:
Verloren habe ich die „traute Familiensituation", in der man „in Ruhe gelassen wird".
Das Wichtigste und Interessanteste für mich ist im Moment, dass die Arbeit im Team zu meinem Leben passt. Ich bin nicht in ein festes, stabiles System eingebunden, sondern kann und muss mich und das System dauernd verändern. Ich muss ständig auf Veränderung reagieren. Dabei fühle ich mich umgeben von gegenseitiger Akzeptanz.

Tauschen Sie sich über Ihre Team- Erfahrungen aus.
Reflektieren Sie ihre eigenen Erfahrungen - entwerfen Sie Perspektiven!
Was „gewinne" ich/was „verliere" ich bei der Teamarbeit?

Aussagen von Kolleginnen und Kollegen im GU
zum Stichwort „Teamarbeit"

TEAMARBEIT IST WENN...
- jeder/jede macht, was er/sie gut kann und geteilt werden die weniger beliebten Aufgaben.
- der eine den Satz des anderen vervollständigen kann.
- meine Teampartnerin im Unterricht etwas anderes macht, als ich meine, wie wir es abgesprochen hätten, und ich trotzdem gut damit leben kann.

- meine Teampartnerin weiß, wo ich meinen Schlüssel hingelegt habe.
- ich meine schulischen Sorgen in der Schule lassen kann.
- viele Gedanken abgearbeitet werden müssen.
- es menschelt.
- man sich ohne komisches Gefühl vor den anderen zeigen kann.
- TEAMarbeit ....TeamARBEIT???
- die Chemie stimmt und die Zusammenarbeit ohne ständige Diskussionen klappt.
- man nicht mehr machen kann, was man will.
- alle Beteiligten an einer Sache arbeiten und sich aufeinander verlassen können.
- mehrere zusammenarbeiten müssen.
- man krank wird, weil man sich nicht einigen kann.
- man sich wie im Himmel fühlt, weil man sich versteht und wie in der Hölle, wenn nicht.
- ich merke, wie das Springen über den eigenen Schatten Spaß machen kann.

Wie sehe ich Teamarbeit?

"Team ist eine Abkürzung für: Toll ein anderer macht's."
Kasimir M. Magyar
Viele Köche verderben den Brei.
Sprichwort

„Das Geheimnis gelingender Kooperation besteht darin,
den jeweils anderen gut aussehen zu lassen."
Palmowski, Freyling 1997, 117

„Wenn wir uns einig sind, gibt es wenig, was wir nicht können. Wenn wir uneins sind, gibt es wenig, was wir können."
John F. Kennedy

Anne Unger, Lehrerin an der Integrativen Peter-Petersen-Schule Köln
Juliane Callegari, Lehrerin an der KGS Am Portzenacker Köln

Klassenleben
Gemeinsames Lernen behinderter und nicht behinderter Schüler an der Fläming-Grundschule in Berlin
Gudrun Haase

- Der Unterricht erfolgt meist in Form von Projekten, wobei darauf geachtet wird, dass sich Hand- und Kopfarbeit ständig ablösen.
Die Schüler erhalten Monatspläne mit differenzierten Angeboten.
- Letztendlich versucht das Pädagogenteam den Unterricht so zu gestalten, dass alle Schüler Freude am gemeinsamen Lernen haben, und Eltern sowie Lehrer mit der Entwicklung der Kinder im emotionalen, sozialen und kognitiven Bereich zufrieden sind. „Wo keine Freude ist, ist auch keine Bildung,..." (Hartmut von Hentig, Bildung) So spielen wir Theater, bewegen uns viel, zeichnen, verlassen oft die Schule und suchen interessante Lernorte auf. So versuchen wir, auf die Interessen der Schüler einzugehen, sie aber auch stark zu bilden (z.B. Zeitung lesen, Ganzschriften lesen, Opernbesuche, Kunstausstellungen, Unibesuche), was ihnen sichtlich Spaß bereitet.
- Und es macht Freude gemeinsam zu lernen, dem anderen zu helfen, ihm etwas zu erklären. Es macht stolz und selbstbewusst, wenn der andere versteht.
- Beide Parteien haben etwas davon.
Natürlich ist es ein ständiger Balanceakt den Kindern beim Erkennen der eigenen Grenzen zu helfen, nicht ihr Selbstwertgefühl zu verlieren, sondern gestärkt aus den jeweiligen Lernsituationen herauszugehen, um unter Umständen auch Grenzen zu überschreiten. Dies geschieht in Form von Einzelgesprächen, Gruppengesprächen und über Geschichten, übers Theaterspielen - über das bewusste Miteinander.
„Nur so können souveräne Charaktere entstehen, und so können Abhängige damit beginnen, Einfluss auf die Gestaltung ihrer Abhängigkeit zu nehmen." (Richard Sennett). Alle Beteiligten werden als autonome Personen anerkannt und bestärkt.
- Der Unterricht berücksichtigt stets die Interessen aller Beteiligten und sorgt dafür, dass ein ständiger Kommunikationsfluss stattfindet. „Denn der Starke ist nur stark, solange er sich nicht in falscher Sicherheit wiegt, solange er sich selbst immer wieder in Frage stellen und an Brüchen wachsen kann, solange er nach außen gewendet und offen bleibt für neue Erfahrungen, solange er mit den nicht so Starken kommuniziert." (Richard Sennett)
- Dabei kann Kommunikation auch dergestalt aussehen, dass ein Kind die Hand von Lena hält, die nicht mehr sprechen kann, aber Wärme ab-

gibt. Kommunikation heißt auch, das Lächeln von Natalie, einem geistig behinderten Kind, wahrzunehmen und es zu erwidern. Kommunikation heißt auch, einem lernbehinderten Schüler beim Lesen zuzuhören und anschließend zu klatschen oder sich für Minuten in seine Denkweise hineinzuversetzen. Kommunikation heißt, einem Legastheniker zu helfen Buchstaben in Bilder umzuformen, um ihm vielleicht die Chance zu geben, diesen Buchstaben dann im Gedächtnis zu behalten.

- Diese Form von Kommunikation führt, dessen bin ich sicher, zu verantwortungsbewussten Menschen, zu mehr Respekt zwischen den Menschen und ganz einfach zu zeitlebens lernenden Menschen. „Respekt lässt sich weder befehlen noch durch guten Willen allein herstellen. Er muss immer wieder neu ausgehandelt werden. Das fundamentale Unbehagen an der Ungleichheit in der modernen Gesellschaft bleibt. Das Problem richtet sich vor allem an die Starken. Denn die Sehnsucht nach Stabilität, aus der heraus das Unglück anderer ignoriert wird, führt nur in weitere Katastrophen." (Richard Sennett, Respekt im Zeitalter der Ungleichheit , Berlin Verlag)

- Aus dem Chaos, aus dem Durcheinander, aus dem Suchen, aus dem Irrtum entstehen immer wieder erstaunliche Ergebnisse.

Es fällt mir oft schwer, dieses vermeintliche Chaos auszuhalten, dann dränge ich, greife falsch ein, verletze auch manches Mal, mache zwangsläufig Fehler. Aber grundsätzlich sind wir auf dem richtigen Weg, wir müssen nur den Mut haben uns ständig zu hinterfragen und aus Fehlern zu lernen, diese Haltung versuchen wir auch den Schülern zu vermitteln.

Wir arbeiten gerne an dieser Schule, weil sie sich in einem ständigen Entwicklungsprozess befindet, weil Anstrengungen von Schülern und Lehrern anerkannt werden, man lobt sich gegenseitig, guckt sich viel ab und schaut stets vorwärts und nicht rückwärts.

Teamarbeit: Lehrer und Unterrichtshilfen planen gemeinsam das Jahr in Form von Monatsplänen. Dabei bringt jeder seine besonderen Fähigkeiten ein. Es gibt wöchentliche Teamsitzungen sowie die Supervision, in der Probleme mit Kindern, aber auch Probleme untereinander besprochen werden.

Die Elternarbeit wird gemeinsam geplant. Eltern werden in den Unterricht einbezogen, wann immer es möglich ist. Eltern werden in ihren Wünschen und Ängsten ernst genommen und um konstruktive Mitarbeit gebeten.

Der Film „Klassenleben" war eine wichtige Erfahrung für uns, die wir nicht missen möchten. Ich habe mir natürlich hinterher vorgenommen, weicher, ruhiger und ein wenig heiterer zu werden. Aber geschafft habe ich das nur punktuell - schließlich trage ich eine Geschichte, eine Entwicklung in mir- die mich zu dem gemacht hat, was ich bin. Ich stehe dazu, mich auch manchmal unbeliebt zu machen, vermeintlich autoritär zu wirken. Kinder brauchen oft klare Anweisungen und deutliche Grenzsetzungen. Ich stelle mich aber immer wieder ihrer Kritik, kann mich entschuldigen und versuche mein Verhalten zu erklären. Ich bin immer zu Kompromissen bereit. Aus diesen Kompromissen heraus erwächst in der Regel ein wunderbares Lernklima in unseren Klassen.

Einige Gedanken zur Veranschaulichung unseres Unterrichts:

Wir spielen die Siegfriedsage,
wir beschäftigen uns mit Tanztheater,
wir sprechen Balladen auf dem Tisch oder einem Kletterstein,
wir holen uns Trommler in den Klassenraum,
wir lassen einen Vater maßstabgerechtes Zeichnen erklären
und ein anderer stellt Kindercocktails her

Wir lesen die schönsten Bücher der Welt vor und die Schüler hören konzentriert zu.
Wir schreiben Gedichte und stellen Schwerter aus Holz her.
Die Schüler fühlen sich dabei ernst genommen.

Hochintelligente Kinder sitzen neben einem Kind mit Down Syndrom,
beobachten mit einem Auge dessen Schreibschriftübungen und besprechen untereinander einen Zeitungsartikel, manchmal helfen sie.

Ein lernbehindertes Mädchen und ein geistigbehinderter Junge entwickeln eine Geschichte nach Bildern.
Eine Pädagogin verbessert die Texte sofort.
Anschließend wird der Text am Computer geschrieben.

Begabte Schüler versuchen gemeinsam ihr Wissen über die Entstehung der Erde zu erweitern.
Ein Legastheniker arbeitet allein an einem speziellen Computerprogramm.

Ein hyperaktiver Schüler bespricht
mit seiner Lehrerin die nächsten Aufgaben
und rennt danach erst einmal über den Hof,
bevor er mit einer konzentrierten Arbeit beginnt.
In der Klasse herrscht eine intensive
Arbeitsatmosphäre.

Alle Schüler arbeiten nach einem Arbeitsplan,
der für vier bis sechs Wochen gilt.
Dabei gibt es Hauptthemen,
mit denen sich alle beschäftigen.
Die Nebenthemen können unterschiedlich sein,
da die Kinder sich langsamer oder schneller entwickeln.
Probleme werden offen besprochen.
Jeder versucht an seinem Handicap zu arbeiten.
Jeder hat ein Handicap – auch die Pädagoginnen.

In der letzten Woche werden Klassenarbeiten
und Tests geschrieben.
Die Ergebnisse sind in der Regel gut.

Wir verfolgen den Werdegang
der Schüler bis zum Ende ihrer Schullaufbahn.
Jeder erreicht nach seinen Möglichkeiten beste
Abschlüsse.

Diese Art des Lernens macht klug und vermittelt soziale Kompetenzen bei allen Schülern.

Gudrun Haase ist Lehrerin an der Fläming-Grundschule Berlin

Unterricht mit „schwierigen" Schülern, oder: Wie kann aufgabenbezogenes Verhalten gefördert werden?

Annette Textor

Gegen die Integration von Schülerinnen und Schülern mit dem Förderschwerpunkt emotionale und soziale Entwicklung bestehen viele Vorbehalte (vgl. Dumke/ Eberl 2002, S. 78). Dennoch schätzten die meisten der in einer Studie befragten Berliner Lehrkräfte die mittelfristigen Erfolge der Förderung von Schülern mit dem Förderschwerpunkt emotionale und soziale Entwicklung in Grundschulen als „passabel" oder „günstig" ein[1] (vgl. Levin/ Arnold 2005, S. 231). Wie aber kann in „Regelschulen" konkret der Unterricht gestaltet werden, um alle Schülerinnen und Schüler – auch mit dem Förderschwerpunkt emotionale und soziale Entwicklung – zu fördern und Unterrichtsstörungen vorzubeugen? Rezepte gibt es nicht, vielmehr müssen alle Ebenen des Unterrichts im Blick behalten werden, um lernwirksamen Unterricht zu ermöglichen und das aufgabenbezogene Verhalten von Schülern zu fördern[2]:

- die Beziehungsebene – zwischen der Lehrkraft und den Schülern sowie zwischen den Schülern untereinander,
- die Vermittlungsebene,
- die Inhaltsebene sowie
- außerhalb des Unterrichts die Ebene des Schullebens.
- Bei der integrierten Förderung von Schülern mit dem Förderschwerpunkt emotionale und soziale Entwicklung kommt als weitere Ebene noch die Gestaltung der sonderpädagogischen Förderung hinzu.

Im Folgenden werden entlang dieser Ebenen Handlungsmöglichkeiten aufgezeigt.

1. Beziehungsebene

Forschungsergebnisse zum Lehrerverhalten lassen darauf schließen, dass als Grundlage für eine verhaltensförderliche Lehrkraft-Schüler-Beziehung zunächst ein Mindestmaß an Regelung und Strukturierung in der Klasse vorhanden sein muss. Hilfreich sind folgende Merkmale des Klassenmanagements (vgl. Kounin 1976, Mayr u.a. 1991, Helmke/ Renkl 1993, Jürgens 2000, S. 43 ff.):

- ein klares, für die Schüler verständliches, nachvollziehbares und sinnvolles Regelsystem,
- Präsenz der Lehrkraft, d.h. die Lehrkraft zeigt, dass sie aufmerksam beobachtet, was in der Klasse passiert – beispielsweise indem sie Störungen bereits in ihrem Entstehen sofort unterbindet und
- die intensive Nutzung der Lernzeit, indem der Unterricht gut organisiert sowie für die Schüler nachvollziehbar strukturiert ist und Unterrichtsstörungen mit möglichst geringem Aufwand unterbunden werden.

Damit Unterricht aber nicht nur möglichst störungsarm ist, sondern darüber hinaus eine förderliche und möglichst angstfreie Beziehung zwischen Lehrkräften und Schülern sowie zwischen den Schülern untereinander ermöglicht wird, sind die Grundhaltungen des personenzentrierten Ansatzes (vgl. Rogers 1994, S.475 f., Tausch/ Tausch 1998, S. 99) eine wichtige Ergänzung:

- Akzeptanz, d.h. nicht an Bedingungen geknüpfte positive Wertschätzung,
- Empathie, d.h. genaues einfühlendes Verstehen und
- Echtheit, d.h. Akzeptanz und Empathie werden nur dann wirksam, wenn sie auch seitens der Lehrkraft wirklich empfunden und erfahren werden. Sie sollten also nicht lediglich oberflächlich oder mithilfe angelernter Techniken kommuniziert werden (vgl. Rogers 1994, S. 485; Tausch/ Tausch 1998, S. 214).

Es wird davon ausgegangen, dass es auch zu positiveren Beziehungen der Schüler untereinander führt, wenn eine Lehrkraft diese Haltungen kommuniziert, denn zum einen fungiert sie als Verhaltensmodell für die Schüler (vgl. Tausch/ Tausch 1998, S. 31 ff.). Zum anderen wird davon ausgegangen, dass sich Personen in einer Atmosphäre, die von Akzeptanz und Empathie geprägt ist, selbst akzeptierender verhalten, weil sie keine Bedrohungen abwehren müssen und sich selbst – und andere – besser akzeptieren können (vgl. Rogers 1994, S. 494f.). Verschiedene empirische Studien bestätigen die Wirksamkeit dieser Grundhaltungen für den schulischen Bereich (vgl. Wittern/ Tausch 1983, Rogers 1994, S. 499f., Tausch/ Tausch 1998).

Die Forderung, im Unterricht Akzeptanz, Empathie und Echtheit zu kommunizieren, bildet keinen Widerspruch zu der Forderung nach klaren Regeln und deren Durchsetzung. Im Gegenteil: Klare und transparente Verhaltensregeln können insofern für Schüler eine Hilfe darstellen, als dass sie ihnen Sicherheit darin geben können, welches Verhalten von ihnen verlangt wird. Entsprechend lässt sich die Notwendigkeit klarer Verhaltensregeln und ihrer Durchsetzung gut mit der Forderung nach Empathie, Akzeptanz und Echtheit vereinbaren. Voraussetzung ist allerdings, dass die Regeln für die Schüler hilfreich sind und dass die Lehrkräfte in Konfliktfällen versuchen zu verstehen, warum eventuell Schüler diese Regeln nicht einhalten können. Wie sieht der Unterricht oder die Situation in der Klasse wohl aus der Perspektive dieses Schülers aus? Was sagt der Schüler selbst dazu (und habe ich ihn auch wirklich richtig verstanden)? Vielleicht hilft es auch, sich vor Augen zu halten, wie schwer es einem selbst fällt, sein Verhalten zu ändern, um die Bemühungen der Schüler wahrnehmen und honorieren zu können.

Entsprechend bedeutet auch Akzeptanz nicht, alles zu billigen, was der

Schüler tut – wohl aber, dass der Schüler spürt, dass solche Diskrepanzen die Beziehung zwischen ihm und der Lehrkraft nicht beeinträchtigen und dass die Anteilnahme der Lehrkraft nicht an Bedingungen oder an die Bewertung seiner Verhaltensweisen geknüpft ist (vgl. Tausch/Tausch 1998, S. 130). Das bedeutet für die Lehrkraft zu akzeptieren, dass der Schüler auch Gefühle, Verhaltensweisen und Einstellungen zeigt, die sie selbst als negativ bewertet. Akzeptiert wird auf diese Weise die Existenz dieser Gefühle usw., unabhängig von deren Bewertung. Wichtig ist es daher, zwischen der Kritik am Verhalten auf der einen und Eigenschaften des Schülers und der Beziehung zu ihm auf der anderen Seite zu unterscheiden und zu kommunizieren, dass zwar bestimmte Verhaltensweisen von der Lehrkraft als nicht wünschenswert beurteilt werden, dass dies aber nicht die Beziehung beeinträchtigt, der Schüler als Person dennoch geschätzt wird und er positive Aufmerksamkeit, Interesse und Wertschätzung erfährt (vgl. Tausch/Tausch 1998, S. 130 ff.). Wichtig ist auch, dass es Schülern mitgeteilt wird, wenn positives Verhalten bemerkt wurde – auch nonverbal, beispielsweise durch Zulächeln. Viel zu häufig wird aufgabenbezogenes, regeladäquates Verhalten als selbstverständlich hingenommen, ohne anzuerkennen, welche Mühen Schüler unter Umständen für dieses Verhalten aufbringen. In Lehrerfortbildungen, so auch in dem Workshop auf der Tagung in Köln, stellt sich häufig heraus, dass Lehrkräfte dies im Prinzip wissen. Dennoch lassen Unterrichtsbeobachtungen darauf schließen, dass im schulischen Alltag gerade im Umgang mit „schwierigen" Schülern viel zu selten von diesem Wissen Gebrauch gemacht wird, obwohl es für die Schüler und für einen konfliktarmen Unterricht hilfreich sein kann (vgl. Textor 2007, S. 198f., 222 ff.).

2. Unterrichtsmethodik

Günstig für Schülerinnen und Schüler mit dem Förderschwerpunkt emotionale und soziale Entwicklung ist eine Unterrichtsmethodik, die dosierte Mitentscheidungsmöglichkeiten sowie Binnendifferenzierung umfasst (vgl. Stein/ Faas 1999, Textor 2007, S. 64ff.), um sowohl einer Über- als auch einer Unterforderung vorzubeugen und die Interessen der Schüler berücksichtigen zu können. Dabei sollten auch für ältere Schüler handlungsorientierte Aufgabenstellungen angeboten werden, denn einem Teil der Schüler fällt der Umgang mit relativ abstrakten schriftlichen Aufgabenstellungen schwer. Für sie kann das konkrete Handeln ein wichtiger Lernweg sein.

Ein weiterer wichtiger Baustein verhaltensförderlichen Unterrichts ist die – bei Bedarf unterstützte – Kooperation zwischen Schülerinnen und Schülern, um die soziale Einbindung in die Klasse zu verbessern und um gegenseitiges Lernen voneinander zu ermöglichen. Dabei ist es wichtig, bereits durch die Art der Aufgabenstellung Kooperation zu fordern. Lediglich die Erlaubnis zu kooperieren ist für Schülerinnen und Schüler mit dem Förderschwerpunkt emotionale und soziale Entwicklung meistens wenig hilfreich, da viele von ihnen Schwierigkeiten haben, Mitschülerinnen oder Mitschüler zu finden, die mit ihnen arbeiten möchten – zumal sie häufig auf Einzelplätzen sitzen[3] (vgl. Textor 2007, S. 138f.). Hilfreich können hier insbesondere Expertensysteme (vgl. Reichen 1991) sein, bei denen jeder Schüler für eine bestimmte Aufgabenstellung die Funktion als „Experte" hat – nach entsprechender Einarbeitung, ggf. mit Unterstützung durch die Lehrkraft. Dies eröffnet auch Schülern mit Lernschwierigkeiten oder mit sozialen Problemen die Möglichkeit, sich als kompetent zu erleben und anderen Schülern Hilfestellung zu leisten.

Eine weitere Möglichkeit soziales Lernen zu fördern, ist der Klassenrat. Dies ist eine Form von Partizipation auf Klassenebene, die im Grundschulbereich auf Freinet und Dreikurs zurückgeht (vgl. Kiper 1997, S. 37). Ziel ist es, Gruppenprozesse in der Klasse so zu organisieren, dass die Resultate für alle Beteiligten annehmbar sind. Darüber hinaus soll Mitbestimmung für die Schülerinnen und Schüler erfahrbar gemacht und der Schulalltag demokratisch gestaltet werden, und die Schülerinnen und Schüler sollen lernen, „warum sie Probleme haben und was sie zu deren Lösung tun können" (Dreikurs u.a. 1994, S. 154). Zum Klassenrat, der in regelmäßigen Abständen tagt, gehören alle Schüler einer Klasse und die Klassenlehrkraft. Thema des Klassenrates sind alle Angelegenheiten, die die Klasse betreffen, z.B. die Planung des Tages oder der Woche, die Finanzen, die Klassenregeln und die mit ihnen verbundenen Sanktionen sowie Konflikte der Schüler untereinander, mit Schülern anderer Klassen oder mit Lehrern. Die Themen, die im Klassenrat besprochen werden, werden im Vorfeld gesammelt, z.B. in einem Briefkasten (vgl. Freinet 1981, S. 109f.; Dreikurs u.a. 1994, S. 122 ff., S. 143 ff.; Glorian 2004). Im Unterschied zu anderen Gesprächskreisen erhebt die Arbeit im Klassenrat den Anspruch, konsequent demokratischen Prinzipien zu folgen: Die Lehrkraft hat die gleichen Rechte und Pflichten wie die Schüler, muss sich ggf. ebenfalls vor dem Klassenrat verantworten und soll sich ebenso wie die Schüler in Diskussionen einbringen und an die Beschlüsse des Klassenrates halten (vgl. Kiper 1997, S. 25 ff.; Glorian 2004).

3. Inhaltsebene

Die Überlegungen zur Unterrichtsmethodik zeigen, dass es trotz der Vorgaben des Lehrplanes sinnvoll ist, die Kinder auch über die Unterrichtsinhalte mitbestimmen zu lassen. Zumindest graduell dürfte dies auch trotz der Lehrplanvorgaben in allen Bundesländern möglich sein: Beispielsweise könnten die Schüler an der Entscheidung über die Verteilung der Lerninhalte über das Schuljahr oder an Entscheidungen zur konkreten Ausgestaltung der Themen beteiligt werden. Wenn beispielsweise laut Lehrplan der Anbau von Nutzpflanzen zum Unterrichtsgegenstand gemacht werden soll, könnte man die Schüler darüber mitentscheiden lassen, welche Nutzpflanzen exemplarisch dazu im Unterricht herangezogen werden sollen (vgl. Holzwarth-Raether 2002). Eine weitere Möglichkeit wäre, ein Projekt zu diesem Thema anzuregen und die Schüler selbst wählen zu lassen, mit welchen Unterthemen sie sich in ihren Kleingruppen genauer beschäftigen möchten.

Sinnvoll ist außerdem, explizit auch soziales Verhalten zum Unterrichtsgegenstand zu machen und – ggf. mit speziellen Trainings (z.B. Petermann u.a. 1999) – mit allen Schülern zu üben. Dabei ist es besonders wichtig, dass das soziale Lernen nicht in Form von sonderpädagogischer Förderung mit einzelnen Schülern, sondern mit der gesamten Klasse stattfindet – denn auch Mitschüler von Schülern mit Verhaltensauffälligkeiten benötigen in erhöhtem Maße soziale Kompetenzen, um konstruktiv mit deren Problemen umgehen zu können. Weitere Überlegungen zur Inhaltsebene müssten fach- bzw. lernbereichsspezifisch erfolgen; dies auszuführen würde an dieser Stelle zu weit führen.

4. Schulleben

Auch unterschiedliche Elemente des Schullebens können sinnvoll eingesetzt werden, um Schülern Hilfestellungen für ein angemessenes Verhalten in Schule und Unterricht zu geben. Im Folgenden soll das in Nordrhein-Westfalen relativ unbekannte Konzept der Schulstationen vorgestellt werden (vgl. Nevermann 2004, Textor u.a. 2005). Eine Schulstation besteht aus einem oder zwei attraktiv eingerichteten Räumen in der Schule, in denen während der Unterrichtszeit ein oder zwei Pädagogen – Lehrkräfte, Erzieherinnen bzw. Erzieher oder Sozialpädagoginnen bzw. Sozialpädagogen – zur Verfügung stehen. Wesentliche Bausteine dieses Konzeptes sind

- die verbindliche Kooperation zwischen den unterrichtenden Lehrkräften und den Pädagogen, die die Schulstation betreuen,
- die Förderung von Schülern im emotionalen und sozialen Bereich – Schulstationen können als Rückzugsmöglichkeiten für Schüler in belastenden Situationen bzw. in Konflikten dienen, aber auch zum Abbau von Ängsten wie beispielsweise Leistungsangst. Gleichzeitig haben Schulstationen aber auch den Anspruch, präventiv zu arbeiten, beispielsweise mithilfe von Problemlöse-, Sozial- oder Konzentrationstrainings, aber auch Entspannungs- oder Bewegungsübungen,
- die Möglichkeit für Schüler, auch aus eigener Initiative die Schulstation aufzusuchen und

- unterstützende Elternarbeit, beispielsweise durch Beratungsangebote an Eltern, aber auch durch gemeinsame Gesprächsangebote für Eltern mit den Klassenlehrkräften (vgl. Nevermann 2004, Textor u.a. 2005).

Im Unterschied zu dem in Nordrhein-Westfalen relativ verbreiteten Trainingsraum dient das Konzept der Schulstation ausdrücklich nicht als negative Verhaltenskonsequenz (vgl. Nevermann 2004, S. 130), sondern der Förderung der emotionalen und sozialen Entwicklung, insbesondere auch der Prävention von Verhaltensproblemen. Darüber hinaus ist es in seiner konkreten Ausgestaltung relativ offen. Daher kann und muss dieses Konzept an die spezifischen Anforderungen der einzelnen Schulen angepasst werden.

Weitere Elemente des Schullebens, die für die integrierte Förderung von Schülern mit Verhaltensauffälligkeiten sinnvoll sein können, sind beispielsweise
- die Peer-Mediation,
- außerunterrichtliche Freizeitangebote wie Schülerclubs oder die Nachmittagsangebote von Ganztagsschulen,
- die Zusammenarbeit mit den Bewohnern des Schulbezirkes im Rahmen der Schule, z.B. in Form der Einrichtung von Lesepaten,
- Angebote für Eltern, beispielsweise in Form von Beratungsangeboten für Eltern in Kooperation mit der Jugendhilfe sowie
- die regelmäßige Durchführung von Unterrichtsprojekten mit Institutionen im Schulbezirk (vgl. Textor u.a. 2005).

5. Gestaltung der sonderpädagogischen Förderung
Für die sonderpädagogische Förderung von Schülern mit offiziell festgestelltem sonderpädagogischem Förderschwerpunkt im gemeinsamen Unterricht, auch im Bereich emotionale und soziale Entwicklung, stehen im Normalfall für einige Unterrichtsstunden zwei Lehrkräfte zur Verfügung (vgl. Schöler 1999, S. 77 f.; Textor 2007, S. 125 ff.). In diesen Stunden ist es für das aufgabenbezogene Verhalten der Schüler günstig, wenn beide Lehrkräfte gemeinsam im Unterrichtsraum bleiben, unabhängig davon, welche Schülerinnen oder Schüler von der Lehrkraft unterstützt werden (vgl. Textor 2007, S. 218 ff.). Vermutlich liegt das daran, dass sich die Schülerinnen und Schüler dann bei Bedarf schnell und diskret Hilfe bei einer Lehrkraft holen können. Auch die Arbeit mit verhaltenstherapeutisch orientierten Maßnahmen (Verhaltensmodifikation; vgl. Hoffmann 2004) oder mit Maßnahmen aus dem entwicklungspädagogischen Unterricht (vgl. Hofmann 2004; Textor u.a. 2005, S. 57 ff.) kann hilfreich sein. Zusätzlich ist es aber auch wichtig, Selbststeuerung und Selbstbestimmung zu för-

dern. Empfehlenswert ist es daher, Strategien der Verhaltensmodifikation durch Fremdverstärkung um kognitive Elemente zu erweitern, z.B. indem durch „lautes Denken" mit den Schülerinnen und Schülern geübt wird, sich selbst Anweisungen zu geben, auf diese zu hören und sich selbst dafür zu verstärken (vgl. Krowatschek 2004).

Fazit
Es gibt viele Möglichkeiten, Schule und Unterricht verhaltensförderlich zu gestalten – und viele Möglichkeiten dürften den meisten Lehrkräften als Merkmale guten Unterrichts bekannt und im Alltag umsetzbar sein. Dafür ist es wichtig, dass die Lehrkräfte die Handlungsspielräume, die sie haben, erkennen und nutzen. Andere Möglichkeiten, wie beispielsweise die Einrichtung von Schulstationen, erfordern zusätzliche Ressourcen. Von administrativer Seite ist es daher notwendig, die Schulen ausreichend mit Ressourcen und mit inhaltlichen Freiräumen auszustatten, um soziales Lernen zu ermöglichen. Eine längere gemeinsame Lernzeit aller Kinder über die Grundschulzeit hinaus wäre in diesem Zusammenhang aus zwei Gründen wünschenswert: Zum einen, um den durch den Übergang in die Sekundarstufe verursachten sehr hohen Leistungsdruck zu verringern, der bereits ab Beginn der dritten Klasse festzustellen ist, und zum anderen, um den Umgang mit und die Akzeptanz von Vielfalt – sowohl im Verhalten als auch in der kognitiven und physischen Leistungsfähigkeit – zu lernen (vgl. Pütz/ Textor 2008). In diesem Sinne kann eine Schule, die konstruktiv auch mit Vielfalt im Verhalten ihrer Schüler umgeht und soziales Lernen fördert, auch zu einem demokratischeren Umgang der an ihr Beteiligten untereinander anregen.

---

1 In Berlin gehen ca. 90% der Erst- bis Sechstklässler mit diesem Förderschwerpunkt in eine Grundschule und werden dort integrativ gefördert.
2 Diese Ebenen sind angelehnt an die kritisch-kommunikative Didaktik (vgl. Schäfer/ Schaller 1973; Peterßen 2001).
3 Dies bedeutet nicht, dass ein Einzelplatz für das aufgabenbezogene Verhalten von Schülern mit dem Förderschwerpunkt emotionale und soziale Entwicklung günstig ist – im Gegenteil: Unterrichtsbeobachtungen ergaben, dass diese Schüler in höherem Maße aufgabenbezogen arbeiten, wenn sie einen oder zwei Sitznachbarn haben (vgl. Textor 2007, S. 216 f.; 2

Literatur

Dreikurs, R./ Grunwald, B. B./ Pepper, F. (1994): Lehrer und Schüler lösen Disziplinprobleme. Weinheim: Beltz.
Dumke, D./ Eberl, D. (2002): Bereitschaft von Grundschullehrern zum gemeinsamen Unterricht von behinderten und nichtbehinderten Schülern. In: Psychologie in Erziehung und Unterricht, H. 1/2002, S. 71 – 83.
Freinet, E. (1981): Erziehung ohne Zwang. Der Weg Célestin Freinets. Stuttgart: Klett-Cotta.

Glorian, K. (2004): Eine reformpädagogische Klasse in der Sekundarstufe 1. Nach Ideen von Célestin Freinet und John Dewey. URL: http://www.freinet.uni-bremen.de/index.html [rev. 15.12.2007].

Helmke, A./ Renkl, A. (1993): Unaufmerksamkeit in Grundschulklassen: Problem der Klasse oder des Lehrers? In: Zeitschrift für Entwicklungspsychologie und Pädagogische Psychologie, Jg. 25, H. 3, S. 185-205.

Hoffmann, G. (2004): Classroom Management: Anleitung zur Verhaltensmodifikation in der Schule. In: Preuss-Lausitz, U. (Hrsg.): Schwierige Kinder – Schwierige Schule. Konzepte und Praxisprojekte zur integrativen Förderung verhaltensauffälliger Schülerinnen und Schüler. Weinheim: Beltz, S. 65-78.

Hofmann, G. (2004): Entwicklungspädagogischer Unterricht an Berliner Grundschulen. Ein integriertes Konzept für das Kerngeschäft von Schule, den Unterricht. In: blz. Zeitschrift der GEW Berlin Jg. 57 (72), H. 12, S. 6-8.

Holzwarth-Raether, U. (2002): „Wer bestimmt eigentlich, was gelernt wird?" Kinder an der Unterrichtsplanung beteiligen. In: Grundschule Jg. 2002 H. 11, S. 42-43.

Jürgens, B. (2000): Schwierige Schüler? Disziplinkonflikte in der Schule. Baltmannsweiler: Schneider Verlag Hohengehren.

Kiper, H. (1997): Selbst- und Mitbestimmung in der Schule. Das Beispiel Klassenrat. Baltmannsweiler: Schneider.

Kounin, J. S. (1976): Techniken der Klassenführung. Bern: Hans Huber.

Krowatschek, D./ Hengst, U. (2004): Das hyperaktive Kind in der lernaktiven Schule – Ein Widerspruch? In: Preuss-Lausitz, U. (Hrsg.): Schwierige Kinder – Schwierige Schule. Konzepte und Praxisprojekte zur integrativen Förderung verhaltensauffälliger Schülerinnen und Schüler. Weinheim, S. 50 – 64.

Levin, A./ Arnold, K.-H. (2005): Einschätzungen der Klassenlehrer und Sonderpädagogen zu Inhalten, Formen und Effektivität der Förderarbeit. In: Preuss-Lausitz, U. (Hrsg.): Verhaltensauffällige Kinder integrieren. Zur Förderung der emotionalen und sozialen Entwicklung. Weinheim: Beltz, S. 227-245.

Mayr, J./ Eder, F./ Fartacek, W. (1991): Mitarbeit und Störung im Unterricht: Strategien pädagogischen Handelns. In: Zeitschrift für Pädagogische Psychologie Jg. 5, H. 1, S. 43-55.

Nevermann, C. (2004): Schulstationen – Emotionale Stützung und soziale Integration im Lernfeld Schule. In: Preuss-Lausitz, U. (Hrsg.): Schwierige Kinder – Schwierige Schule. Konzepte und Praxisprojekte zur integrativen Förderung verhaltensauffälliger Schülerinnen und Schüler. Weinheim: Beltz, S. 125-139.

Petermann, F./ Jugert, G./ Rehder, A./ Tänzer, U./Verbeek, D. (1999): Sozialtraining in der Schule. Weinheim: Psychologie Verlags Union.

Peterßen, W.H. (2001): Lehrbuch allgemeine Didaktik. München: Oldenbourg, S. 204-229.

Preuss-Lausitz, U./ Textor, A. (2006): Verhaltensauffällige Kinder sinnvoll integrieren - eine Alternative zur Schule für Erziehungshilfe. Bericht über eine Evaluationsstudie. In: Zeitschrift für Heilpädagogik 57 (2006) 1, S. 2 - 8.

Pütz, T./ Textor, A. (2008): „Und dann trennten sich unsere Wege…" – Integration und Desintegration als Folge von Leistungsbeurteilung. In: Beutel, S.I./ Beutel, W. (Hrsg.): Beteiligt oder bewertet? Zum Spannungsfeld von Leistungsbeurteilung und Demokratiepädagogik. Schwalbach/Ts.: Wochenschau-Verlag.

Reichen, J. (1991): Kompetenz- und Aufgabendelegation – Ergänzungen zum Werkstattunterricht. In: Die Grundschulzeitschrift Jg. 5, H. 5, S. 42-44.

Rogers, C. R. (1994): Klientenzentrierte Psychotherapie. In: Corsini, R. J. (Hrsg.): Handbuch der Pyschotherapie. Weinheim: PVU.

Stein, R./ Faas, A. (1999): Unterricht bei Verhaltensstörungen. Ein integratives didaktisches Modell. Neuwied: Luchterhand.

Schäfer, K.-H./ Schaller, K. (1973): Kritische Erziehungswissenschaft und kommunikative Didaktik. Heidelberg: Quelle & Meyer.

Schöler, J. (1999): Integrative Schule – Integrativer Unterricht. Ratgeber für Eltern und Lehrer. Neuwied: Luchterhand.

Tausch, R./ Tausch, A. (1998): Erziehungspsychologie. Begegnung von Person zu Person. 11. überarb. Aufl. Göttingen: Hogrefe.

Textor, A. (2007): Analyse des Unterrichts mit „schwierigen" Kindern. Hintergründe, Untersuchungsergebnisse, Empfehlungen. Bad Heilbrunn: Klinkhardt.

Textor, A./ Frädrich, P./ Gloystein, D./ Lukas, D./ Markuse, B./ Sorg, W. (2005): Schulleben, Schulprofile und Hilfesysteme im Zusammenhang mit der Förderung von Verhaltensproblemen. In: Preuss-Lausitz, U. (Hrsg.): Verhaltensauffällige Kinder integrieren. Zur Förderung der emotionalen und sozialen Entwicklung. Weinheim: Beltz, S. 49-65.

Wittern, J.-O./ Tausch, A.-M. (1983): Personenzentrierte Haltungen und Aktivitäten von Lehrern und seelische Lebensqualität ihrer Schüler im Unterricht. In: Psychologie in Erziehung und Unterricht, Jg. 30, H. 2, S. 128-134.

Annette Textor, Universität Dortmund

Waldhofschule – Eine Schule für alle
Integrative Grundschule im NETZWERK Bildung für alle
Wilfried W. Steinert

Dies ist die erste Schule in Deutschland, die die Erkenntnisse aus PISA konsequent umsetzt!" sagte der damalige Brandenburger Bildungsminister Steffen Reiche im Rahmen der Einschulungsfeier für die Erstklässler des Jahrgangs 2003/04. Was mit diesem Anspruch verbunden war, wie viel wir neu und weiterdenken mussten, haben wir im Prozess der Schulentwicklung gemerkt. Dazu kommt, dass wir konsequent eine Schule für alle sein wollen, also keinen ausschließen. Jeder Schüler und jede Schülerin hat bei uns den Anspruch, das für sie oder ihn optimale Bildungsangebot zu finden. Einzige Einschränkung: Der Anteil der Kinder mit diagnostiziertem Förderbedarf soll 50 % der Schülerschaft nicht überschreiten

Inzwischen haben sich viele hospitierende Besucher vom Erfolg dieses Ansatzes überzeugen können, u. a. Bundesbildungsministerin Edelgard Bulmahn, die Gattin des Bundespräsidenten Eva Luise Köhler, Bildungsministerin Barbara Sommer aus Nordrhein-Westfalen.

Doch zunächst ein kurzer Rückblick auf die Anfänge:
Der Waldhof in Templin ist seit mehr als 150 Jahren eine Einrichtung für geistig behinderte Menschen zum Wohnen und Arbeiten. Nach der Wende wurde die Schule für geistig behinderte Kinder gegründet. Man war „unter sich": Eine homogene Schülerschaft - höchst differenziert!
Eltern, die ihren geistig beeinträchtigten Kindern Normalität zumuten wollten, versuchten es mit der Integration in Regelklassen an den Grundschulen. Nicht wenige dieser Integrationsversuche scheiterten und die Kinder kamen nach der dritten, vierten oder fünften Klasse in die Waldhofschule, nun oftmals mit zusätzlichen Beeinträchtigungen.
Wie sollten wir als Schule damit umgehen? Einerseits das berechtigte Interesse der Eltern an optimaler Förderung und Integration ihrer behinderten Kinder – andererseits das immer wieder erlebte Scheitern aufgrund fehlender sonderpädagogischer Ressourcen an den anderen Schulen.
Warum nicht die Integration vom Kopf auf die Füße stellen? An unserer Schule waren schon damals fast alle sonderpädagogischen Qualifikationen vertreten – und ist nicht die geistige Behinderung die Kehrseite der Hochbegabung? Differenziertes Unterrichten, individuelle Förderung, Arbeiten mit Förder- und Entwicklungsplänen waren unseren Lehrkräften bekannte Arbeitsformen. Warum also nicht die Regelschüler zu uns einladen und Integration an unserer Schule gestalten?

160

Die Idee war geboren. Der durch die PISA-Studien geschärfte Blick auf andere Länder, auf zukunftsfähiges Lernen in heterogenen Gruppen, forcierte die Diskussion. Integration – ohne die zu Integrierenden zu stigmatisieren, also **Inklusion** - war das Ziel. Nach langen Diskussionen stand fest: Die Klassen durften nicht zu groß sein, um die individuelle Förderung des Schülers zu ermöglichen; sie durften aber auch nicht zu klein sein, um genügend soziale Prozesse und unterschiedliche Beziehungen zu ermöglichen; mindestens zwei Lehrkräfte sollten in jeder Klasse gemeinsam unterrichten.

Ergebnis: 16 – 18 Schülerinnen und Schüler bilden eine Klasse, davon die Hälfte mit diagnostiziertem Förderbedarf (Lernen, emotionale Entwicklung, geistige Entwicklung etc.). Diese Kombination der Schülerschaft erlaubt es, dass jeder Klasse im Durchschnitt 2,5 Pädagogenstellen zur Verfügung gestellt werden können.

„Das Konzept ist Klasse – nur: Finden Sie Eltern, die ihre Kinder mit den „Blöden" lernen lassen?" war die Frage, die viele in der Bildungsadministration stellten. In einer Kleinstadt mit 17.000 Einwohnern wie Templin in der Tat eine ernst zu nehmende Frage. Dazu die Konkurrenz von drei weiteren Grundschulen, eine davon war wenige Jahre zuvor als private Grundschule gegründet worden.

Der Förderverein der Waldhofschule, der sich nicht nur als Unterstützungsverein für die eigene Schule sieht, sondern von seiner Satzung her auch eine Plattform für die Bildungsdiskussion in der Region bietet, organisierte Informations- und Diskussionsabende für Eltern, betrieb eine breite Aufklärung über Anforderungen an eine zukunftsfähige Bildung. Die interessierten Eltern wurden in die konzeptionelle Ausgestaltung der Schule einbezogen.

Das Ergebnis: Bereits im ersten Jahr der Umwandlung in eine integrative Grundschule, in eine Schule für alle, meldeten mehr Eltern ihre Kinder an als aufgenommen werden konnten.

In den letzten Jahren haben wir so intensiv an der Entwicklung unserer Schule gearbeitet, dass wir kaum Zeit hatten, uns an Wettbewerben zu beteiligen. Dazu kam, dass die Stadt nach zwei Jahren angeboten hatte, die integrative Kindertagesstätte mit in die Verantwortung der Schule zu übertragen, damit wir ein Gesamtkonzept vorschulischer und schulischer Bildung entwickeln konnten. Dazu kamen dann noch die Frühförder- und Beratungsstelle in unsere Verantwortung. Und vor einem Jahr haben wir den Zuschlag für das Projekt Kinderleicht des Bundesernährungsministeriums als Präventionsprojekt gegen Übergewicht bekommen. Zusammen bilden die Einrichtungen nun das **NETZWERK Bildung für alle**. Da der Schul- und Projektleiter, Herr Wilfried W. Steinert, während der Aufbauphase in den letzten Jahren gleichzeitig Vorsitzender des Bundeselternrates war, wurden die aktuellen bildungspolitischen Ansprüche zeitnah in die Entwicklungsarbeit aufgenommen. Damit entstand aber auch ein hoher Druck, in der praktischen Arbeit zu zeigen, wie die bildungspolitischen Forderungen der Elternarbeit und des Bundeselternrates in der Praxis realisiert werden können.

Das für uns höchste Lob sprach ein Vater zweier Schülerinnen aus: „Früher hatte der Waldhof als Behinderteneinrichtung immer so ein „Geschmäckle", man ging zwar zum Jahresfest als gesellschaftlichem Ereignis – aber sonst war man froh, dass man nichts damit zu tun hatte. Heute ist der Waldhof ein Markenzeichen für gute Bildung!"

Die Nachfrage nach Plätzen in unserer Waldhofkita und in unserer Waldhofschule ist ungebrochen. Wir bleiben trotzdem bei der Zweizügigkeit. Inzwischen besuchen Kinder aus allen sozialen Gruppen, Schichten und Verhältnissen Templins unsere Schule.

Unsere Schulphilosophie lautet:

Wir brauchen alle.
Wir bleiben zusammen.
Niemand bleibt zurück.
Niemand wird beschämt.

Auf den Anfang kommt es an:
Die größten Anstrengungen unserer Schule gelten den kleinsten Menschen!

Auf dieser Grundlage wollen wir unsere Schülerinnen und Schüler „fördern und herausfordern", sie darin begleiten und unterstützen, selbstbewusste, eigenständige Persönlichkeiten zu werden.

In diesem Jahr sind wir bis zum 5. Jahrgang hoch gewachsen – und immer noch sind wir dabei, uns weiter zu entwickeln, konsequent nach dem Motto: Was brauchen die Schülerinnen und Schüler, um ihren Möglichkeiten entsprechend gefördert und gefordert zu werden. So wird zurzeit der Unterricht für die 5. und 6. Klassen des kommenden Schuljahres als jahrgangsübergreifender Unterricht geplant.

Hier zunächst einmal eine Übersicht darüber, was für die Beteiligten anders ist als an anderen Schulen:

Was für Schülerinnen und Schüler anders ist

Jede Schülerin und jeder Schüler soll sich angenommen und akzeptiert fühlen: Jeder soll merken, dass er von uns wert geachtet und ernst genommen wird.

Schon im Kindergarten lernen sie die Schule kennen. Die **Waldhofkita** mit ihrer Lernwelt, in der für die Kinder selbst entdeckendes Lernen ermöglicht wird, arbeitet eng mit der Waldhofschule zusammen:
- Regelmäßig finden Elternabende zu allgemeinen schulischen Bildungsfragen und zu aktuellen pädagogischen Themen statt.
- Schulklassen übernehmen Patenschaften für die künftigen Schulanfänger und gestalten mit ihnen gemeinsame Projekte.
- Ein Jahr vor Schulbeginn kommen die künftigen Schulanfänger zweimal die Woche in die Schule um dort heimisch zu werden und mit den Patenklassen gemeinsam und vor allem von ihnen zu lernen.
- Die Klasseneinteilung findet in enger Absprache mit den Erzieherinnen aus der Kita statt.

Die Kinder können bereits ab 7:00 Uhr in die Schule kommen und bis 17:00 Uhr bleiben; die feste, aber rhythmisierte Schulzeit ist von 8:00 bis 15:00 Uhr (freitags bis 13:00 Uhr); ab 7:00 Uhr ist in jedem Jahrgang bereits eine Lehrkraft anwesend, um Gastgeber für die früh kommenden Kinder zu sein.

Ab 15:00 Uhr können die Kinder aus einer Vielzahl an Arbeitsgemeinschaften wählen oder einfach tun, wozu sie Lust haben oder relaxen.

Jeder Schüler und jede Schülerin hat einen eigenen Lernplan, der mit den Lehrkräften und Eltern zusammen erarbeitet und ständig weiter geschrieben wird. Die Kinder führen ein eigenes Lerntagebuch, arbeiten in Stationen, nach dem Wochenplan oder in differenzierten Gruppen. Erst am Ende der 5. Klasse bekommen sie ihr erstes Ziffernzeugnis, bis dahin lernen sie sich selbst einzuschätzen.

In dem Maße wie die Kinder lernen, auf ihre eigenen Bedürfnisse zu achten, respektieren sie auch die Befindlichkeiten der Mitschüler. Während sie im ersten Schuljahr lernen wie man lernt, arbeiten sie in den folgenden Jahren zunehmend klassen- und jahrgangsübergreifend.

In allen Klassen- und Gruppenräume finden Schülerinnen und Schüler Computer, die mit dem Schulnetz verbunden sind. Sie stehen ihnen zum individuellen Lernen oder zu Recherchen, aber auch mal zum relaxten Spielen zur Verfügung.

Eine Schulklingel gibt es nicht. Kinder und Erwachsene lernen gemeinsam einen Rhythmus von Lernen und Spielen, von Konzentration und Entspannung, von Stille und Bewegung zu finden. Neigungsangebote (vom Geigenunterricht bis zum Crosslauf-Training) geben den Kindern Gelegenheiten, ihre Fähigkeiten zu entdecken und zu trainieren.

In der „**Schülerfirma Streichelzoo**" haben die Grundschüler zusammen mit Schülern einer Oberschule die Verantwortung für unseren Streichelzoo übernommen: Von Futterplänen über Stall ausmisten, Tierzucht, Ankauf und Verkauf von Tieren, Führungen für Kindergärten und andere Grundschulklassen – die Kinder sind dafür verantwortlich.

Die „Schülerfirma Wald" bewirtschaftet seit Beginn dieses Schuljahres 730 ha Stadtwald, den die Schule zu diesem Zweck gepachtet hat: Mit Unterstützung der Jäger werden Hochsitze gebaut, Holz zum Einschlag ausgesucht und versteigert; Lohnarbeiten werden vergeben; Moor wird renaturiert; Waldentwicklung wird dokumentiert. Holz aus dem eigenen Wald wird im Werkunterricht weiter verarbeitet.

Was für Eltern anders ist

Wenn die Eltern die Schule nicht schon durch den Kindergarten kennen lernten, haben sie spätestens bei dem Aufnahmegespräch Gelegenheit, durch die Schule geführt zu werden; das pädagogische und erzieherische Konzept erläutert und die Möglichkeiten zur Mitarbeit aufgezeigt zu bekommen. Die Eltern sind zu Hospitationen (fast) immer willkommen; aber ebenso auch in der Mitarbeit bei Unterrichtsprojekten, Exkursionen oder in Arbeitsgemeinschaften. Einige Eltern kommen regelmäßig zum Vorlesen in die Schule.

Verbindlich vorgeschrieben sind pro Schuljahr **drei Eltern-Kind-Gespräche** mit dem Lehrerteam der Klasse; mindestens eines dieser Gespräche wird als Ergebnisprotokoll festgehalten, da es das Halbjahreszeugnis ersetzt. Mit den Eltern wird der mit dem Kind erarbeitete Lernplan besprochen und weiterentwickelt.
Einige (immer noch zu wenig) Eltern treffen sich regelmäßig zum **Elternstammtisch** um auch ohne Lehrkräfte über schulische und erzieherische Fragen zu sprechen oder auch mal nur zu klönen. Dazu und zu vielen anderen Aktivitäten steht den Eltern auch ein **Elternzimmer** in der Schule zur Verfügung. Gerade hat die Schulkonferenz auf Anregung der Eltern beschlossen, dass jede Klasse mindestens einmal im Jahr einen Elternabend zu konzeptionellen Fragen und Themen unter Beteiligung der Schulleitung durchführen soll. Neben den regelmäßig zu allen konzeptionellen Veränderungen oder Erneuerungen durchgeführten Elternberatungen ist dies ein weiterer Schritt, die Eltern bildungsmündig zu machen.
Der Verbesserung der Kommunikation mit den Eltern dienen auch ein – noch unregelmäßig erscheinender – Informationsbrief sowie die Homepage der Schule mit allen Terminen.

Was für die Mitarbeiter, Lehrerinnen und Lehrer anders ist
Teamarbeit, die in der Schule praktiziert werden soll, muss von der Schulleitung vorgelebt werden. Neben dem Schulleiter, Herrn Wilfried W. Steinert, teilen sich Frau Antje Uibel (Sonderpädagogik) und Herr Matthias Benndorf (Technik, Organisation und Schülerverkehr) die Stellvertretung. Die Homepage der Schule gibt Auskunft über die detaillierten Zuständigkeiten. Möglichst viele Aufgaben werden delegiert, um eine breite Mitverantwortung zu stabilisieren. Ein wichtiger Schwerpunkt der **Schulleiteraufgabe ist die Steuerung der Entwicklungsprozesse und das Personalmanagement.** Neben einer intensiven Gesprächs- und Beratungskultur sind die regelmäßigen Hospitationen im Unterricht wichtiges Steuerungsinstrument.

Die Lehrer- und Erzieherrolle hat sich in der Entwicklung zu einer Schule für alle deutlich verändert. Zwei bis drei Kolleginnen oder Kollegen sind in der Regel für eine Klasse verantwortlich; rechnerisch sind es je 0,9 Stellenanteile für eine Grundschul- und eine sonderpädagogische Lehrkraft und 0,7 Stellenanteile für eine pädagogische Fachkraft (Erzieherin, Heilerziehungspflegerin). Unter der Leitung des Sonderpädagogen bzw. der Sonderpädagogin arbeiten alle Pädagogen gleichberechtigt im Team. Die gilt auch für die Arbeitszeit: Alle Mitarbeiter haben 35 Stunden **Präsenzzeit**; davon 28 Stunden aktive Arbeit (Unterricht, Freizeitgestaltung, Essenszeiten, Einzelförderung u. a.) mit den Kindern. Durch eine Stunde zusätzliche Mehrarbeit pro Woche können sie den Anspruch auf jährlich fünf Urlaubstage während der Schulzeit erwerben. Jedes Jahrgangsteam hat ein eigenes Lehrerarbeitszimmer mit vernetzten PC-Arbeitsplätzen, so dass vieles an Vorbereitung bereits in der Schule erfolgen kann.

Ergänzt wird das Schulteam durch eine **Schulpsychologin** (gleichzeitig Leiterin der Frühförder- und Beratungsstelle), die an einem Tag in der Woche Kindern, Eltern und Lehrkräften zur Beratung und Unterstützung zur Verfügung steht sowie eine **Schulsozialarbeiterin**, die den Freizeitbereich ab 15:00 Uhr sowie die Ferienbetreuung koordiniert und gestaltet.

Die Kolleginnen und Kollegen werden intensiv in die Entwicklung der Schule einbezogen. Inzwischen gelingt es weitgehend, dass keine konzeptionellen Beschlüsse mehr gefasst werden, ohne dass diese mit den Eltern und Lehrkräften intensiv beraten wurden.

In einem gemeinsam entwickelten **Leitbild** haben die Kolleginnen und Kollegen die Grundlagen für ihr Zusammenarbeiten und ihr Selbstverständnis beschrieben. Zurzeit wird sehr intensiv an der Entwicklung eines **integrativen schulinternen Curriculums** gearbeitet. Damit soll für alle Schülerinnen und Schüler beschrieben werden, welche Lernziele erreicht werden können und **welche Mindestbildung die Schule für alle anstrebt.**

In den Richtlinien zur **Leistungsbewertung** ist bereits erreicht, dass alle Kinder das gleiche Zeugnis bekommen (nicht mehr differenziert nach Regelschülern, geistiger Behinderung, Lernbehinderung usw.), ihre Leistungen aber differenziert beschrieben werden.

Jede Lehrkraft hat einen Verantwortungsbereich in der Schule übernommen (Schulgarten, Lehrküche, Bibliothek, Chronik usw.), darüber hinaus sollte keiner in mehr als zwei Fachkonferenzen mitarbeiten.

Das pädagogische Team der Schule wird ergänzt durch Honorarkräfte, die Neigungsangebote und Arbeitsgemeinschaften in der Schule durchführen.

Räume und das Umfeld

Räume und deren Gestaltung sind ein wichtiger Faktor in der pädagogischen und erzieherischen Arbeit. Neben den erforderlichen Fachräumen, wie z.B. auch Snoezelraum und Therapieräume, hat jede Klasse einen Klassen- und einen Gruppenraum mit vielen Nischen zum individuellen Arbeiten. Mehrere vernetzte Computer stehen in jeder Klasse zur Verfügung.

Der naturnahe Spielplatz im Wald mit vielen Buden und Kletterbäumen wurde von den Eltern mitgestaltet und bietet den Schülerinnen und Schülern hervorragende Möglichkeiten zur kreativen Entspannung und zum Austoben.

Weitere Möglichkeiten bieten Bolzplatz, Verkehrsgarten und Streichelzoo.

Kooperationen

Die Einbindung in das NETZWERK Bildung für alle schafft eine hervorragende Grundlage für enge Kooperation und erforderliche Weiterentwicklungen. In der monatlichen Bildungsrunde tauschen sich die Verantwortlichen über gelaufene Projekte und Erfordernisse der zukünftigen gemeinsamen Arbeit aus und verabreden weiteres Arbeiten in Arbeitsgruppen, in die einzelne Mitarbeiter aus den verschiedenen Einrichtungen delegiert werden.

Darüber hinaus besteht insbesondere durch das Projekt Kinderleicht eine Verzahnung mit 55 Projektpartnern in Templin und Umgebung, darunter alle Kindergärten, Grundschulen und Sportvereine.

Weitere Kooperationsverträge wurden mit der Evangelischen Kirchengemeinde, dem uckermärkischen Naturpark, der Musikschule und mehreren Betrieben abgeschlossen. Enge Kooperationen bestehen mit mehreren Jugendhilfeeinrichtungen und Kinderheimen sowie dem Jugend- und Sozialamt.

Einmal im Jahr organisiert die Waldhofschule einen **Stammtisch für Ärzte und Therapeuten**, an dem inzwischen auch Vertreter der anderen Grundschulen und des Jugend- und Sozialamtes teilnehmen.

Wissenschaftliche Begleituntersuchung

Die Entwicklung „Einer Schule für alle" beinhaltet so viele verschiedene Herausforderungen, Veränderungen und Erneuerungen im traditionellen Schulalltag, dass sehr darauf geachtet werden muss, dass die Schülerinnen und Schüler nicht zum Experimentierfeld werden – und letztlich wieder einmal die Verlierer sind.

Gleichzeitig sollen die Ergebnisse des Veränderungsprozesses dokumentiert und auf andere Schulen übertragbar werden.

Eine wissenschaftliche Begleitung, Frau Dr. Hilbrich und Herr Dr. Walter unter der Verantwortung von Professor Dr. Otto Dobslaff, untersucht und vergleicht die Lernprozesse der Kinder an der Waldhofschule mit bekannten bundesweiten Daten und im Vergleich mit einer benachbarten Grundschule sowie einer Förderschule für geistig Behinderte. Die Ergebnisse werden den Lehrkräften und Eltern vorgestellt und mit ihnen diskutiert. Gleichzeitig stehen diese Berichte auch auf der Homepage der Waldhofschule zur öffentlichen Diskussion zur Verfügung.

Fördern und Herausfordern

„Fördern und Herausfordern" ist das Kennzeichen unserer Arbeit, d. h. wir müssen die Kinder in ihren Schwächen fördern, so gut wie möglich aber nur so viel wie unbedingt nötig, um sie nicht in Abhängigkeit zu halten, sondern ihnen das Gehen eigener Schritte zu ermöglichen. Gleichzeitig müssen sie herausgefordert werden, bis an ihre Grenzen zu gehen, sich in ihren eigenen Möglichkeiten zu erproben.

Dies erfordert eine sehr genaue Beobachtung, wo die Kinder stehen, welches ihre Stärken sind, wo Chancen zum schnellen Erfolg liegen und wo eine Weiterentwicklung und Lernerfolge mühsam erarbeitet werden müssen. Dazu werden individuelle Lernpläne mit jedem einzelnen Kind erarbeitet und mit den Eltern besprochen. Die Lernpläne sind gleichzeitig Dokumentation für die erreichten Ziele, die darüber hinaus auch in Lerntagebüchern und Portfolios festgehalten werden. (Nebenbemerkung: Ab dem Schuljahr 2008/09 werden die Portfolios aus der Waldhofkita in die Schule mitgegeben und dort weitergeführt; natürlich nur mit Zustimmung der Eltern.)

In der Arbeit mit den Lernplänen lernen sich die Schüler in ihrem Leistungsvermögen selbst einschätzen und entwickeln und gestalten damit zunehmen ihre eigenen Wege des Kompetenzerwerbs und steuern so ihr Lernen selbstständig.

Ein weiteres Kriterium zur Ermittlung der eigenen Leistung ist die Präsentation der eigenen Arbeit innerhalb der Klasse, vor anderen Klassen oder Eltern oder im Rahmen von Ausstellungen

Bis zur fünften Klasse bekommen die Schülerinnen und Schüler keine Ziffernnoten; am Schuljahresende erhalten sie einen Lern- und Entwicklungsbericht. Zum Schulhalbjahr ist statt eines schriftlichen Zeugnisses ein Eltern-Kind-Gespräch über den Lern- und Entwicklungsstand verbindlich festgeschrieben.

Kriterien zur Leistungsbewertung wurden von den Lehrkräften in Abstimmung mit den Eltern erarbeitet. Die Notengebung wird so transparent und nachvollziehbar. Erstmals wird damit auf den Zeugnissen die Inklusion durchgehalten; es wird nicht mehr differenziert nach Förder- und Regelschülern. Alle bekommen das gleiche Zeugnisformular der Waldhofschule. Bezugspunkte sind die Standards des Grundschulrahmenplanes. Ziffernnoten gibt es ab dem Jahreszeugnis der fünften Klasse in fünf Fächern bzw. Lernbereichen: Deutsch, Mathematik, Englisch, Lernbereich Gesellschaftswissenschaften und Lernbereich Naturwissenschaften. Lediglich bei der jeweiligen Note kann es eine Fußnote geben: Bewertet nach dem Rahmenplan der 4., 3. oder auch der 2. Klasse. Damit ist der Leistungsstand genau beschrieben – ohne das Kind in eine Förderschublade zu packen.

Über den innerschulischen Kontext hinaus geben die Vergleichsarbeiten des Landes Brandenburg Auskunft über den Leistungsstand, hier die Ergebnisse der zweiten Klassen:

	2005		2006	
	Land	Schule	Land	Schule
Leseverständnis (max. 12 Punkte)	7,8	9,2	7,4	9,7
Lesegeschwindigkeit (max. 100 Worte)	60,7	57,3	61,8	84,4
Mathematikverständnis (max. 18 Punkte)	10,1	12,0	11,6	14,6

Die wissenschaftliche Begleituntersuchung zeigt, wie sehr die Regelschüler durch die individuelle Förderung profitieren, insbesondere aber die Kinder mit Förderbedarf in vielen Fällen weit über die prognostizierten Ziele hinauskommen.

Zusätzlich werden die Kinder in ihrer Persönlichkeit und Sozialkompetenz gestärkt. Erstaunlich ist, dass man bereits in den dritten Jahrgängen anhand des Klassensoziogramms kaum noch erkennen kann, ob es sich um Kinder mit oder ohne diagnostizierten Förderbedarf handelt.

168

Leider hatten wir als Schule in den letzten Jahren keine Kapazitäten, an vergleichenden Wettbewerben teilzunehmen. Durch die intensive Aufbau- und Entwicklungsarbeit und das Engagement des Schulleiters als Bundes-elternratesvorsitzenden waren die Kräfte sehr gebunden.

Aber vielleicht zeigt sich die Leistungsfähigkeit der Schule auch darin, dass wir in den letzten Jahren hunderte von Besuchern – oft über mehre-re Tage - in unserer Schule hatten, die von uns lernen wollten und wir von ihren kritischen Rückmeldungen.

Neben den Brandenburger Bildungsministern Steffen Reiche und seinem Nachfolger Holger Rupprecht, war auch Bundesbildungsministerin Edel-gard Bulmahn bei uns und ließ sich von Zweitklässlerinnen das Schul-konzept erläutern. Die Gattin des Bundespräsidenten, Frau Eva Luise Köhler, erlebte die differenzierte, individuelle Lernatmosphäre im Rah-men eines Arbeitsbesuches. Die nordrheinwestfälische Bildungsministe-rin Barbara Sommer kam in unsere Schule, um die Methoden und Wege der individuellen Förderung in der Praxis zu erleben. Lehrerteams, Schul-leiter und Schulräte aus vielen Bundesländern (u. a. Berlin, Mecklenburg-Vorpommern, Thüringen, Hessen, Niedersachsen) und anderen Staaten (Finnland, Polen, Ungarn) kamen zu mehrtägigen Hospitationen.

Heterogenität und Individualität

Jeder Schüler ist ein Individuum und bringt seine Fähigkeiten und Inter-essen, seine Neugier und seinen Argwohn mit in die Schule und Klasse ein. Dazu kommen die Entwicklungs- und Förderschwerpunkte, die bei der Hälfte der Schülerinnen und Schüler diagnostiziert sind. Individuellen Förderbedarf aber hat jedes einzelne Kind. Nur wenige Kinder in Templin und somit auch nur wenige an unserer Schule haben eine andere Mutter-sprache gelernt.

Trotzdem: Zu Anfang war es die alles entscheidende Frage: Wie kann es gelingen, die schwerstmehrfach behinderte Schülerin zusammen mit der Ballerina zu unterrichten, gemeinsam in einer Klasse mit dem geistig be-hinderten Autisten und dem altklugen Einzelkind. Gibt es überhaupt ge-nügend gemeinsame Unterrichtsgegenstände, an denen alle Schülerin-nen und Schüler einer Klasse gemeinsam arbeiten können? Die Erarbei-tung des integrativen schulinternen Curriculums zeigt deutlich, wie breit die gemeinsamen Unterrichtsphasen angelegt werden können.

Die Klassenzusammensetzung:

Bis zu 18 Kinder in einer Klasse; in der Regel beginnen wir mit 16, da später immer noch Quereinsteiger dazu kommen. Die Hälfte mit diagno-stiziertem Förderbedarf. Schon die Klasseneinteilung ist ein wichtiger

Schritt. Gemeinsam mit den Erzieherinnen aus der Kita, der Schulpsychologin und den künftigen Klassenlehrerinnen beraten wir, welches Kind zu welchem passt, welcher Lehrer am Besten auf welches Kind reagieren könnte, wie sich Stärken ergänzen und Schwächen kompensieren lassen. Und selbst die Regelkinder sind ja keine homogene Gruppe, sondern sind in sich so unterschiedlich, kommen aus den unterschiedlichsten sozialen Milieus. Dabei ist die wichtigste Frage: Was können sie zur Gruppe beitragen? Diese Wichtigkeit für die Gruppe versuchen wir Ihnen auch zu vermitteln. Jeder ist wichtig – in aller Unterschiedlichkeit.

Auch bei Schülerinnen oder Schülern, die später aufgenommen werden, lauten die Fragen ähnlich: Was braucht dieses Kind? Was müssen wir für ein Lernumfeld arrangieren? Welche Klasse oder Lerngruppe ist geeignet? Wie müssen wir das Kind bzw. die Klasse aufeinander vorbereiten?

Eine feste Rahmenstruktur als Voraussetzung individuellen Lernens
Im ersten Schuljahr liegt dann der Schwerpunkt auf dem Bereich „Lernen wie man lernt", Stärkung der Selbstkompetenz. (Über diese Arbeit an unserer Schule ist ein sehr schöner Film gedreht worden, der bereits mehrfach im rbb und im MDR gelaufen ist: „Lernen kann jeder lernen"). Mit zunehmender Selbstkompetenz werden die Kinder in die Lage versetzt, auch Hilfe von Mitschülern anzunehmen oder ihnen zu geben – eine der wichtigsten Funktionen innerhalb der heterogenen Gruppe.

Im zweiten Schuljahr findet dann mehr und mehr klassenübergreifender Unterricht innerhalb des Jahrgangs statt; ab dem dritten Schuljahr findet zunehmend jahrgangsübergreifender Unterricht statt. Damit gewinnen die Schülerinnen und Schüler unterschiedliche Zugänge zu den Themen- und Lernfeldern, die ihrem Leistungsvermögen angemessen sind. Die schon beschriebenen Lernpläne geben den Kindern Orientierung über ihre Lernplanung, die Arbeit in den gemischten Gruppen ermöglicht gegenseitige Unterstützung und Hilfestellung und stärkt gleichzeitig die Sozialkompetenz.

In individuellen Förderangeboten können die Kinder ihre eigenen Möglichkeiten ausloten und sich spezielle Aufgaben und Ziele erarbeiten – für den einen Schüler ist dies die Zehner übergreifende Addition, für den anderen die Multiplikation im Tausenderbereich.

In unserer Schule bleiben die Kinder bis zur sechsten Klasse (Ende der Grundschulzeit in Brandenburg) grundsätzlich nicht sitzen. Durch die individuellen Lernpläne und die entsprechenden Unterrichtsangebote ist dies auch kein Problem.

Grund- und Sonderschulpädagogik im Dialog
Allein das Zusammenspiel der unterschiedlichen Professionen im Klas-

sen- und Jahrgangsteam hat den Unterricht verändert: Geistigbehinderten-pädagogik, Lernbehindertenpädagogik und Grundschulpädagogik kamen und kommen ins Gespräch über die sinnvollsten Lese- und Schreib-lehrgänge. Unterschiedliche Elemente aus den verschiedenen Bereichen werden kombiniert eingesetzt – und alle Schülerinnen und Schüler profi-tieren davon, da jeder die ihm angemessene Weise nutzen kann.

Mehr und mehr verdrängen Wochenplanarbeit, Stationenlernen, Freiarbeit den traditionellen Frontalunterricht. Selbst gesteuertes, entdeckendes Lernen ermöglichen unterschiedliche Zugänge zu den Themen. Dabei behält auch der Frontalunterricht seine Bedeutung bei der Einführung in Themen oder auch bei der Präsentation der Schülervorträge und Schüler-arbeiten.

Einige Klassen haben inzwischen ihren eigenen Kopierer, auf dem die Kinder (bereits ab der ersten Klasse) ihre Arbeits- oder Themenbögen, die sie bearbeiten wollen, selbst kopieren.

Einige Elemente aus der Geistigbehindertenpädagogik haben sich be-sonders für den gemeinsamen Unterricht bewährt, wie z. B. der Vorhaben-unterricht, in dem lebenspraktisches Lernen im Vordergrund steht. Das hat u. a. dazu geführt, dass jede Klasse einmal die Woche für sich selbst das Mittagessen kocht. Letztendlich ist dieser Bereich eine Zusammen-fassung und Vertiefung unterschiedlichster Lernfelder von Lesen und Schreiben bis hin zu Mathe und Sachkunde.

Zweimal in der Woche (zur zeit montags in der 6. und mittwochs in der 1. Stunde) haben die Schülerinnen und Schüler der 3. – 6. Klassen die Mög-lichkeit, sich ihren Neigungsunterricht auszusuchen: Die Angebote rei-chen vom Geigenunterricht über Handarbeiten, Tanzen, Matheclub, Rei-ten, Crosslauftraining bis hin zum Trommeln.

Ein weiteres Element der schülerorientierten Arbeit sollen die **Begabungs-Entdeckungsprojekte** werden. Bis zu acht Kinder, die an einem Thema oder einer Tätigkeit Interesse haben, können über einige Wochen daran teilnehmen um so zu erkennen, ob sie Spaß daran haben.

Ein erstes durchgeführtes Projekt war das Mozart-Projekt: Schülerinnen und Schüler der dritten Klasse hatten die Aufgabe, „Mozart, sein Leben und sein Arbeiten" für die zweiten Klassen aufzuarbeiten und dort vorzu-stellen.

Partizipation oder: Gemeinsam geht es besser

Schlüsselpunkt der gemeinsamen Verantwortung für eine gelingende, er-folgreiche Schulzeit sind die regelmäßigen Eltern-Kind-Gespräche mit dem Klassenteam. Hier wird gemeinsames Vertrauen aufgebaut, werden Er-ziehungsvereinbarungen getroffen, das Kind und die Eltern werden mit in die Verantwortung genommen.

171

Durch die regelmäßige Einladung und Teilnahme der Eltern an der Konzeptionsentwicklung der Schule, die sie oftmals selbst im Rahmen ihres „Elternstammtisches" vorbereiten, wächst die gemeinsame Verantwortung für das Gelingen der schulischen Arbeit.

Die Schulkonferenz als wichtigstes Beschlussorgan der Schule wird von einer Mutter als Vorsitzende geleitet. Regelmäßige Konsultationen und Reflexionen der Schulleitung mit der Schulkonferenzvorsitzenden und mit den Klassenelternsprechern machen die Schulleitung sensibel für die Erwartungen der Eltern und vertiefen das Vertrauen der Eltern in die Schule.

In der Grundschule muss die Mitverantwortung der Schülerinnen und Schüler eingeübt werden. Dazu dienen die Wahlen zu den Klassensprechern und die Begleitung in der Wahrnehmung dieser Aufgabe durch ältere Schüler oder Praktikanten. Die Klassensprecher bilden das monatlich tagende Schülerparlament. Die Wahl der Schülersprecherin oder des Schülersprechers findet jeweils nach einem zweiwöchigen Wahlkampf (das letzte Mal mit 21 Kandidaten) statt.

Im Schülerparlament besprechen die Schülervertreter mit der Schulleitung alle für sie wichtigen Fragen von der Spielplatzgestaltung, bis hin zu neuen Unterrichtsprojekten oder Festveranstaltungen. Zurzeit wird mit dem Schülerparlament die neue Schulordnung beraten, die die Schülersprecher dann in den Klassen beraten, um im nächsten Schülerparlament alle Vorschläge und Änderungswünsche einzubringen.

Außerdem organisiert das Schülerparlament Sport- und Spielturniere und Veranstaltungen innerhalb der Schule.

Je vielfältiger die Schülerschaft und je unterschiedlicher die Beeinträchtigungen der Schülerinnen und Schüler sind, umso wichtiger ist es, dass sich alle, Lehrkräfte, Kinder, technisches Personal und Eltern auf gemeinsame Regeln verständigen. Diese wurden jetzt von einer Gruppe erarbeitet und werden zurzeit bei Schülern, Eltern und Lehrkräften diskutiert.

Eine weiterer Bereich, der das gemeinsam verantwortete Miteinander fördert, ist das gemeinsam erarbeitete Leitbild der Mitarbeiter. Dies ist in unserer Schule in diakonischer Trägerschaft umso erforderlicher, da trotz konfessioneller Orientierung ca. 60 % der Mitarbeiter keiner Konfession angehören. Die Verständigung auf dieses Leitbild (in der Anlage) ist ein Beispiel für gelebtes Miteinander in weltanschaulicher Vielfalt. Einer der Kernsätze lautet:

"Wir verstehen uns als eine Dienstgemeinschaft von Mitarbeiterinnen und Mitarbeitern, in der unterschiedliche Funktionen, Fachlichkeiten und verschiedene Aufgaben einander ergänzen.

Für unsere Schule bedeutet das:
Im Team Rahmenbedingungen zur persönlichen Entfaltung und zur fachlichen Qualifikation zu schaffen;
Kritik als Möglichkeit der Weiterentwicklung unseres Handelns zu sehen;
Vertrauen, Achtung, Transparenz und Kooperation als Grundlage unserer pädagogischen Tätigkeit zu entwickeln."

Einen ganzen Tag lang Zeit zum Lernen und Leben

Die Kinder verbringen an unserer Schule viel Zeit. Zeit zum Lernen und Leben. Zeit, die sie nicht mit ihren Eltern teilen. Zeit, die aber auch in die Familien hineinwirkt. Deshalb legen wir sehr viel Wert auf die Zusammenarbeit mit den Eltern und deren Teilhabe an der Entwicklung ihrer Kinder. Dies beginnt bei den Aufnahmegesprächen, bei denen wir uns viel Zeit nehmen um die Familien kennen zu lernen. Erstmalig bieten wir in diesem Jahr, in Zusammenarbeit mit einer Familienbildungsstätte, ein Wochenendseminar für Eltern an: „Mein Kind wird eingeschult". Die Eltern werden zu allen schulischen Veranstaltungen eingeladen; zentrale Veranstaltungen sind die mit den Schülern gestalteten Familiengottesdienste, gemeinsam mit der Waldhofkita zu den kirchlichen Festen. Regelmäßig werden Eltern und Großeltern auch zu Klassenveranstaltungen eingeladen, auf denen die Kinder ihre Lern- und Arbeitsergebnisse präsentieren.
Immer wieder sind Eltern auch bereit, sich an Aktionen zur Gestaltung des Schulgeländes oder bei anderen Anlässen zu beteiligen.
Eine gemeinsame Klassenfahrt der beiden neuen ersten Klassen zu Beginn des Schuljahres in der ersten Schulwoche, noch vor der Einschulungsfeier, legt traditionell den Grundstein für ein aktives Miteinander. Jährliche Klassenfahrten zum Lernen an anderen Orten gehören ebenfalls zum Schulleben.
Das gemeinsame Essen ist ein wichtiges, Gemeinschaft stiftendes Element im Ganztag; andererseits aber gibt es auch Phasen, in denen die Kinder angeleitet werden, selbstständig zum Essen zu gehen und sich dort angemessen zu verhalten.
Aus dem Schulleben nicht wegzudenken ist der Streichelzoo, der von einer Schülerfirma betreut wird, vielen Unterrichtsprojekten dient und einzelnen Schülern Gelegenheiten gibt, Verantwortung wahrzunehmen.
Mit unserem Waldprojekt (Pacht von 730 ha Stadtwald, Bewirtschaftung und Pflege) haben wir eine Möglichkeit geschaffen, dass Schülerinnen und Schüler Verantwortung für Umwelt und Natur wahrnehmen und gleichzeitig lernen, was es bedeutet, dies in wirtschaftlicher Ausgewogenheit zu gestalten.

Ebenso, wie die beiden vorgenannten Projekte, ist auch die Arbeitsgemeinschaft Wassersport besonders dazu geeignet, dass die Kinder gemeinsame Aktivitäten gestalten. Ein 10er-Kanadier und ein 7er-Kanadier ermöglichen selbst Kindern, die sonst auf den Rollstuhl angewiesen sind, sich an den Wasserwanderungen im Templiner Umland zu beteiligen. Ein motorisiertes Boot gibt begleitende Sicherheit.

Für die Lehrkräfte bietet die Präsenzzeit einen wichtigen Rahmen für Teamarbeit, gemeinsame Vorbereitungen, Absprachen, Elterngespräche und einfach mehr „Zeit miteinander".

Ein ganz wichtiger Bestandteil des Schullebens sind die internationalen Kontakte und Partnerschaften. Eingebunden ist die Schule in ein Comenius-Projekt zur Schulentwicklung für kulturellen Unterricht in Kindergarten und Grundschule mit zehn weiteren Einrichtungen in Europa. Eine Verdopplung der Mitarbeit der Kolleginnen ist deshalb möglich, weil sie sich mit einem höheren Eigenanteil beteiligen. Damit wird gleichzeitig die Rückkopplung der internationalen Arbeit in die Schule intensiver.

Intensive Partnerschaften pflegen wir mit einer ähnlich gestalteten integrativen Grundschule in Koszalin / Polen sowie einem evangelischen Gymnasium in Szentendre / Ungarn. Mit beiden Schulen finden inzwischen viele Begegnungen zwischen Eltern, Lehrern und Schülern statt. Mit der Schule aus Koszalin haben wir im letzten Sommer ein Chorprojekt mit der Rolf-Zukowski-Stiftung durchgeführt: Deutsche, polnische und englische Lieder wurden von den beiden Schulchören (3./4. Klasse) einstudiert; dann gab es ein dreitägiges Chorlager in Templin mit anschließendem gemeinsamen öffentlichen Konzert. Kurz darauf traf man sich in Koszalin zum gemeinsamen Üben und anschließendem Auftritt. Begegnungen in diesem Alter sind zwar von Sprachschwierigkeiten begleitet (beide Schulen unterrichten ab der ersten Klasse Englisch als Begegnungssprache), aber Vorurteile waren schnell abgebaut und ein herzliches Miteinander entwickelte sich.

Die Verantwortung der Schülerinnen und Schüler für andere und für die Gesellschaft drückt sich in vielen Unterstützungsaktionen aus, insbesondere aber immer wieder in Spendenaktionen vor Weihnachten oder in der Teilnahme an der Brandenburger Aktion Tagewerk zugunsten einer Schule in Burundi.

Der Förderverein der Waldhofschule und der Waldhofkita spielt im Schulleben eine besondere Rolle, da er einerseits viele Aktivitäten unterstützt, die sonst nicht stattfinden könnten. Auch werden durch den Förderverein Voraussetzungen geschaffen, dass auch Kinder aus ärmeren Elternhäusern in Sachen gefördert werden können, die sie sich sonst nicht leisten könnten; so wurde z. B. eine Geige finanziert, damit ein Mädchen Geige lernen kann, deren Eltern dazu nicht die finanziellen Möglichkeiten haben.

Außerdem hat der Förderverein in seiner Satzung verankert, dass er Plattform für Bildungsdiskussionen in der Region sein will. Er finanziert und gestaltet regelmäßig entsprechende Vorträge und Diskussionen mit bekannten Fachleuten. Dies öffnet die Schule wiederum für Bildungsinteressierte aus andern Schulen.

Als Jahreshöhepunkt vergibt der Fördeverein jedes Jahr den F an Jugendliche aus der Region Templin, die sich durch besondere Zivilcourage ausgezeichnet haben.

All diese Aktivitäten tragen dazu bei, dass sich viele mit der Schule identifizieren und die Schule so zu einem gesellschaftlichen Bildungs-, Lern- und Lebenszentrum geworden ist und weiter wird.

Wir sind immer noch am Anfang...

Auch wenn uns manchmal schwindelig wird, wenn wir erkennen, was wir in den letzten fünf Jahren auf den Weg gebracht und konsolidiert haben: Schulentwicklung ist kein abgeschlossener Prozess. Es braucht die ständige Motivation durch die Schulleitung um nicht müde zu werden und sich auf dem Erreichten auszuruhen. Positiv ist, dass es inzwischen immer mehr Kolleginnen und Kollegen gibt, die mitdenken, die dann ermutigen, wenn auch Schulleitungsmitglieder mal müde werden.

Ein wichtiges Instrument der Schulleitung zur Steuerung der Prozesse sind die regelmäßigen Hospitationen und anschließenden Auswertungsgespräche in den Klassen. Hier kann erkannt werden, wo weitere Unterstützung nötig wird, wo Kolleginnen oder Kollegen so gut arbeiten, dass auch andere mal bei ihnen hospitieren sollten, wo sich Schwächen in der Konzeption zeigen. Das andere wichtige Instrument der Personalführung sind die jährlichen Orientierungsgespräche mit den Mitarbeiterinnen und Mitarbeitern. Damit wird für die Schulleitung erkennbar, wo Fortbildungen sinnvoll sind, wo Mitarbeiter mal eine Ruhephase brauchen oder neue Möglichkeiten eines Engagements – bis hin zur langfristigen Steuerung von Veränderungen.

Regelmäßige Arbeitsgespräche mit den Fachkonferenzleitungen heben die Bedeutung dieser Aufgaben und machen die Arbeit transparent.

Für die Klassen- und Jahrgangsteams sind wöchentliche Teamberatungen im Stundenplan eingeplant, um diesem wichtigen Instrument genügend Raum zu geben.

Jährlich findet eine dreitägige Klausurtagung mit allen pädagogischen Mitarbeitern, inklusive Schulpsychologin und Sozialarbeiterin statt, in der intensiv an der schulischen Konzeption weiter gearbeitet wird.

Um alle Lehrkräfte und interessierte Eltern an der allgemeinen bildungspolitischen Diskussion teilhaben zu lassen, sie aber auch zu informieren über die Inhalte der neu eingetroffenen Zeitschriften oder Literatur-anschaffungen, wurde eine Mailingliste eingerichtet, über die die Schulleitung die entsprechenden Informationen zeitnah weitergibt. Durch die Veröffentlichung des Inhaltsverzeichnisses der pädagogischen Zeit-schriften hat sich die Ausleihe vervielfacht.

Eine ganz entscheidende Rolle in der Schulentwicklung spielt die wissen-schaftliche Begleitung, da sie nicht nur die Entwicklung untersucht, son-dern auch der Schulleitung beratend und reflektierend zur Verfügung steht und mögliche Fehlentwicklungen schnell korrigiert werden können.

Wir haben als Schule einen Weg begonnen, den viele als unmöglich be-zeichnet haben, weil es eine gemeinsame Schule für Kinder mit und ohne diagnostizierten Förderbedarf im Verhältnis von 1 : 1 so noch nicht gege-ben hat. Wir haben auch Fehler gemacht. Aber was für unsere Kinder gilt, dass man aus Fehlern lernen kann, machen wir ihnen vor. Deshalb sind wir dankbar für alle kritisch-konstruktive Unterstützung.

Bisher war der Weg mehr als erfolgreich. Und selbst in der fünften Klasse hat noch kein Kind die Lust am Lernen und die Freude an der Schule verloren. Dass wir wenigstens dies erreicht haben, macht uns zufrieden.

Vieles haben wir im vorausgehenden Text beschrieben; es gibt noch vie-les andere, wie z.B.
- die Neugestaltung der Klassenbücher,
- die Förderung der Fortbildung unserer Mitarbeiter
- Selbstorganisation des Stundenplanes
- Selbstorganisation von Vertretungen
- der Einsatz von Praktikanten und Zivildienstleistenden
- der Reitunterricht
- der Computerunterricht
- die Kooperationen mit Firmen
Und manches ist für uns schon so selbstverständlich geworden, dass wir es schon nicht mehr für erwähnenswert halten.

Stand: Dezember 2007

Weitere Informationen unter

Homepage: www.waldhofschule.de
eMail: waldhofschule@hoffbauer-bildung.de
Telefon: 03987-7000118
Telefax: 03987-7000119
Adresse: Röddeliner Str. 36
17268 Templin

Der Löwe konnte nicht schreiben. Aber das störte den Löwen nicht, denn er konnte brüllen und Zähne zeigen. Und mehr brauchte der Löwe nicht. Eines Tages traf der Löwe eine Löwin. Die Löwin las in einem Buch und war sehr schön. Der Löwe ging los und wollte sie küssen. Aber dann blieb er stehen und dachte nach. Eine Löwin, die liest, ist eine Dame. Und einer Dame schreibt man Briefe. Bevor man sie küsst. (Martin Baltscheit: Die Geschichte vom Löwen, der nicht schreiben konnte)

„Alle Kinder lernen lesen…?!"
Inklusive Didaktik und Schriftspracherwerb
Andrea Platte

Manch eine/r erinnert sich an den ersten Anlass, der dem Lesen oder Schreiben eine wichtige Bedeutung gab: War es die Notwendigkeit, einen Wunschzettel zu schreiben (in der Weihnachtszeit für viele Erstklässler/innen eine durchschnittlich realistische Phase, selbstständig Wörter auf-zuschreiben), wollte eine Postkarte an die Oma geschrieben oder ein Brief, ein Lieblingsbuch, ein wichtig anmutender Zeitungsartikel selber gelesen werden oder war es, wie beim oben zitierten Löwen, das frische Verliebt-sein in eine Dame… Der in solchen Augenblicken entstehende Wunsch, die Schriftsprache zu ‚beherrschen', ist ein „fruchtbarer Moment im Bildungsprozess" (Copei 1969) und beginnt einen „Prozess doppelseiti-ger Erschließung" (Klafki 1985).

Schriftsprache als Zugang zur Welt
Der Augenblick, der den ‚Schatz' der Schriftsprache erahnen lässt und damit eine Lernmotivation erweckt, markiert das Erkennen der doppelten Funktion und Bedeutung von Schrift durch

    a)   die verstärkte Möglichkeit, sich selber auszudrücken und
    b)   den erweiterten Zugang zu Informationen.

Beides kann erlebt werden als Begegnung mit der Welt: Lesen als Entzif-fern und Entschlüsseln von Nachrichten unterstützt das Entdecken, Schrei-ben als Ausdruck eigenen Erlebens und Fühlens das Gestalten von Welt. Lesend werden Erkenntnisse und Wissen über die Welt gesammelt: „Ich lese so gern Kochbücher weil ich auch daraus was kochen kann. Ich lese so gern Pferdebücher weil das sind meine Lieblingstiere. Ich lese so gern Westernbücher und Indianerbücher weil es so spannend ist und es gibt auch Krieg dazwischen gegen England und Amierika." (Göpel 2003, 15) Schreiben ermöglicht Selbstausdruck für die Welt und damit deren aktive persönliche Mitgestaltung. „Den Körper verlängern in der Schrift; sein In-nerstes nach außen kehren. Gedanken sichtbar machen. Mich sichtbar machen." (Hahn 2003, 514).

Macht man sich diese beiden – in Wechselwirkung miteinander verbundenen – Funktionen des Schriftspracherwerbs bewusst, so wundert es nicht, dass das Lernen von Lesen und Schreiben für viele Schulanfänger/innen ebenso wie für viele Eltern als die zentrale Aufgabe von Schule verstanden wird. Die Überlieferung von Schrift und Schriftkultur ist wesentlicher „Kernbestand menschlichen Lebens und Lernens. Um dieser Aufgabe willen wurde die Schule erfunden" (Von der Groeben 2001, 7). Das im modernen fächerübergreifenden Unterricht durch Grundschulklassen geschmetterte Lied „Alle Kinder lernen lesen…" (Melodie: Glory glory halleluja) klingt indes fast trotzig, führt man sich vor Augen, dass die Ergebnisse der PISA-Studie 15-jährigen Jugendlichen in Deutschland erhebliche Lesekompetenzdefizite nachgewiesen haben. (Vgl. Artelt/ Baumert/ Klieme 2000.) Versteht man Lesekompetenz mit PISA im Sinne des angelsächsischen Konzepts „reading literacy", so bedeutet Schriftspracherwerb weit mehr als Alphabetisierung. „Literacy bezeichnet im engeren Sinne die Fähigkeit, lesen und schreiben zu können. Im weiteren Sinne fällt darunter alles, was Menschen zur verständigen Teilhabe an der Schriftkultur befähigt. Literalität meint in diesem Sinne die Fähigkeit, Tabellen und Fahrpläne zu lesen, ein Lexikon zu benutzen, einen Brief zu schreiben, Gedichte zu lesen – allgemein: jegliche schriftsprachliche Kompetenz." (Von der Groeben 2001, 6). Zum Erwerb dieser Fähigkeiten gehören die Aktivierung von Kontextwissen und die Wechselwirkung zwischen Teilfähigkeiten wie Gedächtnisleistungen, Aufmerksamkeit, Konzentration, Motivation, kognitive Flexibilität, Abstraktionsfähigkeit, phonologische Bewusstheit (vgl. Schründer-Lenzen 2004, 15f.). Der eigentliche Schriftspracherwerb wird damit zur Basiskompetenz in einem beginnenden, kontinuierlichen Lernprozess der Denkentwicklung und des Aufbaus von Weltwissen (vgl. Schründer-Lenzen 2004, 14). In Anbetracht der Komplexität einer so beschriebenen Kompetenz muss die motiviert-optimistische Aussage des Liedtitels hinterfragt werden. Offensichtlich: nicht alle Kinder lernen lesen, nicht alle Kinder werden auf individuell angemessene Weise im Prozess des Schriftspracherwerbs unterstützt, nicht allen Kindern wird der Schriftspracherwerb so angeboten, wie es seine Bedeutung als Basiskompetenz für das Entdecken und Gestalten von Welt erfordert. Das mag daran liegen, dass – wie neuere Forschungsergebnisse zeigen (vgl. Von der Groeben 2001, Schründer-Lenzen 2004, Lehmann/Peek 1997) – die mit dem Schriftspracherwerb verbundenen Lernprozesse individuell äußerst unterschiedlich verlaufen und zudem durch den sozialen Kontext erheblich beeinflusst werden.

„Alle…"?

„Alle Kinder lernen lesen, Indianer und Chinesen, selbst am Nordpol liest der kleine Eskimo…" – so beschreibt die erste Strophe des zitierten Liedes die Vielfalt lernwilliger Schulanfänger/innen, solidarisch miteinander verbunden im Blick auf ein wesentliches Lernziel des Anfangsunterrichts: den Einstieg in die so genannten Kulturtechniken.

Die Aussage, „alle Kinder lernen lesen" assoziiert eine klangliche und inhaltliche Verwandtschaft mit Worten, die vor mehr als dreihundert Jahren der Pädagoge Johan Amos Comenius formuliert hatte. Dieser hatte die „Didactica Magna" definiert als „die vollständige Kunst, alle Menschen alles zu lehren" (Comenius 1954, 1). Häufig wird diese Formulierung gerade da zitiert, wo aus integrations- oder sonderpädagogischer Sicht die Einbeziehung tatsächlich „aller" Kinder in Lern- und Bildungsprozesse vermisst und gefordert wird (vgl. Lamers/ Klauß 2003)[1]. Verbindet man die beiden Aussagen, so drängt sich schlussfolgernd das Wortspiel auf, es sei *eine große didaktische Kunst, alle Kinder lesen zu lehren*. Diese Kunst, unter konsequent wörtlich verstandener, niemanden ausschließender Deutung des Wortes „alle" auszugestalten, erfordert einen Zugang zum Schriftspracherwerb aus inklusionsdidaktischer Sicht.

Der Begriff der Inklusion soll im Unterschied zur bisher national und international praktizierten Integration den Aspekt der Gegenseitigkeit und Ergänzung in Lern- und Bildungsprozessen zum Ausdruck bringen (vgl. Hinz 2002, Sander 2004). In einem inklusiven Prozess ergänzen sich die einander Begegnenden, wird der Beitrag jedes Einzelnen als unverzichtbares Element eines Ganzen geschätzt (vgl. Platte 2005, 122). Dieses ‚Ganze' entsteht nicht durch Anpassung von Minderheiten an eine Mehrheit oder dominierende Gruppierung, sondern gestaltet sich in einem stetigen Prozess gegenseitiger *Ergänzung*.

Das so selbstverständlich klingende Wort „alle" muss vor diesem Hintergrund wörtlich, das heißt kompromisslos ohne jegliche Aussonderung verstanden werden. Bis heute meint „alle" indes häufig die Mehrheit oder den Durchschnitt. So ist selbst die Grundschule bis heute nicht „Schule für alle", sondern schließt nach wie vor Schüler/innen aus. Dabei hatte Comenius seinerzeit das Verständnis von „alle" bereits erheblich ausgeweitet: Der Einbezug von Kindern außerhalb des Bildungsbürgertums, *sogar* von Mädchen in schulische Bildung war zu seiner Zeit revolutionär.

Bildungsrecht, Bildungsfähigkeit und Bildungsinhalte

Seit der Gründung der Grundschule in der Weimarer Republik als „Schule für alle" scheint die „Integration" von Mädchen sowie von Kindern und Jugendlichen verschiedener sozialer Schichten selbstverständlich geworden zu sein. Gleichwohl musste die Schulpflicht auch danach noch für Personengruppen neu erkämpft werden, die außerhalb der Kategorie „alle" geblieben waren. In den 1960er-Jahren wurde die Schulpflicht für als geistig behindert diagnostizierte Schülerinnen und Schüler, 1978 für Schüler/innen mit schweren und mehrfachen Behinderungen eingeführt. Das Recht auf Bildung für alle Kinder ist seitdem anerkannt. Unterscheidungen werden jedoch bis heute bezüglich der zu vermittelnden Bildungsinhalte gemacht: Obwohl das Recht auf Bildung das Recht auf die Begegnung mit einem breiten Kanon von Bildungsinhalten einschließt, werden – das zeigen Bildungspläne und Richtlinien der einzelnen Bundesländer – starke Unterschiede in der Auswahl von Bildungsinhalten gemacht. Mit der Entscheidung, *was für wen* zu lernen von Bedeutung sei, konstruieren Curricula Unterschiede zwischen Personengruppen und Schulformen, die aus inklusionsdidaktischer Sicht nicht haltbar sind. Die Kunst, folgt man den Worten Comenius', besteht nicht nur darin, alle zu lehren, sondern *alle alles* zu lehren. Das Anliegen einer nicht selektierenden „Allgemeinen Pädagogik" geht weit über die Erfüllung der Schulpflicht für alle Kinder hinaus, indem sie entschieden jedes Kind in seiner Begegnung mit der Welt unterstützt: „Egal, wie ein Kind beschaffen ist, es hat das Recht, alles Wichtige über diese Welt zu erfahren, weil es in dieser Welt lebt." (Feuser 1998, 19)

Die Gründung der Schule für Geistigbehinderte in den 1960er Jahren bedeutete auch die Aufhebung der unteren Bildungsgrenze, die sich am Hilfsschulsystem orientiert und den Erwerb von Kulturtechniken sozusagen als Grenzwert markiert hatte: „…im schulischen Sinne ist Bildungsfähigkeit *an das Erlernen der Kulturtechniken* gebunden." (Philipps 1969, 378; Hervorhebung im Original). Ein demgegenüber erweiterter Bildungsbegriff bezog sich zum einen auf das Spektrum möglicher Bildungsinhalte und zum anderen auf den Personenkreis der als bildungsfähig anerkannten Lernenden: „Wir sollten uns davon frei machen, es gehöre zum Menschsein, dass man die sog. Kulturtechniken beherrscht. Vor allem Eltern müssten einsehen lernen, dass es für ihre geistig behinderten Kinder Wichtigeres und Wertvolleres zu lernen gibt als Lesen, Schreiben, Rechnen. Sie würden damit nicht nur ihre Kinder, sondern auch die Lehrer von dem ständigen Druck befreien, in der Schule die sog. Kulturtechniken einüben zu müssen, obwohl die Bildungspläne dies gar nicht in dieser Weise fordern." (Hofmann 1971, 174) Die Bedeutung der Kulturtechniken gilt lange Zeit als „Gretchenfrage" der Geistigbehindertenpädagogik (vgl. Hauck-Von den Driesch 2005, 9). Die mit der Öffnung[2] der Schulen für als geistig behindert bezeichnete Kinder und Jugendliche einhergehende Erweiterung des Bildungsbegriffes kann als deutliche Errungenschaft für das Schulsystem bezeichnet werden. Betrachtet man jedoch heute, ca. 40 Jahre später, Richtlinien für Förderschwerpunkte und Unterrichtsinhalte an zieldifferent unterrichtenden Sonderschulen, so drängt sich die Vermutung auf, der erweiterte Bildungsbegriff schließe vielerorts „anspruchsvolle Bildungsinhalte" (vgl. Lamers 2000,197) aus. Formale Bildungsinhalte überwiegen deutlich gegenüber materialen[3]. So taucht zum Beispiel in den „Richtlinien für die Förderung schwerstbehinderter Schüler" (Kultusminister NRW 1985) der Begriff der Bildung gar nicht auf, sondern wird offensichtlich über- oder gleichgesetzt mit den Begriffen „schulischer Erziehung", „Unterricht" und „Förderung" (vgl. Lamers 2000, 191). Die Richtlinien für die Schule für Geistigbehinderte (NRW) von 1980 formulieren zum Lesen und Schreiben (4.4): „Da Lesen und Schreiben einen hohen Grad an Abstraktionsfähigkeit erfordern, sind die Voraussetzungen hierfür nur bei einem Teil der Geistigbehinderten und auch dann nur bruchstückhaft gegeben." (Kultusministerium 1980, 21). Publikationen wie die von Birger Sellin (1993), Georg Paulmichl (1990), den Redakteuren und Redakteurinnen der Zeitschrift Ohrenkuss, Katja Rohde (2003), Manuela Achtziger (2005) sind nur einige Belege dafür, dass diese Einschätzung weit gefehlt ist. Folge dieser Einschätzung allerdings ist der nach wie vor nachrangige Stellenwert von Lesen und Schreiben als Unterrichtsinhalt an Schulen für Geistigbehinderte auf zudem niedrigem Niveau: „Der Schüler soll lernen, Bilder und Bilderzeichen zu verstehen (…) Ziel des Schreibunterrichts ist ein naiv-ganzheitliches Schreiben." (Kultusministerium 1980, 21) Der Entwurf der neuen Richtlinien zum Förderschwerpunkt Geistige Entwicklung in NRW (Stand Februar 2002) lässt insofern eine Ausweitung erkennen, als er vorschlägt:

„Sprache,
Bewegung, Berührung und Atmung für körperliche Interaktion einsetzen bis zur Fähigkeit, in Zusammenhängen zu sprechen und mit Texten umzugehen." (Richtlinien für den Förderschwerpunkt Geistige Entwicklung 2002, 7)
Hier ist zwar eine Bandbreite von Kompetenzen umrissen, die vom erweiterten Bildungsbegriff bis hin zur Literalität im oben beschriebenen Sinne gedeutet werden kann. Kritisch ist jedoch zu sehen, dass der Verzicht auf die ausdrückliche Einbeziehung von „schriftsprachlichen Kompetenzen" als eigener fachbezogener Lernbereich eine Abweichung von allgemeinen Bildungsplänen und Richtlinien und damit eine Selektierung von Bildungsinhalten markiert.
Seit der Öffnung der Schule für geistig und später schwer- und mehrfachbehinderte Kinder wird die Kunst, alle Kinder zu lehren, praktiziert, kultiviert und wissenschaftlich begleitet. Die Frage nach den Inhalten bleibt bestehen: Welche Möglichkeiten hat ein schwer behindertes Kind im deutschen Schulsystem, „…alles Wichtige über diese Welt zu erfahren" (Feuser 1998, 19; s.o.)? Die in Richtlinien manifestierten Unterschiede im Hinblick auf Bildungsinhalte konstruieren eine neue Aussonderung. Im Ausschluss bestimmter Personengruppen von bestimmten Bildungsinhalten setzen sich Segregation und Selektion fort.
Ein wenig plakativ kann zusammengefasst werden, dass formale Bildungsinhalte an (zieldifferent unterrichtenden) Sonderschulen entschieden über-

wiegen, während in allgemeinen Schulen nach wie vor den materialen Inhalten die Priorität gegeben wird. Ein Ausgleich dieser beiden Extreme wäre sicherlich allen Schüler/innen zuträglich und könnte zu einer optimierten Umsetzung der von Klafki formulierten kategorialen Bildung führen. Die fehlende Berücksichtigung der Didaktik des Schriftspracherwerbs in der Geistigbehindertenpädagogik zum einen und das Ausblenden spezifisch sonder- und geistigbehindertenpädagogischer Aspekte in der Fachdidaktik zum anderen (vgl. Hauck-Von den Driesch 2005, 10) steht exemplarisch für fehlende Wechselbezüge zwischen Fachdidaktiken und Sonderpädagogik. Dabei könnte es zu einer gegenseitigen Ergänzung kommen, wie sie eingangs für inklusive Bildungsprozesse formuliert wurde.

Erweiterter Lesebegriff und Literalität
Auf dem Weg zur Literalität kann das Lernen von Sprache und Schrift gerade dann besonders effektiv sein, wenn es „als notwendig für das eigene Handeln und nicht als Belehrung erfahren wird. Die Sache fordert die Sprache heraus" (Von der Groeben 2001, 8). Im Schriftspracherwerb finden insofern formale und materiale Bildung statt, als zum einen eine wesentliche Kulturtechnik als Zugang zu weiteren Bildungsinhalten geschult wird und zum anderen die Teilhabe an der Schriftkultur Ausdrucksmöglichkeiten und damit persönliche Entwicklungen eröffnet.
In Dokumentationen, wie sie zum Beispiel die Gestaltung einer gemeinsamen Lernwelt in einer Schulklasse begleiten (Klassentagebuch, Wandzeitung…), können unterschiedliche Lern- und Entwicklungsniveaus, auch verschiedene Stufen des Schriftspracherwerbs durchaus deutlich werden, sofern sie im gemeinsamen Inhalt verbunden bleiben. Bei aller Verschiedenheit der Lernvoraussetzungen bleibt doch die Bedeutung des Schriftspracherwerbs als reale Möglichkeit eigener Weltgestaltung für alle Lernenden dieselbe. Dies haben vor allem auch Menschen zum Ausdruck gebracht, denen zunächst das Erlernen von Schriftsprache nicht unbedingt zugetraut wurde. So bringt Birger Sellin mithilfe der Gestützten Kommunikation die Bedeutung der Schriftsprache für sein Leben zum Ausdruck: „das schreiben ist mein erster schritt aus der anderen welt" (Sellin 1993, 211). Ähnlich formulieren andere Menschen, die ohne Lautsprache kommunizieren: „Mit dem Talker kann ich meine Gedanken wiedergeben. Ich kann mit dem Talker Briefe schreiben ohne ‚schreiben' zu können. Ich kann mit dem Talker Telefongespräche führen ohne ‚sprechen' zu können" (Almon, zit. nach Braun 2000, 22). Die Unterstützte Kommunikation erarbeitet individuelle Kommunikationssysteme, die nichtsprechenden Menschen alternativ oder ergänzend zur Lautsprache kommunikativen Austausch ermöglichen. Die dazu genutzten Kommunikationshilfen greifen schriftsprachliche Kompetenzen auf unterschiedlichstem Niveau auf. Vollständige Schriftsprachkompetenz (Lesefähigkeit) kann dabei ebenso

Grundlage sein wie die Fähigkeit, Farben oder Symbole zu unterscheiden und dementsprechend lesend einzusetzen. Diese breite Spanne an individuellen Voraussetzungen, an die in der Unterstützten Kommunikation angeknüpft werden kann und muss, zeigt die eigentliche Bandbreite an Literalität. So können z.b. Erfahrungen auch dann verschriftlicht und festgehalten werden, wenn ein Kind (noch) nicht schreiben kann, um die Kraft der Sprache als Ausdrucksmittel zu erfahren und Sprache zur Schrift werden zu lassen (vgl. Wieczorek 2006, 98). Teilhabe an der Schriftkultur kann für den einen das Lesen von Fahrplänen bedeuten, für die andere das Einsetzen von Symbolen zur Äußerung basaler Bedürfnisse und als Grundlage jeglicher Kommunikation. „Meine erste wirkliche Wörtertafel hatte große Auswirkungen auf mein Leben (…) Obwohl sie in ihren Ausdrucksmöglichkeiten begrenzt war, eröffnete mir die Tafel eine völlig neue Dimension der Verständigung." (Sienkiewicz-Mercer, zit. nach Braun 2000, 22).

Hier scheint eine für die Bedeutung von Schriftsprache interessante Umkehrung stattzufinden: Während es bei Schulanfänger/innen in der Regel zunächst darum geht, *lesen zu lernen*, sind manche Kinder darauf angewiesen zu lesen – auf welcher Stufe innerhalb eines erweiterten Lesebegriffes auch immer – um zu lernen, um überhaupt zu kommunizieren. Dass es sich bei diesen Kindern häufig um solche handelt, die bis vor einigen Jahrzehnten noch vom Schulbesuch ausgeschlossen waren, nämlich um nichtsprechende, häufig auch schwer und mehrfach behinderte oder als autistisch diagnostizierte Kinder, unterstreicht die Wichtigkeit der Teilhabe an Schriftkultur für alle. Hier treten zwei Zugänge zum Schriftspracherwerb miteinander in Verbindung, die auf den ersten Blick als Pole gegenüber zu stehen scheinen: Auf der einen Seite der erweiterte Lesebegriff, der aus sonderpädagogischer Sicht auch Bilder, Symbole und Situationen als zu lesende definierte (vgl. Hublow 1985) und auf der anderen Seite der Begriff der Literalität, der weit über das Erlesen und Schreiben von Buchstaben hinaus jeglichen Umgang mit Schriftsprache meint: das Zurechtfinden in der Schriftkultur für alle.

Die Erweiterungen in beide Richtungen umreißen die Komplexität von Schriftkultur. Teilhabe an dieser kann bedeuten, seinen Namen schreiben oder erkennen zu können, ja/nein im Sinne einer Entscheidung auf einem Talker zum Ausdruck zu bringen, ein Tagebuch zu schreiben, eine Gebrauchsanweisung zu lesen oder ein Buch zu veröffentlichen.

Jede/r Lernende befindet sich dabei auf einer ihm/ihr angemessenen Stufe, von der aus er/sie im Verlauf ihres Lebens- und Lernprozesses nach oben wie nach unten springen oder klettern kann. Innerhalb der so beschriebenen Bandbreite von Literalität können zwar Entwicklungsstufen unterschieden (vgl. Valtin 1997, Günther 1995), nicht aber hierarchisch eingeordnet werden. Das Gestaltungspotential über die Schriftsprache auf unterschiedlichen Ebenen – sei es im Ausdruck basaler persönlicher Bedürfnisse, in der Artikulation einer politischen Meinung oder im Schreiben eines Briefes – kann gleichermaßen erlebt werden als ein Spuren legen: „Den Körper verlängern in der Schrift … mich sichtbar machen." (Hahn 2003, 514; s.o.)

Das Gemeinsame, das Verschiedene und das Elementare

Wird das Gestaltungspotential von Schriftsprache im Sinne von ‚Spuren legen' sozusagen als gemeinsamer Nenner von Lernenden auf individuell unterschiedlichen Niveaus verstanden, so kann es als *das Elementare*[4] bezeichnet werden.

Im gemeinsamen Anliegen, den Kulturschatz Schrift als Grundlage der zu entdeckenden und zu gestaltenden Welt zu erwerben, sind Lernende miteinander verbunden. Für eine Lerngruppe, beispielsweise eine Schulklasse, ist darüber hinaus das gemeinsame Thema notwendig, eine Sache, für die es sich schreiben oder lesen zu lernen lohnt, um in individueller Unterschiedlichkeit verbunden zu bleiben. „Die Sache fordert die Sprache heraus" (Von der Groeben, s. o.) – und darüber hinaus: Individuell unterschiedliche (schriftsprachliche) Fähigkeiten werden herausgefordert und angespornt im Interesse einer Sache, im Interesse *des Gemeinsamen*.

Verschiedenheiten sind dabei nicht hinderlich, sondern beleuchten die Sache aus zusätzlichen Perspektiven. Dass Schülerinnen und Schüler unterschiedliche Zugänge brauchen und wählen, dass verschiedene Voraussetzungen individuelle Lernwege einschlagen lassen, kann als Abbild vielfältiger Möglichkeiten Lernprozesse stärken. Das Gemeinsame in individueller Verschiedenheit schafft Verbundenheit. Das Erkennen unterschiedlicher Lernniveaus und Eigenarten unterstützt problemlösendes Lernen, lässt eigene Lernstrategien nachvollziehen und Entwicklungen ansatzweise reflektieren. Dabei kann gelernt werden, Leistungen – sowohl die eigenen als auch die anderer – zu schätzen und individuelle Unterschiede anzuerkennen: „Du kannst ja schon alle Namen lesen – du bist ja ein Genie!" (So der erstaunt-begeisterte Ausruf einer Erstklässlerin im integrativen Unterricht über den ‚Vorsprung' ihrer Klassenkameradin.)

Didaktische Auffächerung

Im Erkennen des Gemeinsamen, des Verschiedenen und des Elementaren wird ein Lerninhalt differenziert und aufgefächert. Die didaktische Auffächerung kann veranschaulicht werden mit dem Bild des Fächers: In der Öffnung entfaltet sich der zuvor eindimensional erscheinende Fächer, zeigt ‚ungeahnte' Facetten und breitet eine Vielfalt aus, die in der geschlossenen Form verborgen blieb. Was ‚einfach' erscheint, wird vielseitig in der ‚Auffächerung'. Dabei weist der Begriff ‚einfach' auch auf die Ursprünglichkeit eines jeden (Lern-)Gegenstandes hin und kennzeichnet das ihm innewohnende ,Elementare', auf das er sich, auch bei komplexer Auseinandersetzung, zurückführen lässt (vgl. Platte 2005, 222f.). Einfachheit ist hier gemeint im Sinne einer Zurückführung auf Grundstrukturen, auf einen erkennbaren ,gemeinsamen Nenner'. In diesem Zusammenspiel von ,Einfachheit' und ,Komplexität' lässt sich Fachwissen auffächern und fachdidaktisch erschließen. Welterschließung ist gerade dann möglich, wenn unterschiedliche Zugänge wahrgenommen und erlebt werden und die Vielfalt von Zugängen die Vielseitigkeit eines jeden Themas und Inhaltes spürbar macht. Die ,Auffächerung' schließt hier auch den ,fächerübergreifenden' Aspekt ein: Die Bedeutung von Schriftsprache kann sich gerade in einem anderen Unterrichtsfach und -zusammenhang präsentieren, so z.B. im Sachunterricht. Teilhabe an der Schriftkultur ist eine zentrale Aufgabe von Schule. In welchem Spektrum innerhalb des geöffneten Fächers der einzelne Schüler, die einzelne Schülerin ihren/seinen Zugang und Weg findet, muss in jeder Gruppe, mit jedem Thema neu erfahren werden. Schriftsprachkultur reicht vom Erleben körperlicher Zeichen bis hin zur komplizierten (manchmal Spezialist/innen vorbehaltenen) Verständigung mittels Schrift. ,Von – bis' ist dabei keineswegs hierarchisch oder gestuft zu verstehen, sondern als potentielle Bandbreite individueller Begegnungen mit Schriftsprache. „Alle Kinder lernen lesen!" kann es dann heißen, wenn die didaktische Kunst und Aufgabe gilt, jedem Kind Teilhabe an der Schriftkultur zu ermöglichen und dabei den Begriff der Literalität ,aufzufächern'. Der (durch die Sonderpädagogik) erweiterte Bildungsbegriff und sonderpädagogische ,Künste' wie Diagnostik, Differenzierung und Individualisierung könnten dabei ein Schlüssel zur Überwindung nachweislicher Grenzen des allgemeinen Schulsystems hinsichtlich zu erwerbender Lesekompetenzen sein.

Esrtmals veröffentlicht in: Zeitschrift für Inklusion 1/07
www.inklusion-online.net

1 Der zur gleichnamigen Tagung in Heidelberg erschienene Band „Alle Kinder alles lehren – aber wie?" fragt nach dem Einsatz anspruchsvoller Bildungsinhalte im Unterricht mit Schüler/innen mit schweren Behinderungen, der bisher häufig durch inhaltliche Reduktion bestimmt ist.
2 Öffnung ist hier zunächst strukturell als Einbeziehung einer bisher ausgeschlossenen Personengruppe in das Bildungssystem zu verstehen, und führt dann zu einer inhaltlichen Öffnung im Sinne der Erweiterung des Bildungbegriffes.
3 Die kategoriale Bildung nach Klafki meint die doppelseitige Erschließung von formalen und materialen Aspekten im Bildungsprozess: Die Ausbildung der Kräfte der Lernenden gilt als formaler Aspekt und die Inhalte oder das Kulturgut als materialer Aspekt (vgl. Platte 2005, 162 f.).
4 Das Elementare präsentiert „konstitutive Grundbestandteile und charakteristische Aspekte" (Lamers 2000, 200) und damit wesentliche Strukturen, auf die

sich Bildungsinhalte zurückführen lassen. Die inklusive Didaktik versteht das Elementare auch als Grundstruktur, die Gemeinsamkeit in unterschiedlichen Zugängen zu einem Lerninhalt erkennen lässt (vgl. Platte 2005, 223; Seitz 2005, 185).

Literatur

Achtziger, Manuela (2005): Ich getraue mich ins Leben vorzudringen. In: Elbe Werkstätten/ EUCREA Deutschland e.V. (Hg.): Ich getraue mich ins Leben vorzudringen. Norderstedt: Books on Demand, S. 69

Artelt, Cordula/ Baumert, Jürgen/ Klieme, Eckhard u. a.(2000): PISA 2000 – Die Studie im Überblick. Grundlagen, Methoden und Ergebnisse. http://www.mpib-berlin.mpg.de/pisa/PISA_im_Ueberblick.pdf (11.09.2007)

Baltscheit, Martin (2005): Die Geschichte vom Löwen, der nicht schreiben konnte. Zürich: Bajazzo

Belli, Ursula (2004): Schau doch meine Hände an. Ein Gebärdensystem für Menschen mit einer geistigen Behinderung. In: Lernen konkret 3/2004, S. 5-7

Braun, Ursula (2000): Was bedeutet es, nicht sprechen zu können? In: Lernen konkret 3, S.20-22

Copei, Friedrich (1969): Der fruchtbare Moment im Bildungsprozess. Heidelberg: Quelle & Meyer

Comenius, Johan Amos (1954): Große Didaktik (Herausgeber Andreas Flitner) Stuttgart: Klett-Cotta

Feuser, Georg (1998): Gemeinsames Lernen am Gemeinsamen Gegenstand. In: Hildeschmidt, Anne/ Schnell, Irmtraud (Hg.): Integrationspädagogik. Weinheim: Beltz, S. 19-36

Göpel, Julian (2003): Weil es so spannend ist... In: Ohrenkuss 11/2003, S. 15

Günther, Klaus-B. (1995): Ein Stufenmodell der Entwicklung kindlicher Lese- und Schreibstrategien. In: Balhorn, H./ Brügelmann, Hans (HG.): Rätsel des Schriftspracherwerbs. Konstanz: Faude, S. 98-121

Hahn, Ulla (2001): Das verborgene Wort. München: dtv

Hauck – Von den Driesch, Margarete (2005): Wege entstehen im Gehen. Lesen, Schreiben, Welt erschließen. http://kups.ub.uni-koeln.de/volltexte/2005/1388 (11.9.2007)

Heinen, Norbert/ Lamers, Wolfgang (Hg.) (2000): Geistigbehindertenpädagogik als Begegnung. Düsseldorf: Verlag Selbstbestimmtes Leben

Hesse, Gerhard/ Wegener, Hermann (Hg.): Enzyklopädisches Handbuch der Sonderpädagogik. Bd.1-3 Berlin: Carl Marhold , S. 378 – 381

Hildeschmidt, Anne/ Schnell, Irmtraud (Hg.) (1998): Integrationspädagogik. Weinheim: Beltz

Hinz, Andreas (2002): Von der Integration zur Inklusion – terminologisches Spiel oder konzeptionelle Weiterentwicklung? In: Zeitschrift für Heilpädagogik 9/2002, S. 354-36

Hofmann, Theodor (1971): Zur Stellung der Kulturtechniken in der Sonderschule für geistig Behinderte. In: Möckel, Andreas (Hg.): Sonderschule im Wandel. Pädagogik – Psychologie – Didaktik. Neuenburgweiler, Karlsruhe: Neuburgweiler, S. 167-174 In: Möckel, Adreas (Hg.): Sonderschule im Wandel. Pädagogik – Psychologie – Didaktik. Neuenburgweiler, Karlsruhe: Neuburgweiler

Hublow, Christoph (1985): Lebensbezogenes Lesenlernen bei geistig behinderten Schülern. Anregungen zur Zusammenarbeit von Eltern und Lehrern auf der Grundlage eines erweiterten Verständnisses von Lesen. In: Geistige Behinderung 24, S. 1-24

Klafki, Wolfgang (1996): Neue Studien zur Bildungstheorie und Didaktik. Weinheim und Basel (5. Auflage): Beltz

Kultusministerium des Landes NRW (Hg.) (1985): Richtlinien für die Förderung schwerstbehinderter Schüler und Hinweise für den Unterricht. Düsseldorf: Verlagsgesellschaft Ritterbach

Lamers, Wolfgang (2000): Goethe und Matisse für Menschen mit einer schweren Behinderung. In: Heinen, Norbert/ Lamers, Wolfgang (Hg.): Geistigbehindertenpädagogik als Begegnung. Düsseldorf: Verlag Selbstbestimmtes Leben, S. 177-207

Lamers, Wolfgang/ Klauß, Theo (Hg.) (2003): Alle Kinder alles lehren... aber wie? Theoriegeleitete Praxis für Menschen mit schwerer Behinderung. Düsseldorf: Verlag Selbstbestimmtes Leben

Lehmann, Rainer/ Peek, Rainer (1997): Aspekte der Lernausgangslage von Schülerinnen und Schülern der fünften Klasse an Hamburger Schulen (Hg.): Behörde für Schule, Jugend und Berufsbildung. Amt für Schule Hamburg

Paulmichl, Georg (1990): Verkürzte Landschaft. Texte und Bilder. Innsbruck: Haymon Verlag

Philipps, Ewald (1969): Bildung. In: Hesse, Gerhard/ Wegener, Hermann (Hg.): Enzyklopädisches Handbuch der Sonderpädagogik. Bd.1-3 Berlin: Carl Marhold, S. 378 – 381

Platte, Andrea (2005): Schulische Lebens- und Lernwelten gestalten. Münster: m&v Verlag

Richtlinien für den Förderschwerpunkt Geistige Entwicklung NRW (Entwurf) (2002): http:www.learn-line.de/angebote/richtliniensopae/rahmenvorgabe/1.pdf (11.09.2007)

Rohde, Katja (2003): Ich, Igelkind. München: Nymphenburger

Sander, Alfred (2004): Konzepte einer inklusiven Pädagogik. In: Zeitschrift für Heilpädagogik 5/2004, S. 240-244

Schründer-Lenzen, Agi (2004): Schriftspracherwerb und Unterricht. Bausteine professionellen Handlungswissens. Opladen: leske und budrich

Sellin, Birger (1993): Ich will kein inmich mehr sein. Botschaften aus einem autistischen Kerker. Köln: Kiepenheuer & Witsch

Seitz, Simone (2005): Zeit für inklusiven Sachunterricht. Baltmannsweiler: Schneider Verlag Hohengehren

Valtin, Renate (1997): Stufen des Lesen- und Schreibenlernens. Schriftspracherwerb als Entwicklungsprozess. In: Haarmann, D. (Hg.): Handbuch Grundschule. Weinheim: Beltz, S. 76-88

Von der Groeben, Annemarie (2001): Literalität: Modewort, alter Hut oder neue Aufgabe? In: Pädagogik 6/2001, S. 6-9

Wieczorek, Marion (2006): Vom Geschichten erzählen zum Aufschreiben – ein Beitrag zum Schriftspracherwerb bei Kindern mit Körperbehinderungen. In: Zeitschrift für Heilpädagogik 3/2006, S.94-99

Andrea Platte ist Professorin an der Hochschule Fulda

Im bunten Klassenzimmer
Beispiele aus der Eichendorffschule Bielefeld
Katharina Eikmanns-Rote und Andrea Nutt-Cyrkel

Die Eichendorffschule ist eine dreizügige städtische Grundschule, die zur Zeit von etwa 300 Kindern besucht wird. Sie liegt in Schildesche, einem Ortsteil Bielefelds. Unmittelbar anschließend an das Schulgebäude liegen ein ausgedehnter Grünzug sowie ein großer Spielplatz. Zum Einzugsgebiet der Schule gehören Ein- und Zweifamilienhäuser sowie neuere Siedlungen mit Wohnblocks, darunter auch mehrere soziale Brennpunkte. Die Kinder kommen vorwiegend aus der Mittel- und Unterschicht; sie stammen zu etwa 30 % aus ausländischen Familien. Etwa 80 Familien erhalten Hilfen nach dem SGB XII; viele Kinder werden von Alleinerziehenden betreut. Im Kollegium arbeiten zur Zeit 21 GrundschullehrerInnen, davon 4 SonderschullehrerInnen. Seit 2004 ist die Schule Offene Ganztagsschule (OGS). Außerdem besteht die Möglichkeit der außerunterrichtlichen Betreuung („VÜM – Vormittags und über Mittag-Betreuung") für etwa 20 Kinder in der Zeit von 7.00 - 13.30 Uhr. Die Eichendorffschule ist seit 1987 Schwerpunktschule für den Gemeinsamen Unterricht von behinderten und nicht behinderten Kindern.

Schulinterne Konzepte:

GU – Gemeinsamer Unterricht

Seit 1987 werden an der Eichendorffschule Kinder mit sonderpädagogischem Förderbedarf unterrichtet, die aufgrund unterschiedlicher Beeinträchtigungen besonderer Unterstützung bedürfen. Was als Schulversuch begann, ist inzwischen seit Jahren gesetzlich geregelt und fester Bestandteil unseres Schulprogramms geworden. Die Eichendorffschule ist eine von vier Schwerpunktgrundschulen mit gemeinsamem Unterricht (GU) in Bielefeld.

Kernstück des GU an der Eichendorffschule war von Beginn an die Bildung einer Integrationsklasse pro Jahrgang, in der Kinder mit und ohne Förderbedarf gemeinsam unterrichtet werden. In der Regel sind dies etwa 18 Grundschulkinder und 6 Kinder mit unterschiedlichem sonderpädagogischen Förderbedarf. Dadurch kann eine Doppelbesetzung mit einer GrundschullehrerIn und einer SonderschullehrerIn in ca. 20 Unterrichtsstunden gewährleistet werden. Dies ist unbedingt erforderlich, um dem äußerst heterogenen Leistungsprofil einer solchen Klasse gerecht zu werden. Die Elternwünsche auf Teilnahme ihrer Kinder am GU können oft nicht erfüllt werden (sowohl der Eltern von Kindern mit als auch von Kindern ohne Förderbedarf), weil die Kapazitäten nicht ausreichen.

188

Die inhaltliche Ausrichtung des Unterrichts orientiert sich an den Richtlinien und Lehrplänen der Grundschule, der entsprechenden Sonderschulen oder an den jeweils ganz spezifischen Leistungsmöglichkeiten und Fähigkeiten des behinderten Kindes. In der Unterrichtsorganisation verfolgen wir das Ziel, so viel gemeinsamen Unterricht wie möglich und so viel innere und äußere Differenzierung wie nötig durchzuführen. Diese Heterogenität erfordert ein hohes Maß an differenzierter Förderung, die wir in vielfältigen offenen Unterrichtsformen (Frei- und Planarbeit, jahrgangsgemischte Werkstattarbeit, Projektarbeit etc.) auch schon viele Jahre praktizieren.

Die langjährige Praxis und die daraus resultierenden Erfahrungen haben den Entwicklungsprozess eines differenzierten Förderkonzepts forciert und dazu geführt, dass seit dem Schuljahresbeginn 2003/2004 der GU in drei jahrgangsgemischten Klassen (Jahrgänge 1,2 und drei) und einer daraus entstehenden Klasse 4 stattfindet (vgl. JÜ).

Die Qualitätsstandards des GU zu verbessern oder mindestens zu halten, wird auch weiterhin eine vordringliche Aufgabe in den kommenden Jahren sein. Weitere Kürzungen bei den personellen Ressourcen müssen durch gemeinsame Anstrengungen aller Beteiligten unbedingt vermieden werden, um das, was auch landesweit als durchaus vorbildhaft gilt, nicht in seinen Grundzügen zu gefährden.

Lernen in jahrgangsübergreifenden Klassen 1 – 3

Jahrgangsübergreifendes Arbeiten ist für uns die konsequente Weiterführung des schon bestehenden Ansatzes individueller Förderung und der Grundidee „Eine Schule für alle". Weitere Motive für die Einführung des jahrgangsübergreifenden Arbeitens zum Schuljahr 2003/04 waren für uns:

- die Erleichterung der Schuleingangsphase – es kommen jeweils nur wenige Kinder neu in die Klasse
- der Rollenwechsel während der drei Jahre, Kinder mit Förderbedarf sind auch in der Rolle des „Mehrwissenden" (Paten)
- der individuell angepasste zeitliche Verbleib in der Klasse je nach Leistungs- und Entwicklungsstand
- die Vermeidung der Sitzenbleiber-Problematik und
- die Stärkung des Selbstwertgefühls der Kinder mit sonderpädagogischem Förderbedarf

Einstieg in die jahrgangsübergreifende Arbeit

Im Schuljahr 2003/04 haben wir in drei GU-Klassen die Arbeit mit jahrgangsgemischten Gruppen begonnen. Unser Konzept beinhaltete die

189

Jahrgangsmischung 1-3 unter Einbeziehung der Kinder des ehemaligen Schulkindergartens und der Kinder mit sonderpädagogischem Förderbedarf. Die Klasse 4 wiederum wurde als Jahrgangsklasse vorgesehen. In dieser Umstrukturierungsphase musste die damalige Klasse 1 mit GU aufgelöst werden. Je 8 Kinder (6 Grundschulkinder und 2 Kinder mit Förderbedarf) bildeten in den 3 neuen Klassen die Gruppe des zweiten Jahrgangs. Hinzu kamen 9-10 Schulanfänger, davon wiederum 2 Kinder mit Förderbedarf, die den ersten Jahrgang bildeten. Wir wählten den Einstieg mit den Klassen 1 und 2 deshalb, weil eine Auflösung auch des damaligen zweiten Schuljahres pädagogisch nicht vertretbar gewesen wäre: die Schüler wären für nur ein Jahr getrennt worden und wären dann als Viertklässler wieder zusammen gekommen. Auch bedeutete ein Beginn mit weniger Schülern und Jahrgängen einen sanfteren Einstieg in das jahrgangsgemischte Arbeiten für Schüler und Lehrer. Die notwendigen personellen Ressourcen wurden durch konsequente Umschichtungen, ein leichtes Plus bei der Stellenbesetzung und teilweisen Verzicht auf die Doppelbesetzung von GrundschullehrerIn / SonderschullehrerIn „erwirtschaftet".

Zum Schuljahr 2004/05 kamen weitere 8 Kinder als Schulanfänger in die Klassen, die damit jeweils 24 SchülerInnen (18 Grundschulkinder, 6 Kinder mit Förderbedarf) umfassten.

Abweichend vom schulministeriellen Konzept der integrierten Eingangsstufe mit einer Jahrgangsmischung der Klassen 1 und 2 haben wir uns besonders aus folgenden Gründen für das Konzept der Mischung 1-3 ausgesprochen:

- Die Klassenstruktur bleibt besser erhalten, da nur ein Drittel der SchülerInnen jährlich wechselt (bei 1/2 ginge zu jedem Schuljahr die Hälfte der Klasse)
- Die Schüler der 3. Jahrgangsstufe haben bereits ein hohes Maß an Selbstständigkeit in ihrem Lernprozess erreicht und stellen somit ein gutes Vorbild für alle anderen dar
- Es gibt eine höhere Kontinuität bei den LehrerInnen – sie begleiten jeden Schüler so lange, bis er am Besuch des 4. Schuljahres teilnehmen kann
- In der Entwicklungsphase von JÜ ist eine sofortige Einarbeitung der Erkenntnisse umgehend möglich, da die LehrerInnen in ihrem Klassenraum/ in ihrer Klasse verbleiben und nur jeweils die Kinder in die vierte Klasse wechseln

Die Struktur des Stundenplans sieht so aus, dass täglich durchschnittlich 2 bis 3 Stunden in der jahrgangsgemischten Stammgruppe unterrichtet werden. Die verbleibenden Stunden werden altershomogen als Fachunterricht oder auch in gemischten Gruppen (1/2 oder 2/3) erteilt, die s.g. Förderstunden finden in den jahrgangsgleichen Kleingruppen statt. Aus den drei jahrgangsgemischten Klassen kommen die SchülerInnen des ersten Jahrgangs zu einer gemeinsamen Sportstunde zusammen, die des zweiten gehen miteinander zum Schwimmen. Die Kinder des dritten Jahrgangs treffen sich für 9 Stunden in der jahrgangsgleichen Gruppe (Englisch, Sachunterricht, Sport, Musik).

Überzeugungsarbeit und kritische Fragen

Der Entscheidungsprozess für das jahrgangsgemischte Arbeiten wurde eingeleitet durch eine umfassende Auseinandersetzung des Kollegiums mit den pädagogischen Hintergründen des Vorhabens. Viele Kolleginnen und Kollegen hospitierten mehrfach an Schulen, die jahrgangsübergreifend arbeiten.

Nachdem das Kollegium dem Vorhaben zugestimmt hatte, wurden die Eltern der von der Umstrukturierung betroffenen Klasse informiert und in Einzelgesprächen beraten. Die Schulpflegschaft wurde einbezogen und die Schulkonferenz votierte schließlich einstimmig für jahrgangsübergreifendes Arbeiten.

Es gab sowohl im Entscheidungsprozess als auch in der praktischen Arbeit eine Reihe von kritischen Fragen, die in den ersten Jahren besonders fokussiert wurden:

- Können die Kinder besonders des 3. Jahrgangs in gleichem Umfang vom jahrgangsübergreifenden Arbeiten profitieren wie die des 1. und 2. Schuljahres?
- Sind die Kinder mit Förderbedarf gut aufgehoben?
- Kann eine fundierte Beratung der Kinder im 4. Schuljahr bezüglich des Übergangs in die weiterführenden Schulen sichergestellt werden?
- Ist es z.B. für die Entwicklung von Freundschaftsbeziehungen ein Problem, wenn weniger Kinder eines Jahrgangs in der Klasse sind?
- Wie reagieren reizoffene, in ihrer Arbeitsorganisation eher unselbstständige sowie antriebsarme Kinder auf eine solche Unterrichtsorganisation?
- Sind die LehrerInnen in der Lage, die komplexe Struktur der individuellen Förderung aller Kinder im Auge zu behalten?
- Ist es möglich, auch viel gemeinschaftliches Arbeiten zu etablieren oder findet der Lernprozess weitgehend in differenzierten, individualisierten Einzelsituationen statt?
- Bewegt sich der Arbeitsaufwand für die LehrerInnen in einem vertretbaren Rahmen?

Zu all diesen Fragen gibt es überzeugende Lösungsansätze, manche Bedenken stellten sich als nichtig heraus.
Viele Erwartungen an das Projekt haben sich in den letzten Jahren erfüllt, u.a. die Erleichterung der Schuleingangsphase (Regeln und Rituale werden tradiert), der Wegfall der Sitzenbleiberproblematik, die Möglichkeit des Rollenwechsels oder das Lernen in Leistungs- und nicht in Jahrgangsgruppen.

Ganz besonders sinnvoll erleben wir das jahrgangsgemischte Arbeiten für die meisten Kinder mit Förderbedarf sowie für Kinder mit Migrationshintergrund. Ihr Selbstwertgefühl erhält enormen Auftrieb, da sie nun auch in die Rolle der „Wissenden" gelangen, die mit den Klassen- und Schulstrukturen bereits vertraut sind. Sie können auch als Lernhelfer oder Paten fungieren, was in der Jahrgangsklasse nur selten möglich war.

Erstaunlicherweise ist auch eine deutliche Reduzierung des Konfliktpotenzials zu beobachten, was nach unserer Einschätzung besonders durch die reduzierte Konkurrenzsituation zu erklären ist.

Leistungsstarke Kinder finden mehr Anregung und können an anspruchsvollen Inhalten mitarbeiten, andererseits bietet die Rolle als Unterstützer für alle Kinder vielfältige Übungs- und Vertiefungsmöglichkeiten. Kinder mit besonderen Begabungen oder Kinder, die insgesamt schneller lernen, können sehr leicht mit ihrer Bezugsgruppe nach zwei Jahren in das vierte Schuljahr wechseln (wenn es allen Beteiligten sinnvoll erscheint).

Von besonderer Wichtigkeit hat sich die Rhythmisierung des Unterrichts herausgestellt. Rituale und Regeln, Transparenz der Abläufe und Lerninhalte den Kindern gegenüber, tägliche Förderung des gemeinsamen Austauschs in Kreissituationen, Reflexion des eigenen Lernfortschrittes und des Arbeitsverhaltens zeigen sich als unabdingbare Strukturen.

Erfahrungen bislang: Jahrgangsübergreifende Klassen

Auch einige der als kritisch benannten Punkte stellten sich in der Praxis als nicht so gravierend heraus:

- In einem Fragebogen äußerten sich die Eltern der ersten Drittklässler im JÜ überwiegend positiv über die Lernentwicklung und den Lernerfolg ihrer Kinder.
- Die Übergangsberatung der Viertklässler, welche die neuen Klassenlehrer schon nach wenigen Schulwochen durchführen, kann durch eine intensive Zusammenarbeit der abgebenden und aufnehmenden KlassenlehrerInnen sichergestellt werden.
- Freundschaften erwachsen zunehmend auch zwischen den Kindern unterschiedlicher Jahrgänge.

- Die Arbeitsbelastung der LehrerInnen war in der Anfangsphase durch die Suche und Erstellung geeigneter Unterrichtsmaterialien sehr hoch, reduzierte sich aber zunehmend. Ebenso lassen sich die komplexen schul- und klassenorganisatorischen Anforderungen immer besser bewältigen.

Die Eichendorffschule reflektiert das gesamte Modell weiterhin kritisch und lässt es darüber hinaus durch die Uni Bielefeld extern wissenschaftlich begleiten.

Aussagen der LehrerInnen zum Lernen der Kinder zeigen, dass sich die Jahrgangsmischung positiv auswirkt auf soziales Miteinander und fachliches und methodisches Lernen. Aber auch kritische Stimmen zur Belastung der Kollegen gibt es, vor allem was den inhaltlichen Vorbereitungsaufwand betrifft.

In den Schuljahren 2004/05 und 2005/06 haben jeweils drei weitere Klassen, diese ohne GU, die Arbeit mit jahrgangsgemischten Gruppen aufgenommen. Sie sind ebenso mit Jahrgang 1 und 2 gestartet, der 3. Jahrgang wächst hinein. Es ist angestrebt, dass die Jahrgänge in den jahrgangsübergreifenden Klassen möglichst gleich stark sind. Die drei Klassen, die gemeinsam starten, bilden jeweils eine Einheit, aus der sich dann die zukünftige vierte Klasse bildet.

Zur Zeit gibt es neben den 9 jahrgangsgemischten Klassen noch drei altershomogene 4. Klassen.

Ausblick: Jahrgangsübergreifende Klassen

Für die nächste Zeit haben wir uns vorgenommen, inhaltlich und methodisch an Themen weiter zu arbeiten, die die besonderen Bedingungen im JÜ berücksichtigen:

- Entscheidung zur Arbeit ohne Lehrbuch in den Fächern Mathematik und Sprache
- Sichtung von Lektüren, die jahrgangsübergreifend einsetzbar sind
- Mehr Berücksichtigung und Entwicklung von Modellen zur Vermittlung von alltagspraktischen Inhalten für Kinder, die in diesen Bereichen besonderen Bedarf haben (u.a. Förderkinder)

Darüber hinaus werden wichtige Schwerpunkte unserer Arbeit sein:

- Intensivierung und ggf. Verbesserung von Teamarbeit und Kooperation (Gestaltung des Unterrichts nach Teammodellen, die die KollegInnen entlasten)

- Intensivierung der Zusammenarbeit der Klassenlehrer JÜ-1-3 und der Lehrer der zukünftigen Viertklässler)
- Optimierung der Stundenplanorganisation
- Fortbildungen zum jahrgangsübergreifenden Unterricht, Ausbau der Kontakte zu anderen Schulen mit ähnlichen Ansätzen, Hospitationen
- Weitere Zusammenarbeit mit der Universität (Evaluation, Diagnostik, Hospitationen von StudentInnen)
- Evaluation: Entwicklung der Viertklässler in altershomogenen Gruppen
- Entwicklung der SchülerInnen nach dem Übergang in die Sekundarstufe I

Die Eichendorffschule ist offen für Hospitationen und stellt sich gern für weitere Informationen zur Verfügung.

Katharina Eikmanns-Rote ist Schulleiterin und
Andrea Nutt-Cyrkel ist Lehrerin an der Eichendorffschule Bielefeld.

Wege zur inklusiven Grundschule
Reinhard Stähling (Schulleiter)
Carsten Krühler (Stellvertr. Schulleiter)
Barbara Wenders (Lehrerin für Grund- u. Hauptschule und Sonderpädagogik)

Behauptung: Wer Inklusion will, der kann sie an der eigenen Schule auch um- und durchsetzen. Es fängt mit der Überprüfung des eigenen Menschenbildes an und erfordert gleichzeitig Mut und einen langen Atem.

Entwicklungsschritte zur Teamschule und inklusiven Pädagogik
Die Entwicklung der Grundschule Berg Fidel Münster zur inklusiven Pädagogik lässt sich in vier Schritten nachzeichnen und wird heute unterstützt durch die Säulen:
Altersmischung
Multiprofessionelle Teams
Ganztag

1. Schritt:
70 er und 80er Jahre:
Das Motto „Differenzieren lässt sich lernen" von Manfred Pollert bestimmte den Unterricht immer mehr. Die Lehrerinnen begannen, ihren Unterricht so zu gestalten, dass möglichst jedes Kind an einer passenden Aufgabe arbeitete. Jedoch stand in diesem offenen Unterricht die Lehrerin noch als Einzelkämpfer da. Einigen Kindern mit starken Auffälligkeiten konnten wir nicht gerecht werden. Sie kamen in Sonderschulen.

2. Schritt:
90er Jahre:
Die gebundene Ganztagsschule wurde als ein Zug der Schule aufgebaut. Lehrerin, Erzieherin und Studenten bildeten ein Team pro Klasse. Wir machten damals die ersten Erfahrungen mit multiprofessioneller Teamarbeit, Teamabsprachen und Teamsupervision.

3. Schritt:
Ab 1997:
Die sonderpädagogische Förderung begann: Zuerst war nur eine Sonderschullehrerin an der Schule und es gab noch eine Trennung im Kopf von Sonderpädagogik und allgemeiner Pädagogik, was zu Fehlformen der Integration führen musste. Schrittweise bekamen wir weiteres Personal für die Kinder mit sonderpädagogischem Förderbedarf.

195

4. Schritt:

Seit 2002:

Immer mehr setzte sich eine Synthese von Sonderpädagogik und allgemeiner Pädagogik durch.

Sonderpädagogen sind heute in allen Vormittags- und Ganztagsklassen der Schule eingesetzt. Die Stundenzahl ist gleich! verteilt. Die gesamte pädagogische Arbeit jeder Klasse wird in Teams gemeinsam gestaltet und verantwortet.

Teamsupervision unterstützt die Pädagogen. Lehrerin, Sonderpädagogin und Praktikanten/ Studenten sind in jeder Klasse. Wir sind auf dem Weg zu einer „Schule für alle" (daher das Wort „inklusive" Pädagogik). Inzwischen gelingt es, den meisten Kindern und ihrem Entwicklungsbedarf gerecht zu werden. Daher können wir in der Regel alle Einschulungskinder eines Jahrgangs (wohnortnah) aufnehmen, auch wenn Behinderungen vorliegen.

Weiterlesen in:

Reinhard Stähling: „Du gehörst zu uns" – Inklusive Grundschule. Ein Praxisbuch für den Umbau der Schule. Baltmannsweiler: Schneider 2006
www.reinhard-staehling.de

Normalität für Kinder mit Behinderung:
Gemeinsame Wege gehen! – Überall, auch in der Schule!

Jutta Schöler

Warum ist es in Deutschland so schwer, diesen gemeinsamen Weg zu gehen, der in vielen anderen Ländern bereits Normalität ist?
Was kann jede und jeder von uns tun, damit auch in Deutschland Vielfalt, Akzeptanz und Wertschätzung von Verschiedenheiten Realität werden?
Wir leben in Deutschland noch immer in einer Gesellschaft, in der es als Normalität akzeptiert wird, (von der Mehrheit, nicht mehr von allen Menschen), dass Kinder bereits vor dem Eintritt in die Schule sortiert werden.
Sobald ein Entwicklungsproblem festgestellt wird, beginnt das Fragen, Testen, Kontrollieren, Debattieren: Die Fachleute fragen: Gehört dieses Kind an einen anderen Ort als in den Kindergarten oder in die Schule, welche Geschwister- oder Nachbarskinder besuchen? Die meisten Eltern werden dadurch verunsichert. Diejenigen, welche diesen Kongress organisiert haben und die meisten Teilnehmerinnen und Teilnehmer des Kongresses in Köln, streben eine andere Normalität an:
Es muss auch in Deutschland gesellschaftliche Normalität werden, dass alle - wirklich alle – Kinder und alle Jugendlichen und Erwachsenen das gleiche Recht auf Zugang zu allen Bildungseinrichtungen, zu allen öffentlichen Verkehrsmitteln und allen Einkaufs-, Freizeit- und Arbeitsorten haben!
An dieser Stelle möchte ich meinen Dank und meinen großen Respekt aussprechen für die Initiatorinnen, alle Organisatoren und Unterstützer dieser Tagung. Nicht jeder wird bisher davon überzeugt sein, dass es richtig ist, die Sonderschulen aufzulösen. Mit meinem Beitrag will ich versuchen, all denjenigen etwas mehr Sicherheit zu geben, die wie ich von diesem Ziel überzeugt sind: Der angebliche Schonraum Sonderschule ist nicht notwendig! Sondern: Gesellschaftliche Normalität muss es auch in Deutschland werden, dass jedes Kind in die normale Schule eingeschult wird – gemeinsam mit den Kindern, die es bereits aus dem Kindergarten kennt. Das bedeutet nicht, die besondere Förderung zu vernachlässigen, sondern:
Sobald ein Entwicklungsproblem festgestellt wird, beginnt das Fragen, genaue Beobachten und Dokumentieren, Debattieren. Welche zusätzliche Unterstützung braucht dieses Kind? Welche Lernangebote sind für dieses Kind von Vorteil? Wer ist für die Organisation und die Finanzierung der besonderen Unterstützungsmaßnahmen zuständig. Aber an dem Ziel selbst, des gemeinsamen Lernens, darf es keine Zweifel mehr geben!

Um sich diesem Ziel weiter anzunähern, sind in Deutschland viele Veränderungen notwendig. Vor allem muss das allgemeine gesellschaftliche Bewusstsein weiter entwickelt werden. Diesen Prozess der gesellschaftlichen Veränderungen möchte ich am Beispiel der Zugänglichkeit für Rollstuhlfahrer zu den öffentlichen Verkehrsmitteln deutlich machen:

Was ist das? Für mich ist es das Symbol der ersten Kämpfe um das Recht auf Zugang zu den öffentlichen Verkehrsmitteln für Menschen, die auf einen Rollstuhl angewiesen sind. Dieser Zugang zum U-Bahnhof Rathaus Berlin-Spandau wurde in der 2. Hälfte der 70er Jahre geplant und 1984 eröffnet. – Zur gleichen Zeit kämpften Eltern von Kindern mit Behinderung in Berlin um die 1. Integrationsschule (1976 die Fläming-Grundschule)[1]. 1982 begann die 2. Integrationsschule in Berlin (West) mit ihrer Arbeit.[2]

Es gab damals kein gesellschaftliches Bewusstsein, dass es notwendig wäre, alle U-Bahnhöfe oder gar alle Schulen für alle Menschen zugänglich zu machen. Die öffentlichen Auseinandersetzungen, Demonstrationen wurden hart erkämpft von den wenigen unmittelbar Betroffenen. Die Abwehr der politisch Verantwortlichen war damals noch schonungslos offen. Heute wagt es kein politisch Verantwortlicher mehr, so offen gegen die Integration von Menschen mit Behinderung aufzutreten wie damals. Ich erinnere mich noch sehr gut an eine öffentliche Veranstaltung, die in einer großen Kirche in Berlin-Kreuzberg Ende der 70er Jahre stattfand. Die Mutter eines behinderten Kindes forderte die damalige Schulsenatorin Hanna-Renate Laurien auf, dass sie die Integration ihres Kindes in die Schule unterstützen solle. Frau Laurien wehrte ab: „Ich habe andere Probleme zu lösen. Zu viele hochbegabte Kinder werden in den Schulen nicht genügend gefördert."

Etwa zur selben Zeit fand eine politische Veranstaltung im Rathaus des Bezirkes Berlin-Spandau statt. Eine Gruppe von Erwachsenen, die auf einen Rollstuhl angewiesen waren, forderte den rollstuhlgerechten Ausbau der neuen U-Bahn-Linie. Einer der verantwortlichen Politiker (ich weiß nicht mehr, welcher Partei er zugehörig war) wehrte ab: „Wenn wir jetzt damit anfangen, diesen einen Bahnhof oder gar die ganze neue U-Bahn-Linie 7 für Rollstuhlfahrer zugänglich zu machen, dann haben wir das Problem: – „Wie kommen die wieder raus?" Er schilderte es als eine Gefahr, dass Gruppen von Behinderten zur gleichen Zeit im KaDeWe einkaufen wollen. Der nächstgelegene U-Bahnhof Wittenbergplatz ließe sich aus Gründen des Denkmalschutzes wirklich nicht rollstuhlgerecht umbauen.

Einer der Teilnehmer an dieser Diskussionsveranstaltung war Michael Eggert, ein damals junger Mann von ca. 30 Jahren, Abgeordneter der Grünen im Abgeordnetenhaus von Berlin und Rollstuhlfahrer. Er erwiderte: „Das überlassen Sie doch bitte uns, wie wir aus der U-Bahn wieder rauskommen! Wenn ich in Spandau in die U-Bahn einsteigen kann, sorge ich selbst dafür, wie ich an jedem anderen U-Bahnhof wieder raus komme. Oder, an den Vorredner gewandt: „Helfen Sie keiner Frau, den Kinderwagen über die Stufen zum U-Bahnsteig zu tragen, weil Sie nicht sicher sind, dass diese Frau am anderen Ende ihrer Fahrt wieder jemanden findet, der ihr weiter hilft?"

Dieser eine U-Bahnhof wurde mit dieser Schrägrampe gebaut, die Sie auf dem Bild oben sehen. Für mich ist es ein Symbol dafür, dass es nicht den Willen gab, allgemein die Zugänglichkeit zur U-Bahn zu schaffen. Ein solcher Zugang braucht zu viel Platz, ist viel zu steil für Selbstfahrer. Ganz ähnlich wurden damals (und auch heute noch) manche Schulversuche geplant: Es soll nicht erprobt werden, wie das Schulsystem insgesamt reformiert werden müsste, sondern: Mit großem Aufwand soll der aktuelle Druck der unmittelbar um die Integration ihrer Kinder kämpfenden Eltern befriedigt werden und zugleich soll das alte System der Sonderschulen erhalten bleiben. Schulversuche zum Thema Integration von Kindern mit Behinderung sind nicht notwendig! Wo sie immer noch gefordert werden, sind sie ein Zeichen dafür, dass das alte selektive Schulsystem erhalten bleiben soll.

Was heute notwendig ist: Jede Sonderschule muss darauf überprüft werden – oder sollte sich besser selbst überprüfen – wie sie es schafft, ein attraktiver Ort für alle Kinder zu werden. Dafür gibt es bereits einige Beispiele. In Berlin kenne ich drei ehemalige Schulen für Lernbehinderte, die inzwischen nachgefragte Integrationsschulen sind.[3] Die ehemalige Körperbehindertenschule der DDR in Birkenwerder (Land Brandenburg) ist für alle Kinder und Jugendlichen dieser kleinen Stadt die Schule für alle geworden. (1. – 6. Klasse Grundschule, bis zur 10. Klasse Gesamtschule. Es gibt keine Hauptschule, Realschule und kein Gymnasium am Ort.)[4] Oder: Die Schule für Geistigbehinderte der Lebenshilfe in Nürnberg hat bisher 6 Klassen in zwei Grundschulen ausgelagert und dort mit kooperativem Unterricht begonnen. Die 1. Klasse im 5. Schuljahr wird seit Beginn dieses Schuljahres in einer Realschule unterrichtet; ca. 1/3 des Unterrichts findet derzeit gemeinsam mit den Realschulen statt.[5]

Dies sind nur wenige Beispiele, die mir bekannt sind. Es würde sich lohnen, weitere Vorbilder für die Öffnung und die Umwandlung von Sonderschulen zu sammeln und zu veröffentlichen. Dies sind noch immer Sonderwege, aber es sind Wege zu dem richtigen Ziel.

Diese beiden Bilder sollen symbolisieren, dass von den Verantwortlichen auch an Menschen, die auf einen Rollstuhl angewiesen sind, gedacht wurde. Aber: Warum ist dafür überhaupt noch das Rollstuhlsymbol notwendig? Menschen mit Kinderwagen, mit Fahrrädern oder Rollenkoffern nutzen die Fahrstühle mit großer Selbstverständlichkeit. Den meisten dieser Nutzer ist mit Sicherheit nicht bewusst, dass um diese Fahrstühle noch vor 20 Jahren von Rollstuhlfahrern gekämpft werden musste. (Auch am U-Bahnhof Wittenbergplatz in Berlin gibt es inzwischen für jeden Bahnsteig einen Fahrstuhl.) Die Vorteile einer solchen Reform bei den Verkehrsmitteln sind inzwischen klar. Heute wird bereits an den Verbesserungen geplant und gebaut: Die ersten Fahrstühle befanden sich zumeist in den abgelegenen Nischen der Bahnhöfe, heute sind sie zentral gelegen, meistens verglast und für alle Nutzer attraktiv. An vielen Bahnsteigen werden bereits zweite Fahrstühle eingebaut.

Für die Schulen wird es den gleichen Prozess geben. Das gesellschaftlich notwendige Ziel ist erreicht, wenn nur noch Hinweisschilder wie diese notwendig sind:

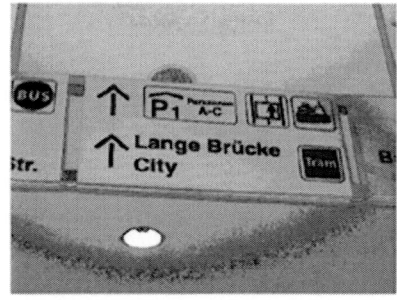 

Wo geht es zum Parkhaus, wo zum Fahrstuhl, zur Schiffsanlegestelle? Und es ist klar, dass diese Wege für alle Menschen geeignet sind. Keine Frage! – Kein gesondertes Rollstuhl-Symbol! Im übertragenen Sinn: Kein Hinweis ist notwendig auf eine „Integrationsklasse" – alle „normalen Schulen" werden auch von Kindern mit besonderen Bedürfnissen besucht, so wie alle „normalen öffentlichen Verkehrsmittel" zugänglich sind für Menschen mit Bewegungseinschränkungen.

Heute ist die Abwärtsfahrt auf den alten Rampen am U-Bahnhof Berlin-Spandau für Rollstuhlfahrer verboten. Zu groß ist die Gefahr, dass sie nicht genug bremsen können. (Siehe oben, Bild 1) Am anderen Ende des Bahnhofs sind Fahrstühle gebaut worden.

Die junge Frau, die ich hier per Zufall fotografiert habe, ist, wenn sie in Spandau wohnt, in eine normale Schule gegangen. In diesem Bezirk gibt es inzwischen etliche Schulen, die für Rollstuhlfahrer zugänglich sind und 80 % aller Kinder mit sonderpädagogischem Förderbedarf besuchen Regelschulen. Dass eine Grundschule, eine Gesamtschule oder eine Hauptschule Kinder mit Behinderung aufnimmt, gehört in diesem Stadtteil von Berlin (ca. 220.000 Einwohner) schon zur Normalität. Realschulen und Gymnasien wehren sich noch. Aber es gibt auch Beispiele von Gymnasien oder Realschulen, die sich für die Integration von Jugendlichen mit Behinderung geöffnet haben. Zumeist bei so genannter zielgleicher Integration.

Dort, wo es in Deutschland noch die alten Sonderschulen gibt, die sich Gymnasien oder Realschulen nennen, gehören nach meinem Anspruch die Kinder und Jugendlichen hin, die die meiste Unterstützung, Verständnis und Fürsorge benötigen, nämlich die Kinder, die als geistig oder schwer behindert bezeichnet werden. Dafür gibt es in Deutschland bisher nur sehr wenige Beispiele, sicherlich einige „heimliche" oder „graue" Integrationsmaßnahmen. Die Verantwortlichen wagen es bisher oft nicht, dafür in der Öffentlichkeit aufzutreten. Ich selbst berate ein staatliches Gymnasium in Bad Harzburg, wo derzeit im 6. Schuljahr in einer Integrationsklasse drei Kinder (Zwei Jungen und ein Mädchen) mit der Diagnose Down Syndrom unterrichtet werden, gemeinsam mit 18 Kindern, die als normal bezeichnet werden und einem Mädchen, das auf einen Rollstuhl angewiesen ist und große Probleme beim Sprechen und Schreiben hat. Ich hoffe, dass ich es noch erleben darf, dass auch in Deutschland eine Schule sich rechtfertigen muss, wenn sie keine Kinder mit besonderen Bedürfnissen hat. Es muss zu den Qualitätskriterien jeder Schule, insbesondere jeder weiterführenden Schule gehören, dass sie sich auf die Kooperation mit speziell qualifiziertem Lehrpersonal einstellt. Kein Sonderpädagoge, keine Sonderpädagogin muss befürchten, arbeitslos zu werden, wenn die Sonderschulen ihre Türen schließen. Entweder die bisherigen Sonderschulen werden attraktiv für alle Kinder, oder die Sonderpädagogen begleiten ihre Schülerinnen und Schüler in den Regelschulen.

Mit diesem Bild möchte ich den ersten Teil meiner Ausführungen beenden. Was ist das? Inzwischen sind Telefonzellen aus den meisten Städten verschwunden. Dass in den 70er Jahren besondere Telefonzellen für Rollstuhlfahrer entwickelt wurden, ist vielen Menschen heute sicherlich nicht mehr bekannt. Mit Schiebetüren, die sich auf Knopfdruck öffneten, boten sie den damals noch als notwendig eingeschätzten Schonraum. Inzwischen haben sich die Ansprüche an die Intimsphäre beim Telefonieren geändert.

Bei dieser Telefonzelle, die ich vor wenigen Wochen in Hessisch-Lichtenau telefoniert habe, ist die Tür abgebaut worden. In Hessisch-Lichtenau steht auch die Schule, die bereits vor ca. 40 Jahren mit dem gemeinsamen Unterricht von körperbehinderten und nicht behinderten Schülerinnen und Schülern begonnen hat und diesen Schwerpunkt bis heute vertritt. Diese offene Tür der Telefonzelle ist für die unmittelbare Zukunft das richtige Bild für einen noch vorhandenen Schonraum: Wenn es noch Sonderschulen gibt, dann müssen die Türen offen bleiben. Dieser Schonraum muss so attraktiv gestaltet sein, dass alle Menschen ihn gerne nutzen. Ob die Vorteile, von einem solchen Ort aus zu telefonieren, genutzt werden, oder ob ein Mensch lieber mit dem Handy mit einer Gruppe von Gleichaltrigen vor dem Bahnhof steht, eventuell sogar im Regen, das entscheiden nur diese Menschen selbst – oder deren Eltern oder diejenigen Menschen (z.B. Pflegeeltern/Betreuer), die für diese Menschen langfristig und zuverlässig Verantwortung übernommen haben. In meinen Augen ist es ein Zeichen für ein undemokratisches Gesellschaftssystem, dass Professionelle sich anmaßen dürfen, „auf dem Amtswege" und nach „Aktenlage" über die Lebenswege von Kindern gegen den Willen ihrer Eltern zu entscheiden.

Ich werde oft gefragt, welche Erklärungen ich dafür habe, dass das Selbstbestimmungsrecht von Menschen mit Behinderung in Deutschland so wenig respektiert wird. Im Vergleich zu Ländern wie z.B. Italien, Spanien, den skandinavischen Ländern oder Kanada, trifft man in Deutschland immer noch sehr häufig eine Haltung gegenüber Menschen mit Behinderung an, die gekennzeichnet ist durch emotionale Abwehr, Unsicherheit (auch Angst), ungefragte Hilfeleistung, Ignorieren der speziellen Bedürfnisse. Mir ist aus keinem anderen Land der Welt bekannt, dass es gesetzliche Regelungen gibt, mit den dazugehörigen Verwaltungsvorschriften, die es ermöglichen, Kinder wegen einer Schädigung oder einer Beeinträchtigung ihrer Lernmöglichkeiten gegen den Willen der Eltern aus dem System der Regelschule auszusondern. Ich sehe drei grundlegende Ursachen dafür, dass die Schulreformen in diesem Bereich in Deutschland so mühsam vorangehen:

1. Das Festhalten am selektiven Schulsystem Gymnasium, Realschule, Hauptschule, Sonderschule.
2. Strukturen mit hierarchisch organisierten Entscheidungsträgern und der dazugehörigen komplizierten Finanzierung.
3. Tradierte starre Unterrichtsmethoden.

Zu 1.:

Durch den Nationalsozialismus wurden in Deutschland die Reformpädagogik-Bewegung der 20er Jahre und die ersten Versuche des gemeinsamen Unterrichts von behinderten und nicht behinderten Kindern beendet. Viele der deutschen Reformer waren Juden, politisch der sozial-demokratischen oder kommunistischen Partei zugehörig oder nahe ste-hend, mussten Deutschland verlassen oder konnten nur in Nischen ihre Arbeit weiter führen. Von der internationalen Bewegung jener Zeit wurde Deutschland isoliert. Erste Versuche der Integration von Kindern mit Be-hinderung wurden beendet.[6]

Bis 1938 hatte es in Deutschland keine Verpflichtung zum Sonder-schulbesuch gegeben. Im Reichsschulpflichtgesetz, das zum 1. Novem-ber 1938 in Kraft trat, wurde erstmalig der Zwang zur Sonderbeschulung geistig oder körperlich behinderter Kinder vorgeschrieben. In §6, Abs. 1 hieß es hierzu: „Für Kinder, die wegen geistiger Schwäche oder wegen körperlicher Mängel dem allgemeinen Bildungsweg der Volksschule nicht oder nicht mit genügendem Erfolge zu folgen vermögen, besteht die Pflicht zum Besuch der für sie geeigneten Sonderschulen oder des für sie geeig-neten Sonderunterrichts (Hilfsschulen, Schulen für Krüppel, Blinde, Taub-stumme u. ä". (Zitiert nach FUCHS, S. 131) Dieser Satz wurde nach 1945 sinngemäß in die Bildungspläne aller Bundesländer und auch der DDR übernommen. Die Reformen der Formulierungen dieser gesetzlichen Grundlage begannen erst 1986 im Saarland oder 1990 in Berlin.[7]

In Bezug auf das Festhalten am dreigliedrigen deutschen Schulsystem verwies Wolfgang KLAFKI 1971 darauf, dass bereits 1946 eine Erziehungs-Kommission der amerikanischen Besatzungsmacht als einen der entschei-denden Strukturmängel des deutschen Schulsystems festgestellt hatte: „Dieses System hat bei einer kleinen Gruppe eine überlegene Haltung und bei der Mehrzahl der Deutschen ein Minderwertigkeitsgefühl entwik-kelt, das jene Unterwürfigkeit und jenen Mangel an Selbstbestimmung möglich machte, auf denen das autoritäre Führerprinzip gedieh." (KLAFKI 1971, S. 150) Die Tatsache, dass in Deutschland alle Heranwachsenden sehr früh den verschiedenen Bildungsgängen zugewiesen würden, wird als eine der wesentlichen Ursachen für die Entwicklung des Faschismus verstanden. Die Abschaffung der Dreigliedrigkeit des allgemeinen Schul-systems und das uneingeschränkte Recht von Mädchen zum Besuch der höheren Bildungseinrichtungen wurden in der sowjetischen Besatzungs-zone 1945 per Dekret von den Sowjets umgesetzt. In den Besatzungszo-nen der Westalliierten überließen die Besatzungsmächte diesen Teil der Schulreform den Deutschen. Mit dem Ergebnis, dass um die Koedukation von Jungen und Mädchen in Realschulen und Gymnasien in einigen Bun-desländern bis Ende der 60er Jahre gestritten wurde. Die alten Schulstrukturen Gymnasium, Realschule und Hauptschule mit den dazu gehörenden Ausbildungseinrichtungen für die Lehrer wurden etabliert. Nach der Blockade von Berlin 1948 und mit Beginn der 50er Jahre geriet jeder Versuch, ein Gesamtschulsystem auch in den westlichen Besatzungszo-nen auszubauen in den Verdacht, dem Kommunismus nahe zu stehen.

So durften die halbherzig geplanten und ungenügend finanzierten ersten Gesamtschulen Ende der 60er Jahre niemals so organisiert werden, dass sie dem Einheitssystem der DDR ähneln könnten. Dass zur selben Zeit (Ende der 60er Jahre) in Italien oder in allen skandinavischen Ländern Schulreformen stattfanden, welche die gemeinsame Schulzeit für alle Kinder auf 8-10 Jahre verlängerte, wurde in Deutschland weitgehend ignoriert. Ich selbst war seit 1964 an der Planung der ersten Gesamtschulen in Berlin beteiligt. Auch ich habe damals nicht daran gedacht, dass auch Kinder der Sonderschulen in diesen Gesamtschulen einen Platz haben könnten. Erst Anfang der 80er Jahre habe ich in einer Fachzeitschrift mit großem Staunen gelesen, dass in Italien 1977 die Sonderschulen abgeschafft worden waren – per Gesetz.[8]

Das Festhalten an der Selektion von Kindern beginnt in Deutschland mit Einschulungstests, setzt sich fort in dem Zwang, einheitliche Zensuren zu geben und den daran gebundenen Vorschriften zur Wiederholung einer Klassenstufe (dem „Sitzenbleiben"). Zuweisung oder Abwehr im dreigliedrigen Schulsystem und selektive Abschlusszeugnisse am Ende der Pflichtschulzeit sind weitere Merkmale der Selektivität. Ihre negativste Auswirkung stellt die Zuweisung von Kindern zu Sonderschulen dar. Am häufigsten sind davon Kinder aus armen Familien und mit Migrationshintergrund betroffen. (Siehe: Hans WOCKEN)

Zu 2.:

Integration sei zu teuer. Das wird häufig behauptet. Es ist jedoch hinreichend bewiesen worden: Teurer als das bisherige Sonderschulsystem ist die integrative Schule nicht. (Siehe hierzu die Veröffentlichungen von PREUSS-LAUSITZ) Das komplizierte System der verschiedenen Kostenträger macht es in Deutschland den Verantwortlichen tatsächlich schwer, den gemeinsamen Unterricht hinreichend zu finanzieren. Die Kosten für den Unterhalt der Spezialschulen trägt zumeist das Bundesland oder der Landkreis. Wenn vor Ort ein Umbau notwendig ist, dann hat der Schulträger dieses Geld nicht zur Verfügung. Wenn die notwendige Rampe gebaut würde, dann könnten dadurch erhebliche Mittel an Fahrtkosten gespart werden, aber dafür ist wieder ein anderer Kostenträger zuständig. Nur selten gibt es bisher vor Ort das notwendige Problembewusstsein, dass Schulen behindertengerecht ausgebaut werden oder, dass bei Sanierungsmaßnahmen dieser Aspekt berücksichtigt würde. (Eine Baustudie hierzu kann angefordert werden, siehe SCHÖLER, 1989)

Einzelfallhilfe oder Gebärdendolmetscher, die z.B. für die Begleitung eines Kindes in der Schule am Wohnort finanziert werden müssten, werden verweigert. Wegen jedes einzelnen Kindes müssen die Eltern oft langwierige und teure Prozesse führen. Die Internatskosten, die bis zu 3.000 • im Monat betragen, werden bei integrativem Unterricht zwar eingespart, jedoch wieder von einem anderen Kostenträger. In den vergangenen Jahren haben einige Eltern die Zeit, das Geld und die nervliche Belastung auf sich genommen und die Finanzierung der Integration am Wohnort erfolgreich eingeklagt. Die Begründungen dieser Gerichtsurteile können vielleicht Beispiele für andere Verfahren liefern. Hier sind tatsächlich durchgreifende strukturelle Reformen notwendig! Dafür fehlt nach meiner Einschätzung in Deutschland bisher noch der politische Wille.

Zu 3.:
Viele Menschen können es sich tatsächlich nicht vorstellen, wie der Unterricht gestaltet werden könnte, damit es auch den Kindern gut geht, die mehr individuelle Zuwendung benötigen oder an anderen Zielen arbeiten oder mit speziellen Methoden kommunizieren.
Im folgenden Text wird nur kurz zusammengefasst, was an anderer Stelle bereits ausführlicher veröffentlicht wurde (siehe SCHÖLER, 2004).

Aufgrund eigener Erfahrungen mit der herkömmlichen selektiven Schule vergleichen viele Menschen das Lernen in der Schule mit dem Straßenverkehr auf einer engen Passstraße.

Alle können nur so langsam vorankommen wie das schwächste Auto. Es wird von der Gefahr der Überforderung oder der Unterforderung der Schülerinnen und Schüler gesprochen. So wie das eine – untermotorisierte Auto – am Straßenrand mit rauchendem Motor stehen bleibt, würden die schwachen Schülerinnen und Schüler „auf der Strecke" bleiben und andererseits: Die schnelle, leistungsstarken Schülerinnen und Schüler langweilen sich, werden übermütig, „verhaltensauffällig" – vergleichbar dem

Porschefahrer, der bei jeder sich bietenden kleinsten Lücke zu gewagten Überholmanövern ansetzt. Mit einem solchen Bild von Unterricht wird angenommen, alle Lernenden müssten zur selben Zeit, mit denselben Methoden dieselben Lernziele erreichen.

Die Lernenden werden auf verschiedene Züge verteilt. Die Weichen werden gestellt, ein Wechsel von einem Zug zum anderen ist nur in Ausnahmefällen möglich; und manche dieser Reisenden fahren mit ihrem Zug in eine Sackgasse. Dies ist das Bild des deutschen mehrgliedrigen Schulsystems.

Wieder ein anderes Bild:
Der Baum –
Es ist die Aufgabe der Lehrerinnen und Lehrer im gemeinsamen Unterricht, für jedes Kind einen Plan zu entwickeln, mit dem es möglich ist, dass alle Kinder an einem gemeinsamen Lerngegenstand arbeiten, aber mit verschiedenen Methoden und orientiert an verschiedenen Zielen.

Orientiert an dem Bild des Baumes wurde bisher zu einem großen Teil der Unterricht in Integrationsklassen in den deutschsprachigen Ländern durchgeführt. Wenn es gut ging, arbeiteten Regelschullehrer und Sonderpädagogen gemeinsam im so genannten Zweipädagogensystem.[9]

207

Ich schlage vor, sich an dem Bild des vielfältig gedeckten Tisches zu orientieren.

Regelpädagogen und Sonderpädagogen bereiten gemeinsam die vielfältige Lernumgebung vor. Sie haben während des Unterrichts im wesentlichen die Aufgabe, die Lernhungrigen zu beraten. Es muss sicher sein, dass das Lernangebot für alle gut ist. Die Schule darf kein schlechtes Restaurant sein, das niemand gern besucht. Und alle müssen die Sicherheit haben, dass es keinen Grund gibt, vom Lerntisch abgewiesen zu werden.

Was kann getan werden, um diesem Ziel näher zu kommen? Jeder sollte sich fragen: Was habe ich bisher getan und was kann ich in der Zukunft tun, um dem Ziel der gemeinsamen, EINEN Schule für alle näher zu kommen?

- Lehrerinnen und Lehrer der Regelschulen, die bisher nicht das Glück haben, in einer Integrationsschule zu arbeiten, könnten fragen: „Welche Kinder aus dem Einzugsgebiet dieser Schule, an der ich arbeite, besuchen eine Sonderschule?" Das ist oft nicht bekannt, es sind die „vergessenen" Kinder. Es kann ein erster Schritt sein, diese Kinder (und seine Klasse) mit einer gewissen Regelmäßigkeit in den eigenen Unterricht oder zu Schulfesten einzuladen.
- Sonderpädagoginnen und Sonderpädagogen, welche bisher nicht das Glück haben, in einer Integrationsschule zu arbeiten, könnten fragen: Ist es möglich, die eigene Sonderklasse in eine Regelschule auszulagern und dort möglichst viel mit einer oder zwei Regelklassen zu kooperieren? Das geht natürlich nur mit Zustimmung der Schulleiter. Ein gutes Beispiel hierfür ist die Schule für Geistigbehinderte der Lebens-

hilfe in Nürnberg. (s. o.) Inzwischen arbeiten sechs Klassen an zwei Regelgrundschulen und eine Klasse in enger Kooperation an einer Realschule.

- Alle Menschen, die an der Diagnostik für Kinder mit Lernproblemen, Entwicklungsverzögerungen oder Schädigungen beteiligt sind, sollten ihre Gutachten konsequent so schreiben, dass die Fähigkeiten dieser Kinder beschrieben werden – nicht ihre Defizite. Es sollten möglichst genaue Angaben darüber gemacht werden, was dieses Kind in der Regelschule braucht. Hierfür sind die Kinderärzte, Logopädinnen, Krankengymnasten, Sozialpädagogen und Psychologen in Rehabilitationskliniken oder freien Praxen gefragt, vor allem Schulärztinnen und Schulpsychologen. Von Menschen dieser großen und wichtigen Berufsgruppe wird mir oft gesagt: „Ich kann mir nicht vorstellen, wie es diesem Kind in der Regelklassen gut gehen soll."
Die kleine Klasse der Sonderschule wird als Schonraum angenommen. Die Sonderpädagogen als die Wunderheiler. Wenn dann all die Defizite des Kindes aufgezählt werden, habe ich auch keine Fantasie, was diesem Kind in der Regelschule angeboten werden könnte. Wenn dann aber begonnen wird, darüber nachzudenken, was dieses Kind kann, z.B. aufmerksam zuhören, durch Mimik und Gestik Ja-/Nein-Reaktionen zeigen, dann ist das bereits viel. Dieses Kind braucht vielleicht etwas mehr Zeit, einen Raum, in den es sich gelegentlich zurückziehen kann, dann kann weiter überlegt werden: „Wie können diese Bedingungen in der Regelschule hergestellt werden?"
- Journalisten sind wichtig, die die bisherigen positiven Beispiele aus Deutschland und aus anderen Ländern veröffentlichen und die mit ihrer Öffentlichkeitsarbeit die Eltern unterstützen, welche den Kampf um die Integration ihres Kindes führen müssen. Ich wünsche mir einen Film, mit dem an einem Beispiel einer größeren Öffentlichkeit bekannt gemacht wird, mit welchen Mitteln heute immer noch Kinder aus dem Regelschulsystem ausgesondert werden.
- Jeder hier im Raum, der für schulpolitische Entscheidungen verantwortlich ist, sollte mit dem Vorsatz diesen Raum verlassen, einen Schulentwicklungsplan auf den Weg zu bringen: Bis zu welchem Schuljahr muss erreicht sein, dass die Sonderschulen in dem jeweiligen Entscheidungsbereich in Integrationsschulen umgewandelt sind oder geschlossen?
- Jeder Einzelne hier sollte diese Tagung mit mindestens einer neuen Telefonnummer, E-Mail-Adresse verlassen, um sich gegenseitig zu stärken, Anregungen auszutauschen. Eltern, die den Kampf um die Integration ihres Kindes gewonnen haben, können andere Eltern unterstützen.

Jeder von uns kann fast täglich dazu beitragen, dass das allgemeine gesellschaftliche Bewusstsein sich verändert in Richtung auf mehr Akzeptanz und Öffentlichkeit für Menschen, die verschieden sind: Boykottieren Sie Restaurants, Hotels oder Freizeiteinrichtungen, die für Menschen mit Bewegungseinschränkungen nicht zugänglich sind und empfehlen Sie die positiven Beispiele weiter. Bewerten Sie die Qualität eines Kindergartens oder einer Schule auch an der Feststellung:

Ein Kindergarten oder eine Schule, in der keine Kinder mit Behinderung sind, ist eine schlechte Schule.
In einer guten Schule kann ein Kind mit Behinderung oder mit Lernschwierigkeiten nicht störend sein.

---

1 Informationen zu den Anfängen der Fläming-Grundschule sind zu finden unter: PROJEKTGRUPPE INTEGRATIONSVERSUCH (siehe hier: Literatur)
2 siehe Veröffentlichungen von HEYER u. a.
3 Das sind: Die Schule am Grüngürtel und die Paul Moor Schule (beide Berlin-Spandau) und die Comenius-Schule in Berlin-Wilmersdorf
4 siehe hierzu: DÜRING/SCHÖLER (Literatur)
5 Ein erster Erfahrungsbericht: „Durch Kooperation zur Integration" ist unter dem Stichwort „Schule" auf der Homepage der Lebenshilfe Nürnberg zu finden.
6 Als ein Beispiel hierzu, siehe die Biographie über Hilde WULFF in FUCHS (Literaturangaben)
7 Über die historische Entwicklung der Integration in den verschiedenen Bundesländern Deutschlands gibt ROSENBERGER eine gute Einführung. (Literatur)
8 siehe ROSER, 1981
9 siehe Literatur: FEUSER, S. 179

Literatur:

DÜRING, Katrin; SCHÖLER, Jutta: Alle unter einem brandenburgischen Dach? Eindrücke zur Entwicklung des Gemeinsamen Unterrichts. In: BOBAN, Ines; HINZ, Andreas: Gemeinsamer Unterricht im Dialog. Vorstellungen nach 25 Jahren Integrationsentwicklung. Weinheim und Basel : Beltz, 2004, S. 62 – 69
FEUSER, Georg: Behinderte Kinder und Jugendliche zwischen Integration und Aussonderung. Darmstadt : Wissenschaftliche Buchgesellschaft, 1995
FUCHS, Petra:»Körperbehinderte« zwischen Selbstaufgabe und Emanzipation. Selbsthilfe – Integration – Aussonderung. Neuwied; Kriftel; Berlin : Luchterhand, 2001
HEYER, Peter u. a.: Wohnortnahe Integration. Gemeinsame Erziehung behinderter und nichtbehinderter Kinder in der Uckermark-Grundschule in Berlin. Weinheim und München, 1990
HEYER, Peter u. a.: Zehn Jahre wohnortnahe Integration. Behinderte und nichtbehinderte Kinder gemeinsam an ihrer Grundschule. Frankfurt am Main : Arbeitskreis Grundschule, 19942

KLAFKI, Wolfgang: Restaurative Schulpolitik 1945 - 1950 in Westdeutschland. Das Beispiel Bayern. In: Oppolzer, Siegfried und Lassahn, Rudolf: Erziehungswissenschaft zwischen Herkunft und Zukunft der Gesellschaft. Wuppertal/Ratingen 1971

PREUSS-LAUSITZ, Ulf: Integration Behinderter zwischen Humanität und Ökonomie. Zu finanziellen Aspekten sonderpädagogischer Unterrichtung. In: Pädagogik und Schulalltag, 51 (1996), H. 1, S. 17 – 30, auch: http://bidok.uibk.ac.at/library/preuss_lausitz-weissbuch_oekonomie.html

PROJEKTGRUPPE INTEGRATIONSVERSUCH (HRSG.): Das Fläming-Modell. Gemeinsamer Unterricht für behinderte und nichtbehinderte Kinder in der Grundschule. Weinheim und Basel: Beltz, 1988

ROSENBERGER, Manfred (Hrsg.): Schule ohne Aussonderung – Idee, Konzepte, Zukunftschancen. Pädagogische Förderung behinderter und von Behinderung bedrohter Kinder und Jugendlicher. Neuwied ; Berlin : Luchterhand, 1998

ROSER, Ludwig-Otto: Wo es keine Behinderungen mehr gibt. Schule ohne Aussonderung in Italien. In: päd. Extra, Heft 3, 1981, S. 16 - 21

SCHÖLER, Jutta: Untersuchung der baulichen Situation von Schulen in Bezug auf Integrationsmöglichkeiten behinderter Kinder (gemeinsam mit Jutta Höfs), TUB-Dokumentation Weiterbildung, Heft 21, Berlin, 1989 (kann über die Arbeitsstelle zur Integration der TU-Berlin kostenlos bestellt werden: Integration@TU-Berlin.de)

SCHÖLER, Jutta: Bilder in den Köpfen. In: Zs.: „Gemeinsam leben" 12 (2004) S. 191 – 194 - als Volltext abrufbar über www.bidok.uibk.ac.at/

SCHÖLER, Jutta: „Durch Kooperation zur Integration", 2007, unter dem Stichwort „Schule" auf der Homepage der Lebenshilfe Nürnberg zu finden

WOCKEN, Hans: Andere Länder, andere Schüler? Vergleichende Untersuchungen von Förderschülern in den Bundesländern Brandenburg, Hamburg und Niedersachsen (Forschungsbericht), Potsdam, 2005 – als Download: http://bidok.uibk.ac.at/library

Jutta Schöler ist Professorin für Erziehungswissenschaft an der TU Berlin, emeritiert.

„Modell Reutte" – die Basis ist das Menschenrecht
Entstehung, Entwicklung und Ziele
Heinz Forcher

1. Motivation / Vorbemerkung

In den letzten 23 Jahren wurde im Bezirk Reutte viel für die Integration von Menschen mit Behinderungen erreicht. Der Bezirk Reutte wird international von namhaften Experten als „Best-practice" Modell angesehen. So hat z.b. die "European Agency for Development in Special Needs Education" den Bezirk Reutte als eine von fünf Regionen ausgewählt um insbesondere die Bedingungen für die Integration von Menschen mit schweren Beeinträchtigungen zu erforschen. Wir selbst sehen die Entwicklung mit der gebotenen Zurückhaltung, weil wir wissen, dass wir erst am Anfang eines noch weiten Weges mit großen Herausforderungen stehen.

Der Verein VIANOVA hat sich eine Gesellschaft, in der Integration selbstverständlich ist, zum Ziel gesetzt.

Daher ist es erforderlich, „neue" Ansätze in der Arbeit mit Menschen mit Behinderungen zu denken und umzusetzen. Für diese „neuen" Ansätze bekommen wir derzeit keine adäquate Unterstützung, seitens unserer Fördergeber. Es gibt auch keine (uns bekannten) Modelle / Arbeitsweisen / Konzepte, an denen wir uns grundlegend orientieren könnten!

Mit Unterstützung von international anerkannten IntegrationsexpertInnen (z.B. Univ.-Prof. Dr. Kerstin Ziemen – Universität Köln, Univ.-Prof. Dr. Georg Feuser – Universität Zürich, Dipl.-Päd. Heike Meyer-Egli – Bern, Univ.-Prof. Dr. Jutta Schöler – Technische Universität Berlin, Dr. Ewald Feyerer - PH Linz, …) und Medizinern (Univ.-Prof. Dr. Ernst Berger – Universität Wien, Primar Dr. Wilfried Müller – BKH Reutte, …) wurden in den letzten Jahren begonnen Angebote / Konzepte / Arbeitsweisen zu entwickeln, die es nun gilt, Schritt für Schritt weiterzuentwickeln und in dementsprechender Qualität umzusetzen. Für diese hoch innovative Arbeit braucht es entsprechende Rahmenbedingungen.

Es ist uns wichtig, parallel zur Entscheidungsfindung über Fördermittel, auch die Arbeitsinhalte auf dem aktuellen Stand der Forschung zu diskutieren und nach Möglichkeit Umsetzungsstrategien zu entwickeln.

In der Folge werden die Entstehung, die Entwicklung und die Ziele von VIANOVA beschrieben.

2. Einleitung

Die Integration von Menschen mit Behinderungen in allen Lebensbereichen wird seit vielen Jahrzehnten erforscht, diskutiert, kritisiert, bewertet und reflektiert. Behinderung ist dabei im Sinne der WHO-Definition zu verstehen, in der Behinderung als Benachteiligung bzw. Verlust oder Einschränkung der Möglichkeit gesehen wird, gleichberechtigt am Leben der Gemeinschaft teilzunehmen. Behinderung ist daher ganzheitlich/ systemisch als biopsychosoziales Problem zu sehen.

Mit der Integration von Menschen mit Behinderungen in allen gesellschaftlichen Bereichen sind bisher grundsätzlich äußerst positive Erfahrungen verbunden. Auch alle seriösen qualitativen wissenschaftlichen Forschungserkenntnisse zeigen sehr eindeutig in Richtung Integration. Trotzdem können sich diese Werte eines Menschenbildes, das geprägt ist von hohem Respekt und ohne Vorurteile gegenüber des „Soseins" eines jeden Menschen, bis jetzt nur sehr mühsam durchsetzen. Es stellt sich die Frage, ob diese zögernde Grundhaltung auch mit einer nur halbherzigen politischen Entscheidungsbereitschaft für Integration in Zusammenhang zu bringen ist?

Obwohl viel über Eigenständigkeit, Selbstbestimmung, Menschenrechte usw. gesprochen und geschrieben wird, lässt sich die dafür notwendige Konsequenz in der Umsetzung dieser nationalen und internationalen Zielsetzungen[1] nur vereinzelt feststellen. Es fehlen auf breitester Ebene Angebote, die sich diesen Tugenden grundlegend verpflichtet fühlen. Auch die Vorgaben seitens der Fördergeber in diesem Bereich, der ein hohes Potential an Innovation für das Miteinander insgesamt beinhaltet, sind meistens ungeeignet, im Gegenteil: die Bedingungen und Anforderungen verhindern geradezu positive Entwicklungsansätze. Wir drehen uns mehr oder weniger im Kreis!

Die vorliegende Unterlage soll daher auch dazu dienen,
- dass hinkünftig Verletzungen der fundamentalen Menschenrechte auf Integration schneller erkannt und vermeidbar werden.
- Es sollen zudem starre Haltungen gegenüber neuen Entwicklungen und Reformen abgebaut werden, aber auch
- für Politiker und Entscheidungsträger als Mängelanalyse und Wegweiser zur Umsetzung der Integration fördernd sein.

3. Geschichte
1984: Ausgangssituation
Keinerlei Unterstützungsangebote für Menschen mit Behinderungen und deren Angehörige im Bezirk Reutte. Die einzige Möglichkeit war die Unterbringung in der Werkstatt der Lebenshilfe, die kurz zuvor eröffnet wurde, oder „alternativ" konnten die Kinder in eine Sonderinstitution im Zentralraum Innsbruck untergebracht werden. Dem damaligen Werkstättenleiter wurde aufgrund verschiedener Vorkommnisse vom Großteil der Elternschaft das Vertrauen entzogen und er wurde zudem als wenig kompetent wahrgenommen.

Dies führte dazu,

- dass der Werkstättenleiter nach längeren Turbulenzen abgezogen werden musste,
- drei Vorstandsmitglieder, mit der Begründung, dass sie die Verhältnisse in der Lebenshilfe Außerfern nicht länger mit ihrem Gewissen vereinbaren können, aus dem Vorstand ausgetreten sind.
- Der Bundespräsident Dr. Kirschschläger die Zusage zur offiziellen Eröffnung der Lebenshilfe Außerfern zurückzog, nachdem die Eltern mehrheitlich und nachhaltig protestierten.

Es musste ein Weg gefunden werden, diese dramatischen und unhaltbaren Zustände zu beseitigen und gleichzeitig eine Entwicklung für eine umfassende Integration der Kinder mit Behinderungen in alle Lebensbereiche mit Nachdruck einzuleiten.

Die Eltern sahen aufgrund der gravierenden Unterversorgung und im Besonderen wegen der erwähnten Missstände keinen anderen Ausweg, als selbst einen Verein (Elternverein für Behinderte) zu gründen. Es entstand eine sehr aktive und engagierte Elterninitiative. Das Ziel war, die Situation von Menschen mit „Behinderungen" im Bezirk Reutte grundlegend zu verbessern.

U. a. wurde von den Eltern folgender beachtenswerter Beschluss gefasst:

> „Niemals wieder darf es im Bezirk Reutte zu einer Situation kommen, bei der die Bürgerrechte behinderter Menschen missachtet werden und/ oder durch willkürliche Einflussnahme von außen das Recht auf Teilhabe in allen Lebensbereichen in Frage gestellt und gefährdet erscheint".

Aufgrund der gesellschaftspolitischen Bedeutung forderten die Eltern verstärkte Mitsprache in den behindertenspezifischen und in den öffentlichen Einrichtungen wie Kindergarten, Schule und in der Lebenshilfeeinrichtung. Es galt die „Energiequelle Betroffenheit" kraftvoll einzusetzen, um dadurch die Entwicklung von Zukunftsperspektiven für unsere Kinder und das Recht auf Selbst- bzw. Mitbestimmung verstärkt wahrnehmen zu können. Es wurde klar: die Elternrolle ist grundlegend wichtig und de facto nicht ersetzbar!

Die (politische) Kraft der Elternbewegung liegt vor allem:

- In ihrem authentischen Eintreten für die (Menschen-) Rechte ihrer Kinder,
- im engagierten Handeln und der furchtlosen Selbstvertretung gegenüber den Entscheidungsträgern auf verschiedensten Ebenen,
- in der aktiven und kompetenten Wahrnehmung der eigenen Verantwortung, sowie in der Übernahme von Führungsaufgaben durch betroffene „nicht professionelle" Eltern.

1985: Erste Erfahrungen mit Schulintegration

In Weißenbach wurde die erste Integrationsklasse im Bezirk Reutte begonnen.
Kommentar von Rudolf Scholten, Bildungsminister a. D. zur Schulintegration im Sprachrohr von Integration:Österreich, „betrifft:integration", Ausgabe Sept. 1992:

„In Abkehr von der bisher verfolgten Zielsetzung, in gesonderten Bildungseinrichtungen die beste mögliche Schule für behinderte Kinder zu entwickeln, sieht das Unterrichtsministerium die Entwicklung einer Schule unter Einschluss aller Kinder als zentrale Notwendigkeit zur Wahrung des Wohles behinderter wie nicht behinderter Kinder."

Emotionalität und „Nichtprofessionalität" der Eltern verschafft Freiräume im Denken und war im Kern die zentrale innovative Kraft zur Durchsetzung der Integrationsgesetze im Parlament in den Jahren 1992 und 1996.
Ohne Übertreibung kann behauptet werden, dass die Integration von Kindern mit Behinderung von maßgeblichen Bildungsexperten und -politikern als der fortschrittlichste Reformansatz im österreichischen Bildungsbereich seit vielen Jahrzehnten angesehen wird.
Ein integrativer Unterricht motiviert die Lehrpersonen zur Gestaltung eines kindzentrierten Unterrichts und ist daher für ALLE Kinder von Vorteil.
Es begünstigt im Besonderen die soziale Komponente und fördert gleichzeitig das individuelle Leistungspotential.

1989: Gründung des Vereins TAFIE-Außerfern (heute VIANOVA)

Nachdem die differierenden Auseinandersetzungen, innerhalb der gemeinsamen Lebenshilfesektion Außerfern – „Lebenshilfe Außerfern, Elternverein für Behinderte" – über Jahre andauerten, wurde der eigenständige Verein TAFIE-Außerfern (VIANOVA) gegründet.
In dieser frustrierenden und ermüdenden Diskussion drehte sich im Wesentlichen alles immer „nur" um das (berechtigte) Anliegen einer großen Mehrheit der Eltern im Bezirk Reutte, ihre Kinder integrieren zu können, anstatt sie in eine Sonderinstitution mit der üblichen „Schonraumsituation" zu geben. Die Lebenshilfe war zu diesem Zeitpunkt ganz klar gegen Integration.
Obwohl die engagierte Arbeit des Vereins TAFIE-Außerfern (VIANOVA) immer wieder auf massiven Widerstand – der von den Betroffenen schwer nachvollziehbar war – seitens maßgeblicher Behördenvertreter und politischer Entscheidungsträger stieß, ließen sich die Vereinsmitglieder nicht davon abbringen, den Weg der Integration konsequent weiter zu entwickeln.
Mit Beginn des Schuljahres 1997/98 wurde die Sonderschule stillgelegt.

Seit Jahren nimmt der Bezirk Reutte insbesondere im Bezug auf Schulintegration eine europaweite Vorreiterrolle ein. Jedes Kind, jeder/jede Jugendliche besucht die Schule, die er/sie besuchen würde wenn er/sie keine Behinderung hätte.

Aufgrund der Schulintegration für alle Kinder und Jugendlichen entstand mehr und mehr die Notwendigkeit, allen jungen Menschen, unabhängig von Art und Schwere der „Behinderung", auch im nachschulischen Bereich Unterstützungsangebote für ein selbstbestimmtes, normalisiertes Leben zu bieten.

Dies war für den Verein VIANOVA Ausgangspunkt, im Jahr 2001, gemeinsam mit vier weiteren Einrichtungen die Entwicklungspartnerschaft MIM im Rahmen der europäischen Gemeinschaftsinitiative EQUAL zu beantragen.

Ziel der Partnerschaft war die Entwicklung innovativer Ansätze und Angebote, um berufliche Integration und damit auch ein selbstbestimmtes und selbstständiges Leben allen Menschen mit „Behinderungen" zu ermöglichen. (…)

All dies muss einhergehen mit der Entwicklung von „Advokatorischer Assistenz"[2] für Menschen mit einer so genannten geistigen und/oder (schweren) Mehrfachbehinderung, damit wir einer Gesellschaft ohne Aussonderung wirklich näher kommen können. (MIM 2005, 3).

Georg Feuser schreibt dazu: „advokatorisches Handeln sehe ich als ein Handeln, das Menschen Möglichkeiten schaffen soll, alternativ handeln zu können, ohne zu bestimmen, wie sie zukünftig zu handeln haben, wenn sie dazu befähigt sind. Derart ist advokatorisches Handeln mit auf Selbstbestimmung und Autonomie angelegter Assistenz zu vereinbaren, …"

4. Vereinsziele

Wollen wir die gleiche Würde eines jeden Menschen auf Grund seines Menschseins ernst nehmen, bewegen wir uns in einem Spannungsfeld zwischen der Vision einer inklusiven Gesellschaft und deren Verwirklichung im Alltag.

Es ist unverzichtbar, sich einer ständigen Auseinandersetzung, Reflexion und Diskussion zu stellen, wenn wir die gesellschaftlichen Rahmenbedingungen so gestalten wollen, dass die Grundwerte nachhaltig gesichert sind und nicht nur geduldige Buchstaben auf Papier darstellen.

Niemand durch bewusste Aggression auszuschließen garantiert noch lang nicht, dass allen Menschen jener Respekt entgegengebracht wird, der ihnen aufgrund ihres Menschseins zusteht. Nicht beachtet zu werden, nicht als Person wahrgenommen zu werden, deren Anwesenheit etwas bedeutet, ist mindestens ebenso schlimm. Solange wir mit einem Teil der Menschen so umgehen, dass ihre Teilhabe als Belastung gesehen wird und sie deshalb „gesonderter" Einrichtungen bedürfen, machen wir Respekt zu einem knappen Gut, als ob es nicht genug von diesem Stoff gäbe. Wobei die Frage ungeklärt bleibt, warum auf diesem Gebiet Knappheit herrscht. Oder bekommt man Respekt erst, wenn man ihn sich durch Wohlverhalten und „normierte Leistungsfähigkeit" verdient hat?

Der Elternverein VIANOVA sieht es als seine Aufgabe, Unterstützungsangebote für Menschen mit so genannten Behinderungen zu entwickeln. Der Respekt vor den individuellen Bedürfnissen, Möglichkeiten und Interessen jeder Person steht im Mittelpunkt. Dabei ist es notwendig, die Hindernisse und Geröllhalden im alltagspraktischen Handeln ernst zu nehmen, damit wir nicht Gefahr laufen, Angebote zu schaffen, die rein pragmatisch und routiniert dem Selbstzweck dienen.

Die Kraft unserer Vision einer inklusiven Gesellschaft dient als Leitstern, um starr gewordene gesellschaftliche Rahmenbedingungen aufzuweichen und so zu verändern, dass die Teilhabe aller Menschen in allen Bereichen des täglichen Lebens selbstverständliche Voraussetzung für das soziale Miteinander ist.

5.   Angebote von VIANOVA

a)   Beratung:

Die Beratungsstelle von VIANOVA ist Anlaufstelle für alle, die Informationen zu den Themen Integration im Allgemeinen, Kindergarten und Schulintegration, berufliche Eingliederung, Begleitungsangebote, Möglichkeiten der Freizeitgestaltung, der Fort- und Weiterbildung und Vernetzung der sozialen Infrastruktur wünschen.

In der Beratungsstelle können je nach Wunsch bzw. Situation die notwendigen Unterstützungen besprochen, geklärt und organisiert werden. (vgl. KÖCK 2004)

b)   Advokatorische Assistenz

Advokatorische Assistenz ist u. a. eine Kombination aus ambulanter Betreuung und psycho-sozialer Unterstützung. Art und Umfang der Unterstützung entwickeln sich aufgrund individueller Bedürfnisse, Möglichkeiten und Fähigkeiten. Der Blick richtet sich auch auf Familien und die erweiterten Systeme im sozialen Umfeld.

Ausgehend von der Situationsanalyse werden konkrete und individuelle Betreuungskonzepte erstellt und in den einzelnen Begleitsituationen regelmäßig reflektiert und gemeinsam weiter entwickelt.

Advokatorische Assistenz wird in sämtlichen Bereichen des täglichen Lebens angeboten, wie: Arbeit, Wohnen, Freizeit, Existenzsicherung, Vertretung bei Ämtern und Behörden, Körperpflege und Gesundheit und in persönlichen Krisensituationen. (vgl. VIANOVA 1999)

„Advokatorisches Handeln sehe ich als ein Handeln, das Menschen Möglichkeiten schaffen soll, alternativ handeln zu können, ohne zu bestimmen, wie sie zukünftig zu handeln haben, wenn sie dazu befähigt sind. Derart ist advokatorisches Handeln mit auf Selbstbestimmung und Autonomie angelegter Assistenz zu vereinbaren, ... (vgl. Georg Feuser/ BIDOK).

c) Clearing

„Der Übergang von der Schule in das Arbeitsleben stellt für viele Menschen eine schlagartige Veränderung der Lebenssituation dar. Es gilt, die Entwicklungsaufgaben im Spannungsfeld zwischen persönlicher Lebensplanung und gesellschaftlicher Anforderung zu bewältigen.
Zielgruppe sind junge Menschen mit körperlicher, geistiger, psychischer Sinnes- und Lernbehinderung, aber auch emotional und sozial gehandikapte Jugendliche, die bei der Eingliederung ins Erwerbsleben mit besonderen Schwierigkeiten rechnen müssen.
Mobile Clearing-Teams werden mit der Aufgabe betraut, im letzten bzw. vorletzten Schuljahr die individuellen Voraussetzungen, Neigungen und Fähigkeiten des behinderten Jugendlichen festzustellen und Hilfestellungen unter anderem in Form von Informationen, Beratung, Betreuung und Praktikumsbegleitung zu leisten. Gemeinsam mit dem Jugendlichen, seinen/ihren Eltern, Lehrern und Arbeitsmarktexperten wird als Abschluss der Maßnahme ein individueller „Karriereplan" (Integrationsplan) entwickelt und vereinbart.
Die hierfür notwendigen Handlungsfelder, die einen Eintritt ins Berufsleben erleichtern sollen, wurden in enger Zusammenarbeit zwischen Bundesministerium für soziale Sicherheit, Generationen und Konsumentenschutz und dem Bundesministerium für Bildung, Wissenschaft und Kultur beschrieben". (BUNDESMINISTERIUM FÜR SOZIALE SICHERHEIT, Generationen und Konsumentenschutz 2002, 9)

d) Jugend – Arbeitsassistenz

Das Recht auf Arbeit ist ein grundlegendes Menschenrecht, von dem auch Menschen mit „Behinderungen" nicht ausgeschlossen werden dürfen.
Arbeit ist eine individuell Sinnmachende Tätigkeit für Arbeitnehmerinnen und Arbeitnehmer sowie für Arbeitgeberinnen und Arbeitgeber, genauso wie für selbständig arbeitende Menschen. Arbeit soll sich im sozialen Raum (bspw. eines Unternehmens) ereignen.
Das Konzept beinhaltet Beratung, Vermittlung, Jobcoaching und Begleitung durch Arbeitsassistenz. Dieser Ansatz ist Grundlage des Angebotes.
Kernstück der Maßnahmen sind Praktika in Betrieben des allgemeinen Arbeitsmarktes, begleitet von einer Jobcoachin oder einem Jobcoach

werden die Praktikanten mit „Behinderungen" am betrieblichen Arbeitsplatz nach den individuellen Erfordernissen unterstützt und qualifiziert. Die Assistenz kann bereits bei der Jobsuche beginnen oder als Begleitungs- und Unterstützungsmaßnahme in Anspruch genommen werden. Bei der Arbeitsassistenz besteht keine zeitliche Begrenzung, sie ist bedarfsorientiert einsetzbar.

Als Service für Unternehmen werden diese vom Verein VIANOVA über alle anfallenden rechtlichen, finanziellen oder fachlichen Fragen informiert und unterstützt.

Die Arbeitsassistenz sorgt auch für die Vernetzung zwischen Arbeitgeberin oder Arbeitgeber und allen beteiligten Förderstellen wie AMS, Bundessozialamt oder Land Tirol (vgl. VIANOVA 1999, 8)

e)   Berufsausbildungsassistenz

Bei der Berufsausbildungsassistenz steht immer die Jugendliche oder der Jugendliche im Alter zwischen dem 15. - 24. Lebensjahr im Mittelpunkt. Die Eltern, die Schule, sowie die Wirtschaft werden intensiv miteinbezogen.

Je nach Situation und den Wünschen der Jugendlichen bestehen zwei Möglichkeiten, eine integrative Berufsausbildung zu machen:

Entweder die um ein oder zwei Jahre verlängerte Lehre, in welcher die Ausbildungsinhalte aufgeteilt werden, um eine Überforderung zu verhindern oder die Teilqualifikation. Bei dieser wird nur ein bestimmter Teil des Lehrinhaltes herangezogen.

Durch einen individuellen Lehrplan, der von der Berufsschule erstellt wird, wird das Berufsbild auf die Fähigkeiten der Person zugeschnitten. Wenn das individuelle Lehrziel am Beginn zu eng gefasst wurde, kann es erweitert werden.

Um zu positiven Ergebnissen zu kommen, wird die Assistenz exakt und vielschichtig organisiert. Die Unterstützerinnen und Unterstützer von VIA-NOVA erfüllen die verschiedensten Aufgaben:

die Sicherstellung einer geklärten Ausgangssituation vor Beginn der integrativen Berufsausbildung zählt ebenfalls dazu wie die Koordination, Vernetzung und Kooperation mit Lehrbetrieben, Berufsschulen, Schulbehörden und sonstigen für die integrative Berufsausbildung relevanten Einrichtungen sowie die Unterstützung bei behördlichen Angelegenheiten.

Weiter gehört die Verantwortung bei der Arbeitsplatzsuche und die Beratung der Betriebe über Förderungen dazu.

Für einen langfristigen Erfolg entscheidend ist die langfristige Begleitung der Betriebe und Kooperationen während der Ausbildung. (vgl. RESPEKT 2004, Ausg. 2, 5)

f)   Persönliche Zukunftsplanung

Durch vielfältige Methoden sollen Jugendliche mit „Behinderungen" bereits vor ihrem Schulabgang Ideen über ihr weiteres Leben und ihre berufliche Zukunft entwickeln. Dafür wird ein so genannter Unterstützerkreis gebildet, der sich aus Personen zusammensetzt, welche der/die Jugendliche auswählt. Die unterstützenden Personen treffen sich regelmäßig mit der Jugendlichen oder dem Jugendlichen, um Zukunftsperspektiven und konstruktive Lösungen zu auftretenden Problemen zu entwickeln. Die Wünsche und Fähigkeiten der einzelnen Personen können in dieser intensiven Auseinandersetzung erkannt werden und bilden u. a. die Grundlage für dessen berufliche Zukunft. Bis zum Schulaustritt sollte die Zukunftsplanung soweit fortgeschritten sein, dass ein relativ klares Bild entstanden ist, welche Form von Begleitung für den Einstieg in den ersten Arbeitsmarkt notwendig sein wird. (vgl. KÖCK 2004)

g) Job-creation
Durch Unterstützung eines Job-creators kann ein Scheitern bei der Vermittlung auf dem Arbeitsmarkt an den mangelnden Informationen und problemorientierten Vorstellungen der Arbeitgeberinnen und Arbeitgeber weitgehend verhindert werden. Die Job-creatoren beraten die Arbeitgeberinnen und Arbeitgeber und versuchen mit diesen gemeinsam einen Arbeitsplatz an die in Frage kommende Person anzupassen. Diese Adaptierung kann von kleinen organisatorischen Umstrukturierungen bis zur Entwicklung neuer Tätigkeitsfelder im Betrieb reichen. (ebd.)

h) Jobcoaching
„Aufgrund der schwierigen Arbeitsmarktsituation von Menschen mit „Behinderungen" startete die Bundesregierung 2001 eine Beschäftigungsoffensive zur beruflichen Eingliederung dieser Personengruppe. Die Finanzierung erfolgt aus der im Budget enthaltenen "Behindertenmilliarde". Viele Menschen mit „Behinderungen" sind arbeitslos. Daher hat im Zentrum der Maßnahmen für diese Gruppe die berufliche Integration zu stehen. Da aber eine erfolgreiche Eingliederung in das Erwerbsleben ein entsprechendes soziales Umfeld voraussetzt, sind auch Schritte in diese Richtung notwendig.
Als Zielgruppen der Maßnahmen sind insbesondere „behinderte" Jugendliche mit sonderpädagogischem Förderbedarf, „Lernbehinderte", sowie sozial und emotional gehandicapte Jugendliche, ältere Menschen mit „Behinderungen", Menschen mit psychischen Einschränkungen, geistigen „Behinderungen" und Sinnesbehinderungen vorgesehen. Trotz dieser Schwerpunktsetzung sollen aber keinesfalls andere Gruppen von den Eingliederungsmaßnahmen ausgeschlossen werden. Es sind somit alle Menschen mit „Behinderungen" in diese Maßnahmen einzubeziehen, bei denen davon ausgegangen werden kann, dass es gelingt, sie mit entspre-

chender Hilfestellung in den Arbeitsmarkt, zumindest mittelfristig, einzugliedern bzw. wieder einzugliedern.

Die Maßnahmen zur Integration umfassen unter anderem: Integrationsbeihilfen mit befristeter Übernahme der Lohnkosten, Entwicklung von Projekten der begleitenden Hilfe am Arbeitsplatz (Jobcoaching), Aufbau von Nachreifungsprojekten für behinderte Jugendliche, Arbeitsplatzsicherungsbeihilfen für ältere behinderte Menschen, verstärkter Ausbau von Qualifizierungs- und Beschäftigungsprojekten und eine Reihe von begleitenden Maßnahmen wie z.b.

- die Schaffung eines Unternehmer-Service als Dienstleistung für Arbeitgeberinnen und Arbeitgeber zur Beratung,
- der Auf- und Ausbau der Arbeitsassistenz,
- eine verstärkte Förderung der behindertengerechten baulichen und technischen Ausstattung von Betrieben und Arbeitsplätzen und
- vieles andere mehr. (BASB 2004, Online im Internet)

6. Grundlage für eine „neue" Arbeitsweise

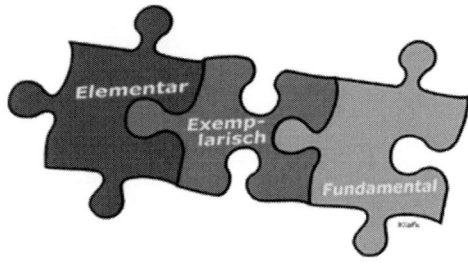
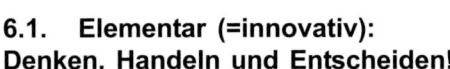

„Allem auf den Grund gehen, um allen gerecht zu werden!"
Heike Meier-Egli

6.1. Elementar (=innovativ): Denken, Handeln und Entscheiden!

- Jede neu zu beginnende Tätigkeit (Projekt) wird auf das Elementare überprüft, um heraus zu finden, was dem Kinder- / Elternnutzen und der Kompetenzentwicklung der VIANOVA - Mitarbeiter in einem situationsbezogenen Gesamtkontext am besten dienlich ist.
- Eine „Elementare Arbeitsweise" ist einem ganzheitlichen Ansatz verpflichtet und vermeidet jede noch so „logische Ausrede".
- Beim Elementaren Denken, Handeln und Entscheiden werden Kinder mit einer so genannten schwer-mehrfach Behinderung in keiner Weise ausgeschlossen, im Gegenteil: diese Menschen stehen im Mittelpunkt aller Überlegungen.

221

6.2. Exempel – mit Bildern überzeugen!

- Die Schwierigkeit bei der Umsetzung:
Die größte Hürde, dass überzeugende Bilder überhaupt entstehen können, ist unsere eigene Hilflosigkeit und das geringe Vorstellungsvermögen.

- Die Praxis zeigt, der effektivste Weg, um zu authentischen Bildern zu gelangen, ist der persönliche Dialog im direkten Kontakt mit dem behinderten Menschen.
- Um kommunikative Fähigkeiten zu entwickeln braucht es eine intensive Auseinandersetzung mit der betroffenen Person. In diesem Prozess entstehen höchstes anwendbares Wissen und neue wertvolle Erkenntnisse für das Zusammenleben aller Menschen.

6.3. Fundamental!

- Der Aufbau und die stabile Gestaltung von individuellen Lebensperspektiven benötigen sehr konkrete und verbindliche, aber trotzdem in einem hohen Ausmaß flexible Verantwortungsträger.

- Zentral ist die Sicherheit einer umfassenden Assistenz, sowie qualitativ hochwertige Kompetenzen für die unterstützende Assistenzleistung. So wird die Möglichkeit geschaffen, dass die betroffene Person in ihrer individuellen Situation in die Lage versetzt wird, ihren Alltag weitest gehend selbst bestimmt zu gestalten.

7. Netzwerk VIANOVA

Welches Rad dreht das nächste und das …!

Bedürfnisorientierte, situationsbezogene und professionelle Unterstützung – im Sinne von „das Elementare zuerst" – erfordert unabdingbar eine vernetzte Dialogstruktur unter Einbezug des sozialen Lebensumfeldes des Klienten.

Eine solche Vorgehensweise ist hilfreich bei der existentiell wichtigen Kommunikation und unterstützt dadurch in verstärktem Ausmaß die Entwicklung der individuellen Lebensperspektive.

## 8.	Keine Kompromisse bei den Menschenrechten

Integration ist ein fundamentales Menschrecht. Dies erfordert großen Respekt vor der Würde der betroffenen Kinder, Jugendlichen, Erwachsenen. Voraussetzung für eine erfolgreiche Zusammenarbeit zwischen AssistentIn und der Person mit Behinderung ist eine äußerst grundlegende und konsequente Handlungsweise. Im Grunde geht es um Qualität in der Kommunikation, motivierenden Anregungen im Tun und der Erarbeitung einer zufriedenstellenden Zukunftsperspektive.

Immer wieder müssen wir unser eigenes Tun reflektieren und an die Bedürfnisse der Menschen mit Behinderungen bzw. der Menschen in schwierigsten Lebenssituationen im Sinne advokatorischen Handelns anpassen und gegebenenfalls verändern.

In der Auseinandersetzung mit den politisch Verantwortlichen, Behördenvertretern, Fördergebern ist es uns nicht gestattet in irgendeiner Form das Recht auf volle und unteilbare Teilhabe zuverhandeln. Niemals können wir einer Vorgehensweise die dieses existentielle Bürgerrecht nicht respektiert zustimmen.

---

1 Aufgrund der Zustimmung und Ratifizierung durch Österreich, sind diese Vorgaben als Österreichischer Rechtsbestand zu betrachten und daher zumindest auf der politischen moralischen Ebene als verbindlich zu respektieren
2 htttp:/bidok.uibk.ac.at/library/feuser-advokat.html#id2768605

Heinz Forcher, VIANOVA, Reutte, Österreich

Nehmt eure Schule unter die PISA-Lupe!
Detlef Träbert

> „So ist es doch besser,
> der Jugend in größerem Kreise
> **gemeinsam**
> Unterricht zu erteilen."

So heißt es bereits in der didactica magna von Johann Amos Comenius, dem großen Pädagogen des 17. Jahrhunderts (Hervorhebung von mir; D.T.). Doch anstatt Comenius zu folgen, pflegt die Bildungspolitik in allen deutschen Bundesländern ein hochselektives Schulsystem, das die Schülerinnen und Schüler bereits im Alter von 10 Jahren in die verschiedenen weiterführenden Schularten verteilt – so früh wie in keinem anderen Staat Mittel-, West- und Nordeuropas außer Österreich. Mit Fug und Recht kann man Schule in Deutschland als ein System des Scheiterns bezeichnen:
- Zurückstellen bei der Einschulung
- Klassenwiederholungen
- Überweisungen auf eine Schule für Lernbehinderte
- Übergang auf eine weiterführende Schule
- Schulformwechsel in eine weniger anspruchsvolle Schulform
- Verlassen der Schule ohne Abschluss.

Damit es kein Missverständnis gibt: Diese Kritik ist keine Kritik an einzelnen Schulen oder Lehrkräften, sondern am System. Wir haben viele humane Schulen, aber noch lange nicht die humane Schule. Jörg Ramseger (FU Berlin) schrieb in „Grundschulverband aktuell" 11/2004: „Die Finnen haben ein Grundmotiv: Man darf Kinder nicht beschämen. (...) Die deutsche Gesellschaft hat ein anderes Grundmotiv, es ist unser gesellschaftliches Verständnis von Schule: frühzeitig auslesen, damit, die klug sind, von den anderen nicht so lange gebremst werden. Damit machen wir genau das, was die Finnen und Dänen nicht machen: Wir beschämen die negativ ausgelesenen und wir lassen viele zurück."

Was ist die PISA-Lupe?

Die Schulphilosophie Finnlands beruht auf folgenden Grundgedanken:
- Niemand bleibt zurück.
- Niemand wird beschämt.
- Jeder wird geachtet.
- Auf den Anfang kommt es an.
- Die Schule sorgt gut für alle.
- Drei Lehrer hat ein Kind:
  - andere Kinder,
  - die Lehrerinnen und Lehrer sowie
  - den Schulraum.

Auch im begrenzten Rahmen eines selektiven Schulsystems können die Beteiligten jeder konkreten Schule versuchen, dieser Philosophie zu folgen. Dazu müssten sie ihre Schule, die Beziehungen und Vorgänge darin, genau betrachten, wie mit einem entsprechend fokussierten Vergrößerungsglas. Sie können sie also unter die PISA-Lupe legen. Materiell ist die PISA-Lupe ein Faltblatt der „Initiative Länger gemeinsam lernen". Dieses bundesweite, von Grundschulverband und Gesamtschulverband gegründete Bündnis wird aktuell unterstützt von AHS (Aktion Humane Schule), BER (Bundeselternrat), DGLS (Deutsche Gesellschaft für Lesen und Schreiben), DKHW (Deutsches Kinderhilfswerk), GEW (Gewerkschaft Erziehung und Wissenschaft), vds (Verband Sonderpädagogik e.V.), Elterninitiative SINN e.V., Arbeitskreis der Gesamtelternbeiräte Baden-Württemberg, LER (Landeselternrat für Gesamtschulen in NRW), Bielefelder Initiative ‚Eine Schule für alle', Freinet-Kooperative e.v., LSV NRW (Landesschülervertretung Nordrhein-Westfalen), Stadtelternrat Oldenburg, Initiative Länger gemeinsam lernen Baden-Württemberg, ElFER e.V. (Elterninitiative für Integration und zur Förderung entwicklungsverzögerter Kinder); Runder Tisch Gemeinschaftsschule Berlin (Stand: Januar 2008).

Das gemeinsam erarbeitete Faltblatt dient der Förderung eines Mentalitätswandels:

• Lehrerinnen und Lehrer handeln nach den oben beschriebenen Grundgedanken des finnischen Schulsystems.
• Schülerinnen und Schüler erleben dabei: „Die Schule sorgt gut für uns; sie ermöglicht es uns, erfolgreich zu lernen."
• Eltern erfahren, dass die Nicht-Aussonderung sowohl den Bildungsgang als auch die Persönlichkeitsentwicklung ihrer Kinder fördert.

Ideell ist die PISA-Lupe schlicht ein anderer Maßstab bei der Bewältigung der ohnehin geforderten Schulentwicklung. Lehrkräfte, Schüler und Eltern können mit ihrer Hilfe die Arbeit am Schulprogramm neu fokussieren. Es geht zuallererst um die Schülerinnen und Schüler, ihre Bedürfnisse, ihre Lernentwicklung. Letztlich hilft die PISA-Lupe dabei, so konkrete Ziele wie die Organisation individuellen Förderns oder die Reduzierung der Sitzenbleiber-Quote zu verwirklichen.

Über das konkrete Schulleben hinaus ist die PISA-Lupe aber auch ein Instrument, mit dem das (bildungs-)politische Denken geschärft wird. Sie „ist ein begrenztes Instrument. Sie erspart uns nicht die Debatte um die frühe Auslese und die Schulstruktur. Aber sie kann am Beispiel der Einzelschule zeigen, dass individuelle Förderung und innere Differenzierung – Respekt, Unterstützung, Förderung, Demokratie – durch schulinterne Maßnahmen vorangebracht werden können, aber gerade dadurch auch an ihre Grenzen stoßen.

Diese Grenzen sind politisch – im regionalen Bündnis – auf den Punkt zu bringen. Dann wird es um so schwerer, sie als ‚ideologisch' abzuwerten" (Ulf Preuss-Lausitz).

Mit der PISA-Lupe arbeiten

Was können wir denn nun als Lehrer/-innen, Erzieher/-innen, Schüler/-innen und Eltern konkret tun, damit sich die Dinge verändern – an unserer Einrichtung, in unserer Region? Es geht doch schließlich um Folgendes:

- Die Leistungen in allen Kompetenzbereichen müssen und können besser werden, in der Spitze, an der Basis und in der Gesamtheit.
- Die Chancengleichheit von Kindern unterer Sozialschichten beim Bildungserfolg muss gesteigert werden.

Ein Weg zu diesen Zielen kann es sein, wenn Sie Ihre Schule daraufhin untersuchen, ob in ihr „finnisches Denken" verwirklicht ist:

- Werden die oben zitierten Grundsätze der finnischen Schulphilosophie an unserer Schule verwirklicht? Oder wollen wir sie überhaupt verwirklichen?
- Wie wollen wir deren Vorkommen im Alltag unserer Schule feststellen?
- Welches Lehrer- und Elternverhalten an unserer Schule entspricht diesen Prinzipien?
- Welches Verhalten widerspricht ihnen? Beispiele dazu sammeln.
- Wie können wir effektiv und respektvoll Annäherungen an diese Prinzipien erreichen?

Die Frage der sozialen Chancengerechtigkeit sollte nicht nur auf der gesellschaftlichen Ebene diskutiert werden, sondern gerade auch auf der Ebene der eigenen Schule. Der Zusammenhang zwischen Schulerfolg und sozialer Herkunft von Kindern/Jugendlichen kann mit Fragen wie den folgenden untersucht werden:

- Welchen sozialen Hintergrund haben unsere Schülerinnen und Schüler?
- Wie viele von ihnen haben einen Migrationshintergrund?
- Wie viel Prozent der verschiedenen Gruppen erreichen welche Empfehlungen zum Übergang in die weiterführenden Schulen oder welche Abschlüsse am Ende der Sekundarstufe I?
- Wie viel Prozent von ihnen bleiben sitzen oder werden auf Sonderschulen überwie-sen?
- Wie viel Prozent von ihnen gehen in welches Fachleistungsniveau?
- Gibt es auffallende Unterschiede zwischen den Gruppen?

- Wie deuten wir diese Ergebnisse? Wollen wir andere Ergebnisse erreichen?

Es kommt darauf an, bekannte Sozialdaten und das Wissen über die Herkunft der Schülerinnen und Schüler verantwortungsvoll zu nutzen. Darüber hinaus bleiben die Schulbehörden in der Pflicht, alle Sozialdaten zu erheben und bereit zu stellen, die für das Erreichen von mehr sozialer Chancengleichheit in der Schule erforderlich sind.

Der erste Schritt besteht also im genauen Hinschauen, im Objektivieren von Sachverhalten, die man im Alltag eher gefühlsmäßig „verifiziert". Danach kommt das Klären von kurz-, mittel- und langfristigen Zielvorstellungen, wenn möglich unter Beteiligung der Schüler- und Elternschaft. Und schließlich braucht man Ideen zur Erreichung der Zielvorgaben sowie Instrumente zur Realisierung einer stärker schülerorientierten Schulphilosophie. Dafür kann die PISA-Lupe kein fertiges Konzept anbieten, denn entscheidend ist der innerschulische Prozess der Entwicklung. In jeder Schule kann eine solche Betrachtung wertvolle Erkenntnisse liefern. Jede (Teil-)Gruppe der Schule kann sie anregen. Überall ist der Einstieg möglich. Jederzeit kann damit begonnen werden. Gemeinsame Verantwortung für das Lernen kann entstehen.

Die „Initiative Länger gemeinsam lernen" sammelt und dokumentiert Erfahrungen unter www.laenger-gemeinsam-lernen.de. Dort finden Interessierte erste Hilfen/Instrumente zur Unterstützung ihres Schulentwicklungs-Prozesses zum Download. Vor allem aber bietet diese Internetpräsenz einen Überblick über die bundesweite Entwicklung der Idee „Eine Schule für alle" und reichlich Materialien zum Thema. Einige Mitglieder der Initiative stehen als Vortrags- oder Fortbildungsreferenten (nicht nur) zur PISA-Lupe bereit.

Schulentwicklung mit der PISA-Lupe heißt für den konkreten Schulalltag konsequenterweise, mit Heterogenität umzugehen. Anregungen und Materialien dazu findet man auf www.netzwerk-heterogenitaet.de. Dieses „Netzwerk Lehren und Lernen in heterogenen Gruppen" der GEW (Gewerkschaft Erziehung und Wissenschaft) kooperiert mit der „Initiative Länger gemeinsam lernen".

Und schließlich finden Interessierte Informationen zum Thema auf der Internetpräsenz www.aktion-humane-schule.de (Rubrik „Themen", Punkt „Länger gemeinsam lernen").

Dipl.-Päd. **Detlef Träbert** ist Vorsitzender des Bundesverbandes Aktion Humane Schule e.V

Schubs® - Schulberatungsservice - Dipl.-Päd. Detlef Träbert
Rathausplatz 8, 53859 Niederkassel - Tel.: 0 22 08 / 90 19 89, Fax: 90 99 43
E-Mail: info@schulberatungsservice.de Internet: ww.schulberatungsservice.de

Kinderrechte - auch für Kinder mit Behinderungen
Sibylle Hausmanns

„Im Sinne dieses Übereinkommens ist ein Kind jeder Mensch, der das achtzehnte Lebensjahr noch nicht vollendet hat,…" stellt die UN-Kinderrechtskonvention in ihrem Artikel 1 lapidar fest. Sie wurde 1989 von den Vereinten Nationen verabschiedet. 1992 trat die Bundesrepublik bei und übernahm damit die völkerrechtliche Verpflichtung, die Konvention auch umzusetzen. Im Artikel 2 heißt es: „Die Vertragsstaaten achten die in diesem Übereinkommen festgelegten Rechte und gewährleisten sie jedem ihrer Hoheitsgewalt unterstehenden Kind ohne jede Diskriminierung…", z. B. wegen einer Behinderung. Zu diesen Rechten gehören Leben, Überleben, Entwicklung (Artikel 6), eine eigene Identität (Artikel 8), Gesundheitsfürsorge (Artikel 24), Bildung und Erziehung (Artikel 28/29), Ruhe, Frieden, aktive Erholung, Teilnahme am kulturellen und künstlerischen Leben (Artikel 31). Die Vertragsstaaten verpflichten sich, diese Rechte unter Ausschöpfung der verfügbaren Mittel sicherzustellen (Artikel 4), und bei allen Maßnahmen, die Kinder betreffen, das Wohl des Kindes in den Vordergrund zu stellen (Artikel 3). Kinder sollen dazu frei ihre Meinung äußern können und in allen sie betreffenden Angelegenheiten gehört werden (Artikel 12). Kinder mit Behinderungen haben Anrecht auf besondere Unterstützung zur „möglichst vollständigen sozialen Integration und individuellen Entfaltung" (Artikel 23).

Die Bundesarbeitsgemeinschaft Gemeinsam leben – gemeinsam lernen ist ein Selbsthilfeverband von Eltern behinderter und nicht behinderter Kinder, gegründet 1985 als loser Zusammenschluss der damaligen 11 Landesarbeitsgemeinschaften und seit 2001 eingetragener Verein. Seit 2003 betreiben wir ein Projektbüro in Frankfurt, das die Arbeit der inzwischen 13 Landesarbeitsgemeinschaften vernetzt und koordiniert und gemeinsame Themen auf Bundesebene vertritt.
Zurzeit beschäftigen wir uns schwerpunktmäßig damit, wie Kinderrechte auch für Kinder mit Behinderungen umgesetzt werden können. Wir müssen dabei drei Felder betrachten, auf denen Umbrüche stattgefunden haben oder gerade stattfinden:
1. Der Behinderungsbegriff hat sich seit der Änderung des Art 3 des Grundgesetzes 1994 („Niemand darf wegen einer Behinderung benachteiligt werden.") gewandelt. 1999 änderte die Weltgesundheitsorganisation WHO ihre Definition von Behinderung (siehe Kasten), sodass noch deutlicher wurde, dass Behinderung überwiegend als Produkt von gesellschaftlichen Verhältnissen entsteht. Dadurch wird der Abbau von Behinderungen zu einer gesamtgesellschaftlichen Aufgabe, Behinde-

rung ist nicht länger das persönliche Problem der Betroffenen. Die Gesetzgebung trug dem mit dem Sozialgesetzbuch IX, den Gleichstellungsgesetzen des Bundes und der Länder sowie mit dem Allgemeinen Gleichbehandlungsgesetz Rechnung. Leitbegriffe sind Teilhabe und Selbstbestimmung. Die UN-Konvention über die Rechte behinderter Menschen, die die Bundesrepublik unterzeichnet, aber noch nicht ratifiziert hat, schreibt völkerrechtlich einen Anspruch auf Inklusion in allen Lebensbereichen fest.

2. Die UN-Kinderrechtskonvention betont den Subjektcharakter von Kindern, das heißt, Kinder sind Träger eigener Rechte, über die die für sie Verantwortlichen nicht gegen ihren Willen verfügen können. Mit der Änderung des § 1631 BGB im Jahr 2000 etwa wurde das Recht auf gewaltfreie Erziehung festgeschrieben, mit der Änderung des SGB VIII sind Kinder und Jugendliche an allen sie betreffenden Entscheidungen altersgemäß zu beteiligen. Die Kinderrechtskonvention, und damit der Subjektcharakter des Kindes, ob nun behindert oder nicht, soll auch im Bereich der schulischen Bildung handlungsleitend sein, wie die Kultusministerkonferenz im März 2006 beschlossen hat.

3. Die Bildungsdebatte ist in der Bundesrepublik nach Pisa neu entflammt und vom Besuch des UN-Sonderberichterstatters für das Menschenrecht auf Bildung, Munoz, im Jahr 2005 verstärkt worden. Im Mittelpunkt stehen sozial ungleiche Bildungschancen, bis hin zu Diskriminierung z. B. von Kindern mit Behinderung. Kleinster gemeinsamer politischer Nenner ist das Schlagwort „Umgang mit Heterogenität" – Abkehr von der Illusion der homogenen Lerngruppe -, allerdings ohne am viergliedrigen Schulsystem zu rütteln. Im Gegenteil: Immer noch wird die Selektivität des Systems als besonderes Qualitätsmerkmal verkauft. Allerdings mehren sich die kritischen Stimmen, nicht nur von Elternseite, auch von Lehrerinnen und Lehrern, von Schülerinnen und Schülern, aus der Wissenschaft und selbst aus der Wirtschaft.

Erstaunlich ist, dass die Bildungsdebatte relativ losgelöst von Fragen des Menschenrechtes auf Bildung geführt wird. Dabei kommt ihm im internationalen Diskurs eine hohe Bedeutung zu, ist es doch eins der „empowering rights", also der Rechte, die zur Wahrnehmung anderer Rechte, zu Selbstbestimmung und Teilhabe erst befähigen. Der General Comment zum Vertrag über die wirtschaftlichen, sozialen und kulturellen Rechte von 1976 nennt vier Kriterien für die Umsetzung des Rechtes auf Bildung: Verfügbarkeit, Zugänglichkeit, Annehmbarkeit und Anpassbarkeit. Verlangt ist, dass Bildung tatsächlich ohne Diskriminierung jedem/r angeboten wird und ohne physische, kommunikative, soziale oder weltanschauliche Barrieren wahrgenommen werden kann, von Kindern und Eltern akzeptiert wird und dem sich verändernden gesellschaftlichen Kontext entsprechend an die Lebenswelt der konkret vorgefundenen Kinder angepasst wird. Die Kinderrechtskonvention macht das Kind zum Träger dieser Rechte. Unser Grundgesetz kennt kein Recht auf Bildung, sondern unterstellt in Artikel 7,1 das Schulwesen der Staatsaufsicht, schreibt in Artikel 6,2 das Elternrecht fest und delegiert in Artikel 91b das Bildungswesen an die Länder. Das Kind als Rechtssubjekt kommt nicht vor. Selbst der zurzeit laufende Vorstoß, die Kinderrechte ins Grundgesetz aufzunehmen, erwähnt das Recht auf Bildung nicht ausdrücklich. „Rücksichtnahme" auf die Länder, die einer Grundgesetzänderung im Bundesrat zustimmen müssten? Tatsächlich würde eine Erwähnung an dieser Stelle unmissverständlich den Zusammenhang zu den Völkerrechtsverträgen herstellen, den Bund wieder sichtbar in die Verantwortung einsetzen und die Länder binden. So aber gibt es 16 Länderschulgesetze, einen losen Rahmen über die Kultusministerkonferenz aber keinerlei Durchgriffmöglichkeit des Bundes, um völkerrechtliche Verpflichtungen aus den UN-Konventionen auch durchzusetzen.

Erstaunlich auch, dass die Bildungsdebatte, was Kinder mit Förderbedarf betrifft, losgelöst vom Wandel des Behinderungsbegriffes und dem Paradigmenwechsel zu Selbstbestimmung und Teilhabe geführt wird. Erstaunlich, wie wenig sich z. B. kommunale Jugendförderung mit ihren Angeboten auch an Kinder und Jugendliche mit Behinderung wendet, wie wenig sich Sportvereine, Jugendmusikschulen, Bildungsträger, freie Jugendarbeit öffnen. Teilhabe, Inklusion wäre hier selbstverständliches Recht. Was tut Gemeinsam leben – gemeinsam lernen? Was können wir tun? Handlungsbedarf besteht auf drei Ebenen:

- Auf der örtlichen, kommunalen Ebene bemühen sich Gruppen um eine „inklusive Kultur", das heißt, ausgehend von Einzelfällen werden die Zuständigen aus Jugend- und Sozialämtern, Anbieter, Schulen und Schulverwaltungen an einen Tisch geholt. Manchmal gelingt es über einen langen Zeitraum und über den Einzelfall hinaus Netze und Strukturen zu entwickeln, die auch anderen Kindern mit Behinderungen zugute kommen.
- Landesarbeitsgemeinschaften beraten Eltern, Institutionen und Politik und betreiben Vernetzungs- und Lobbyarbeit auf Landesebene. Auch hier muss das Denken über die Ressorts hinweg angeregt werden, um allen Kindern, Jugendlichen oder jungen Erwachsenen alle Lebensbereiche selbstverständlich zu öffnen.
- Die Bundesarbeitsgemeinschaft bündelt Themen und Kompetenzen und vernetzt und berät auf Bundesebene.

Allen drei Ebenen ist gemeinsam, dass sie von dem Kind oder Jugendlichen mit einer Behinderung her denken und in dessen Interesse die Trennung der Systeme und ihre unterschiedlichen Denk- und Handlungsweisen überwinden müssen. Auf Bundesebene arbeitet Gemeinsam leben – gemeinsam lernen in der National Coalition zur Umsetzung der UN-Kinderrechtskonvention und in den Kampagnen „Kinderrechte ins Grundgesetz" und „Länger gemeinsam lernen" mit. Wir begleiten den Prozess der Ratifizierung der UN-Konvention über die Rechte behinderter Menschen. Gemeinsam mit der Behindertenbeauftragten der Bundesregierung werden wir im Laufe des Jahres 2008 eine Broschüre zur inklusiven Bildung herausgeben. Wir sind an der Vorbereitung eines Fachgesprächs beim Bundespräsidenten zum Thema „Bildung für Alle" beteiligt. Und wir bereiten eine Tagung „Ungehindert Kind. Über das Recht, ein Kind unter Kindern zu sein" vor. Sie wird am 2./3. Mai 2008 in Darmstadt stattfinden und Sie sind herzlich eingeladen.

Sibylle Haumanns ist Geschäftsführerin der BAG Gemeinsam leben - gemeinsam lernen e. V..

www.gemeinsamleben-gemeinsamlernen.de
http://www.national-coalition.de/
http://www.kinderrechte-ins-grundgesetz.de/
http://www.laenger-gemeinsam-lernen.de/

Laut WHO (1999) ist Behinderung definiert als:	
Impairments	Beeinträchtigung einer Körperfunktion oder -struktur im Sinn einer wesentlichen Abweichung oder eines Verlustes
Activity	Möglichkeiten der Aktivität eines Menschen, eine persönliche Verwirklichung zu erreichen
Participation	Maß der Teilhabe an öffentlichen, gesellschaftlichen, kulturellen Aufgaben, Anelegenheiten und Errungenschaften
Kontextfaktoren	physikalische, soziale und einstellungsbezogene Umwelt, in der ein Mensch das eigene Leben gestal tet

UN-Kinderrechtskonvention

Artikel 1
Im Sinne dieses Übereinkommens ist ein Kind jeder Mensch, der das achtzehnte Lebensjahr noch nicht vollendet hat ...

Artikel 2
(1) Die Vertragsstaaten achten die in diesem Übereinkommen festgelegten Rechte und gewährleisten sie jedem ihrer Hoheitsgewalt unterstehenden Kind ohne jede Diskriminierung unabhängig von ... einer Behinderung ...

Artikel 3
(1) Bei allen Maßnahmen, die Kinder betreffen, gleichviel ob sie von öffentlichen oder privaten Einrichtungen der sozialen Fürsorge, Gerichten, Verwaltungsbehörden oder Gesetzgebungsorganen getroffen werden, ist das Wohl des Kindes ein Gesichtspunkt der vorrangig zu berücksichtigen ist.

Artikel 4
Die Vertragsstaaten treffen alle geeigneten Gesetzgebungs-, Verwaltungs- und sonstigen Maßnahmen zur Verwirklichung der in diesem Übereinkommen anerkannten Rechte. Hinsichtlich der wirtschaftlichen, sozialen und kulturellen Rechte treffen die Vertragsstaaten derartige Maßnahmen unter Ausschöpfung ihrer verfügbaren Mittel.

Artikel 23
(3) In Anerkennung der besonderen Bedürfnisse eines behinderten Kindes ist die nach Absatz 2 gewährte Unterstützung soweit irgend möglich ... unentgeltlich zu leisten und so zu gestalten, dass sichergestellt ist, dass Erziehung, Ausbildung, Gesundheitsdienste, Rehabilitationsdienste, Vorbereitung auf das Berufsleben und Erholungsmöglichkeiten dem behinderten Kind tatsächlich in einer Weise zugänglich sind, die der möglichst vollständigen sozialen Integration und individuellen Entfaltung des Kindes einschließ-lich seiner kulturellen und geistigen Entwicklung förderlich ist.

Artikel 29
(1) Die Vertragsstaaten stimmen darin überein, daß die Bildung des Kindes darauf gerichtet sein muß,
a) die Persönlichkeit, die Begabung und die geistigen und körperlichen Fähigkeiten des Kindes voll zur Entfaltung zu bringen;

Volltext UN-Kinderrechtskonvention unter:
http://www.national-coalition.de/pdf/UN-Kinderrechtskonvention.pdf

„Der blinde Fleck muss weg!"

Was inklusives Denken und Handeln verhindert und was ein jeder dagegen tun kann.

Walther Dreher und Olga Lyra

Prolog

„Wer für sein Kind Integration will, muss kämpfen."[1] Dies scheint eine nicht umgehbare Tatsache zu sein, die in jüngster Zeit durch mehrere juristische Verfahren bezüglich der Teilnahme behinderter Kinder an integrativem Unterricht erneut unterstrichen wird. Doch wer geht schon ‚gerne' mit seinen Anliegen ‚vor Gericht', mit all dem damit verbundenen Streit, den damit zusammenhängenden Ungewissheiten und nicht zuletzt auch Ängsten. Zwar sind in verschiedenen Verfahren positive Urteilssprüche für die Betroffenen ergangen, aber es ist zu vermuten, dass ‚Spuren des Kämpfens' auf Seiten aller Beteiligten zurückbleiben. Muss die Entwicklung, hin zu einem inklusiven Bildungswesen – mit dem Ziel ‚Eine Schule für alle' – in der jedes Kind willkommen ist, immer ‚so' weitergehen? Unsere Antwort ist: „Nein!" Doch was muss sich ändern, um dem scheinbar unversöhnlichen ‚Pro und Kontra' divergierender Positionen – das ‚Pro' wäre einmal ‚Eine Schule für alle', das ‚Kontra' bedeutete ein Festhalten an der Ordnung der Vergangenheit, aber es gilt auch umgekehrt, dass das ‚Pro' für die Förderschulen steht und das ‚Kontra' ‚Eine Schule für alle' meint – zu entgehen? Hier lautet unsere Antwort: „Der blinde Fleck muss weg!" Diese Antwort bezieht sich allerdings nicht nur auf die Aufzählung geschichtlicher, juridischer, numerischer, pädagogischer oder didaktischer Fakten, welche die Diskussion seit mehreren Jahrzehnten einmal anheizen und dann wieder erstarren lassen. Es geht uns darum, auf eine Dimension aufmerksam zu machen, die wahrscheinlich den meisten gänzlich unbekannt ist und die bisher für niemanden bedeutsam erschien.

Den Hinweis auf bisher Unbeachtetes und die darin enthaltene Aufgabenstellung haben wir bei einer Forschergruppe [2] des Massachusetts Institute of Technology (MIT) in Boston (USA) entdeckt. Die Gruppe, bestehend aus Experten im Bereich Management und Unternehmensberatung, ist in globalen Projekten sozial, kulturell, politisch und ökonomisch tätig. Die Akteure sprechen davon, dass sie in ihrer Arbeit immer wieder die Erfahrung haben machen müssen, dass tief greifende Veränderungen – ob beim Einzelnen, in Organisationen oder in der Gesellschaft – durch einen ‚blinden Fleck' verdeckt und dadurch blockiert werden. Was meinen sie mit dem Phänomen ‚blinder Fleck'?

Der blinde Fleck

Scharmer, einer der Protagonisten dieser Betrachtungsweise, erläutert dies am Beispiel, wie wir die Arbeit eines Künstlers betrachten können:

„Die Art, mit der wir soziale Wirklichkeit betrachten, lässt sich damit vergleichen, wie wir die Arbeit eines Künstlers betrachten. Mindestens drei
Perspektiven sind denkbar: Wir können uns auf den Gegenstand beziehen, das Ergebnis des schöpferischen Prozesses – sagen wir z.b. das
Gemälde; wir können uns auf den *Prozess* des Malens fokussieren; oder
wir können den Künstler betrachten, während er vor der leeren Leinwand
steht. Anders ausgedrückt können wir das Gemälde betrachten, *nachdem*
es geschaffen wurde (der Gegenstand), *während* es geschaffen wird (der
Prozess) oder *bevor* der Schaffensprozess beginnt (die leere Leinwand)."
(2005, 4)
Übertragen auf ökonomische, soziale oder in unserem Fall auf bildungs-
spezifische Prozesse bedeutet dies: Es kommt nicht so sehr darauf an,
was und wie Führungskräfte – Lehrer und Lehrerinnen, ganz allgemein
‚Experten', verstehen wir als solche Führungskräfte - etwas tun, sondern
was wirklich zählt ist „…die ‚innere Verfasstheit', der *innere* Ort, von dem
aus sie tätig sind, die Quelle, aus der heraus ihre Handlung erfolgt". Der
‚blinde Fleck', um den es hier geht, „…betrifft die (innere) Quelle, von der
aus wir handeln, wenn wir tun, was wir tun – den Entstehungsort und die
Qualität unserer Aufmerksamkeit, die wir einer Sache schenken, um uns
mit ihr zu verbinden." (Scharmer 2005, 5; vgl. 2003, 2f.)
Die Aufforderung: „Der blinde Fleck muss weg" zielt auf das Gewahrwerden dieses *‚inneren Ortes'*, der für uns ‚blind' ist, weil er eine unsichtbare Dimension unseres sozialen Feldes und unserer alltäglichen Erfahrung in sozialen Interaktionen darstellt (Scharmer 2001, 6 ff.; vgl. 2007,
6). Sehr vereinfacht ausgedrückt: Wenn es um die Frage ‚Eine Schule für
Alle' geht, dann ist die Basis für jeden, der sich hier engagieren möchte,
zuerst seine eigene Position. Eltern möchten ‚das Beste' für ihr Kind, d.h.
es soll nicht durch die Zuschreibung ‚Behinderung' diskriminiert werden.
Lehrer und Lehrerinnen kennen die ‚Vorgaben' ihrer Schulformen, messen daran Fähigkeiten und nehmen nur die auf, die diesen entsprechen
bzw. bereiten Erziehungsfelder vor für alle die, für die ein ‚besonderer
Förderbedarf' konstatiert wird. Alle stützen sich auf den ‚Seh-Nerv' ihrer
jeweiligen schulischen Wahrnehmung. Die ‚Seh-Nerven' werden im System gebündelt zu ‚Seh-Weisen'. Dass dabei ‚blinde Flecke' entstehen
und sogar gebündelt werden, wird durch die Systemabhängigkeit und auch
Systemtreue unsichtbar. Es muss daher darum gehen, *kollektiv* den Ort
zu *betrachten*, an dem ein jeder steht, mit dem Ziel, das für alle Unsichtbare *sehen* und daraus die Dinge *neu wahrnehmen* zu lernen.
Der ‚blinde Fleck' lässt sich im konkreten optischen Experiment als die
‚nicht sehende Stelle der Netzhaut' leicht erkunden [3]. Für das soziale Feld
ist es ungleich schwieriger, Zusammenhänge wahrzunehmen, welche die
‚Blindheit des eigenen Sehnervs' aufdecken und neue ‚Sehqualitäten' finden lassen.

Die Theorie U

In sozialen Feldern geht es um grundsätzliche Wandlungsprozesse und somit um Metamorphosen, um wirklichen Gestaltwandel. Wie sich diese vollziehen lassen, wird in der ‚**Theorie U'** dargestellt [4]. Das ‚U' entspricht dem Buchstaben U und soll eine Bewegung abwärts und aufwärts symbolisieren. Scharmer versteht die ‚Theorie U' zum einen als ‚**soziale Grammatik'**, die den ‚blinden Fleck' beleuchtet und sie ist zum anderen eine ‚**soziale Technologie der Freiheit'**, die einen realen Veränderungsprozess ermöglicht. (2005, 17)

Nehmen wir, soweit möglich, die oben erwähnte Anschauungshilfe zur Hand. Die Bewegung-U beginnt damit, dass das ‚*Downloading'* gewohnter Denk- und Handlungsmuster überwunden und der Prozess mit einem *Ko-Initiieren* eröffnet wird. Das ‚Ko-...' weist auf den zentralen Aspekt hin, dass sich ganz verschiedene Teilnehmer zusammen finden und ihre individuellen Potentiale in einer sich bildenden ‚kollektiven Intelligenz' bündeln. Es geht immer um eine gemeinsame Sache.

Die nächsten Stufen sind ‚*Ko-Wahrnehmen und Ko-Vergegenwärtigen'*, gefolgt vom *Ko-Kreieren und Ko-Entwickeln'*. Schließlich findet der Prozess seine Ziele in *Institutionen* und in einer veränderten Praxis.

Wenn wir diese Grobstruktur im Sinne eines ‚Planspiels' auf ein konkretes Projekt übertragen wollen, dann ist es hilfreich, noch einige prinzipiellen Anmerkungen vorwegzuschicken, ohne deren Bedeutung die Theorie selbst oberflächlich bleiben und sie als Phasenmodell, das ja scheinbar dem Fundus des eigenen Habitus ähnelt, schnell abgehakt werden könnte.

An erster Stelle soll noch einmal auf jenes Phänomen verwiesen werden, das Scharmer „*die ‚innere Verfasstheit'"* oder „*den inneren Ort"* nennt, von dem aus wir tätig sind oder auch „*die Quelle"*, aus der heraus unser Handeln erfolgt. Ohne dieses ‚Phänomen' vorab ‚definitorisch' bestimmen zu können, liegt darin ein Hinweis, dass uns etwas bestimmt, was uns im Alltagsgeschehen zumeist als ‚blinder Fleck' verborgen ist und es entspricht dem griechischen Verständnis von ‚Wahrheit' als ‚alethia', was Unverborgenheit meint und durch ‚Entbergen' zugänglich gemacht werden muss. Zum anderen weist es uns ‚*auf uns selbst'*, auf unser ‚*Selbst'* als einer Mitte, aus der heraus wir leben und deren kreatives Potential von jedem Menschen entdeckt, zugänglich gemacht und gelebt werden will.

Darüber hinaus sollen noch Aspekte einer übergreifenden Sichtweise hervorgehoben werden. Scharmer weist auf die Entwicklung von ‚Sichtweisen auf soziale Felder' seit dem 19. bis ins 21.Jahrhundert hin. (2007, 98 f.) Die Sicht des 19. im Übergang zum 20.Jahrhundert ist stark bestimmt durch die Kategorie der ‚*Objektivität'*, welche ein Weltbild quasi objektiver Fakten und Dinge bedingt. Trennlinien entstehen hier durch Dualismen von Subjekt und Objekt. Ihr folgt ein Blick auf die Lebenswelt, der durch das Merkmal der ‚*Intersubjektivität*' – die Lebenswelt ist eingebettet in ein Netzwerk kollektiver Beziehungen – charakterisiert ist. Separiert wird zwischen Subjekt und Subjekt sowohl in ökologischen als insbesondere in kulturellen Feldern. Im 21.Jahrhundert tritt mit der Kategorie ‚*Transsubjektivität*' eine Perspektive auf die ‚gelebte Gegenwart' hinzu. Hier liegt das Feld der Auseinandersetzungen im ‚Selbst'. Bildhaft betrachtet durch das Symbol des Baumes sind Objektivität und Intersubjektivität jene Teile, die sich als Blätter, Zweige und Stamm sichtbar über der Erde erheben, Transsubjektivität ist das unsichtbare Wurzelwerk. Wenn es hier um Trennlinien, sozial gesehen zwischen ‚selbst und anderen', geht, dann liegen deren ‚(Ab)Gründe' im Selbst, ökologisch gesehen zwischen ‚Sinnen-Welt und Selbst' und geistig betrachtet zwischen ‚selbst und Selbst'. Nach Scharmer ist es eine ‚Signatur unserer Zeit', sich in allem Handeln dem ‚unsichtbaren Wurzelsystem' zuzuwenden (2007,115). In welcher Weise es sichtbar werden und wirkend erfahren werden kann, ist Aufgabe und Weg des Sich Einlassens auf die ‚Bewegung U'.

Bewegung-U und Kompetenzzentren

Wir verbinden im Folgenden die Darstellung der ‚idealen U-Bewegung' mit einer möglichen Umsetzung im Pilotprojekt ‚Ausbau von Förderschulen zu Kompetenzzentren für sonderpädagogische Förderung' des Ministeriums für Schule und Weiterbildung des Landes Nordrhein-Westfalen.

Downloading

Unser gewohntes Verhalten im ‚*Downloading*' zu überwinden bedeutet konkret, mit der Vorgabe des Ministeriums so umzugehen, dass nicht mit den gegebenen Strukturen ‚nur' strategisch und organisatorisch ‚gespielt' wird, dass nicht der eine den ersten Schritt des Aufeinander zu vom anderen erwartet – ‚jetzt sind erstmal *die* (wer denn wohl?) dran sich zu bewegen' -, dass nicht auf der einen Seite möglichst ‚integrativ' gefördert werden soll, aber auf der anderen Seite ‚die Voraussetzungen hierfür gegeben' sein müssen, dass keine ‚Abkoppelungseffekte' gegenüber bestimmten ‚Behinderungsformen' entstehen, sondern dass alle Beteiligten sich von **Anfang an** auf eine **übergreifende Leitidee einer inklusiven Bildungsentwicklung** verständigen. Dies bedeutet:

- Über die eigene Institution hinauszuschauen,
- andere pädagogische Professionen neben sich wahrzunehmen und zu fragen, was sie gegenseitig miteinander zu tun haben,
- das Eingebettetsein der Fragestellung in die Beziehungen zum Gemeinwesen bewusst wahrzunehmen und
- Veränderungen als eigene, mit zu verantwortende Angelegenheit zu akzeptieren.

Um Reflexionen austauschen und Aktionen umsetzen zu können, folgen wir den von Scharmer vorgestellten *Prinzipien* und *Praxisfeldern des U*. Dabei wollen wir uns von manchen eher allgemein klingenden Hinweisen nicht irritieren und uns nicht daran hindern lassen, das Gemeinte auf die Fragestellung ‚Kompetenzzentren' zu beziehen und mit konkreten Umsetzungsmöglichkeiten zu antworten.

***Ko-Initiieren** (Co-Initiating): **Forme eine gemeinsame Intention**.*

1. Teilnehmen: Höre, wozu das ‚Leben 'dich auffordert.

Eine solche Aufforderung wird im Projekt ‚Kompetenzzentren' vom Ministerium ‚von oben' an die Beteiligten herangetragen. Trotzdem ist es wichtig, dieser ‚von unten' mit einer offenen Haltung des Hinhörens zu begegnen und die Fragestellung ‚an sich heran zu lassen', so z.B. die Zielsetzung: „Es ist das Ziel der Landesregierung, alle Kinder und Jugendlichen so gut wie möglich zu fördern. Dies kann in allgemeinen Schulen wie in Förderschulen erfolgen…" (Eckpunktepapier, 6f.) Dieses Fördern soll sich verabschieden von festgeschriebenen, gegebenen Bedingungen und sich weiterentwickeln durch eine „Umstellung des Systems", auf der Basis von „Konzeptionsbildungen" und durch die „Dynamik einer Netzwerkgestaltung". Nicht zuletzt sollen die Beteiligten „Verständnis, Erwerb und Austausch sonderpädagogischer und allgemeinpädagogischer Kompetenzen" entwickeln (Eckpunktepapier).

2. Verbinden: Geh und verbinde dich mit den Kontexten, Gruppen und Akteuren, die relevant für das Projekt sind.

Im angestrebten Projekt sind leider kaum zeitlich Spielräume zugelassen, um einen analogen Prozess zu ermöglichen. Die Schulträger als Antragsteller sind an festgelegte Fristen gebunden. Treffen aller Beteiligten bzw. Betroffenen haben stattgefunden, um die Antragstellung auf eine breite Basis der Teilnehmer, der Zielsetzung und der Ansprüche zu stellen.

3. Ko-initiieren: Initiiere eine heterogene Kerngruppe die zu einer gemeinsamen Intention inspiriert. Lerne, die Sache aus ihren Augen zu sehen. Dann schaffe schöpferische Räume, in denen du kleine mikrokosmische Kerngruppen des Feldes versammelst, um gemeinsam eine handlungsleitende Intention zu generieren.*(2005, 17)*

Die Vielschichtigkeit des Eckpunktepapiers lässt eine breite und verantwortungsvolle Aufgabenstellung erkennen, die zu lösen nur durch eine kooperative und sich neuen Möglichkeiten öffnende Haltung aller Beteiligten möglich ist. Trotz des Terminzwangs des Schulträgers, gibt das zweite Schulhalbjahr 2007/2008 noch Raum für eine weiterführende Ausgestaltung des Konzeptes.

***Ko-Wahrnehmen** (Co-Sensing)**: Tauche vollkommen ein in die unterschiedlichen Kontexte**.*

4. Formen eines Kernteams, das die wesentlichen Fragen klärt.

5. *Entdeckungsreisen an Orte, die in engem Kontext zum Projekt stehen.*
  6. *Beobachten, beobachten, beobachten – vorurteilsfrei und neugierig sein, sich überraschen lassen.*
  7. *Dialogisches Zuhören. Begegnet den Menschen und Situationen eurer Entdeckungsreise mit einem offenen Denken, Fühlen und Wollen.*
  8. *Schafft ‚kollektive Wahrnehmungsorgane', die es ermöglichen,* **dass das System sich selbst wahrnimmt**.

Die hier dargestellten Prinzipien geben eine ‚Idealbewegung U' vor, der nicht in allen Details und in jedem Projekt ‚zwingend' zu folgen ist. Es wird sich aber unter Umständen als praktikabel erweisen, in allen beteiligten Schulen – und auch in den Schulen, die **nicht direkt am Projekt** beteiligt sind –, kleineren ‚Gruppen' Kernaufgaben und Kernaktivitäten zu übertragen. Orte von ‚good' oder ‚best practice' können im Umfeld von Köln besucht werden. Über persönliche erlebte oder theoretisch gewonnene Erfahrungen aus dem internationalen Kontext kann berichtet werden. Aus gegenwärtig sich entwickelnden Aktivitäten im schulischen Praxisfeld können Impulse aufgenommen und darauf hin befragt werden, welche größeren, systemimmanenten Zusammenhänge sichtbar werden und welche neuen Kontexte sich abzeichnen und entstehen können. (Integrativ- oder kooperativ arbeitende Kindergärten und Schulen der Stadt Köln; Projekte der Montag Stiftung: ‚Regionale Bildungsinitiative: Vielfalt als Entwicklungschance-Index für Inklusion', ‚Lebens- und Lernraum Schule: Pädagogische Architektur'; Stadt-AG Behindertenpolitik Köln; Kongress ‚Eine Schule für Alle' und mittendrin e.V.; NRW-Bündnis ‚Eine Schule für alle'; LAG Gemeinsam leben – gemeinsam lernen NRW; Bündnis pro Inklusion - um nur einige zu nennen).

Aus einem solchen Erfahrungshorizont heraus lassen sich die weiteren Schritte entfalten.

Ko-Vergegenwärtigen (Co-Presencing): ***Verbinde dich mit der Zukunft, die durch dich werden will.***

  9. *Loslassen: Lass dein ‚altes Selbst' los.*
  10. *Kommen lassen: Verbinde dich mit der Zukunft, die durch dich in die Welt kommen will.*
  11. *Öffne dich der tieferen Quelle des Werdens.*
  12. *Folge deiner ‚Reise': Tue was du liebst, liebe was du tust.*
  13. *Zirkel des Gegenwärtigseins: Schaffe Zirkel, in denen ihr euch an den höchsten zukünftigen Absichten orientiert.*

Der Blick, der hier auf ‚Gegenwart' fällt, mag irritieren. Wer interessiert sich schon für ‚mein Selbst' und für das ‚Selbst' der anderen? Auch die anderen Hinweise scheinen eher einem Träumen von Utopien oder romantischem Schwärmen zu entsprechen. Daher ist diese Phase in der Bewegung durch das U eine besonders **sensible**. In ihr treffen wir auf Hindernisse, auf die wir uns einstellen können und auf die wir vorbereitet sein müssen.

Es sind drei **Widerstände**, die sich uns entgegenstellen: Die Stimme des Urteilens (Voice of Judgement, VOJ), die wir zurückhalten sollen, die Betrachtung einer Situation mit zynischen Blicken (Voice of Cynicism, VOC), die nicht zulässig sind, und das Überwinden der Furcht (Voice of Fear, VOF), dass etwas losgelassen werden muss, was uns bisher ‚absoluten Halt' und ‚uneingeschränkte Sicherheit' gab. Scharmer meint, dass sich auf diese Widerstände einzulassen ‚Tugenden' erfordert: *„…sich der Wahrheit zu verpflichten (mit einem offenen Geist leben), der Liebe (mit einem offenen Herzen leben) und dem Mut (mit einem offenen Willen leben).* (2007, 400)

Die Sensibilität wird dadurch verstärkt, dass wir in dieser Phase besonders auf ‚uns selbst' verwiesen werden. *„Das wichtigste Instrument um Führungsqualitäten zu erlangen ist das **Selbst** der Führungskraft, ‚**dein** Selbst'. Diesem Prinzip – wie insgesamt sich dem Vergegenwärtigen (Presencing) nähern – liegt die Annahme zugrunde: Jeder Mensch ist nicht nur einer, sondern zwei. Einer ist er durch das, was er durch seine Vergangenheit geworden ist. Der andere ist er durch sein schlafendes zukünftiges Sein, durch das, was wir werden könnten durch unsere Reise nach vorn. Wer wir sein werden, hängt von den Entscheidungen ab, die wir treffen und den Handlungsschritten, die wir jetzt unternehmen. Dieses Sein, von der Zukunft her gedacht, ist unsere höchste oder kostbarste zukünftige Möglichkeit. Beide Seinweisen sind in dem Sinn wirklich, dass jede einen bestimmten Resonanzkörper schafft – das Feld der Vergangenheit und das Feld der Zukunft. Ich kann eine aktive Resonanz in beiden Feldern erzeugen. Normalerweise sind diese beiden Resonanzfelder – und die verschiedenen Dimensionen unseres sich entfaltenden Selbst – getrennte Pole. Die Essenz des Vergegenwärtigens bedeutet, diese beiden Selbst, diese beiden Seinsweisen, **miteinander ins Gespräch zu bringen und sie aufeinander hören zu lassen**, sowohl individuell als auch kollektiv.“* (2007, 401)

Welche konkreten Erfahrungsräume sich hier anbieten und öffnen können, um sich tieferen Quellen des Selbst zu nähern, ist vom Erfahrungsreichtum und der zukunftsorientierten Kraft der Projektbeteiligten abhängig. Ebenso die Erfahrung, ‚Zirkel' zu schaffen, die es mir und den anderen ermöglichen, ganz ‚gegenwärtig' zu sein und damit höchste Entwicklungsmöglichkeiten entstehen lassen zu können.

Ko-Kreieren (Co-Creating)*: Suche die Zukunft mit deinen Händen, nicht mit deinem Kopf.*

14. Die Kraft der Absicht und der Vorhaben.
15. Kerngruppen.
16. Prototypen.
17. Kopf, Herz und Hand integrieren.
18. Wiederhole immer neu: Kreiere, passe dich an und sei immer im Dialog mit der Welt um dich herum.

Das Wesentliche dieser Phase liegt darin, dass hier ‚Ideen auf die Füße' gestellt, realisiert werden. Es sind aber nicht die Ideen, die uns auf der Ebene des Downloadings zur Verfügung standen, sondern jene, die aus dem Eintauchen in die Bewegung U bis hin zum Los- und Kommenlassen sich eingestellt haben. Es ist schwierig vorauszusagen, welche es im Kontext eines Netzwerkes ‚Inklusive Schule' sein werden. Es werden sich hier jene Intentionen und Vorhaben *herauskristallisieren*, die zum einen eine neue schulische Infrastruktur im weitesten Sinne – mit den Worten des Ministeriums: eine „Umstellung" des Systems – zu gestalten versuchen und zugleich die Gruppe von Menschen als agierende sichtbar machen, die dabei ist, ihr Bewusstsein zu verändern und die einen tief greifenden Wandel bewirken will.

Es wäre optimal, wenn sich alle Beteiligten in diesem Prozess wieder finden könnten. Es können aber auch Kerngruppen sein, die wie ein energetisches Feld Menschen anziehen, Wandlungsmöglichkeiten entdecken und Ressourcen erschließen. Scharmer zitiert *Margaret Mead*: „Zweifle nie daran, dass eine kleine Gruppe sich voll engagierender Bürger die Welt verändern kann... Du kannst fast alles tun mit nur fünf Menschen." (2007, 416; vgl. 2005, 134)

Mit diesen Personen wird das Feld ‚Kompetenzzentren' zum Fundament, auf welchem ein **prototypischer Mikrokosmos** ‚Inklusive Schule' entworfen und zukünftig realisiert werden kann. Prototyp bedeutet, dass auf der Grundlage der Zusammenarbeit aller Verantwortlichen die Ideen zusammengetragen, präsentiert und anschaulich werden können, bevor die „Systemumstellung" abgeschlossen ist. Mit dem Eckpunktepapier ausgedrückt: „Eine schrittweise, systematische Konzeptentwicklung... innerhalb der Pilotphase ist möglich..." (8) – um nicht zu sagen unabdingbar nötig. Prototypisch arbeiten heißt hier, sich mit verschiedensten Praktikern und Partnern engagieren und mit Orten, die wichtig sind, in Verbindung treten; alles was bis dahin gewonnen wurde mit allen teilen; auf Inspirationen hören und vielfältiges Wissen berücksichtigen; kollektiv den nächsten Schritt kristallisieren und dann andere in die weiteren Schritte einbeziehen. In diesem Sinne wird das **U vielfach durchlaufen.** Auch diese Phase kann als **sensibel** bezeichnet werden. Denn hier gilt es, bis dahin Bewährtes und Liebgewordenes aufzugeben, was leicht ‚Verletzungen' der Vergangenheit aufbrechen und das gemeinsame Neue in Frage stellen lässt.

240

Denn auch die ‚aufsteigende' Bewegung U, in der es um ein Re-integrie-
ren der intellektuellen Intelligenz mit dem Herzen und der Hand im Kontext des praktischen Tun geht, kennt **Widerstände** wie: Sich ans Ausführen machen ohne Improvisation und Aufmerksamkeit (blinder Aktionis-
mus), endloses Reflektieren ohne wirklich handeln zu wollen (Analyse als
Paralyse) und reden, reden, reden ohne Verbindung zu den Grundfragen
und den angestrebten Aktivitäten (blah-blah-blah).

In einem Gespräch im Sommer 2006 hat uns Otto Scharmer darauf aufmerksam gemacht, dass die Bewegung U, wieder bildhaft ausgedrückt,
einem Regenbogen und dessen unzähligen Widerspiegelungen in einzelnen Regentropfen entspricht. Der große Regenbogen gleicht der zeitlich
fixierbaren Idealbewegung, wie sie sich in einem Projekt und dessen Zeit-
leiste darstellen lässt. Die vielen Miniregenbögen aber sind Symbol dafür,
wie in jedem Bewegungselement der ganze Bogen präsent ist. Dies bedeutet, dass schon im Ko-Initiieren das Ko-Entwickeln, im Ko-Wahrnehmen das Ko-Kreieren, im Ko-Vergegenwärtigen die Transformation des
Ganzen durch den Einzelnen und die Metamorphose des Einzelnen durch
das Ganze enthalten sind. Auf das Projekt Kompetenzzentren übertragen
ist es wichtig wahrzunehmen, dass prototypisches Entwerfen und Gestalten in engem Kontakt zur **umgebenden Welt** steht. *„Lerne immer von der
Welt um dich herum, verfeinere und wiederhole so immer neu deine Idee
der Interaktionen. Der ‚Trick' ist, so zu handeln, als ob die Welt um dich
herum ein hilfreicher Ort ist. Wenn du das tust, dann ist sie das wirklich,
und wenn du es nicht tust, dann wird sie sich auch nicht als ein solcher Ort
zeigen."* (Scharmer 2007,424)

Im Bildungssektor hat die Stadt Köln interessante Entwicklungsfelder geschaffen, die sich als Bezugspunkte anbieten. Sie finden sich im Umfeld
des Leitbildes 2020 und insbesondere in den Projekten aus der Zusammenarbeit mit der Non Profit Organisation (NPO) der Montag Stiftungen.
Hier kann auf bereits erarbeitete Konzeptionen zurückgegriffen und Lern-
reisen können organisiert werden. Auf der anderen Seite lassen sich Impulse aus dem Prozess U durch jene Aktivitäten aufnehmen und durch
sie Initiativen verstärken. Diese Dynamik leitet zu der letzten U-Bewegung über:

Ko-Entwickeln (Co-Evolving)*: **Entwickle sich öffnende Innovations-
räume durch Vernetzung mit dem Umfeld.***

19. Ko-entwickle innovative Ökosysteme.

20. Kreiere innovative Infrastrukturen.

21. „Theater ‚Gemeinschaftliches Vergegenwärtigen'".

Wurzel-Prinzipien (Root-principles)*: **Drei Fundamente des Sozialen
Feldes.***

22. Absicht, dem Ganzen zu dienen.

23. Verbundenheit und Dialog mit der globalen Gemeinschaft.

24. Authentizität deines höchsten Selbst als 'Vehikel' einer in der Gegenwart auftauchenden Zukunft.

Im fünften Bewegungsschritt geht es über die Pilotphase (Piloting) hinaus zur Entwicklung eines **nachhaltigen** institutionellen Ökosystems und einer tragfähigen Infrastruktur. Wenn „... für den Ausbau von Förderschulen zu Kompetenzzentren für sonderpädagogische Förderung...eine Vernetzungsstruktur mit weiteren Schulen, mit den Trägern der Jugendhilfe, mit außerschulischen und medizinischen Einrichtungen sowie Beratungsstellen unterschiedlicher Zielrichtungen die Voraussetzung (ist)" (Eckpunktepapier, 5), dann ist es zugleich Ziel, diese Vernetzungsstruktur im Prozess zu transformieren. Jeder und jede sind willkommen, dieses Zukunftsfeld mit seinen 'Kraftorten' (power places) zu erforschen und zu verändern.

Forschung und Wissenschaft

Damit greifen wir ein letztes Stichwort auf: 'Forschung' und damit verbunden die Institution '**Wissenschaft**'. Für ein Projekt im Ausmaß des Ausbaus von Förderschulen zu Kompetenzzentren ist – nicht zuletzt durch die grundlegenden bildungs- und institutionsrelevanten Fragestellungen – eine Begleitung wichtig. Im Kontext einer 'sozialen Technologie des Vergegenwärtigens', wie wir sie hier vereinfacht vorgestellt haben, kann es keine Wissenschaft sein, die quasi objektiv-empiristisch von außen beobachtet, dokumentiert und nachträglich evaluiert. Scharmer spricht von einer 'neuen Wissenschaft' die nötig ist, um den Herausforderungen unserer Zeit begegnen zu können (2007, 14f.). Was Not tut, ist eine **neue Synthese von Wissenschaft, sozialem Wandel und der Evolution unseres Selbst.** Es ist eine „sozialwissenschaftliche Methodologie, die *Wissenschaft* (mit dem Blick einer dritten Person) *integriert* mit *sozialer Transformation (aus dem Blick einer zweiten Person) und der Evolution des Selbst* (Blick der ersten Person). Einen kohärenten Rahmen hierfür bildet die **bewusstseinsbasierte Aktionsforschung.**" (2007, 16)

Noch gehören ein Denken und Handeln aus einer solchen Synthese nicht zum wissenschaftlichen Alltag. Dennoch ist sie Orientierungslinie, um Wissenschaft (mit ihren Daten), Aktionsforschung („Du kannst ein System nur verstehen, wenn du es änderst", K. Lewin) und die Evolution des Bewusstseins und des Selbst (den blinden Fleck beleuchten) miteinander zu verknüpfen. In einer dreijährigen Praxisbegleitung könnte sich eine solche **Aktionsforschung** das Projekt und sich selbst entwickeln, und eine soziale Realität nachhaltig prägen.

Epilog

Kehren wir zum Ausgangspunkt zurück. Ist die unumgehbare Tatsache: *„Wer für sein Kind Integration will, muss kämpfen"* doch nicht 'unumgehbar' in dem Sinne, dass nicht nur 'juridische Kämpfe' überwunden werden, sondern wirklich ‚inkludierende' sozialpolitische Dynamiken entstehen können. Kämpfe hinterlassen immer Opfer und Trümmer. Können wir uns auf eine solche ‚Kampfbahn' erst gar nicht einlassen? Wir denken, dass dies möglich ist, wenn wir ‚uns selbst' auf einen ‚Sprung in den Brunnen' – eine Analogie zur Bewegung U – einlassen und dabei nicht ins Nichts fallen, sondern in einem neuen Seh-Land ‚aufwachen', wie die Goldmarie im Märchen von Frau Holle. Vielleicht sehen wir dann auch – wissenschaftlich gesprochen - jenen ‚Gegenstand' mit ganz neuen Augen, um den es in all unserem Tun geht: das **Kind**.

Als Experten berufen wir uns bei der Begründung unserer Positionen gerne auf dieses Kind, für dessen Wohl wir uns verantwortlich fühlen. Bei den behinderten Kindern sind es meist die Überforderungen, vor denen sie gegenüber den nicht behinderten Kindern ‚geschützt' werden müssen, bei den nicht behinderten Kindern sind es die Unterforderungen und das Auseinandergehen der Leistungsschere, die dazu auffordern, sich klar ‚nach unten' abzugrenzen. Was die Experten vereinen und zu einem gemeinsamen neuen Aufbruch ermutigen könnte, wäre das Gewahrwerden des blinden Flecks. Scharmer macht folgenden Vergleich: So wie einst Galileo Galilei ein Teleskop erfunden hat, um die Monde des Jupiter zu erkunden, so brauchen wir heute ein anderes Teleskop, „eines, das uns ermöglicht den blinden Fleck des Beobachters zu beobachten, indem wir den Lichtstrahl unserer Beobachtung zurück biegen auf dessen Quelle: das **Selbst**, von dem aus die wissenschaftlichen – und pädagogischen (Ref.) – Aktivitäten entspringen". (2007, 15) Vielleicht finden wir so heraus aus einer Auseinander-Setzung, die Förderschulen und ‚Eine Schule für Alle' in ein neues Licht rücken, weil **beide** auf ‚Kompetenzen' hin **hinterfragt** werden können, für die sie bisher ‚blind' sind. Was sagen wir als Förderpädagogen dazu, wenn uns ‚behinderte Kinder' sagen: „Normal bin ich nicht behindert." (Palmowski/ Heuwinkel, 2000) Und ist für die allgemeine Pädagogik Richard von Weizsäckers Statement: „Es ist normal verschieden zu sein. Es gibt keine Norm für das Menschsein", nie ernsthaft aufgenommen worden und inzwischen einfach nur zu einem gern und viel zitierten ‚Bonmot' verkommen? Erst wenn neue Kompetenzen erworben werden, machen ‚Kompetenzzentren', als Zentren für vielfältige, innovierende und transformierende Kompetenzen, Sinn.

Lassen wir abschließend noch einmal Scharmer zu Wort kommen: „Wir alle wissen genug über das, was heutzutage alles nicht funktioniert – über das Sterben des alten sozialen Körpers kollektiven Verhaltens. Aber wo ist das Neue? Was ist es, das sich aus den Trümmern erheben will?

Was sich aus den Trümmern erhebt, ist eine neue Qualität der Beziehung zwischen kleinen Gemeinschaften von Menschen. Eine neue Feldqualität des gemeinsamen Denkens, Sprechens und Handelns entsteht, wenn Gruppen und Individuen beginnen, sich mit ihrer höchsten Möglichkeit zu verbinden. Wenn dieser erweiterte Resonanzkörper beginnt, ins Schwingen zu kommen, erleben Menschen 'Presencing', indem sie die Veränderung des sozialen Raums, eine Veränderung der sozialen Zeit und einen veränderten Zustand des Selbst bemerken." (2005, 18)

Wenn in diesem Sinne blinde Flecke und Barrieren inklusiven Denkens und Handelns sichtbar werden, dann kann ein jeder seinen optimalen Teil dazu beitragen, dass der Impuls 'Eine Schule für Alle' den Impuls 'Kompetenzzentren' verstärkt, und umgekehrt, der Impuls 'Kompetenzzentren' dem Impuls 'Eine Schule für Alle' pädagogisch-praktische Innovationsfelder anbietet, die sich – im Dialog mit einander und im Hören aufeinander – zu einer neuen Bildungslandschaft *transformieren* können. **Beide** Impulse und die damit verbundenen Impulsgeber sind für das aus der Zukunft auftauchende inklusive Bildungswesen in einem inklusiven Gemeinwesen **gleichermaßen verantwortlich**!

---

1 Entnommen aus der Homepage des Kongresses 'Eine Schule für alle'. URL: www.ein-schule-fuer-alle.info [rev. 15.11.2007]
2 Senge, P./ Scharmer, C.O./ Jaworski, J./ Flowers, B.S. (2005): Presence. Exploring Profound Change in People, Organizations and Society. London: Nicolas Brealey Publishing
3 Ein Beispiel für ein Selbstexperiment ist unter folgendem URL zu finden: http://leifi.physik.uni-muenchen.de/web_ph07_g8/umwelt_technik/02augen/blinder.htm [rev. 20.01.2008]
4 Eine Anschauungshilfe bietet die entsprechende Grafik im Internet, URL: www.ottoscharmer.com [rev.20.01.2008]

Literatur

Brokamp, Barbara/ Dreher, Walther/ Imhäuser, Karl-Heinz/ Lyra, Olga (2007): LehrerIn – Bildung – Kultur: BeWEGung PRO INKLUSION. Exploration von Veränderungsprozessen bei LehrerInnen, im System Schule und in der Gesellschaft. In: Demmer-Dieckmann, Irene/ Textor, Annette (Hrsg.): Integrationsforschung und Bildungspolitik im Dialog. Bad Heilbrunn: Verlag Julius Klinkhardt, S. 173-180
Bündnis pro Inklusion. URL: http://www.proinklusion.de [rev. 20.01.2008]
Dreher, Walther/ Lyra, Olga (2006): „Das Ziel ist der Marktplatz". In: Montag, Carl Richard (Hrsg.): Rückblicke - Perspektiven. Festschrift zum fünfundsechzigsten Geburtstag von Theo Eckmann. Bonn: Carl Richard Montag Förderstiftung, S. 44-71
Kongress „Eine Schule für Alle" und mittendrin e.V.
URL : http://www.eine-schule-fuer-alle.info/ [rev.15.11.2007]

Ministerium für Schule und Weiterbildung Nordrhein-Westfalen: Schulgesetz: http://www.schulministerium.nrw.de/Schulgesetz [rev. 20.01.2008]

Ministerium für Schule und Weiterbildung NRW: Internes Eckpunktepapier für den Ausbau von Förderschulen zu Kompetenzzentren für sonderpädagogische Förderung gem. §20 Abs. 5 Schulgesetz NRW, Stand 17.10. 2007

Montag Stiftungen. URL: http://www.montag-stiftungen.com [rev. 20.01.2008]

NRW-Bündnis ‚Eine Schule für alle'. URL: http://www.bi-eineschulefueralle.de/NRW.htm [rev. 20.01.2008]

Palmowski, Winfried/ Heuwinkel, Matthias (2000): „Normal bin ich nicht behindert!" Wirklichkeitskonstruktionen bei Menschen, die behindert werden. Unterschiede, die Welten machen. Dortmund: Borgmann

Scharmer, Claus Otto (2007): Theory U. Leading From the Future as it Emerges. The Social Technology of Presencing. Cambridge, Massachusetts: Society for Organisational Learning (SoL)

Scharmer, Claus Otto (2005): Theorie U: Von der Zukunft her führen. Presencing als soziale Technik der Freiheit. Einführung. Massachusetts Institute of Technology. URL: http://www.ottoscharmer.com/PDFs/TheoryU_Intro_dt.pdf [rev.20.01.2008]

Scharmer, Claus Otto (2003): The Blind Spot of Leadership. Presencing as a Social Technology of Freedom. Draft, Habilitation Thesis. URL: http://www.ottoscharmer.com/TheBlindSpot_2003.pdf [rev.20.01.2008]

Scharmer, Claus Otto/ Arthur, Brian W./ Day, Jonathan/ Jaworski, Joseph/ Jung, Michael/ Nonaka, Ikujiro/ Senge, Peter M. (2001): Illuminating the Blind Spot: Leadership in the Context of Emerging Worlds. Mc Kinsey–Society for Organisational Learning (SoL). URL: http://www.ottoscharmer.com/WhitePaper2002.pdf [rev.20.01.2008]

Senge, Peter/ Scharmer, Claus Otto/ Jaworski, Joseph/ Flowers, Betty Sue (2005): Presence. Exploring Profound Change in People, Organizations and Society. London: Nicolas Brealey Publishing

Stadt Köln: Leitbild 2020. URL: http://www.stadt-koeln.de/stadtinitiativ/leitbild/index.html [rev.20.01.2008]

Stadt Köln: Stadtarbeitsgemeinschaft Behindertenpolitik. URL: http://www.stadt-koeln.de/aemter/dezernate/5/3/index.html [rev.20.01.2008]

Weizsäcker, R. von: Es ist normal, verschieden zu sein. Ansprache von Bundespräsident a. D. R. von Weizsäcker bei der Eröffnungsveranstaltung der Tagung der Bundesarbeitsgemeinschaft Hilfe für Behinderte, 01.07.1993, Gustav-Heinemann-Haus Bonn. URL: http://deposit.ddb.de/ep/netpub/86/78/13/973137886/_data_stat/Weizsaecker_Ansprache.html [rev.20.01.2008]

Walther Dreher, Professor an der Universität zu Köln, emeritiert und **Olga Lyra,** Doktorandin

„Eine Schule für alle" – ein Zielmodell als Attraktor für integrationspädagogische und integrationspolitische Entwicklungen
Regina Grubich-Müller

Vorwort

Eine fast vergessene Legende erzählt von einer kleinen Kerze, die nicht brennen wollte.

„Wer brennt, verbrennt recht bald", jammerte sie „und dann ist es um mich geschehen! Ich will aber bleiben wie ich bin."

Eine größere Kerze antwortete gelassen: „Wenn du nicht brennst, bist du tot, noch bevor du gelebt hast. Dann bleibst du auf ewig Wachs und Docht. Nur wenn du dich entzünden lässt, wirst du, was du wirklich bist."

Aber die kleine Kerze war nicht überzeugt. Sie wollte bleiben, wie sie war.

„Man kann es eigentlich nicht mit Worten erklären, man muss es erfahren", fuhr die andere Kerze rätselhaft fort.

„Nur wer sich engagiert, verwandelt die Welt, und indem du die Welt verwandelst, wirst du auch du selbst. Du darfst nicht über das Dunkel klagen und über die Kälte, wenn du dich nicht anstecken lässt."

Da ging der kleinen Kerze plötzlich ein Licht auf. Sie gab ihren Widerstand auf und ließ sich anzünden. Und je mehr sie flackerte, je mehr verwandelte sie sich in Licht und strahlte und leuchtete, als gelte es, alle Nächte der Welt hell zu machen.

Am schönsten war ihr Widerspiegeln in den Augen und Herzen der Menschen.

Wenn SchülerInnen ihren Unterricht selbst gestalten, wenn sie aufbrechen in Neugier und Selbstverantwortung, wenn LehrerInnen zu Fragenden werden und Lernen zum Erforschen, dann springt unser kulturelles System auf eine neue Ebene. „Der kleinen Kerze geht plötzlich ein Licht auf".

Dann verblasst das alte Muster der Angst, der Fehlerorientierung, des Selektierens, das immer nur um äußerliche Disziplin kreisen kann. Dann entstehen plötzlich in großer Zahl Menschen, die etwas über die Welt, ihren Wandel und vor allem über sich selbst wissen. Dann ahnen wir, wie eine Bildungs- und Wissensgesellschaft aussehen könnte, in der in allen Schichten der Bevölkerung soziale Energien entstehen.

Für unsere Träume müssen wir kämpfen. **„Nur wer sich engagiert, verwandelt die Welt, und indem du die Welt verwandelst, wirst du auch du selbst."** (Paul Kral)

Eine Schule für alle

In der Geschichte der Pädagogik – bis in die Gegenwart hinein – existiert das Bestreben, Lernende in möglichst homogene Lerngruppen einzuteilen. Dies geschah und geschieht meist mit der pädagogischen Absicht, gleiche Lernvoraussetzungen für die entsprechende Gruppe zu gewährleisten und so auf die „spezifischen" Bedürfnisse zugeschnittene gleiche Lernprogramme anwenden zu können. Dazu war es notwendig, ein Instrumentarium zu entwickeln, das eine Unterteilung der Lernenden in homogene Gruppen ermöglicht. Ziel der Bestrebungen war und ist es, unterschiedliche homogene Gruppen durch Anlegen von diversen Kriterien verschiedenen Lernorten zuzuteilen und die vermeintlich entsprechenden Bildungsangebote darzubieten (äußere Differenzierung).

Diese Mechanismen haben somit einen hoch selektiven Charakter mit dem Ziel der Segregation. („Trennung von Personen[gruppen] mit gleichen Merkmalen von Personen[gruppen] mit anderen Merkmalen, um Kontakte miteinander zu vermeiden" – lt. Fremdwörterbuch)

Dies wiederum führt zur Etikettierung der Personen, die einer minderwertigeren Gruppe angehören. Kinder/Lernende werden auf Grund punktueller, normativer (und damit von Personen festgelegter) Leistungskriterien, die oft nicht eindeutig und vom „Zeitgeist" determiniert sind, auf die so erbrachte (oder meist eben nicht erbrachte) Leistung reduziert. (Grubich, R. 2005)

In der Praxis schulischer Förderungen sind Entwicklungsetappen festzustellen.

Der Weg führt über Exklusion, Segregation und Integration über eine Allgemeine Pädagogik zur Inklusion. Die schulische Praxis ist derzeit in Österreich zwischen Segregation und Integration angesiedelt.

Um den stark sozial selektiven Charakter des Österreichischen Schulwesens zu überwinden und gleichzeitig die weitere Erschließung geistiger Ressourcen zu ermöglichen, erscheinen Veränderungen der schulischen Organisation, aber – und vor allem – auch der Einstellung der Gesellschaft nötig.

Die weiteren Überlegungen basieren auf dem Bremer **Memorandum** zum Lebens- und Bildungsrecht für alle als humane und demokratische Verpflichtung.

(Entstanden bei der 16. Jahrestagung der IntegrationsforscherInnen im deutschsprachigen Raum, vom 20. – 23. Februar 2002 in Bremen.)

Die Menschen zuerst
Zum Zusammenhang von Inklusion und Menschenwürde

Gesellschaftliche Integration und gleichberechtigte Teilhabe findet in einer von Widersprüchen geprägten nationalen und internationalen Situation statt, die Tendenzen von Desintegration impliziert. Menschen werden in ihrer Würde missachtet; aus den Augen verloren, vergessen. Es ist offensichtlich, dass die menschliche Würde antastbar ist – durch Gewalt, Beleidigung, Ausgrenzung, Entrechtung und Erniedrigung. Menschliche Würde ist daher nicht einfach etwas Gegebenes, sondern etwas Aufgegebenes – sie ist zu schützen, zu bewahren und zu fördern. Die Würde des Menschen verweist in ihrer Angreifbarkeit und Verletzbarkeit auf die Notwendigkeit zwischenmenschlicher Verhältnisse der Achtung und Anerkennung in einer demokratischen, recht- und sozialstaatlichen Gesellschaftsordnung.

Dieser Notwendigkeit sahen sich auch die TeilnehmerInnen der 16. Jahrestagung der IntegrationsforscherInnen aus deutschsprachigen Ländern verpflichtet. Zur Bündelung bisher in Theorie und Praxis gewonnener Erfahrungen mit unterschiedlichen Ansätzen nicht ausgrenzender Pädagogik wurde ein Memorandum verfasst, das für die TeilnehmerInnen aber auch für die Institutionen des Erziehungs-, Bildungs- und Sozialwesens sowie für Politik, Öffentlichkeit und Gesellschaft ein richtungsweisendes Instrument zur Bewertung weiterer Schritte auf dem Weg zur Inklusion sein kann.

Damit der Weg zur Inklusion beschritten werden kann, müssen sich Institutionen auf den verschiedenen Ebenen ihrer Organisation, Fachkräfte in ihrem Selbstverständnis und nicht zuletzt die politischen und gesellschaftlichen Rahmenbedingungen des Lebens von Menschen mit und ohne Behinderung in ihrer Gesamtheit verändern.

Zur „Pathologie des Sozialen" und dem Erfordernis einer anerkennungsethischen Reflexion

Theoretisch und empirisch fundierte gegenwartsdiagnostische Stellungnahmen zum Verhältnis Mensch und Gesellschaft stellen mit großer Übereinstimmung folgende Tendenzen und Problemlagen heraus.
Zu diesen gehören:
- Erosion alter Ordnungen und verlässlicher sozialer Bindungen, durch die eine Enttraditionalisierung der Gesellschaft erfolgt und die eine mit neuartigen biografischen Gefahren und Risiken verbundene Individualisierung nach sich zieht,
- Bildung von Exklusionsverkettungen auf Grund von sozialer Herkunft, desolaten Beziehungen, Analphabetentum, niedrigen Bildungsabschlüssen, Erwerbslosigkeit und Armut,
- Zerstörung des sozialen Charakters durch die Flexibilisierung immer weiterer Lebensbereiche und die Ausgliederung des „Fremden" durch politisch gesetzte Ordnungsstrategien,
- Rückzug des Staates aus seiner sozialstaatlichen Verantwortung.

Gemeinsam liegt diesen Tendenzen die weit gehende Auslieferung der Individuen und der Gesellschaft an die Interessen einer globalisierten Marktökonomie zu Grunde. Sie führt im Kontext neoliberaler Ideologie auch und besonders zur Ökonomisierung des Sozialen. So orientiert sich im sozialen Miteinander scheinbar alles daran, ob es sich gewinnbringend vermarkten lässt. Konformität, Flexibilität, Mobilität, Individualisierung u.a. werden zu dominierenden Leitwerten des neoliberalen Menschenbildes, weil sie unerlässliche Voraussetzungen für ein erfolgreiches Marketing sind. Das ist zum wichtigsten strukturierenden Prinzip in den meisten Lebensbereichen geworden. Die Marktorientierung beherrscht zunehmend auch das Wirklichkeitserleben der Menschen. Statt gegebene Wirklichkeit wahrzunehmen und zu gestalten, gerät Wirklichkeit zur bloßen Inszenierung. Mühsal, Frustration und Leid als Momente des Seins werden draußen gehalten und entsorgt. Werbung und Medien arbeiten an der Zersetzung der „vernunftbegabten Rationalität", kultivieren den „hyperrealen Terror des Banalen und Fatalen", der Scheinwelt und des Virtuellen. In Szene gesetzte Wirklichkeit wird eindimensional bestätigt und der kritischen Analyse unzugänglich gemacht, was letztlich dazu führt, dass niemand mehr diskursiv begründen kann, was richtig, wahr und gut ist. Der Schein bestimmt das Sein.

Zu den aktuell in Szene gesetzten Wirklichkeiten gehören auch die Ambivalenzen der Biomedizin, der Erzeugung von Gesundheitsverheißungen und Gesundheitszwängen durch neue Reproduktionstechnologien. So versucht die national und international an Einfluss gewinnende bioethische Ideologie die Würde von Menschen mit Beeinträchtigungen vom aktuellen Grad ihrer so genannten „Personeigenschaften" abhängig zu machen, sie einem utilitaristisch geprägten Kosten-Nutzen-Kalkül zu unterwerfen und ihnen bei gravierenden Beeinträchtigungen ihren Lebenswert und schließlich auch ihr Lebensrecht abzusprechen. In der europäischen „Bioethik - Konvention" und in der weltweiten „UNESCO-Deklaration zu Bioethik" findet diese Ideologie schon seit 1996 eine vertragliche Umsetzung und Weiterführung. Beide Vertragswerke erlauben fremdnützige Eingriffe und Forschung an so genannten nicht einwilligungsfähigen Personen. Auch die Forschung an embryonalen Stammzellen folgt einer verdinglichenden Logik, setzt doch deren Gewinnung zwangsläufig die ethisch nicht zu rechtfertigende Tötung von Embryonen voraus.

Auch mit der seit Jahren immer engmaschiger werdenden selektiven Pränataldiagnostik läuft die Würde des Menschen Gefahr, missachtet zu werden. Mit der Präimplantationsdiagnostik wird nicht nur der Zeitpunkt der eugenischen Selektion immer weiter vorverlagert. Die Präimplantationsdiagnostik könnte sich überall zu einem wichtigen „Rohstofflieferanten" für die Embryonenforschung entwickeln.

Der gemeinsame Nenner der oben genannten Gegenwartsdiagnosen ist die in ihnen enthaltene Möglichkeit der Vorenthaltung oder Beschädigung individueller Integrität, Würde und Anerkennung. Hierdurch verweisen sie indirekt auf soziale Bedingungen, die dadurch ausgezeichnet sein sollen, dass sie den Individuen ein gelingendes Leben ermöglichen. Der Prozess der Anerkennung hat damit eine doppelte Funktion. Er soll einmal Beschädigung psychischer und sozialer Integrität durch Missachtung verhindern helfen und zum anderen die Ausbildung von Integrität fördern. Aus diesem Grunde sollten auch alle Bemühungen um Inklusion von einer entwicklungsoffenen Anerkennungsethik ausgehen.

Inklusion – ein entwicklungs- und ausbaufähiges Moment sozialer Globalisierung

Inklusion versteht sich daher folgerichtig als Weg zum Leben ohne Ausgrenzung, als „Überzeugung, die davon ausgeht, dass alle Menschen gleichberechtigt sind und in gleicher Weise geachtet und geschützt werden sollen, so wie es die fundamentalen Menschenrechte verlangen". (UNESCO 1997)

Mehr noch: Internationale und nationale Trends weisen in Richtung „Inklusion". Seit der Gründung des „Europäischen Sozialfonds" der EU (1974) werden Belange von Menschen in behinderten und benachteiligten Lebenssituationen auf europäischer Ebene mit vielfältigen Programmen unterstützt. Seit den 1990er-Jahren rücken Inklusion und Selbstbestimmung im Kontext von Behinderung immer stärker in den Vordergrund. Diese Neuorientierung wurde in allen Bereichen der Behindertenhilfe sichtbar, so auch im Gesundheits- und Rehabilitationsbereich auf der Basis der „Internationalen Klassifikation der Funktionsfähigkeit und Behinderung" der WHO (ICIDH-2 2000). Diese verpflichtet die Gesellschaften weltweit zur Förderung von Aktivitäten und Partizipation bei Behinderung.

Für den Erziehungs- und Bildungssektor wurde in der Salamanca-Erklärung (1994) Inklusive Pädagogik weltweit zum Aktionsprogramm erhoben. Seit 1998 wird im Rahmen des europäischen Programms „Integer" ein modularisiertes internationales Programm zur Reform der Lehreraus- und –fortbildung erarbeitet. Auch auf nationalen Ebenen führte diese Neuorientierung in der Pädagogik bei Behinderung zu nennenswerten Veränderungen. Schon in den 1970er-Jahren wurde die gemeinsame Erziehung im Vorschulbereich erfolgreich etabliert. In der Folge wurden Kinder mit Beeinträchtigungen in allen Regelschulformen unterrichtet und nicht mehr nur in Sonderschulen. Seit Beginn der 1990er-Jahre haben die meisten Länder ihre Schulgesetzgebung verändert, so dass gemeinsame Erziehung möglich wird.

Wie die Alltagspraxis von selbstbestimmtem und gemeinsamem Leben darüber hinaus zeigt, können Menschen lernen, sich hinsichtlich der wechselseitigen Verfügung über ihre Lebens- und Entwicklungsbedingungen

250

bei Rücknahme von Herrschaftsansprüchen zu verständigen und Verständnis füreinander entwickeln. In verständigungsorientierten Diskursen des „Nichts über uns ohne uns" können neue Grundlagen menschlichen Miteinanders ausgehandelt und bestimmt werden. Individuelle Differenz und soziale Kohärenz bilden ein entwicklungsoffenes Verhältnis, dessen kritische Vergegenwärtigung und dialogisch-kooperative Gestaltung es letztendlich ermöglicht, Hindernisse und Barrieren für Selbstbestimmung und Inklusion Stück um Stück abzutragen und aus dem Weg zu räumen. Diese erfreulichen Signale in Richtung „Inklusion" und „Inklusiver Pädagogik" haben sich nie widerspruchsfrei vollzogen. In den letzten Jahren muss mit Besorgnis festgestellt werden, dass diese Entwicklungen nicht nur stagnieren, sondern durch die Verknappung der dafür nötigen gesellschaftlichen Ressourcen subtil ausgehöhlt oder sogar prinzipiell zurückgeschraubt zu werden drohen.

Als UnterstützerInnen und ExpertInnen „einer Pädagogik für alle Kinder" ist es für uns weder berufsethisch hinnehmbar, dass die Schere der sozialen Selektion im Erziehungs- und Bildungswesen immer weiter auseinander driftet. Noch können wir akzeptieren, dass die positiven Erfahrungen mit gemeinsamer Erziehung, die sich auch in den positiven Schulergebnissen beweisbar dokumentieren, noch länger aus Kostengründen ignoriert bzw. weiterhin bildungspolitisch missachtet werden.

Präambel - aufbauend auf das Bremer Memorandum

1) Jeder Mensch hat eine individuelle Entwicklung

2) Jeder Mensch ist ein gesellschaftliches Wesen und entwickelt sich im Umgang und Kontakt mit anderen.
   Martin Buber: „Der Mensch wird am Du zum Ich"

- kein Mensch darf aus der Gesellschaft ausgeschlossen werden
- jeder Mensch darf an dieser Gesellschaft partizipieren
- Wertschätzung und Unterschiedlichkeit bilden die Voraussetzung im Umgang miteinander

Daraus ergeben sich zwei **Prämissen**
1. Es ist anzuerkennen: Der Mensch ist ein lernendes Wesen. (Jedes Individuum muss aus anthropologischer und entwicklungsneurologischer Sicht lernen.)
   - Jeder Mensch entscheidet, was und wie viel er lernt.
   - Das Lernen erfolgt selbstbestimmt, Lernprozesse werden angeregt, unterstützt und begleitet, aber nicht eingeschränkt.

- Jede/r darf lernen, wozu er/sie in der Lage ist.
- Erziehung und Bildung hat dem Lernenden gerecht zu werden.

2. Der Mensch ist ein in der Gemeinschaft lernendes Wesen und entwickelt sich am Anderen. Daraus ergeben sich die Forderungen:

- Erziehung und Bildung ist als ein demokratischer Prozess zu verstehen und zu gestalten, in dem allen erlaubt und ermöglicht wird, sich das gesamte kulturelle Erbe, das uns verfügbar ist, anzueignen und an der Gesamtheit des sozialen Verkehrs der Menschen untereinander uneingeschränkt teilzuhaben. (nach: Feuser, G.: Behinderte Kinder und Jugendliche, 1995, Seite137)
- Kooperation, Teilhabe und Mitwirkung aller an der Gesellschaft und am gemeinsamen Tun.

Pädagogische Anforderungen:
ad 1: Der Mensch in seiner Individualität
- Es ist davon auszugehen, dass sich jede/r Lernende in den Lernprozess einbringen kann;
- Bei der Gestaltung von Lernprozessen ist von vorhandenen Fähigkeiten auszugehen;
- Ganzheitliches Lernen und ganzheitliche Erziehung;
- Selbstbestimmtes und eigenverantwortliches Handeln und Lernen;
- Orientierung an individuellen Ressourcen;
- Orientierung an den Stärken der Lernenden, nicht an den Schwächen;
- Möglichkeit, die eigenen Stärken zu präsentieren;
- Berücksichtigung der momentanen Befindlichkeit;
- Orientierung der Lerninhalte an den individuellen Lebenserfahrungen;
- Berücksichtigung des individuellen Lerntyps und Lernrhythmus;

ad 2: Der Mensch als Teil der Gemeinschaft
- Gegenseitige Wertschätzung;
- Ermöglichung der Kooperation durch Lernen am Gemeinsamen Gegenstand;
  Erläuterung: Damit sind nicht die traditionellen Fächer wie Mathematik, Geschichte, ... gemeint. Vielmehr geht es um ein gemeinsames Thema, ein Projekt, eine gemeinsame Fragestellung; FEUSER, G.: 1995, S. 178 ff)

- Heterogenität wird als Gewinn gesehen;
- Entwicklung von Gemeinschaftsstrukturen (Lernpartnerschaften, Lernen in sozialen Gefügen, Kultur des Aufnehmens und Verabschiedens des Individuums in der Gruppe ;
- Entwicklung von Zugehörigkeitsgefühl zu Anderen;
- Entwicklung von Verantwortungsbewusstsein für Andere;
- Gelebte Lernpartnerschaft (Kooperation und Kommunikation mit allen am Lernen Beteiligten);
- Demokratisches Prinzip (Klassenrat, Konfliktumgang, ...);

Sozioökonomische Überlegungen
Das vorliegende Modell versteht sich als schulische Grundlage zur Entwicklung hin zur „Wissensgesellschaft".

„Diese ist darauf angewiesen, höchstmögliche Qualität im Bildungssystem bereit zu stellen, um gleichermaßen wirtschaftlich wettbewerbsfähig zu bleiben und ihren Bürgern optimale Lebenschancen zu garantieren." (Zitat Zukunftskommission 2005)
Ziel ist es, alle Heranwachsenden mit dem im vorliegenden Modell grundgelegten Bildungsangebot zu erreichen und somit die Möglichkeiten zu schaffen, die künftigen BürgerInnen am ökonomischen und sozialen Leben aktiv teilhaben zu lassen.

Kriterien auf der Ebene der PädagogInnen
(Kompetenz der PädagogInnen)
- Paradigmenwechsel im Lehrberuf (weg vom Lehrenden hin zur Lernbegleitung);
- Der Bildungsprozess und dessen Unterstützung steht im Zentrum, unterstützende Kontrollen;
- Stärken der Lernenden stärken, Schwächen schwächen;
- Aufbau von Kompetenzen (emotional, kognitiv, sozial, Problemlösung, ..) vor reiner Vermittlung von Datenwissen;
- Förderung dynamischer Fähigkeiten;
- Förderung von Sach- und Methodenkompetenz (Lernen lernen);
- Förderung von Selbst- und Sozialkompetenz;
- Vielfalt als Ressource nutzen können ("Everyone is different – all are equal");
- Akzeptanz individueller Bedürfnisse;
- Berücksichtigung der notwendigen entwicklungsbegleitenden Maßnahmen für alle SchülerInnen;
- Persönlichkeitsbildung der SchülerInnen unterstützen;
- Orientierungshilfen im Lernprozess geben können;
- Feedback geben können;

- Im Team arbeiten können;
- In der Gesellschaft wirken;
- Menschen begeistern können;
- Ein Leben lang eine Lernende/ein Lernender bleiben;
- Freies Arbeiten in Themen- und Lernfeldern mit regelmäßigem fachlichen Input, Lernberatung und Coaching;
- Akzeptanz einer veränderten Berufswelt „Schule".

Rahmenbedingungen
- Die räumlichen Voraussetzungen an den Schulen sind zu schaffen
  - adäquate Arbeitsplätze für LehrerInnen;
  - gemeinsamer Schulerhalter unter Einbeziehung der Einrichtungen für die Frühkindpädagogik (Kindergarten) – Bund;
  - Klassenräume als Lernwerkstätten;
  - Raumdimension: 3 Räume für 2 Lerngruppen;
  - Spezialräume (z.B. Physiksaal,...) können auch in der Region sein;
  - geeignete Räume für ganztägigen Betrieb (Freizeiträume, Freigelände,..);
  - Räumlichkeiten für Essen;
  - barrierefreie Zugänge (rollstuhlgerecht,..);
  - Schule als kommunaler Raum (Bibliothek, Cafe, Internet, Sport,..).
- Recht auf kostenfreien Schulbesuch inklusive Mittagspause und Essen;
- Ganztägige Schulform mit Kernzeiten als längere Lernzeiten und Gleitzeiten (vor und nach dem Unterricht) als Angebot;
- Gleitender Beginn am Morgen, festgelegter Unterrichtsbeginn;
- Auf Grund der entwicklungspsychologischen Zyklen ergeben sich altersheterogene Gruppen (optimal 20 SchülerInnen, max. 25 SchülerInnen);
- Verzicht auf Schulstufenzuordnung (kein Wiederholen);
- An die Stelle des aufgefächerten Unterrichts in 50-Minuten-Einheiten tritt die Arbeit am Gemeinsamen Gegenstand bzw. in Modulen und Kursen;
- Ein Curriculum (Rahmenlehrplan) für alle Lernenden unter Vermeidung jahrgangsmäßiger Aufteilung (epochaltypische Schlüsselprobleme; Klafki 1996);
- Individuelle Rückmeldeverfahren an Stelle von Ziffernnoten;
- Recht der SchülerInnen auf alle Ressourcen, die ihren Lernprozess bestmöglich fördern;

- Anregendes Lernumfeld;
- Multiprofessioneller PädagogInneneinsatz im Team;
- Spracherwerb durch Einsatz entsprechender Fachleute;
- Einsatz von SozialarbeiterInnen, PsychologInnen, personeller und advokatorischer Assistenz;
- Schulische Autonomie gewährleisten;
- Gemeinsame universitäre Ausbildung aller PädagogInnen (von der Frühkindpädagogik bis zur Studienreife);
- verpflichtende praxisbegleitende Fortbildung zur Implementierung des neuen Verständnisses von Schule;
- Evaluation auf hohem Niveau.
- Schulpartnerschaft:
  - Förderung von Partizipationsprozessen von SchülerInnen: Partizipation wird als Möglichkeit verstanden, demokratische Prozesse und Entscheidungen innerhalb und außerhalb der Schule mitzugestalten und selbstgesteuerten Unterricht zu initiieren: SchülerInnen erhalten die Möglichkeit, das Ob, Was, Wann und Worauf hin im Lernprozess zu beeinflussen.
  - Gremien für die Partizipation von SchülerInnen im Schulalltag:
    KlassensprecherIn
    Klassenrat
    SchulsprecherIn
    Überschulische Demokratie (Direktwahl der Landes- und BundesschülerInnen-Vertretung)
- Gremien für die Partizipation von Eltern im Schulalltag: Die derzeit bereits bestehenden gesetzlichen Gremien wie Klassenforum, Schulforum, Schulgemeinschaftsausschuss, Gremien für die Partizipation von SchülerInnen im Schulalltag,... sollen als echte demokratische Entscheidungsforen verstanden werden: „Eltern-mit-Wirkung"....
- Einbeziehen der Eltern in die LehrerInnen - Auswahl
  - Die Schulbehörde als Dienstgeber bietet die verfügbaren LehrerInnen den Schulen an;
  - Schulforum / SGA geben eine Empfehlung entsprechend dem Schulprofil;
- Beurteilung nach 1 Jahr durch Behörde und mit Feedback von Eltern und Kindern;
- (Feedbackbögen sind zentral zu entwickeln).

Organisationsstruktur

- **Frühkindliche pädagogische Einrichtung (Bildungsrecht):**
Ab dem 3. Lebensjahr besteht ein Recht auf Bildung (von den Eltern optional zu nützen)
Schwerpunkte: Förderung der Erstsprache, Sprachförderung in deutscher Sprache, Förderung der Kreativität, Sozialverhalten, Feinmotorik, ...

- **Schuleintritt (Bildungspflicht) Einschulung in die Lerngruppe 1**
(Rahmen: 4 Jahre, Altersbereich: 5. – 10. Lj.; altersheterogen)
Ab dem 5. Lebensjahr bis zum 1. Einstiegstermin nach der Erreichung des 6. Lebensjahres.
Autonome Möglichkeit, mehr als einen Einstiegstermin pro Jahr aus der frühkindlichen pädagogischen Einrichtung vorzusehen.
Die Entscheidung über den Einstieg fällt kooperativ zwischen Eltern, FrühkindpädagogInnen, PädagogInnen der Lerngruppe 1 und Schulaufsicht.
Inhalte:
Innerhalb der Lerngruppe 1 ist keine Zuordnung in die einzelnen Schulstufen vorgesehen. Es gibt deshalb auch keine Klassenwiederholungen.
Inklusive Pädagogik.
Innere Differenzierung durch individualisierte, entwicklungs-niveauspezifische Arbeit am Gemeinsamen Gegenstand, Sprach-förderung, Einsatz von Native Speakers zum Erlernen von Fremdsprachen. SozialarbeiterInnen, Hilfspersonal nach Bedarf, Angebot von Therapien (nach Möglichkeit in den Lerngruppen) Leistungsdokumentation bzw. –nachweis auf geeignete Art (keine Ziffernnoten)
Umstieg:
Die Entscheidung über den Umstieg in die Lerngruppe 2 wird wieder in Kooperation von Eltern und PädagogInnen der Lern-gruppen 1 und 2 getroffen. In erster Linie ist das Alter maßge-bend. Innerhalb des möglichen Rahmens ist die autonome Festlegung von mehr als einem Umstiegstermin möglich.

- **Lerngruppe 2** (Rahmen: 3 Jahre, Altersbereich: 9. – 13. Lj.; altersheterogen)
Inhalte:
Grundsatz ist weiterhin die Inklusive Pädagogik.
Auch in der Lerngruppe 2 keine Zuordnung in Schulstufen. Die

sogenannten „Trägerfächer" (D, MA, E) werden zu Hilfswissen-schaften für die Arbeit in Lernfeldern (Basics).
Etwa ¾ der Arbeitszeit Basics in Lernfeldern, ¼ breite Palette an Wahlpflichtkursen zur Interessensdifferenzierung als Erweiterun-gen zu den Lernfeldern. Grundsätzlich ist die Auswahl der Kurse für alle offen. (Beratung durch PädagogInnen) Angebot von Therapien (nach Möglichkeit in der Lerngruppe) Leistungsdokumentation bzw. –nachweis auf geeignete Art (keine Ziffernnoten)
Umstieg:
Die Entscheidung über den Umstieg in die Lerngruppe 3 wird wieder in Kooperation von Eltern und PädagogInnen der Lern-gruppen 2 und 3 getroffen. In erster Linie ist das Alter maßge-bend. Innerhalb des möglichen Rahmens ist die autonome Festlegung von mehr als einem Umstiegstermin möglich.

- **Lerngruppe 3** (Rahmen: 3 Jahre, Altersbereich: 12. – 16. Lj.; altersheterogen)

Inhalte:

Inklusive Pädagogik, keine Zuordnung in Schulstufen.
Etwa ¼ der Arbeitszeit an Basics in Lernfeldern, ¾ aufbauende Fachmodule zur Vorbereitung auf den Übertritt in weiterführende Einrichtungen.
Für die weiterführenden Einrichtungen sind Anforderungsprofile zu erstellen, die sich aus den nötigen Fachmodulen ergeben.
Verflechtung mit weiterführenden Bildungseinrichtungen (HASCH, HAK, HLA, u.ä., BS, BMS, BHS, AHS), Kurssystem mit Unterrichtskooperation von PädagogInnen weiterführender Schulen.
Umstieg in weiterführende Einrichtungen ist mit PädagogInnen der weiterführenden Bildungseinrichtungen zu diskutieren. Letzte Entscheidung durch Eltern.

Bildungspflicht grundsätzlich 10 Jahre. Durch fließenden Übergang in weiterführende Institutionen ergibt sich eine Flexibilisierung in der 3. Lern-gruppe

Umsetzungsmöglichkeiten
Idealfall:
Alle drei Lerngruppen in einem Gebäude mit der nötigen Anzahl an Nebenräumen und unter einer Leitung. Dadurch die Möglichkeit, PädagogInnen, TherapeutInnen, AssistentInnen,… zwischen den einzelnen Lerngruppen bedarfsweise einzusetzen.

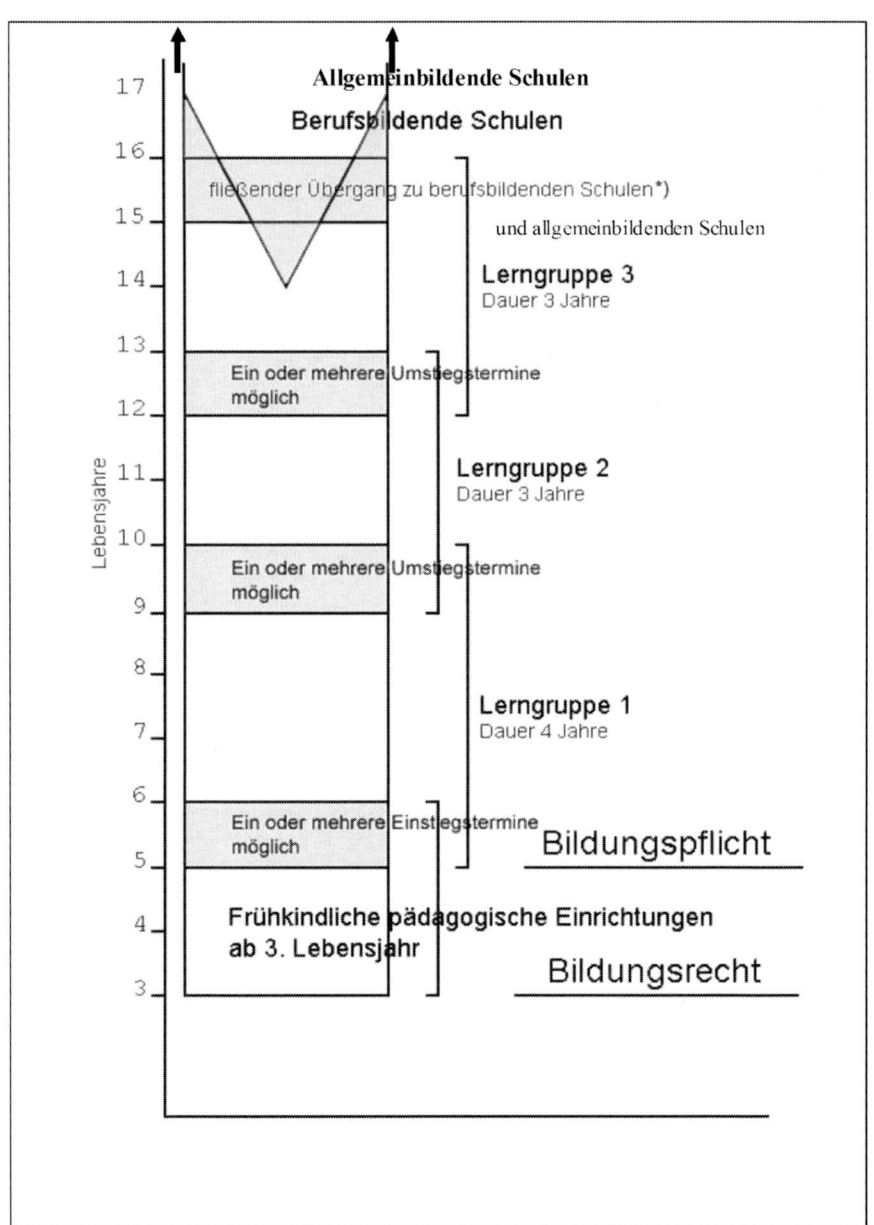

*) Ein mögliches Modell dieser Verflechtung bietet das Konzept der Laborschule Bielefeld (http://www.uni-bielefeld.de/LS/laborschule_neu/dieschule.html; Stand 25.01.2008)

Andere Möglichkeiten:
• Mehrere Schulstandorte in einer Gemeinde: Aufteilung der Lerngruppen nach Maßgabe der räumlichen Möglichkeiten. Mehrere Direktionen möglich.

• Kleine Lerngruppen 1 (ländlicher Raum) werden aus derzeitiger VS gebildet. Weiterführung als Lerngruppe 2 und 3 am Standort einer Hauptschule bzw. AHS. Dadurch neue Zusammensetzung der LG 2 aus verschiedenen Zubringerschulen möglich, Ortswechsel nötig.

Möglichkeiten im derzeitigen Schulsystem
(Ohne Einreichung eines Schulversuches im Bereich der VS, im Bereich der HS und AHS ist die Zusammenlegung verschiedener Schulstufen im Gesetz nicht vorgesehen, daher hier nur als Schulversuch möglich)

Voraussetzung ist die Schaffung von altersheterogenen Klassen im Bereich von VS, HS und AHS. Dadurch wäre eine Weiterführung der Arbeit in Lernfeldern in HS und AHS möglich. Grundprinzip der Inklusiven Pädagogik wäre beizubehalten.
Eine Grenze ist ab einer KlassenschülerInnenhöchstzahl von 23 – 25 zu sehen.

Es erscheint denkbar, die altersheterogene Gruppe als Alternativangebot an Volksschulen, Hauptschulen und AHS-Unterstufen einzurichten.
Beispiel:
Mögliche Verteilung der SchülerInnen an einer 7 klassigen VS (Höchstzahl 30):

1. Schulstufe	2. Schulstufe	3. Schulstufe	4. Schulstufe
34	28	32	36
2 Klassen	1 Klasse	2 Klassen	2 Klassen

Mit dem Angebot von zwei altersheterogenen Lerngruppen:

1. Schulstufe	2. Schulstufe	3. Schulstufe	4. Schulstufe
14	18	22	24
1 Klasse	1 Klasse	1 Klasse	1 Klasse
Altersheterogene Klasse 21 (5 + 5 + 5 + 6)			
Altersheterogene Klasse 21 (5 + 5 + 5 + 6)			

Es entsteht eine 6-klassige VS, die SchülerInnenzahl 130 erlaubt 9 Dienstposten. Es wäre diese Schule nicht kostenintensiver als der Regelfall. Der Einsatz von 3 LehrerInnen für die beiden altersheterogenen Klassen wäre möglich. Durch allfällige Integration entsteht eine weitere Verbesserung der Dienstpostenplansituation.

Problematisch erscheint aber die Notwendigkeit, nach 4 Unterrichts-jahren ein Zeugnis mit Ziffernnoten ausstellen zu müssen. Treten alle AbgängerInnen der LG 1 geschlossen in eine Schule (HS oder AHS) über, ist auch das kein Problem. In der Praxis also wahrscheinlich nur im ländlichen Raum (HS mit Gesamtschulcharakter) oder im Ballungsraum (AHS mit Gesamtschulcharakter) möglich.
Mehrere Zubringerschulen (Sprengelschulen) wären grundsätzlich auch denkbar, die Gruppen würden dann allerdings zur Gänze neu gebildet.

Anhang Schule neu
Attraktivität des Modells für LehrerInnen:
- LehrerInnen können ihre SchülerInnen durchgängiger und länger auf ihrem Bildungsweg begleiten.
- Die ganztägige Schulform und ein möglichst kleines LehrerInnenteam eröffnen unterschiedliche Blickwinkel auf die SchülerInnen und trägt somit zu einer ganzheitlichen Menschensicht bei.
- Eine gemeinsame Ausbildung aller pädagogischen Berufe ermöglicht leichtere Umstiege im System.
- Ein gemeinsames Dienstrecht für alle pädagogischen Berufe bewirkt gleiche rechtliche Arbeitsbedingungen und gleiche Entlohnung aller PädagogInnen.
- Die psychische Belastung der LehrerInnen nimmt durch Team-verantwortung deutlich ab.
- Der Arbeitsplatz am Schulstandort erleichtert Teambesprechungen und effizientere Unterrichtsplanungen (LehrerInnen-Bibliothek, Kopiermöglichkeit, …).
- Das neue Rollenverständnis von PädagogInnen als LernbegleiterInnen führt zu höherer Berufszufriedenheit.
- Der vorliegende pädagogische Ansatz lässt erwarten, dass SchülerInnen am Lernen interessierter und motivierter sind. Die Vermeidung von Über- und Unterforderungen verringert Verhaltens-auffälligkeiten.
- …

Literatur

Feuser G.: Behinderte Kinder und Jugendliche, Zwischen Integration und Aussonderung, Wissenschaftliche Buchgesellschaft Darmstadt, 1995
Grubich R. u. a.: Inklusive Pädagogik, edition innsalz 2005
Grubich R.: Homo oder Hetero? – Eine Frage des (pädagogischen) Umgangs mit Diversität, in Erziehung und Unterricht, öbv&hpt, 5-6/2005, 155. Jahrgang (s. 485-490)
Klafki, W.: Neue Studien zur Bildungstheorie und Didaktik. Zeitgemäße Allgemeinbildung und kritisch-konstruktive Didaktik. 4. Auflage. Weinheim: Beltz 1996
Treibhäuser der Zukunft, Archiv der Zukunft (BELTZ) 2005, ISBN 3-407-85830-2

Links (Stand 25.01.2008)

http://www.uni-bielefeld.de/LS/laborschule_neu/dieschule.html
http://www.bodensee-schule.de
http://www.jenaplan.org/
http://www.jenaplan.de/
http://www.ganztaegig-lernen.org/www/gtl3.aspx
http://www.ganztagsschulen.org

Regina Grubich-Müller, ist Stadtschulrätin für Wien.

Vielfalt als Entwicklungschance!
Ein Projekt der Montag Stiftung
Barbara Brokamp und Karl-Heinz Imhäuser

Im Rahmen des Kongresses „Eine Schule für alle" wurde uns die Gelegenheit gegeben, ein Projekt der Montag Stiftung Jugend und Gesellschaft vorzustellen, das wir als einen Beitrag zur Entwicklung einer Schule für alle verstehen. Wir werden es im Folgenden kurz skizzieren.

Regionale Bildungsinitiative:
Vielfalt als Entwicklungschance
Der „Index für Inklusion" als inhaltliche Klammer im Mittelpunkt regionaler Schulentwicklung

Mit diesem Projekt unterstützt die Stiftung Kindertagesstätten und Schulen aller Schulformen durch Moderation und Beratung, die den Leitfaden zur Schul- bzw. Kindertagesstättenentwicklung **„Index für Inklusion"**[1] als handlungsleitendes Werkzeug nutzen wollen.

Bei dem **Index für Inklusion** handelt es sich um eine Sammlung von Aussagen und Fragen zur Qualität der relevanten Aspekte, die eine Bildungseinrichtung ausmachen – auf der Grundlage einer Wertehaltung, die Vielfalt als Bereicherung erlebt und eine Teilhabe aller an Bildungsangeboten und gesellschaftlichen Prozessen ermöglichen will. Gleichzeitig gibt er zahlreiche Hinweise für eine systematische (Schul)-Entwicklung und Anregungen zur Reflexion und Selbstevaluation.

Es gibt viele Einstiege für Bildungseinrichtungen in die Arbeit mit dem Index und kann in schon laufende konzeptionelle Programmarbeit integriert werden. Er eröffnet in diesem Kontext keine neue „Baustelle", sondern kann vielmehr als übergeordneter Referenzrahmen eine Orientierungs- und Impulsfunktion einnehmen. So eignet er sich beispielsweise auch hervorragend als inhaltliche Vorbereitung oder Ergänzung der Qualitätsanalyse von Schulen, die z. Zt. an nordrhein-westfälischen Schulen durchgeführt wird.

Der **Index für Inklusion** wurde von Tony Booth und Mel Ainscow, Manchester, entwickelt und auf Initiative von Prof. Andreas Hinz und Ines Boban, Luther-Universität, Halle-Wittenberg für deutsche Verhältnisse übersetzt und adaptiert.

Inhaltlich werden auf drei Ebenen bzw. Dimensionen oder Bereichen Indikatoren und dazugehörige Fragen entwickelt:

Es geht um inklusive Kulturen, Strukturen und Praktiken, die jeweils sehr detailliert und konkret und entsprechend eigener Potentiale und Schwerpunktsetzungen der Schulen, bzw. Kindertagesstätten, betrachtet werden können.

So soll die Nutzung des Index dazu beitragen, in den Bildungseinrichtungen auf Grundlage eines „inklusiven" Leitbildes, Formen des Lernens und Lehrens zu thematisieren und weiterzuentwickeln.

Die gegenwärtige Herausforderung nach individueller Förderung und kooperativem Lernen in heterogenen Lerngruppen erfordert sowohl eine stärkere Vernetzung der Einrichtungen untereinander, als auch eine Öffnung der Einrichtungen in ihre Nachbarschaft und ihren Stadtteil, um alle Potentiale zu nutzen.

Bezeichnend für die Arbeit mit dem Index ist der Anspruch, möglichst viele Mitglieder einer Bildungseinrichtung (pädagogische und andere MitarbeiterInnen, Kinder, Jugendliche und Eltern sowie „kritische Freunde") in die Entwicklungsprozesse einzubeziehen.

Seit dem Start des Projektes im Februar 2007 haben sich bisher 20 Schulen aus der Region Köln/Bonn für die Teilnahme gemeldet, zwölf von ihnen werden bereits durch erfahrene ModeratorInnen und SchulentwicklungsbegleiterInnen im Auftrag der **Montag Stiftung Jugend und Gesellschaft** auf Grundlage eines Kooperationsvertrages beraten und unterstützt. Darin wird eine verbindliche Begleitung von mindestens zwei Jahren zugesichert, wobei die Form sehr unterschiedlich sein kann. Sowohl Schulleitungen, Steuergruppen, Teams, ganze Kollegien oder bestimmte Berufsgruppen, sowie Eltern können an eigenen, selbst bestimmten Schwerpunkten arbeiten, außerdem werden Partizipationsmodelle entwickelt und angewendet.

Die Montag Stiftung Jugend und Gesellschaft übernimmt für die teilnehmenden Schulen/ Einrichtungen die Kosten der Beratung und Moderation. Sie legt Wert auf wirksame und nachhaltige Begleitung der Schulentwicklungsprozesse und bietet einen Rahmen für den Austausch beteiligter Schulen untereinander.

Weiterhin werden Fortbildungsveranstaltungen angeboten und in Kooperation mit zahlreichen Partnern weitere Qualifizierungsschritte entwickelt. Kooperationspartner sind u. a. die Kompetenzteams Köln und Leverkusen, die Universitäten Halle, Köln, Dortmund und die Fachhochschule Fulda.

Auch profitieren die beteiligten Einrichtungen von den Erfahrungen anderer Regionen wie Sachsen-Anhalt (hier sei besonders das Projekt der Universität Halle als zentrale Initiative erwähnt), sowie dem europäischen und außereuropäischen Ausland. Der Index wurde bisher in zwanzig Sprachen übersetzt.

Für weitere Informationen: www.montag-stiftungen.de
Ansprechpartnerin für dieses Projekt der Montag Stiftung Jugend und Gesellschaft:
Barbara Brokamp Tel. 0049-(0)228-26716-310
1 http://www.eenet.org.uk/index_inclusion/index_inclusion.shtm#translations

Eine Schule für Alle
- zufriedene Schülerinnen und Schüler ?!?
- zufriedene Eltern ?!?
Isabel Hahn, Silke Kühn und Ulrike Niehues

Ergebnisse der Befragung von SchülerInnen und Eltern an der Integrierten Gesamtschule Köln-Holweide, -sowie-
Darstellung der Entwicklung eines Curriculums "Soziales Lernen"

A   Vorbemerkungen
B   SchülerInnen befragen SchülerInnen
C   Eltern befragen Eltern
D   Curriculum „Soziales Lernen"
E   Schlussbemerkung
F   Literatur

A Vorbemerkungen

In den Jahren 2004 und 2005 wurden an der Integrierten Gesamtschule Köln-Holweide (Abkürzung: IGS Köln-Holweide) SchülerInnen und Eltern zu ihrer Einschätzung / zu ihrer Zufriedenheit mit den verschiedensten Aspekten der Schule befragt.

Bevor wir die Ergebnisse im Einzelnen vorstellen, sei hier noch ein Überblick über die (Struktur der) Schule vorangestellt:
Die IGS Köln-Holweide feierte im letzten Schuljahr (06/07) sowohl ihr 30 jähriges Bestehen, als auch 20 Jahre Leben und Lernen im Gemeinsamen Unterricht.
Gut 1800 Schülerinnen und Schülern mit und ohne Behinderungen werden von ca. 200 Mitarbeitern unterrichtet und betreut. Das Team-Kleingruppen-Modell (Abk.: TKM) – nach dem die Schule strukturiert ist - gewährleistet in dieser großen Schule engen und beständigen Kontakt zwischen den SchülerInnen selbst, zwischen SchülerInnen und LehrerInnen, als auch unter den KollegInnen. In der 9zügigen Schule sind immer 3 – von 9 Klassen - eines Jahrgangs zu Teams zusammengefasst, wobei zu jedem Team 1 Klasse ohne und 2 Klassen mit Gemeinsamen Unterricht (Abk: GU) gehören. Die Klassen ohne GU weisen eine Klassenstärke von 30 SchülerInnen auf, die Klassen mit GU eine Klassenstärke von 26 SchülerInnen, von denen 5 SchülerInnen sonderpädagogischen Förderbedarf haben. Unter den ca. 170 FörderschülerInnen sind – mit Ausnahme von Blindheit - „alle Förderschwerpunkte vertreten". Die SchülerInnen sitzen und arbeiten in grundsätzlich heterogen zusammengesetzten Tischgruppen. Jedes Team wird von der 5. bis zur 10. Klasse von einem relativ festen Team von 8 bis 10 LehrerInnen unterrichtet. Zum Kollegium gehören Sek.I- und Sek.II-LehrerInnen, SonderschullehrerInnen, „ein halber"

Schulpsychologe, SozialpädagoInnen, TherapeutInnen, Integrationshelfer-
Innen, sowie Verwaltungs- und Haustechnikpersonal.
Seit 2-3 Jahren wird ein Großteil der Lerninhalte auf der Grundlage der
Lehr- und Lernmethoden des „Kooperativen Lernens" nach Norman Green
vermittelt.
In den Klassen mit GU wird der Unterricht vom 5. bis zum 10, Jahrgang
überwiegend integrativ durchgeführt, d.h. auch FörderschülerInnen, die
nicht zielgleich unterrichtet werden, werden im Klassenverband meist
themengleich auf unterschiedlichen Anforderungsniveaus (binnen-
differenziert) unterrichtet. Rund 16 % des für den GU zu Verfügung stehenden Stundendeputats werden lediglich im Rahmen von äußeren Dif-
ferenzierungen eingesetzt, z.B. in Betriebsprojekten, die FörderschülerInnen in den oberen Klassen an 1 Tag in der Woche in komplexe Arbeits-
zusammenhänge einführen, beispielsweise im Rahmen eines Kaffee- oder
Druckereiprojekts.
An der IGS Köln-Holweide können vom Abschluss der Schule für Geistige Entwicklung bis hin zum Abitur alle Schulabschlüsse erworben werden.

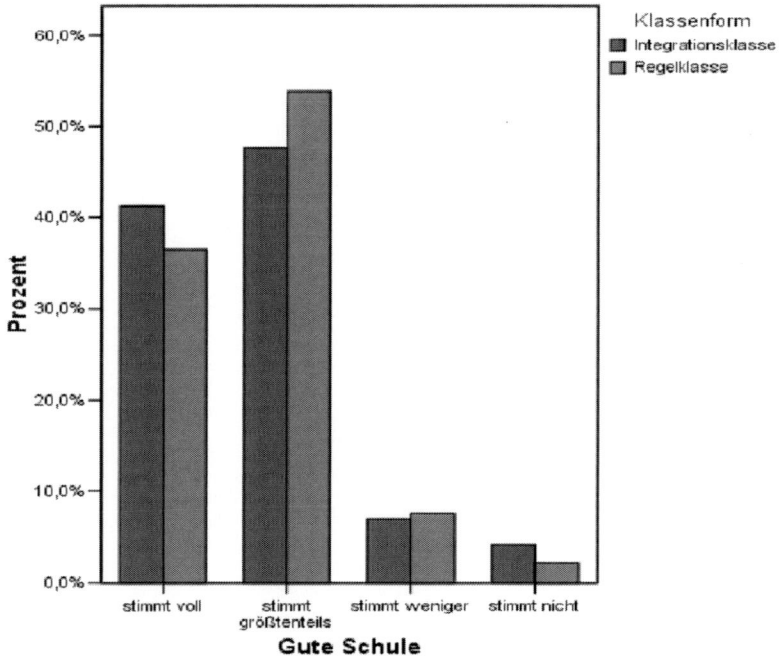

Abb.1: alle SchülerInnen in Klassen mit GU / alle SchülerInnen in Klassen
ohne GU / alle Jhg.

B SchülerInnen befragen SchülerInnen

In Zusammenarbeit mit Ines Boban und Andreas Hinz (Universität Halle) führte die SchülerInnenvertretung (Abk.: SV) im Jahr 2004 unter der gesamten Schülerschaft eine Befragung durch, die Auskunft über deren Einschätzung verschiedenster Aspekte der Schule / des Schullebens gab. Für alle SchülerInnen – in Klassen mit als auch in Klassen ohne GU - gilt:

• Ungefähr 90% aller SchülerInnen (Abk.: Sch) – in Klassen mit als auch in Klassen ohne GU - sind der Meinung, dass ihre Schule eine gute Schule ist.

• Ca. 80% fühlen sich in ihren Klassen als auch in der Schule überhaupt wohl.

• Ungefähr 80% helfen sich gegenseitig.

• Ein gutes Verhältnis zu ihren LehrerInnen haben in den Jahrgängen (Abk.: Jhg) 5, 6, 9, und 10 zwischen 80% und 90%, in den Jhg 7 und 8 ca. 70%.

• In den Jhg 5, 6, 7, und 10 meinen 80% bis 90%, dass beide LehrerInnen allen Schülern helfen, wenn der Unterricht in Doppelbesetzung (2 KollegInnen unterrichten gleichzeitig) stattfindet. Ca. 70% sehen dies in den Jhg 8 und 9 so. 70% bis 90% (im Jhg 5 fast 100%) finden dies auch gut.

• Für 70% bis 90% aller SchülerInnen ist auch eine äußere Differenzierung in Ordnung.

• Knapp 80% meinen, dass MitschülerInnen ausgegrenzt werden. Ca. 67% sehen die Ursache dafür nicht in Nationalität oder Behinderung, sondern in der Bildung von SchülerInnengruppen, die „… mit den anderen nichts zu tun haben wollen."

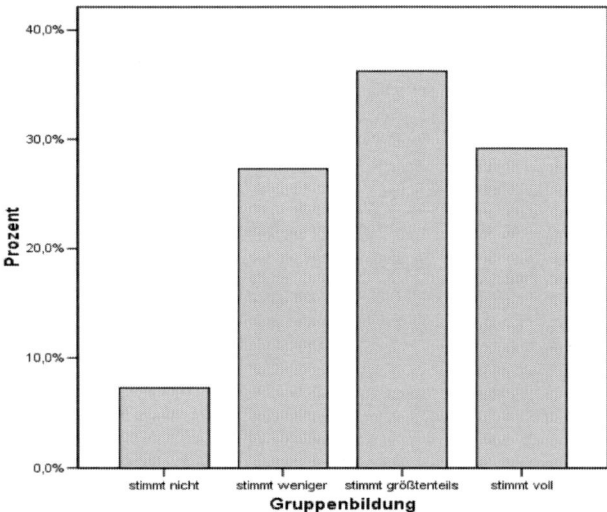

Abb.2:
alle SchülerInnen
/ alle Jhg

Für SchülerInnen in Klassen mit, bzw. ohne GU gilt:
• In Klassen mit GU meinen ungefähr 80% der Sch, dass sie viel
lernen; ca. 70% meinen dies in Klassen ohne GU.

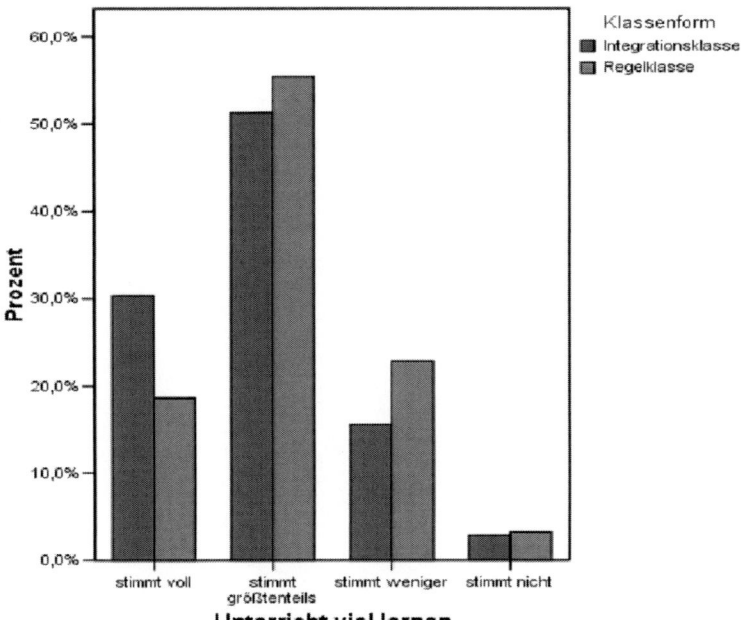

Abb.3: alle SchülerInnen in Klassen mit GU / alle SchülerInnen in Klassen
ohne GU / alle Jhg

C Eltern befragen Eltern
Angeregt durch den „Index für Inklusion" (Hrsg. Andreas Hinz & Ines Boban)
und den SchülerInnenfragebogen der SV der IGS Köln-Holweide wurde
die Entwicklung des Elternfragebogens von den Mitgliedern des
Schulausschusses für den Gemeinsamen Unterricht initiiert und 2005 von
5 Mitgliedern des Ausschusses realisiert. Die Auswertung konnte sich auf
einen Rücklauf von gut 70% der ausgegebenen Fragebögen stützen.
Die Zufriedenheit der Eltern im Hinblick auf die verschiedensten erfrag-
ten Aspekte der Schule ist generell sehr hoch, häufig liegt sie bei über
90%.
• Es wurde deutlich, dass Eltern von
• Mädchen und Jungen,
• SchülerInnen die eine bzw. keine Klasse mit Gemeinsamen Unterricht
  besuchen,

267

- SchülerInnen mit bzw. ohne sonderpädagogischen Förderbedarf, gleichermaßen zufrieden sind.
- Zwischen der Zufriedenheit der Eltern und dem Jahrgang, den ihr Kind besucht, besteht ein signifikanter Zusammenhang: Je jünger die Kinder sind, desto zufriedener sind ihre Eltern mit den verschiedensten Aspekten der Schule.

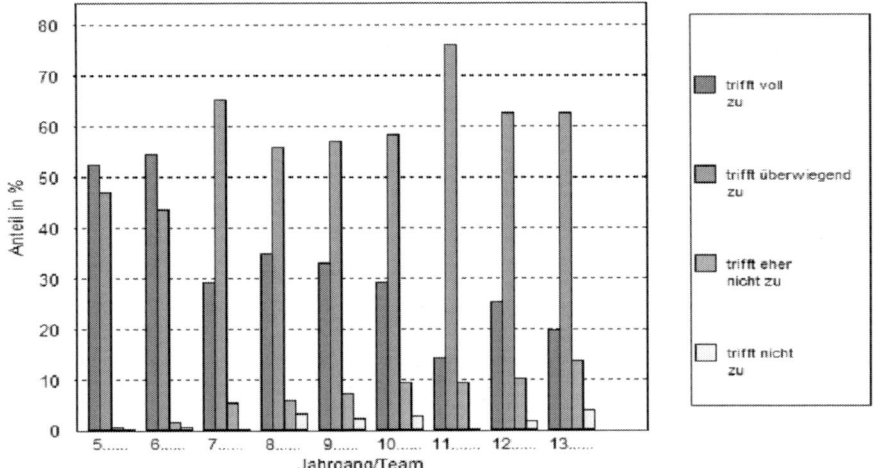

Abb. 4: umfassende Zufriedenheit / alle Eltern / einzelne Jahrgänge

- Darüber hinaus zeigte sich, dass eine – etwas höhere - Korrelation zwischen der Zufriedenheit der Eltern und ihren eigenen persönlichen Erfahrungen mit der Schule, als mit der Einschätzung dessen, was bzw. wie ihre Kinder die Schule erleben, besteht.

Denn die generelle Zufriedenheit der Eltern wird in hohem Maße (zu 46%) von 4 hochsignifikanten Variablen – in absteigender Bedeutung - bestimmt.

Und zwar davon, ob die Eltern...

der Meinung sind, dass der Schule ihr Engagement wichtig ist und sie in Entscheidungsprozesse eingebunden werden,

... sich von den LehrerInnen ernst genommen und freundlich behandelt fühlen.

... meinen, dass sich ihr Kind an der Schule wohl fühlt.

... meinen, dass ihr Kind an der Schule viel lernt.

Anders ausgedrückt:

Je zufriedener die Eltern mit der Schule sind, desto höher ist die Wahrscheinlichkeit, dass sie ...

- meinen, dass der Schule / dem Kollegium ihre Beteiligung am Schulleben wichtig ist.
- sich von den LehrerInnen / MitarbeiterInnen ernst genommen und freundlich behandelt fühlen.
- meinen, dass sich ihr Kind an der Schule wohl fühlt.
- meinen, dass der Lernerfolg ihres Kindes hoch ist.

Ein sehr hoher Anteil der Eltern ist mit der sozial-emotionalen Situation ihres Kindes zufrieden:

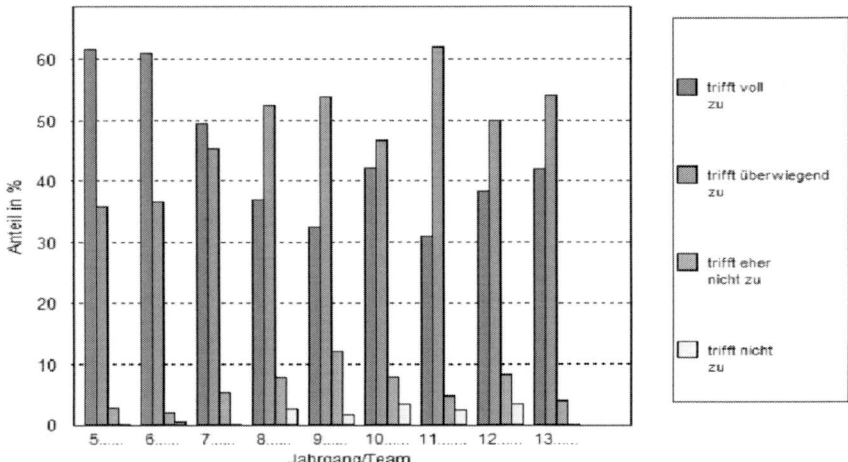

Abb. 5: sozial-emotionale Situation ihrer Kinder / alle Eltern / einzelne Jahrgänge

• Von allen Eltern meinen ...
... 93%, dass sich ihr Kind an der Schule wohl fühlt.
... 90%, dass ihr Kind gut in die Klassengemeinschaft eingebunden ist,
... 79%, dass ihr Kind zu mindestens 1 LehrerIn großes Vertrauen hat ... und ...
... 86%, dass alle SchülerInnen gleichermaßen wertgeschätzt werden.

78% aller Eltern sind mit der Lernentwicklung / der kognitiven Entwicklung zufrieden, sie meinen, dass ihr Kind an dieser Schule viel lernt:

• 75% der Eltern meinen, dass ihre Kinder entsprechend ihrer Fähigkeiten gut gefördert werden.
90% aller Eltern meinen, dass ihr Kind soziales Verhalten lernt.
• Dass ihr Kind in der Entwicklung seines Selbstbewusstseins, seiner Selbstständigkeit und Eigenverantwortung unterstützt wird, sehen 84% aller Eltern.
42% der Eltern schätzen Mobbing als ein Problem der Schule ein.

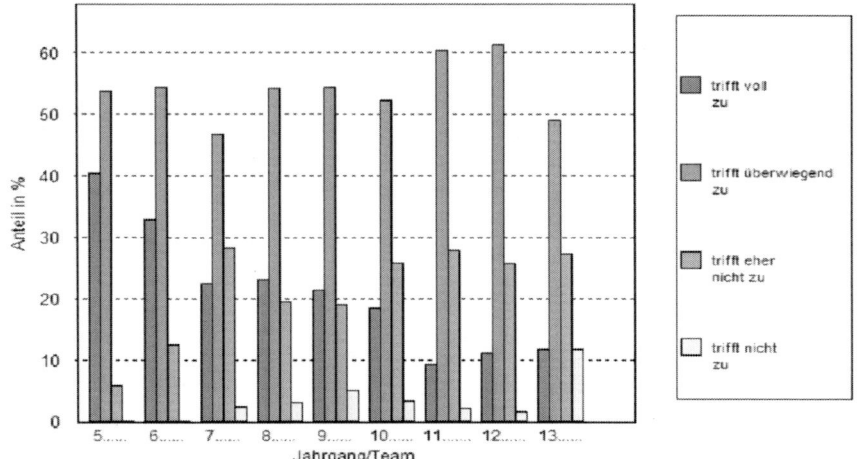

Abb. 6: Lernzuwachs, kognitive Förderung und Forderung / alle Eltern /
einzelne Jahrgänge

- Wobei diese Problematik – nach der Einschätzung aller Eltern - in
der Mittelstufe (Jahrgänge 8-10) am stärksten ausgeprägt ist: 49%.
(Unterstufe (Jahrgänge 5-7): 36%; Oberstufe (Jahrgänge 11-13): 40%)

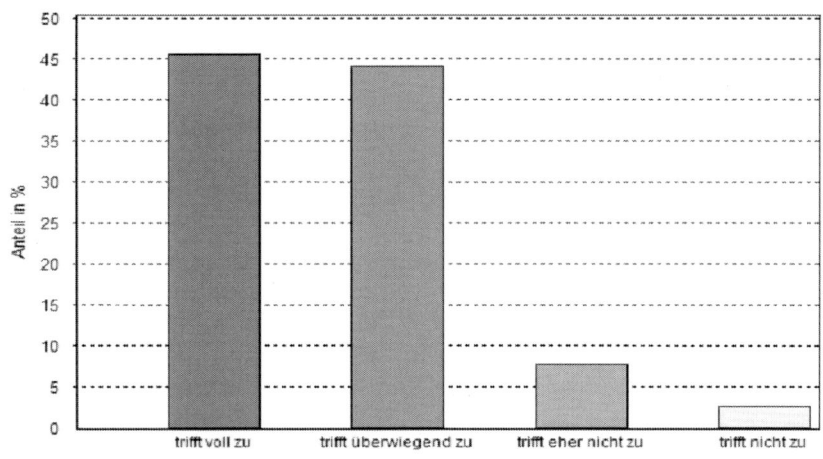

Abb. 7: Erlernen von sozialem Verhalten / alle Eltern / alle Jahrgänge
zusammen

270

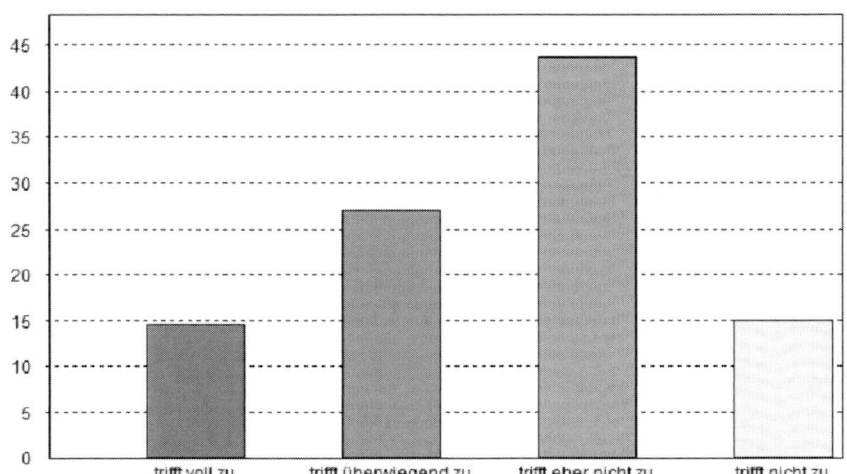

Abb. 8: Mobbing / alle Eltern / alle Jahrgänge zusammen

D Curriculum „Soziales Lernen"

Die Wahrnehmung, die die Schüler und die Eltern vom sozialen Leben an der IGS haben, werden durch die vorgestellte Untersuchungen dokumentiert.

Eine vergleichbare Befragung der Lehrer wurde nicht durchgeführt.

Was jedoch vom Kollegium immer wieder beschrieben wird, ist das Erleben, dass die Erziehung auf grundlegende soziale Kompetenzen hin immer größeren Raum in Anspruch nimmt. Der Umgang der Kinder und Jugendlichen untereinander und zwischen Schülern und Lehrern wird von vielen Lehrern als zunehmend aggressiv wahrgenommen. Die Anfragen an das Schulberatungsteam um Einzelfallhilfe und Begleitung übersteigt bei weitem die personellen Möglichkeiten.

Fortbildungen zur Förderung sozialer Kompetenzen bei Schülern werden von den Lehrern sehr häufig angefragt.

Diese Problematik bezieht sich auf Schüler mit und ohne sonderpädagogischem Förderbedarf. Insofern deckt sich diese Beobachtung also mit der Wahrnehmung der Schüler und Eltern bezüglich der Ausgrenzung von Schülern durch eine problematische Art der Gruppenbildung.

Setzen wir voraus, dass wir auf soziale Resonanz hin konstruierte Wesen sind, können wir annehmen, dass unsere Schüler – so wir ihnen kein Feedback bezüglich sozialer Normen und Werte geben – sich innerhalb ihrer Peer-Groups „irgendwie" sozialisieren. Anzunehmen, dass diese Sozialisation dann auch immer eine wünschenswerte ist, ist - vorsichtig formuliert – recht risikofreudig.

In unserer Schule wurde anfangs davon ausgegangen, dass bereits die richtige Zusammensetzung der Tischgruppen für großen Erfolg beim Lernen – auch beim Sozialen Lernen – sorgt.

271

Entsprechend wurde viel Zeit für Methodentraining und auf die Gruppen-zusammensetzung verwand. Zunehmend zeigte sich jedoch, dass das nicht ausreichte. Zudem scheint es eine Veränderung der Schülerschaft zu geben. Die Zahl der Schüler mit Problemen in der Selbstwahrnehmung und mit mangelnder Konfliktfähigkeit scheint zu steigen. Von Lehrern und Sozialpädagogen wurde mit einer Reihe von Maßnahmen auf diese Pro-blematik reagiert:

Mit der Einrichtung von Jungen- und Mädchengruppen, dem Trainings-raum, den Streitschlichtern, Sozialtraining nach M. Weidner, Sozialtraining nach Ch. Großmann, verschiedenen angeleiteten Freizeitangeboten, dem Coolnesstraining etc.

Einheitlicher wird gehandelt, indem die Schule seit vier Jahren zuneh-mend Wege des Kooperativen Lernens beschreitet. Dieser Ansatz ver-steht Lernen als persönlichen Prozess innerhalb der sozialen Gruppe und möchte auch einem veränderten Rollenverständnis von Schülern und Lehrern gerecht werden.

Die Implementierung ist an vielen Stellen gut gelungen.

Die vielen Versuche, das Soziale Lernen gesondert zu fördern und zu strukturieren führten dagegen nur bedingt zu Erfolg. Vieles funktionierte innerhalb der Klassen- oder Kursgemeinschaft, aber nicht außerhalb. Die Fülle der Angebote war beeindruckend, aber letztendlich auch unüber-schaubar. Niemand wusste, welcher Kurs, welche Klasse Förderung nach welchem System erhalten hat und worauf man im Zweifelsfall zurückgrei-fen konnte.

Es entstand der Wunsch, sich auf Ziele zu verständigen und das Soziale Lernen zu systematisieren. Im Anschluss an eine Fortbildung bildete sich im Mai 2007 hierzu ein Arbeitskreis. Dieser erarbeitete zwei „Standbeine" einer Strukturierung des Sozialen Lernens.

Beiden liegt ein Kanon von Kompetenzen zugrunde, die im Laufe des Arbeitsprozesses als wichtig befunden wurden. Diesen Kompetenzen wurden für die jeweiligen Jahrgänge Ziele zugeordnet. So kann beispiels-weise ein Ziel sein, innerhalb der Kompetenz „Konfliktbewältigung" im 7. Jahrgang, „Meinung angemessen vertreten". Als Indikator wurde jeweils das Verhalten beschrieben, das den Schülern möglich sein sollte, wenn sie dieses Ziel erreicht haben. (siehe untenstehende Tabelle) Natürlich sind alle Kompetenzen und Ziele miteinander verbunden. - Die Aufteilung und Zuordnung versteht sich als Schwerpunktsetzung, wie wir sie für die jeweiligen Jahrgänge als sinnvoll ansehen. -

Das erste der oben erwähnten „Standbeine" ist die Verankerung des Sozial-trainings als eigenständige Schulstunden im Stundenplan: Ein bis zwei Stunden pro Woche sollen im Jahrgang 5 und 6 fest hierauf verwendet werden. Die zweite Säule ist das Einbinden der Förderung in den laufen-den Unterricht.

Dazu wurden und werden Fachbeispiele und Methoden gesammelt, die bestimmte Ziele einbeziehen, einüben oder thematisieren. (s. Tabelle)

Kompetenz	Ziel	Verhalten	Fachbeispiele/Methoden
Orientieren	- Interessens-findung - Rollenfindung in der Peer-Group		FuA: Thema Vorbilder Ku: Thema Gestaltung der eigenen Umwelt D/ AL: Berufsvorbereitung
Angemessenes Kommunikationsverhalten	- Wertschätzung - Erkennen, dass andere Sichtweisen möglich sind - sich über Sichtweisen austauschen	- Gefühle wahrnehmen u. ausdrücken - Ich- u. Du-Botschaften senden - Perspektivwechsel vollziehen	Ku: Thema Körpersprache; Thema Perspektive (Film, Foto, Zeichnen) D: Szenisches Spiel mit Perspektivenwechsel; Bewerbungstraining D&G: Körpersprache, Pantomime; Szenisches Spiel
Konfliktbewältigung	- eigene Meinung vertreten können - andere Sichtweisen akzeptieren - sich angemessen über unterschiedliche Wahrnehmung austauschen können	- Ich- u. Du-Botschaften - Gefühle kommunizieren - Handlung getrennt von Wertung benennen können	Ku: Bildbeschreibung Mu: Analyse eines Musikstückes D: Beschreibung/ Interpretation von Texten D&G: Körpersprache; Pantomime; Szenisches Spiel
Kontakt aufnehmen und halten	- Rollenfindung in der Peer-Group - Freundschaften - sich selbst präsentieren können	- angemessene Ansprache - Beteiligung an gemeinsamen Aktivitäten/ Gesprächen	Gruppen- und Projektarbeit in allen Fächern D/AL: Berufsvorbereitung
Angemessenes Arbeitsverhalten	- persönliche u. Arbeitsebene bewusst machen u. unterscheiden	- jeder bemüht sich mit jedem zu arbeiten - unterschiedliche Arbeitsweise akzeptieren	Gruppen- und Projektarbeit in allen Fächern; Reflektion eigener Arbeit

Tabelle: Soziale Kompetenz Jahrgang 7/8
Abkürzungen der einzelnen Unterrichtsfächer:
FuA: fächerunabhängiger Ausgleichsunterricht   Ku: Kunst
D: Deutsch   Al: Arbeitslehre   D&G: Darstellen und Gestalten   Mu: Musik

Es soll mit der Zeit ein Pool von Ideen entstehen, die man in Unterrichts-reihen einbauen kann, um gleichzeitig dem fachlichen Aspekt des jeweiligen Unterrichtsthemas gerecht zu werden und ein angestrebtes Sozialziel zu fördern.

E Schlussbemerkung

Der Abschnitt zum Curriculum „Soziales Lernen" entstand unter Mitwirkung von Brigitte Blum (Sozialpädagogin an der IGS Köln-Holweide). Über die Homepage der IGS Köln-Holweide - www.igs-holweide.de - ist Ihnen eine detaillierte Darstellung der Auswertung des SchülerInnen - als auch des Elternfragebogens zugänglich.

F Literatur

Boban, I. / Hinz, A.: Index für Inklusion – Lernen und Teilhabe in der Schule der Vielfalt entwickeln. Halle/Saale 2003
Boban, I. / Hinz, A.: Der Index für Inklusion – Eine Möglichkeit zur Selbstevaluation von „Schulen für alle". In: Feuser, G.(Hrsg.) Integration heute – Perspektiven ihrer Weiterentwicklung in Theorie und Praxis Frankfurt am Main 2003b, S.39 – 47
Harth, U., Ockenfels, I., Rommerskirchen, A., Scheuer, T. M., Stöver, S., Wogenstein, I. (Lehrerinnen und Lehrer an der Gesamtschule Holweide) : Gemeinsamer Unterricht von behinderten und nichtbehinderten Kindern und Jugendlichen in der Sekundarstufe I der Gesamtschule Holweide, In: Kultusministerium des Landes Nordrhein-Westfahlen (1993): Strukturförderung im Bildungswesen des Landes Nordrhein-Westfalen, eine Schriftenreihe des Kultusministeriums, Heft 52.
Heeger, M., Reinert, M.: Was halten Schülerinnen und Schüler vom Gemeinsamen Unterricht?, In: Platte, A., Seitz, S., Terfloth, K. (Hrsg.) (2006),: Inklusive Bildungsprozesse, Bad Heilbrunn, S. 97-100.
Niehues, U. / Schwager M.: Kleine Schritte – große Wirkung. Gemeinsamer Unterricht an der Gesamtschule Köln-Holweide. In: neue deutsche schule 54 (2002)
Ratzki, A. / Keim, W. / Mönkemeyer, M. / Neisser, B. / Schulz-Wensky, G. / Wübbels, H. (Hrsg.): Team Kleingruppen-Modell Köln-Holweide – Theorie und Praxis. Frankfurt am Main 1996
Schwager, M.: Eine Schule auf dem Weg zur Inklusion? – Entwicklungen des Gemeinsamen Unterrichts an der Gesamtschule Köln-Holweide. Zs. F. Heilpädagogik 7, 2005
Schwager, M., Pilger, D.: Evaluation als Beitrag zur Qualitätssicherung des Gemeinsamen Unterrichts, In: Platte, A., Seitz, S., Terfloth, K. (Hrsg.) (2006),: Inklusive Bildungsprozesse, Bad Heilbrunn, S. 101-111

Isabel Hahn, Silke Kühn und Ulrike Niehues sind Lehrerinnen an der Integrierten Gesamtschule Holweide, Köln

Eine Sprache für alle -
Mit Gebärden zusammen leben und lernen
Marion Deplewski

Meine Damen und Herren, ich darf Sie hier herzlich begrüßen zu etwa 90 Minuten, in denen wir uns, wie angekündigt, der Sprache zuwenden – Sprache in Gebärden. Ich habe gerade erst erfahren, dass Gehörlose anwesend sind, so dass ich mich bemühen werde, langsamer und deutlicher zu sprechen und vielleicht einige Gebärden mit einzubauen.

Der im Programm falsch ausgeschriebene Titel konnte leider nicht mehr rechtzeitig korrigiert werden. Es wird sich aber, nach wie vor, bei dieser Veranstaltung weder um einen praktischen Schnupperkurs noch um ein Angebot für Kinder handeln. Man kann keine Sprache der Welt mal eben erlernen - erst recht nicht, wenn sie sich anderer Möglichkeiten bedient als die Eigene. Dennoch möchten Sie etwas hier und heute erfahren, und ich werde versuchen, Ihnen schon `mal als ersten Einstieg einige Anregungen an die Hand zu geben. Ich werde Ihnen ein paar Anregungen zur Gebärde vor Augen führen und zu Ohren kommen lassen.

Eine grundsätzliche Anmerkung: Wenn ich heute von „der Gebärde" spreche, so ist damit gemeint: das Gebärden an sich und die deutsche normierte Gebärdensprache, die DGS, ein linguistisch konnotiertes Sprachsystem, also mit jedem Wort festgelegt wie z. B. die uns allen bekannte deutsche Lautsprache. Mein therapeutischer Ansatz betont diese Gebärdensprache. Meistens begleite ich sie zusätzlich mit dem gesprochenen Wort. Ich arbeite mit diesem Ansatz in integrativen Gruppen, d.h. in Gruppen von Kindern im Alter zwischen drei und sechs Jahren. Von diesen Kindern haben jeweils zehn einen sog. Regelplatz und fünf oder sechs einen heilpädagogisch geförderten.

Um sich nun einem eigentlich sehr komplexen Thema annähern zu können, sollen Sie als erstes für ca. eineinhalb Minuten Gelegenheit haben, sich einfach Bilder, Ihre eigenen Bilder zu dem zu machen, was Ihnen jetzt gleich entgegentönt.

Einspielung : David Hudson

Der Titel des Didgeridoo-Stücks, das Sie gerade gehört haben, lautet „Conversation". Und das genau ist das Schlüsselwort, das hier in jeglicher Hinsicht zur Sprache kommen soll - auf dem Kongress wie in meinem Vortrag hier – Kon-versa-tion.

Es geht um „con", d.h. „gemeinsam", um „versa", ein Hin und Her im Zusammen, also Austausch, und es geht um das, was das Suffix „-tion" immer anzeigt: eine Tat, ein Handeln. Gemeinsames Geschehen, gemeinsames Handeln in der bewegten Begegnung. Sich verständigen, verständlich machen und verstehen. Im Gespräch, in der Konversation, in der sog. Kommunikation. Die Frage ist: Wie gebärden wir uns dabei? Wie machen wir uns verständlich? D.h. wir als Homo sapiens, als eines von vielen Lebewesen. Unter anderem tun wir es über den Blickkontakt, über Mimik und Körperausdruck. Vor allem anderen aber mit Sprache – meist der Laut-, der Verbalsprache. Eine unserer Sprachen kann allerdings die der Gebärden sein.

„Gebärde" - was ist das? Und v. a.: Warum als zusätzliche Sprache?! Warum für alle?! Vorab möchte ich schon `mal anmerken: Es handelt sich bei der Gebärdensprache keineswegs um eine „Notlösung", also um eine mangelhafte Lösung aus Not, sondern um ein ganzheitliches, vollständiges, ausgeklügeltes und, wie ich finde, ein betörendes Konstrukt des Menschen. Ich komme später nochmals auf diesen Punkt zurück. Deshalb sollte diese Sprache meiner Meinung nach auch nicht exklusiv für Gehörlose zu nutzen sein. Vielmehr könnte sie als Zweitsprache eine Bereicherung für alle sein. Und zum anderen – das weiß ich aus meiner langjährigen Arbeit - kann sie erwiesenermaßen Sprungbrett sein für so manchen, um für sich den Weg ins abstrakte Denken zu entwickeln, der ihm sogar ansonsten verwehrt wäre. Der Untertitel dieses Kongresses – „Warum macht Integration schlau" – steht also auch heute Morgen im Zentrum des Interesses, hier mit dem Focus „Gebärde".

(Ich gebärde:) „Hallo! Vor zwei oder vielleicht drei Wochen klingelte zu Hause mein Telefon, und ich wurde eingeladen, etwas über Gebärden zu erzählen. Ich fragte mich: Was? Was kann ich sagen und zeigen? Was passt hier, zu diesem Kongress? Ich überlegte und las ein bisschen in meinem Buch. Ich bekam eine Idee: Mein Anliegen wird hier sein, drei Teile kurz aufzustellen: „Ich" und „Welt" und „Sprache". Ich denke, es ist gut, wenn Sie neugierig werden, wir ein wenig zusammen machen und Spaß haben."

Sie haben sehr wahrscheinlich nicht alles verstanden. Man kann es natürlich auch verbal ausdrücken:

(Ich trage denselben Text nochmals -gesprochen – vor.)

Vor dem Spaß jedoch zuerst ein kleiner anstrengenderer Teil: Für mich war die Frage: Womit beginnen? Mit dem „Ich"?! Das wäre unbescheiden. Mit der „ganzen Welt"?! Das wäre unrealistisch. Deshalb also: am besten mit beidem! Denn das ist es schließlich, worum sich alles dreht: um ein Spannungsfeld, um das (!) Spannungsfeld des Menschen schlechthin. Es dreht sich um das Ich mit je seiner Welt, um jeweils sein Verstehen, auf je seine Weise von „Welt". Es handelt sich stets um ein je individuelles Erleben und eigenes Verarbeiten von „Welt" und dem subjektiv entsprechenden Verhalten dazu.

Das Ganze (so stellen wir uns vor) vollzieht sich als Prozess, dynamisch, basierend auf kindlichen Einzelerfahrungen, die, subjektiv ausgewertet, zu Abstraktionen überführt werden, quasi gebündelt in ihrer Essenz. Dann sind sie genialerweise wieder verwertbar für das Nächste, eine zukünftig ähnliche Situation. Für unsere Gattung insgesamt ist das auch sehr pragmatisch. Hinzu kommt nämlich: Solche Einzel-Ansichten sind als Abstraktes nicht mehr an den Einzelnen und nicht an das Konkrete gebunden. Durch die Abstraktion sind sie transportabel geworden, d.h. vom Einen zum Anderen mitteilbar. Ja, wir als Homo sapiens sind sogar angewiesen auf den nun möglichen sprachlichen Austausch, auf die soziale Verständigung und Einbettung. In der Konversation mit Unseresgleichen erhalten wir Echo aufs Eigene und Anstoß zu Neuem, Identität und Entwicklungsimpulse, d.h. in jedem Fall: Chancen zur Bereicherung. Was passiert also in der Begegnung von zweien dieser Spezies, von zweien dieser kommunikativen Wesen?

Unsere Ansichten bewegen – und zwar in doppelter Hinsicht: Wir selbst verhalten uns, bewegen uns bzw. unsere Vorstellungen hinüber zum Gegenüber. Wir teilen uns ihm mit. Umgekehrt erfahren wir vom Anderen, setzen uns mit seinem Mitgeteilten auseinander, werden bewegt von der Aufnahme seiner „Welt-Ansicht". Darüber entwickeln wir uns. Wir entwickeln uns weiter mit unserer Gedankenwelt und unseren Verhaltensmöglichkeiten. Wir entwickeln uns gemeinsam und das gerade durch eine Vielfalt! Resultat der dargestellten Kon-versa-tion sind also zum einen unsere heterogenen Identitäten. Wie der Kölner sagt: Jeder Jeck ist anders. Resultat zum anderen ist die lebendige Bewegung der Abstimmung dieser beiden Jecken miteinander, aus deren Buntheit heraus immer wieder neue, intersubjektive Entwürfe entstehen können. Möglichkeiten werden aufgeworfen, die einer allein nicht sieht.

Und zudem gilt: Je mehr Individualitäten, je mehr heterogene Angebote nun über die beiden „Köpfe" hinaus noch auftauchen und zu einem Perspektivenwechsel der jeweils eigenen, beschränkten Ansicht leiten, umso flexibler und damit lebenstauglicher kann sich auch die Planung für morgen gestalten, für ein sozial relevantes Morgen.

Erfahrungen sammeln und sie nutzen, das realisiert sich also nicht einzig im eigenen Durchleben. Wir können auch voneinander, d.h. mitgeteilt, etwas für uns Brauchbares erfahren. Wir können über etwas sprachlich Geformtes, Abstrahiertes von den Ansichten anderer profitieren. Eine derartige Übermittlung, eben die gegenseitig sich bereichernde „Konversation", ist üblicherweise das Gespräch.

Gespräch im Großen ist dieser Kongress; einen Gewinn kann er für den Einzelnen und für die Gesellschaft bringen, als Zuwachs von Denk-Alternativen und letztlich als praktische Erweiterung im Umgang mit den Herausforderungen und Spielarten des Lebens.

Sprache dient für solchen „Profit" als Hauptmedium. Es sollte demnach gewährleistet sein, dass möglichst viel zur Sprache kommt und sich erst einmal in einen allgemein relevanten Diskurs einweben kann. Das wiederum heißt nicht nur, dass möglichst viele Individuen die Chancen haben müssen, zu Wort zu kommen, sondern ebenso, grundsätzlich betrachtet – und dies möchte ich in den Fokus rücken – das heißt auch: dass möglichst viele Kinder überhaupt zum Worte, zum abstrakten Denken kommen können. Jedem Kind muss sowohl die Bedingung als Option geschaffen sein, sich mit Sprache entwickeln zu können – nicht: zu müssen - als auch infolgedessen sich selbst mit seinen Ansichten u. a. sprachlich in die Gemeinschaft einbringen zu können.

Mein Anliegen, hierfür allen Kindern eine Basis über die Gebärdensprache anzubieten und zwar spätestens vom Kindergartenalter an, begründet sich in meiner Empirie vieler Jahre. Warum nun ist die Gebärde in ihrem Sprachsystem dazu besonders geeignet? Warum potenziert sie – im Vergleich zu der gängigen Verbalsprache – in so einigem unsere Ausdrucksmöglichkeiten? Warum steigert sie die Verständigung und dazu auch noch die Verständlichkeit untereinander? Weshalb macht sie das Kind wendiger – nicht nur kommunikativ – und selbstsicherer, strahlender? Weshalb birgt sie Potenziale in sich, von denen jeder kleine Mensch in Hinsicht seiner gesamten Entwicklung profitieren kann? Mögliche Antworten darauf kann ich hier leider nur im Groben skizzieren. Ich kann meine Hypothesen bloß anreißen, wieso mir die Gebärdensprache prädestiniert dazu erscheint, eine Sprache für alle Kinder an allen Schulen zu werden. Aber glauben Sie mir: Ich habe fundierte Gründe dafür und praktischen Resultate sprechen für sich!

Sehr viel tiefer analysiert lege ich die Zusammenhänge in meinem Buch dar, das unter dem Titel „Frau Holle - ...“ wohl im nächsten Jahr erscheinen wird. Es beschäftigt sich mit dem Wesen von Sprachlichem überhaupt, im Besonderen mit dem Wesen der Gebärde. Es setzt sich mit der großen Frage auseinander: Wie kommt der Mensch zum Begreifen, zur Bedeutung, zum Abstrahieren? Das Buch erläutert meine sprachwissenschaftlichen Erkenntnisse last not least im Kontext des kindlichen Spracherwerbs, und der von mir speziell entwickelte Therapieansatz mit der Gebärdensprache wird erklärt – insbesondere als ein Einstieg in die Sphäre der Abstraktion auch für sog. schwer geistig behinderte Kinder. Zum anderen lege ich in meinem Buch differenziert dar, wie die Gebärdensprache allen Kinder, auch den Verbalsprachlichen und den sog. Hochbegabten, Stärken „an die Hand gibt“ für eine ganzheitlich stabile Persönlichkeitsentwicklung und wie sie auch als Zweitsprache diverse kognitive Leistungen ganz spezifisch fördern kann.

Die Entwicklung meines Ansatzes erwuchs vor fast einem Jahrzehnt aus meiner Ansicht von meiner Welt und somit ebenso aus meinem Menschenbild – das ich als „ganzheitlich“ bezeichne. Dieser Entwurf für eine sprachtherapeutische Arbeit hat sich seither unzählige Male und zwar mit den unterschiedlichsten Kindern bewährt, und es spricht m. E. alles dafür, diesen therapeutischen Ansatz in unser Bildungssystem als Standard einzuflechten.

Wie kam ich eigentlich dazu, diese logopädisch unkonventionelle Alternative theoretisch zu formen, praktisch zu versuchen und schließlich zur Methode auszubauen? Einer Methode, die nicht vereinzelte Gebärden unterstützend einsetzt, sondern ein System benutzt und die Gebärdensprache in Gänze – passend zur Alltagswelt eines Kindes. Wieso überhaupt die Dringlichkeit, von den traditionellen Therapiepfaden abzuweichen?! Die kurze Antwort lautet: Weil Sprache weder zu lehren noch zu lernen ist. Jeder entwickelt die Seine, seine Bedeutungswelt, mit der er dann über das System der Sprachgemeinschaft in die Konversation mit den Anderen treten kann. Der ausgiebige Versuch einer langen Antwort, weshalb die kindliche Sprachentwicklung und alle kommunikativen Kompetenzen mit meinem Ansatz über die Gebärden zu fördern sind, findet sich eben, wie erwähnt, in meinem Buch.

Einige Bedeutungswelten, die mir persönlich auf dem Weg dahin begegnet sind und die mich mit Sicherheit sehr beeinflusst haben, möchte ich Ihnen allerdings nennen, sodass Sie sich selbst einen Bedeutungskontext zu meiner Auffassung erstellen können: Zu Anfang des letzten Jahrhunderts wies Sigmund Freud vehement darauf hin, dass beim Menschen ihm eigene Phänomene anzutreffen sind. Nach technisch-kausal orientierter Sichtweise strebte er danach, sie naturwissenschaftlich zu erfassen. Dieser Impuls des Denkens bewegte sich dann in den 10er bzw. 20er Jahren weiter, hinein in eine Kritik und zugleich Erweiterung jener Perspektive aus der „Kybernetik erster Ordnung". Das Ehepaar Bobath bspw. fokussierte in der Krankengymnastik den Respekt vor dem Individuum und wies dann aber eben darauf hin, dass die Bedürfnisse dieses Individuums stets berechtigt und von außen nie völlig zu erklären sind. Nicht der Therapeut entwirft, was für den Patienten gut zu sein hat, sondern die Behandlung richtet sich nach dem Patienten. Sie richtet sich nach dessen Ganzheitlichkeit aus, und die beinhaltet Handicaps wie Kompetenzen.

Die 30er und 40er Jahre eröffneten ein großes wissenschaftliches Interesse an überhaupt Andersartigem in der Ethnologie. Die fremden Kulturen wurden jedoch aus dem westlichen, d.h. eigenen Bedeutungsverständnis interpretiert. Die Denkalternativen vom Anderen wurden dem Eigenen angeglichen.

Erst die 60er und 70er Jahre akzentuierten die Neugier am gerade eben Anderen. Sie brachen diesen Ethnozentrismus auf, brachen überhaupt mit so vielem – ich meinerseits brach nach Köln auf. Damit kam ich spätestens 1975 in den Genuss einer turbulenten Strömung vielfältigster Ideen. Ich wurde weiterhin geprägt oder zumindest bestärkt in meinem Glauben an die Nützlichkeit von Skepsis, an die Richtigkeit von Suche und –

im Spaß an dem gedanklichen Spiel aller möglichen, auch widersprüchlichen Modelle. Philosophie! Noch heute meine Leidenschaft. Die Konfrontation mit den damals gerade aktuellen Orientierungsmodellen ließ mich jedenfalls zu einem Kind meiner Zeit werden: unter vielen anderen mit Jean Piaget aus der Pädagogik aufs Engste verbündet und mit seinem Auftakt des systemischen Gedankens; ich hatte nun die Reziprozität von Individuum und Umgebung im Schlepptau; mit Jacques Lacan aus der Psychologie in meinem Gepäck samt einer propagierten jeweiligen Eigenlogik der Systeme; mit den französischen Postmodernen aus der Philosophie, die mich faszinierten, allen voran Jacques Derrida und seine De-Konstruktion als quasi ein Energiequell für frei geworden Neues. Ebenso begeisterte mich die linguistische Ansicht von Michel Foucault, der für mich in Worte fasste, was mich schon oft beschäftigt hatte, was ich aber bis dahin nicht hatte formulieren können.

Seine Konstruktion, seine Ansicht (und auch die Meine) sieht vor, dass die eigentliche Bedeutung eines Wortes sich gar nicht in diesem selbst abspielt, sondern gleichsam um es herum, in seinem Umfeld. Der Sinn eines Wortes schwingt in unbenannten Zwischenräumen und ist nicht präsent zu fassen, was z. B. für die Logopädie – in Kurzfassung – heißt: Ich kann das Kind keine Wörter lehren, keine Bedeutungen, wenn es nicht selbst seine Bedeutungen auf seine Weise den Wörtern zuordnet, „erarbeitet". Jeder muss selbst auf seine Art diese Bedeutungen für sich schaffen, also das, was er persönlich in ein Wort hineinlegt. Dann kann ich mich mit ihm treffen, mich austauschen. Man kann keinen Sinn vom einen in den anderen Kopf verpflanzen, noch kann ich „ethnozentrisch" meine Vorstellungen oder Bedürfnisse auf einen Anderen münzen.

Nicht zuletzt sei das Modell der Autopoesis aus der Neurobiologie hier noch erwähnt, das mir damals im Studium auch begegnete. Die Chilenen Humberto Maturana und Francisco Varela treffen sich mit diesem Entwurf mit dem Österreicher Heinz von Förster und seiner „Kybernetik 2. Ordnung" – nicht zufällig, die drei kennen sich. Diese naturwissenschaftliche Welt-Ansicht besagt, dass jedes Lebewesen sich selbstreferenziell verhält, auch der Mensch. In dieser Selbsterhaltung ist dann weder das Verhalten an sich für die nächste Situation vorhersagbar, noch kann man eine mögliche Entwicklung des Verhaltensrepertoires jemals konkret prognostizieren.

All diese wissenschaftlichen Vorschläge sind m. E. wichtige Bausteine für eine respektvolle und effektive Logopädie, die sich individuell am Leben orientiert und beiden Seiten Spaß macht. Eine solche Sprachtherapie kann ein Kind im wahrsten Sinne bedeutungsträchtig darin unterstützen, entweder für sich Abstraktion und Sprachliches überhaupt erst einmal zu entwickeln oder bereits vorhandene Sprachkompetenzen zu optimieren. Beides trägt zu seiner Persönlichkeitsentwicklung bei. Dass sich insbesondere die Gebärde hier als Medium eignet, und zwar für den Einen als Sprungbrett, für den Anderen bzw. für alle als Bereicherung, das möchte ich versuchen, dadurch transparenter werden zu lassen, dass wir jetzt gleich einen kurzen Blick auf das Wesen von Sprache selbst werfen, und damit Sie wissen, was Sie noch erwartet, im Überblick:

Die Fragen also: Was ist Sprache? und: Was ist Gebärdensprache? erwarten uns. Dann werde ich Ihnen einiges zu den Vorteilen berichten, die alle Kinder haben, wenn sie die Gebärdensprache lernen können. Und zum Schluss gebe ich einige Infos zu diesem Punkt im Vergleich mit den Erkenntnissen aus der Neurobiologie und Neuropsychologie. Mehr dazu können Sie später in meinem Buch nachlesen.

Den wahrscheinlich anstrengendsten Part haben wir jetzt hinter uns gebracht, und ich darf noch einmal an die Überlegungen zu Beginn erinnern: Wir entwerfen uns unsere Ansichten von je unserer Welt und verhalten uns auf unsere Weise zu ihr. Wir begegnen einander genau damit und beeinflussen uns bzgl. der Vorstellungen und Verhaltensmöglichkeiten gegenseitig. Jeder hat da eine Menge zu bieten. Am differenziertesten geschieht dies wohl über den sprachlichen Austausch. Es ist also wichtig, dass jeder zu Wort und nach Möglichkeit zum Wort, zum Spracherwerb kommt, denn: Jeder ist wichtig! Dabei erhöht eine Heterogenität der Gemeinschaft die Chance, die Entwicklung des Einzelnen, jedes Einzelnen zu fördern. Heterogenität als Normalität steigert nach meinen Erfahrungen selbstproduktiv die Vielfalt von Persönlichkeiten. Und die Einzelnen in ihrer Persönlichkeit können umso komplexere Kompetenzen ausbilden, je stärker sie im Alltag durch Verschiedenartigkeiten im Umfeld gefordert sind - z. B. in einer Integrativen Schule.

Richten wir nun also das Brennglas auf den Aspekt der Verständigung, so stellt sich die gar nicht so profane Frage: Was ist das, was wir „Sprache" nennen? Und ich bitte Sie, dieser Frage in den nächsten zwei Minuten für sich selbst nachzugehen. Lassen Sie sie sich durch den Kopf gehen, oder vielleicht machen Sie sich auch Notizen dazu: „Was bedeutet ´Sprache´ für mich persönlich?"

Einspielung: Gerold Baier, Vertonung von Gehirnpotenzialen vor und während eines epileptischen Anfalls

(Die einzelnen Wortbeiträge der Teilnehmer werden gesammelt.)

Sprache ist Ausdruck.

Sprache ist also zum einen der Ausdruck eines Individuums, ein Sich-Verhalten. Zum anderen fungiert sie dadurch, dass sie ein Verhalten der Spezies Homo sapiens generell ist, als ausgefeiltes System in der jeweiligen Sprachgemeinschaft. Jeder Angehörige muss ihre Regeln beherrschen, um sie mit anderen für sich nutzen zu können. Man unterscheidet dann in der Praxis zwei Momente: den gedachten Inhalt, d.h. die gewählte Bedeutung, die jemand über Sprache zum Ausdruck bringen will, also das Was einerseits und andererseits das Wie, d.h. in welcher Form das Gemeinte in Erscheinung tritt, in welcher normierten Worthülle es sich umzusetzen sucht. Dies besagt: Das Sprachsystem muss mit seinen Begriffen und seiner Struktur korrekt angewandt werden, um allgemein verständlich das individuell Vorgestellte nach außen treten zu lassen.

Weiterhin ist zwischen passivem Sprachverständnis und aktiver Sprachproduktion als den beiden Komponenten in der Kommunikation zu differenzieren.

Ich zweifle nun bei Ihnen keineswegs diese sog. Sprachkompetenzen an. Trotzdem möchte ich Sie zu einem kleinen, ungefährlichen Experiment einladen, um etwas uns sehr Selbstverständliches zu illustrieren: Malen Sie einen Apfel!

(Die Teilnehmer kommen dem nach.

Ich fordere eine der Anwesenden auf: „Sagen Sie: Was ist das Gemalte?" Sie antwortet: "Das ist ein Apfel.")

Ich stelle dagegen: Das ist nicht ein Apfel! Wir sind uns nur völlig einig über den abstrakten Namen, den wir dem von uns beiden Gemeinten geben. Aber (ich zeige einen real essbaren Apfel) ich sage jetzt genauso: Das ist ein Apfel. Sobald wir hier allerdings etwas benennen, werden unsere Vorstellungen, unsere jeweiligen Apfel-Ansichten, unsere inhaltliche Füllung mit Bedeutung für das Wort „Apfel", noch viel weiter auseinander driften, als all Ihre Zeichnungen von eben sowieso schon. Denn nicht nur das Aussehen zum Abstraktum „Apfel" ist bei jedem anders assoziiert. Auch unsere Erfahrungen von Geschmack und Größe, von Sorten und Vorlieben, Erinnerungen usw. sind nicht deckungsgleich. Die subjektiven Bedeutungen sind nicht deckungsgleich.

Umso stärker noch würden wir differieren beim Auftrag: Malen Sie eine kleine Pyramide. In der Umgebung befindet sich eine Palme. Ein Mensch kommt vorbei und trifft auf einen anderen. Sie machen sich beide Gedanken.

Sie würden aus Ihrem Sprachverständnis abstrakt begreifen – und haben das gerade - was ich in etwa meine mit dem, was ich in Worte gebe. Dennoch würden all die Begriffe, sogar schon „klein", „Umgebung" oder „Mensch" oder oder oder nicht exakt zu definieren sein. Sie würden von jedem Einzelnen von Ihnen mit seinen (!) Bildern angereichert werden, mit denen er – für sich absolut geglückt – den Versuch unternehmen würde, eine Bedeutung im Zentrum jedes Wortes zu umzingeln und sich einen Sinn zu bilden.

Diese Parallelisierung von Gemaltem zu den sprachlichen „Bildern" in den Wörtern hinkt insofern, als dass es noch um ein Vielfaches komplizierter ist, was in uns vorgeht, wenn wir uns sprachlich verhalten. Allerdings kann ein solcher Vergleich hoffentlich auf das eigentlich eben Unfassbare aufmerksam machen, das Nicht-Identische, mit dem wir gewohnt sind, alltäglich und ganz selbstverständlich als Sprache umzugehen, als sei es für alle identisch. Wir tun das, solange wir glauben, dass wir unsere Ideen in Sprache verpacken können bzw. den Anderen mit seinem Gesagten verstehen können. Und oftmals klappt die Konversation ja so auch tatsächlich prima.

Ich hoffe, was über die hinkende Parallelisierung eben auch offensichtlich werden konnte: Bilder bergen Freiräume in sich und bieten Spielräume an. Sie haben sich zu meinen Worten Bilder aufsteigen lassen, um zu verstehen. Die Gebärdensprache verfügt genau hierüber in weitaus höherem Maße als die Verbalsprachen. Und dies ist von eminenter Wichtigkeit, sobald es darum geht, wie ein Kind, speziell ein geistig andersartiges als das sog. sich regelrecht entwickelnde, also ein sog. behindertes Kind, sich seine Sprachlichkeit entwickeln will.

Bedeutung prägen, finden, begreifen, das gehört zum Elixier, aus dem sich das Abstrahieren nährt. Wie wirklich ganz präzise der Mensch zur Bedeutung gelangt, ist wahrscheinlich unmöglich zu ergründen. Bei versuchten „Erklärungen" wird letztlich doch immer ein Begriff durch einen anderen ersetzt. Die Kette bleibt unendlich: Sprache ist nicht mit Sprache zu entlarven. Die Abstraktion kann nicht „dahinter steigen", nicht hinter sich selbst blicken, d.h. sie kann nicht hinter den eigenen Spiegel greifen. Das ist ein, vielleicht überhaupt das (!) philosophische Problem schlechthin, dem wir uns hier nicht widmen können. In meinem Buch „Frau Holle - …" wage ich mich auf dieses Glatteis, und ich sehe inzwischen meine Thesen und Erfahrungsauswertungen – soweit dies fragmentarisch möglich ist - in den Neuro-Wissenschaften z. B. über bildgebende Verfahren bestätigt. Die Erfolge, die ich all die Jahre in der Therapie mit den Kindern erlebt habe, auch wenn andere Experten sie vorher für unmöglich hielten, sprechen allerdings schon für sich.

Als Exzerpt meines Ansatzes kann ich heute nur anreißen: Der Weg zur Abstraktion und der Spracherwerb sind eng mit Bedeutungen von „Individualität" und „Eigenaktivität", mit „Selbstreferenz" und „Autopoese" sowie mit systemischem Wirken in Zwischenräumen und der jeweiligen Selbst-Entwicklung verbunden – bei jedem (!) Kind. Dieser dynamische Prozess ist eine von unseren Verhaltensalternativen, mit Reizen „der Welt" umzugehen, sich eine solche „Welt" verfügbar zu machen, auch und gerade in Gemeinschaft, sie sprachlich – zu händeln. Es ist sicherlich ein hochkomplizierter, vielschichtiger Prozess. Noch einmal möchte ich meine Auffassung betonen: Diese Entwicklung ist nicht zu lehren. Sie ist nur je höchstpersönlich und nach eigenem Tempo zu leben. Das subjektiv für sich Entwickelte ist dann – z. T. – „verobjektivierbar" als mitteilbar, aber bis dahin keineswegs einfach über ein Vorbild zu imitieren oder einzutrainieren.

So manchem Kind fällt dieser Prozess, nämlich für sich Bedeutung, Abstraktion, Sprachliches zu entwickeln und schließlich auch „ganz korrekt zu sprechen", leider sehr schwer, solange es sich in einer reinen Verbalsprachgemeinschaft befindet und zu orientieren sucht. Für diese Kinder müssen offenere Spielräume, unterstützendere Bedingungen geschaffen werden. Ich spreche hier nicht in erster Linie auf recht übliche Dyslalien, also Schwierigkeiten der Artikulation an oder auf den sog. Dysgrammatismus unterschiedlichster Couleur, also grammatikalische Probleme, die sich in Grenzen halten. Ich meine vielmehr v. a. jene Kinder, denen es nicht eigen ist, von sich aus, d.h. eigenaktiv in einen regelrechten Spracherwerb zu gleiten, und denen es mitnichten weiterhilft, eine Übung fünfzig Mal zu wiederholen. Das läuft auch beim fünfzigsten Mal am Kind vorbei. Ich beziehe mich hier auf die Therapie mit Kindern mit Cerebralparese, auf Kinder, die von einem Syndrom gezeichnet sind, sei es das Morbus-Down-, das Angelman-, das Pierre-Robin- oder Cri-de-chat-Syndrom. Ich habe des Weiteren Kinder mit Epilepsie vor Augen, mit autistischer Lebensweise, mit geistiger oder sonstiger Behinderung und mit Sprachentwicklungsproblemen aus psychosozialen Gründen oder aus ungeklärter Ursache.

Ich möchte die Gelegenheit nutzen, Sie, die Sie über eine abgeschlossene Sprachentwicklung verfügen, an dieser Stelle mit etwas zu konfrontieren, das in Ihnen eventuell den Hauch eines Gefühls auslöst, eines Gefühls, das diese Kinder, von denen ich gerade sprach, vielleicht fortwährend haben müssen. Ich darf Sie bitten, nach den nächsten Minuten, in denen Sie einem Lied zuhören können, zwei Aufgaben zu erfüllen: Sagen Sie dann, worum es geht. Und erinnern Sie, was gefühlsmäßig während des Hörens in Ihnen vor sich ging.

Einspielung: Clannad, Gaoth Barra Na d`Tonn

(Etliche Teilnehmer schildern auf die Frage „Worum ging es genau?" detailliert ihre Vorstellungen zum Gehörten.)

Was Sie eben gehört haben, ist ein irisches Lied in Gälisch. Ich habe gehofft, dass niemand von Ihnen diese Sprache beherrscht und bin ehrlich gesagt verblüfft über die Vielfalt ihrer Eindrücke, Assoziationen und Bilder dazu. Ich hatte allerdings angenommen, dass es dabei eine größere Übereinstimmung gäbe, durch die Vorgabe der Musik. Deshalb bin ich auch erstaunt über die Gewissheit oder die emotionale Sicherheit, die ich bei Ihnen spüre, wenn Sie über Ihre doch so ganz unterschiedlichen Mutmaßungen, also Ihre Ansichten erzählen zu dem, was da in dem Gesang gerade zur Sprache gekommen sein könnte. Immerhin changiert die Palette von einer grundsätzlichen menschlichen Gestimmtheit bis zur Erzählung vom Einzelschicksal dieser Frau und von kühler Weite und melancholischer Ballade bis zu besungener Lebensfreude, die aus dem Vollen schöpft.

Sie alle haben beim Hören der Sprache gerade eben auf jeden Fall versucht, in etwas Fremdem für sich Bedeutung zu finden, einen Sinn zu denken. Wahrscheinlich haben Sie sich hierzu alle an einigen Parametern orientiert, die Sie von anderem her kennen, wie z. B. an Melodie und Refrain oder an Wiederholung, an Zäsuren, an Lautabfolgen, die Sie mehrmals hören konnten... Sie haben gerade auch die Qualität der Stimme benannt, Akzentuierungen, Modulationen, die Hinweise auf den Wortinhalt geben könnten. Vielleicht haben Sie manchmal irgendetwas Ihnen vertraut Erscheinendes in diesen Wörtern entdecken können. Mit Sicherheit haben Sie danach gesucht, denn Ihre Aussagen über den Inhalt dieses Liedes, diese ganzen Geschichten, die Sie da für sich herausgehört haben, lassen Rückschlüsse darauf zu, dass jeder von Ihnen danach gestrebt hat, die so anderen Laute in etwas subjektiv irgendwie Bekanntes einzubinden.

Was ich bezweckt habe, ist offensichtlich gelungen: Sie waren von Neugier angetrieben und standen unter dem Druck, etwas Fremdes verstehen zu sollen. Ich habe Ihnen Bedingungen aufoktroyiert, in denen Sie irgendwann frustriert sein sollten, sodass Sie gelangweilt würden, verärgert oder sich einfach unkonzentriert abwenden würden. Sie haben offenbar ein größeres Durchhaltevermögen, als ich es spekuliert hatte, auch wenn Sie genau diese Regungen wenigstens ansatzweise, als Unsicherheit, beschreiben. Deshalb denke ich, die Möglichkeit zu einer Empathie ist für Sie da gewesen und zwar Empathie mit den Kindern, von denen eben bzgl. der Spracherwerbsprobleme die Rede war. Mein Auftrag, mein Verhalten Ihnen gegenüber war – jedenfalls habe ich es versucht - in etwa so, wie die übliche Sprachumgebung für diese Kinder tagtäglich ist: Ihnen wurde eine nicht gerade Ihre Persönlichkeit wertschätzende Forderung gestellt, fokussiert auf ein „Defizit", ein „fehlendes" oder „mangelhaftes" Vermögen. Ich war ignorant bzgl. vieler Ihrer anderen Kapazitäten und bereits entwickelten Kompetenzen. Genauso ist die Situation oft für jene Kinder; sie ist wie ein einseitiges „Bombardement" mit einer einzigen Ausdrucksweise, die beachtet wird, ohne eine genügende Interdependenz von Kommunikations-Partnern (!), ohne ausreichende Anhaltspunkte für die Kinder zu dem, was bei ihnen schon als Können besteht. In solcher Umgebung kann sich für sie kaum selbstverständlich und reziprok Neues entwickeln lassen. Das Zusammenspiel mit dem Gegenüber ist unfrei. Diese Kinder sind beständig – so wie Sie es gerade nur auf Zeit und als Erwachsene waren - auf sich gestellt, mit irritierenden Reizen zurecht zu kommen, ohne damit sonderlich produktiv verfahren zu können.

Die Gebärdensprache jedoch, ob als Erst- oder Zweitsprachangebot, eröffnet andere Dimensionen zur Entwicklung. Wie ich es in meinem Buch illustriere, fördert sie das Kind in mancher Hinsicht völlig anders als die

Verbalsprachen und unterstützt es fundamental, „naturgemäßer" und ganzheitlicher auf seiner Reise zu sich selbst.

Was also ist nun die Gebärde und die Gebärdensprache? Ich fange lieber damit an, was sie nicht ist: Sie ist eben keine Notlösung, kein Provisorium nach dem Motto „besser als nichts". Sie ist ebenso wenig ein Bilderzeichnen in die Luft oder schlicht Pantomime. Sie darf auch nicht verwechselt werden mit individuellen oder kulturspezifischen Gesten. Stattdessen ist sie wie jedes andere ein komplettes, normiertes System von Sprache, linguistisch konnotiert in Bedeutungsformen und Regeln. Sie wurde entwickelt von Gehörlosen, differiert von Land zu Land, auch regional mit Dialekten. Sie ist keine Exklusivität von Gehörlosen aus einem „Defizit" heraus, sondern eine sprachliche Ausdrucksweise, die der Mensch sich aus seiner Ganzheitlichkeit heraus geschaffen hat. Der Mensch, der zur Sprachlichkeit drängt, drückt sich (!) aus. Der Mensch – spricht!

Auffällig ist aber, dass alle Menschen von Gebärden angesprochen werden, auch wenn sie sie nicht verstehen. Woran liegt das? Lassen Sie uns eine Probe aufs Exempel machen und versuchen Sie bitte, die gezeigten Gebärden zu übersetzen.

(Eine gehörlose Gebärdende gibt die Begriffe „sehen", „sprechen", „gehen", „weinen" und „vergessen" vor, und die Teilnehmer erraten die Bedeutungen bzw. benennen die Verbalbegriffe.)

Ich bedanke mich für die Unterstützung durch einen Profi!

Mit welcher Sicherheit Sie sich als Laien zumindest den korrekten Begriffen angenähert haben, gibt schon einen Hinweis darauf, wie schnell diese Gebärden in Ihnen Saiten zum Schwingen bringen, Bedeutungsfelder anklingen lassen und passende Assoziationen anreißen, sodass eine Verständigung möglich wird. Das können nur die allerwenigsten Verbalwörter über ihren Klang. Doch Unterschiede der beiden Modi sind nicht nur in der Erscheinung optisch versus akustisch. Obwohl das schon für sich ein ziemlich markanter Aspekt ist bei einem so betont visuellen Wesen wie dem Menschen. Welche Mimik konnten Sie z.B. eben wahrnehmen bei der Gebärde „vergessen"?

(Die Teilnehmer sind verblüfft und ratlos.)

Sie haben die Mimik, die z. T. unverzichtbar zu einer Gebärde gehört, in dem Fall nicht bewusst beachtet, weil Sie nicht daran gewöhnt sind. Viele Gebärden arbeiten stark mit dem Mienenspiel oder der Blickrichtung. Bei „weinen" ist Ihnen das sofort aufgefallen. Nichtsdestotrotz muss man auch anmerken: Derjenige, dessen Erstsprache verbal ist, wird nie den Vorsprung der gebärdensprachlichen Fertigkeiten desjenigen einholen können, der von Geburt an zusätzlich oder ausschließlich mit Gebärden aufgewachsen ist. Das betrifft schon die Komplexität in der visuellen Wahrnehmungsverarbeitung und eine sehr schnelle Differenzierung der einzelnen Fragmente für das Sprachverständnis – wir sehen einfach die Hälfte gar nicht. Das betrifft auch das Tempo und die Perfektion des aktiven Gebärdens als Sprachproduktion. Die Gebärdensprachen können u. a. zur linearen Anordnung, also zur zeitlichen Ebene, wie wir es gewohnt sind, zusätzlich die räumliche Komponente nutzen und so simultan Bedeutungen zueinander ablaufen lassen und miteinander komponieren, was der Verbalsprachler nur hintereinander schalten kann.

Allerdings können aber bei dem Kind, das zunächst nur mit Verbalsprache vertraut war, durch das spätere Gebärdenangebot immer noch etliche kognitive Kompetenzen maßgeblich unterstützt werden – sogar solche, die augenscheinlich erst mal nicht direkt etwas mit Sprache zu tun haben. Etliche der Kinder, mit denen ich den Tag verbringe, zeigten mir im Laufe der Jahre immer wieder vergleichbare oder sogar übereinstimmende Steigerungen bestimmter Teilleistungsbereiche wie z. B. des räumlichen Konstruktionsvermögens oder überhaupt der visuellen Wahrnehmung vom Blickfeldwinkel angefangen bis zu mathematischen und abstrakt geometrischen Entwürfen – egal, ob nun die Diagnose „mit Behinderung" oder „regelrechte Entwicklung" lautete.

Insgesamt hypothetisiere ich: Die Gebärde fordert und fördert. Sie schöpft aus natürlichen Ressourcen, leitet dabei zum abstrakten Denken und ist es selber. Sie ist zugleich abstrahierend und abstrakt. Und sie steigert eindeutig Kompetenzen weit über die Sprache hinaus. Die tiefen anthropologischen Zusammenhänge hierfür - warum dies eigentlich gar nicht anders sein kann - die philosophischen, tiefenpsychologischen, physiologischen und speziell auch neurologischen Gründe, als Erklärungsversuche, werden mit „Frau Holle - …" erzählt.

Trotzdem möchte ich hier noch kurz auf die gerade erwähnte „Empfänglichkeit" Bezug nehmen: Worauf Sie eben bei den Gebärden angesprungen sind, das fesselt auch genauso die Aufmerksamkeit des Kindes. Eklatant wichtig für die logopädische Zielsetzung bzw. exakter: für die Bedürfnisse des Kindes ist dabei vor allem anderen die Vielfalt der Chancen, die eine Gebärde anbietet, um irgendwo einzusteigen. Was meine ich damit? Die Gebärden – jedenfalls solche einfachen, die relevant sind für den Alltag eines Kindes – sind in sich einerseits komplex und intensiv - komplex in der Fülle der Aspekte, die sie von einem Begriff aufzeigen, und intensiv in der Wirkung all dieser Bedeutungspartikel. Damit sind sie zugleich sehr anregend für die geistige Beschäftigung, für die kognitiven Aktivitäten. Und andererseits sind die Gebärden klar - klar im Zentrum der Aussage. Sie sind im wahrsten Sinne übersichtlich, auch für den, der ihre Semantik noch nicht linguistisch gelernt hat, sondern dabei ist, sich individuell heranzutasten.

Einer von vielen Vorteilen, der Ihnen gleich sofort präsent sein kann: übersichtlich. Erinnern Sie sich an den Wortlaut von dem, was ich vor etwa 3o Sekunden gesagt habe? Ich schätze, nicht, höchstens an den Inhalt, den Sie gespeichert haben. Dagegen können Sie aber sicherlich mühelos die Bilder von vor etlichen Minuten wieder vor ihr inneres Auge zurückholen, die Sie eben beim Gebärden aufgenommen haben, und Sie können z. B. jetzt erst damit anfangen, sie zu verarbeiten oder noch zu komplettieren in Ihrem Verständnis.

(Die Teilnehmer bestätigen das erfreut mit eigenen Beispielen und geben zum Ausdruck, dass allein dieser Aspekt schon für sich spricht.)

In den Jahren meiner Praxis mit Gebärden konnte ich bei den Kindern oftmals quasi die Dendriten sprießen sehen und die Synapsen arbeiten hören. Sie sehen hier links ein einziges neuronales Zentrum mit seinen Zugängen für eine Information und Ausgängen für die Vernetzung dieser Info mit anderen solcher Zentren. Auf der rechten Seite ist – vereinfacht - ein ganzes Konglomerat von eben solchen Zentren skizziert. Sie stehen im Kontakt, in Konversation miteinander. Geht ein Reiz von außen ein und wird für ihn nach Bedeutung gesucht, so kann er in wenigen oder vielen schon vorhandenen Verknüpfungen eingeordnet werden und gestaltet auch seinerseits mit. Dieser Prozess multipliziert sich dann zunehmend, je nach individueller Entwicklungsart und dem passenden Reizangebot zur Verarbeitung.

Damit möchte ich noch einmal auf die Behauptung rekurrieren: In meinem therapeutischen Ansatz hat das Kind - im Gegensatz zu konventionellen Verbal-Methoden - eben analog zu diesen Skizzen hier eine weitaus größere Vielfalt von „Einstiegsmöglichkeiten" an der Hand, bei denen es seinen Zugang zum Verstehen eines Begriffs, eines Ausdrucks suchen und finden kann. Die Gründe hierfür sind breit gestreut, aber wie Sie selbst sich eben den Bedeutungen des gälischen Liedes oder den vorgeführten Bewegungen etwa durch Versatzstücke und subjektive Assoziationen angenähert haben, so kann auch das Kind verfahren, um sich den Sinn zu erobern, in seinem Eigenen zu verweben und – auf diese Weise zu lernen. Ob es nun um die grundsätzliche Sprachentwicklung geht oder um Verfeinerungen bis hin zu sprachlichen Höchstleistungen, ist im Prinzip egal.

Höchstinteressant ist in diesem Kontext nicht zuletzt: Neuronale Aktivitäten werden über Gebärden zunächst in beiden Gehirnhälften erregt, also nicht allein in unseren spezialisierten Sprachzentren. Ein weiteres Indiz für die ganzheitliche Qualität der Gebärde als Sprachmodus. Falls Sie mögen, können Sie noch einen Blick auf dieses Bild werfen, eine grobe Einteilung der jeweiligen Zuständigkeiten einzelner Areale in unseren Hemisphären, die der Mensch entwickeln und für sich ausschöpfen kann, die er verknüpft und ausbaut, um für sich Bedeutungen zu bilden, mit denen er sich orientiert.

Zum Schluss möchte ich anfügen: Meine langjährigen Erfahrungen mit meinem Ansatz belegen – und das habe ich ebenso von den Eltern der Kinder, von anderen Erwachsenen aus ihrem sozialen Alltag, von Therapeuten und späteren Lehrern immer wieder rückgemeldet bekommen – meine Methode trägt eminent dazu bei, dass das Selbstbewusstsein des Kindes steigt, seine soziale Integration ungemein unterstützt wird (manchmal erst beginnt), seine kommunikativen Fähigkeiten überhaupt und speziell im Sprachlichen sich wesentlich erweitern und seine kognitiven Kapazitäten sich z. T. zu ungeahnten Höhen aufschwingen. Für mich spiegelt sich vieles davon auch in der Veränderung des Gesichtsausdrucks, im Gangbild, in der Zufriedenheit und Ausdrucksfreude des Kindes wider und nicht zuletzt im Selbstwertgefühl dieses Menschen und seiner Familie, mit dem sie alle sich wiederum dann in ihre Umgebung einbringen.

Mein Wunsch: Eine Sprache (!) für alle; eine Sprache für alle (!) und eine (!) Sprache für alle -

damit möchte ich am Ende den Bogen wieder zum Anfang zurückschlagen: Jeder hat eine für alle wichtige Stimme! Er muss nur zu Wort - und zum Worte – kommen können. Dies geschieht mit Sicherheit äußerst gut in der bunt gemischten Gemeinschaft, in der die Vielfalt der Heterogenität als normal gilt und Verschiedenartigkeit sich gegenseitig fordern und fördern kann.

Vor drei Tagen bin ich sehr berührt worden von dem Bericht einer Mutter, dessen Sohn in einer meiner integrativen Gruppen ist. Ich kenne ihn als einen Jungen, der in vielem bzgl. seiner geistigen Kapazitäten zwischen den anderen vierzehn Kindern oft hervorsticht und für sein Alter ein Meister der Verbalsprache ist. Seit knapp zwei Jahren lebt er mit mir in seinem Kindergartenalltag in einer Gemeinschaft, die bei vielem auch gebärdet. Ich konnte inzwischen beobachten, dass er seit etwa zwei Monaten immens mehr als vorher sich selbst aktiv gebärdend ausdrückt, mit Gebärden als Begriffen spielt, sie bewusst mit den gesprochenen Wörtern vergleicht und z. B. Spaß daran hat, sein Vokabular gezielt zu vervollständigen oder in beiden Sprachen neue Kreationen auszuprobieren. Er stößt dadurch manchmal auf Inhalte, die in unserer deutschen Lautsprache fehlen. Die Mutter dieses Jungen – die hier auch heute anwesend ist – erzählte mir nun, dass ihr Sohn häufiger im Traum spricht; nicht selten artikuliert er dabei auch gut verständlich. Vor zwei Nächten allerdings hat sie zufällig miterlebt, wie er im Schlaf deutlich vor sich hin – gebärdete!

Das Schlusswort möchte ich deshalb mit dem Neurologen Oliver Sacks ausklingen lassen, der den Spuren von Nora Ellen Groce nach Martha`s

Vineyard bei Massachusetts folgte. Dort, so beschreiben die beiden, ist das ganz normale Leben davon geprägt, dass alle Menschen beide Sprachen, die verbale und die gebärdete, selbstverständlich beherrschen und gebrauchen. Beide Ausdrucks- und Denksysteme gehören zur Identität jedes Bewohners. Vor langer Zeit war durch genetische Bedingtheit die Gehörlosigkeit auf dieser Insel relativ hoch und begünstigte somit diesen kulturellen Vorteil.

Sacks drückt es so aus: "In diesem Augenblick wusste ich, dass ich an den richtigen Ort gekommen war. Diese alte Dame – sie war über neunzig – gab sich manchmal friedlichen, stillen Träumereien hin. Dabei schien es dann, als stricke sie in Gedanken, denn ihre Hände führten unablässig komplexe Bewegungen aus. Ihre Tochter, die ebenfalls die Gebärdensprache konnte, sagte mir jedoch, ihre Mutter stricke nicht, sondern denke – sie denke in der Gebärdensprache. Und selbst im Schlaf, erfuhr ich, malte die alte Dame manchmal bruchstückhafte Zeichen auf die Bettdecke: Sie träumte in der Gebärdensprache. Man würde der Bedeutung solcher Phänomene nicht gerecht, wenn man sie nur als soziale Erscheinungen betrachtete. Offensichtlich behält das Gehirn, der Geist des Menschen, der die Gebärdensprache als erste Sprache gelernt hat, diese bei und bedient sich ihrer ein Leben lang, selbst wenn Gehör und Lautsprache nicht beeinträchtigt sind und in vollem Umfang zur Verfügung stehen. Ich war nun davon überzeugt, dass die Gebärdensprache eine elementare Sprache des Gehirns ist."

All das kann ich nur zutiefst aus unzähligen Erlebnissen meiner Arbeit bestätigen....

Ich danke Ihnen.

Marion Deplewski, M.A.phil., Logopädin, Köln

„Ich schäme mich ja so!" Die Sonderschule für Lernbehinderte als „Schonraumfalle"
Kurzfassung der Lesung
Brigitte Schumann

Im Mittelpunkt stehen thematisch die Selbstbilder, die die Schüler und Schülerinnen der Sonderschule für Lernbehinderte auf der Basis ihrer Schul- und Alltagserfahrungen mit ihrem Status als Sonderschüler/innen von sich entwickelt haben. Die Schüler und Schülerinnen kommen zu Wort mit Zitaten aus Interviews, die ich mit ihnen geführt und wissenschaftlich ausgewertet habe. Zusätzlich kommen Eltern von Schülern der Sonderschule auf diese Weise zu Wort.

Mein Datenmaterial umfasst eine schriftliche Befragung von 197 Schülerinnen und Schülern und von 195 Eltern, dazu Interviews mit 41 Schülern und Schülerinnen und 10 Eltern. Die Schüler/innen besuchten zu dem Zeitpunkt der Befragung mit Ausnahme einer kleinen Gruppe die Klassen 7-10. Sie waren wegen Rückstellung und Klassenwiederholungen älter als Schüler/innen in vergleichbaren Jahrgangsklassen des Regelschulsystems. Alle besuchten Sonderschulen im Ruhrgebiet.

Die Auswertung hat insgesamt ergeben, dass es der Sonderschule entgegen der Behauptung ihrer Befürworter nicht gelingt, die Schüler und Schülerinnen in der Entwicklung eines positiven Selbstkonzeptes zu unterstützen. Nachfolgend sind Teilergebnisse zusammengefasst, die jeweils durch Zitate exemplarisch belegt werden.

Erstes Ergebnis:
In der Grundschule bzw. den weiterführenden Schulen erleiden die späteren Schüler/innen der Sonderschule als Außenseiter und leistungsschwache Schüler vielfache Beschämungen. Diese gehen von Mitschülern aus, aber auch Lehrer/innen werden als Akteure genannt. Beschämungen gefährden die Entwicklung eines positiven Selbstkonzeptes, da sie das Anerkennungsbedürfnis und das Selbstwertgefühl verletzen.

Zitate:

„Ehm, der erste Tag in der Schule war richtig schön. Ich habe schnell Freunde kennen gelernt. Aber dann in der ersten Klasse haben wir viel gemacht. Da wusste meine Lehrerin noch nicht, dass ich nicht lesen kann und nichts schreiben kann. Und in der dritten Klasse, da ist es losgegangen, dass sie mich gehänselt haben. Da haben die mich richtig fertig gemacht und die haben immer gesagt: „Du kannst nicht lesen, du musst auf eine Behinderten Schule gehen." Und da war ich immer richtig fertig und ich hatte nie richtig gute Freunde. Ich war immer alleine, ich habe immer alleine gespielt. ... Ja, und dann in der dritten Klasse haben sie mich ein bisschen mehr respektiert. Da musste ich noch einmal sitzen bleiben. Habe ich gemacht und habe gedacht, vielleicht geht's besser. Und dann habe ich es gemacht und dann hat die Lehrerin gesagt: „Ne, das hilft nichts, dann musst du leider auf eine Sonderschule."

„Mein erster Schulkindergarten war ganz gut. Hat mir Spaß gemacht. Ich wollte immer dahingehen, hat mir Spaß gemacht. Dann kam ich in die erste Klasse. Da war ich so bisschen schüchtern. So bisschen geschämt, wo ich erste Mal da war. Kollegen habe ich da gehabt, da war die Schule gut. ... Danach bin ich in andere Schule gegangen. Wir sind umgezogen. ... Da hab ich mich auch erst mal ein Tag, zwei Tage nicht so gut gefühlt. Und auch nach drei, vier Wochen hab ich mich nicht gut gefühlt. Das war nicht gut mehr da. Die haben mich da fertig gemacht. So bisschen, war bisschen schwer für mich. Die haben gesagt, du kommst in die Sonderschule."

Zweites Ergebnis:
Die Überweisung zur Sonderschule und der damit verbundene Ausschluss aus dem Regelschulsystem werden als belastende Eingriffe erlebt. Sie lösen bei den Betroffenen starke Schamgefühle aus.

Zitate:

„Ja, ich dachte, in diese Schule alle gucken mich an, lachen mich so aus, guck mal, wer ist die denn, und so alles. Da hatte ich Angst, dass ich noch dümmer wäre, dass ich gar nicht mehr in die Schule gehe und so. Und ich dachte, ich hätte da keine Chance mehr. Wenn ich da reingehe, dann habe ich gar keine Chance mehr und dann muss ich versuchen, da wieder rauszugehen."

„Ich konnte nicht raus, weil ich schämte. Ich hab mir gedacht, dass alle das gehört haben. Ich dachte, die gucken mich nur an, dass ich auf Sonderschule bin."

„Ich hab mich auch damals, als ich dann begriffen hab, dass das hier eine Sonderschule ist und was das heißt, auf einer Sonder schule zu sein, hab ich mich sehr dafür geschämt."

Drittes Ergebnis:
Die Schüler/innen der Sonderschule verschweigen oder verleugnen ihren stigmabehafteten Status im Alltag. Damit bestimmt die negative Fremdtypisierung weitgehend über ihr Alltagsverhalten. Diese Reaktionen sind kein Hinweis auf ein positives, sondern auf ein beschädigtes Selbstbild. Es besteht die Gefahr, dass das negative Fremdbild vollständig in das Selbstbild übernommen wird, wenn das Schamgefühl nicht bewältigt wird.

Zitate:

„Manche fragen mich: „Welche Schule gehst du?", dann sage ich immer „Hauptschule". Wie soll ich das sagen? Meine beste Freundinnen, den könnte ich das auch nicht sagen, ich weiß es auch nicht. Meine Geschwister gehen alle Realschule. Aber ich seh auch nicht so wie so' n Lernbehinderter aus. Das ist das Problem so, wissen Sie, so wie Lernbehinderte. Das ist, ... das ist so Scheiße."

„Sagen wir mal im Bus fragt uns jemand, auf welcher Schule seid ihr? Dann sagt mein Freund immer Realschule. Und ich sage immer Sonderschule. Dann haut der immer, weil er nicht ertragen kann, dass andere sagen, dass er auf der Sonderschule ist."

„Keiner weiß, dass ich auf diese Schule bin. Weil ich wollte nicht sagen, dass ich auf diese Schule gehe. Ich weiß ja nicht, ob die das noch weitererzählen. Ist ja egal, ob die meine Bekann ten sind oder Nachbarn sind. Ist ja nicht gleich wie meine Eltern und so. Ich weiß nicht, ob die das noch weitererzählen, dass ich auf diese Schule bin und so. Weil wir wollten das nicht, ich wollte das nicht."

Viertes Ergebnis:
Die Eltern bestätigen mehrheitlich die negativen Schameffekte der Sonderschule an ihren Kindern. Sie sehen die gesellschaftliche Zukunft ihrer Kinder als äußerst ungesichert an.

Zitate:

„Also, sein Selbstvertrauen hat sehr gelitten, also, in dem ersten Jahr war das ganz kolossal drastisch, was sich ein bisschen gelegt hat mit der Zeit dann, aber nur hier in der Schule. Also, da hat er an Selbstvertrauen gewonnen, aber wenn er nach Hause kommt, also dann in der Nachbarschaft oder in der näheren Umgebung mit seinen alten Kollegen da hat er nach wie vor überhaupt kein bisschen Selbstbewusstsein, ..."

„Z .B. wenn wir Besuch bekommen zuhause. Dann fragen meine Verwandten: „Welche Schule gehst du?" Er schämt sich das. Ich geh Sonderschule, das darf er noch nicht mal sagen. Er schämt sich das. Er geht sofort Wohnzimmer weg."

Fünftes Ergebnis:
Auch Eltern schämen sich über den Sonderschulbesuch ihres Kindes.
Insbesondere bei türkischen Migranteneltern ist die Scham häufig so groß, dass der Sonderschulbesuch als absolutes Familiengeheimnis behandelt wird.

Zitate:

„Ich bin ehrlich, ich hab selbst ganz große Probleme damit, also ich komme auch nicht gut klar damit. Wenn wir also mit Bekannten oder Verwandten oder auch mit Fremden über unseren R. sprechen, auf welche Schule er geht, also dann zieh ich mich in mein Schneckenhaus zurück, weil ich ganz große Probleme habe, mit dem Namen Sonderschule oder Lernbehindertenschule umzugehen. Komme ich nicht mit klar, auch mein Mann nicht."

„Dass die Tochter die Sonderschule besucht, wissen nur zwei enge Freunde, wir verheimlichen immer noch vor dem Bekanntenkreis, außer zwei Bekannten weiß keiner. Und als ich erfahren hatte, war für mich so ein Schlag, weil ich meine Tochter gut kenne, die Schule, die Sonderschule, ist nicht die richtige Schule für sie. Nur wegen Sprachmangel sollte sie nicht hierhin geschickt werden."

Schlussfolgerung:
Die Schamgefühle der Sonderschüler/innen sind als negative Selbstwahrnehmung eine Gefährdung für die Entwicklung eines positiven Selbstbildes. Die Sonderschule ist nicht in der Lage, die Schameffekte, die sie als Institution produziert, durch die individuelle Förderung im „Schonraum" zu kompensieren. Sie kann ihr Versprechen nicht einlösen. Deshalb ist sie eine „Falle".
In einer Gesellschaft, die so stark leistungsbezogen ist wie die unsere und die geringe Qualifikation ungeachtet der PISA-Befunde als individuelles Versagen und als persönliches Defizit auslegt, ist der

Schamkonflikt, in den Sonderschüler gestellt sind, eher noch größer geworden.

Die Hirnforschung sagt uns, dass negative Emotionen wie Scham, die noch dazu an schulische Lernerfahrungen gekoppelt sind, das Lernen behindern bzw. verhindern. Das führt zu einem neuen Verständnis des Lernbehindertenbegriffs.

Unser selektives, hierarchisch gegliedertes Schulsystem, zu dem das Sonderschulsystem als Subsystem gehört, ist krank. Es zeigt aber seine schädlichen Wirkungen am deutlichsten und furchtbarsten im unteren Leistungssegment, in den Sonderschulen. Deshalb muss der Blick, der zur Zeit ausschließlich auf die Zukunft der Hauptschule gerichtet ist, auch auf die Sonderschule gerichtet werden.

Allerdings reicht die Forderung nach der Abschaffung der eigenständigen Haupt- und Sonderschulen alleine nicht aus. Das gegliederte selektive Schulsystem muss als Ganzes überwunden werden, und zwar im Sinne der UN-Konvention über die Rechte von Menschen mit Behinderungen von 2006.

Brigitte Schumann ist Wissenschaftlerin und Autorin

„Bitte keine Samthandschuhe"
Shila Masoumi-Hefzabad und Angelika Klisch

Während meiner Kindheit und Jugend hat meine Familie und mein ge-
samtes Umfeld dafür gesorgt, dass ich keinen Spiegel in Hand bekam, in
dem ich mich hätte sehen können. Von allen Seiten hieß es jedoch immer, wie schön meine Augen seien. In meiner eigenen Vorstellung war ich
ein sehr hübsches Mädchen. Und jeder, aber auch jeder hat mich nach
eingehender Betrachtung darin bestärkt, was für schöne Augen ich doch
hätte.
Ich war hübsch! Warum sollte ich daher nicht auch nur attraktive Männer
an mich ran lassen? Außerdem wollte ich immer ein berühmtes Fotomodell werden, mein Mann musste also auch gut aussehen.
Aber nichts von dem, was ich mir wünschte, ging in Erfüllung. Von Tag zu
Tag wurde ich trauriger, meine Verzweiflung stieg. Mein Eindruck verstärkte sich, dass mit meinem Älterwerden das Interesse der Männer an
mir abnahm. Für mich gab es dafür keine Erklärung.
Nichts war mehr wie früher. Ich wurde immer einsamer. Bis ein bestimmter Mann in meinem Leben auftauchte.
Auch er sagte mir, wie schön doch meine Augen seien. Er meinte weiter,
ich hätte das gewisse Etwas und er möge mich, egal wie ich aussähe.
Wie bitte?
Ich wurde auf ihn sehr wütend und fand es sehr frech, wie er mich behan-
delte. Wie konnte er mir einen solchen Schwachsinn erzählen? Als ob ich
anders wäre als andere. Ich war die Hübscheste von allen, daran gab es
doch keinen Zweifel!
Natürlich habe ich ihm das auch gesagt. Er wurde traurig und sagte:
Ich wollte dich nicht ausgrenzen und dir weh tun, im Gegenteil, ich möch-
te dir ein guter Begleiter sein. Du musst lediglich begreifen, dass ich nur
sehr ehrlich zu dir bin.
Dann drückte er mir einen Spiegel in Hand - zum ersten Mal in meinem
Leben - und sagte: „Schau Dich an".
Ich nahm den Spiegel und ich sah mich zum ersten Mal. Ich weiß nur
noch, dass ich geschrieen habe: "Das bin doch nicht ich. Du lügst!" Ich
gab ihm den Spiegel zurück und fuhr in an: „Wessen Bild ist das? Mein
Bild von mir sieht anders aus," Er nickte nur und sagte: „Das ist nur ein
Spiegel. Er zeigt einzig und allein dein Äußeres."
Dann sah er mir tief in die Augen und meinte: „Doch, das bist Du, so
siehst du aus und du bist trotzdem für mich die Schönste auf der Welt."
Ich habe Tage und Wochen geweint und mich immer wieder im Spiegel
betrachtet. Warum hatten mich alle schön geredet und warum sollte ich
nicht merken, dass ich anderes war als alle anderen? Was ist daran

schlimm, wenn man sich von anderen unterscheidet? Warum? Warum? Nur so kann man voneinander lernen. Das ist doch eine Bereicherung. Warum begreifen das so viele nicht?

Der Mann tröstete mich die ganze Zeit und sagte: „Es gab keinen der dir weh tun wollte. Alle haben dich gemocht und wollten Dich beschützen. Sie haben es nur gut mit Dir gemeint. Keiner wusste, dass er dir damit eher schadete. Ihnen war nicht bewusst, dass man dich schon von Kindheit an langsam mit der Realität deines Lebens vertraut hätte machen müssen."

Mir wurde klar, dass er Recht hatte. Bis heute weiß ich nicht, ob ich auf die Menschen, die aus vermeintlich guten Gründen alles Negative von mir fern hielten, wütend sein soll oder nicht?

Ich hätte mir gewünscht, man wäre mir gegenüber von Anfang an aufrichtig gewesen und nicht erst jetzt. Als wenn eine Beeinträchtigung Negatives bedeuten müsste? Die ganze Zeit hatte ich davon geträumt, Fotomodell zu werden, in der Vorstellung, schön zu sein. Erst jetzt wusste ich, dass dieses Bild nicht das wahre Bild von mir war.

Was denken Sie über diese Geschichte?
Dann können wir die Diskussion eröffnen.

Diese Geschichte ist frei erfunden. Das lässt sich leicht daran erkennen, dass das Mädchen bis zu diesem bewussten Tag nie einen Spiegel gesehen hatte. Der Spiegel steht in dieser Geschichte hier als Symbol für das Selbstbild.

Jeder für sich kann, entsprechend seiner Fantasie, sich ausmalen, unter welcher Beeinträchtigung das Mädchen in der vorangegangenen Geschichte leiden könnte, z. B. Hasenscharte, Mundschiefstand, Akne etc.

Analysiert man die obige Geschichte auf die negativen Folgen für das Mädchen hin, stößt man auf unterschiedliche Aspekte, die jeder für sich und auch in ihrer Gesamtheit dazu beitragen, ein (Selbst-) Bild zu vermitteln bei dem im Umgang mit Behinderten alles falsch gemacht wurde, was nur falsch zu machen ist, kurz: das Bild der

„Überbehütung":
- Wenn Selbstbild und Fremdbild nicht übereinstimmen und man durch eine verzerrte Vermittlung vom Umfeld ein falsches Selbstbild entwickelt, kann das zur **Selbstüberschätzung** führen.
- Komplimente an sich müssen nicht unwahr sein, aber wenn man nur Komplimente hört und fast nie Kritik erfährt, kann das dazu führen, dass man **nicht kritikfähig** wird. Häufig folgt daraus eine verzerrte Sichtweise.

- Es gibt verschiedene Modelle für die Auswahl seines Freundeskreises oder Partners. Wenn die eigenen Auswahlkriterien z. B. auf Gleichheit setzen, schränkt man unbewusst auf Grund des eigenen falschen Selbstbildes die Vielfalt seines Freundeskreises ein, oder verpasst seine Chancen auf eine erfüllte und erlebnisreiche Partnerschaft. Falsche Auswahlkriterien bei Freundschaft oder Partnerschaft können zur **Selbstausgrenzung** und zum **Alleinsein** führen.

- Entsprechend der eigenen Selbstwahrnehmung entwickelt man seine berufliche Perspektive, die auf Grund einer nicht objektiven Selbstwahrnehmung zur **falschen Berufswahl** führen kann.

- Werden die eigenen Erwartungen, Wünsche und Vorstellungen an das persönliche Umfeld nicht erfüllt, können sich **häufende Enttäuschungen** in ihrer Konsequenz zur **Resignation** führen.

- Häufige Enttäuschungen und Ablehnung machen **traurig** und man bekommt **Selbstzweifel**.

- Vermeidet man aus den unterschiedlichsten Gründen Kontakte zu seinen Mitmenschen und schottet sich vor seiner Umwelt ab, kann das zu **neuen Ablehnungen und Ausgrenzungen** innerhalb des eigenen sozialen Umfelds führen.

- Findet man, aus welchem Grund auch immer, keine Erklärung für das Verhalten der Anderen gegenüber einem selbst, kann dieses zur **Hilf- und Ratlosigkeit** führen.

- Ein Hinausschieben der Konfrontation mit der eigenen Lebenswirklichkeit auf **später** verschiebt nur die notwendige **Auseinandersetzung** mit sich selbst.

- Hört man selbst nur ständig positive „Wahrheiten" über sich, kann das zur **Kritikunfähigkeit** führen und als Folge davon zu **Misstrauen** gegenüber seinen Mitmenschen, da man nicht mehr zwischen Wahrheit und geschönter Wahrheit unterscheiden kann.

- Wird irgendwann durch ehrliche Rückmeldungen Dritter das eigene positives Selbstbild in Frage gestellt, kann dieses zu **Aggression** und **Wutausbrüchen** führen.
- Manchmal verleitet die eigene Selbstüberschätzung dazu, Menschen, die einen wirklich akzeptieren und die immer ihre **ehrliche Meinung**

äußern, abzulehnen und zugleich auch ihren **gut gemeinten Rat** oder ihre **gut gemeinte Hilfe.**

- Irgendwann kommt die Zeit, sich mit seinen **Fähigkeiten, Fertigkeiten und Einschränkungen** auseinander zu setzen. Es wäre optimal, wenn diese Auseinandersetzung früh genug stattfindet. Je früher desto besser.

- Die **späte Auseinandersetzung mit den Folgen der Behinderung** kann zu **Selbstablehnung** führen. Es ist wichtig, dass man in einen Integrationsprozess einbezogen wird. Dadurch eröffnet sich die Möglichkeit, sich mit anderen zu vergleichen und zugleich zu lernen, die Behinderung zu akzeptieren.

- Je später man sich mit den eigenen Einschränkungen auseinander setzt und weiß, dass diese Einschränkungen vom sozialen Umfeld nicht als selbstverständlich angenommen werden und eine entsprechende Rücksichtnahme nicht gewährleistet ist, kann dieses zur **Verschwendung von Energie und persönlichen Ressourcen** führen und **viele Fragen** an sich selbst und das Umfeld auslösen.

- Ständige Diskriminierung kann zum Verlust der **notwendigen Sicherheit und Geborgenheit führen.**

- Im Umgang mit den täglichen gut gemeinten Ratschlägen und einem übertriebenen (Wohl-)Verhalten weiß man nicht, soll man wütend sein oder nicht. Dieses kann zu einer Gefühlsdiskrepanz führen.

Als Ergebnis aus all den vorhergehenden Punkten können wir insgesamt festhalten:
Erhalten Kindern und Jugendlichen immer ihrem Alter entsprechende richtige und ehrliche Rückmeldungen - unabhängig von ihrer Behinderung - haben sie eine gute Chance, trotz ihrer Einschränkungen ein gesundes Selbstbild und realistische Selbstwahrnehmung zu entwickeln. Im Gegensatz dazu bieten Aussonderung und Überbehütung keine Chance auf Entwicklung eines angemessenen Selbstbildes.

Ich möchte gerne an dieser Stelle darauf hinweisen, dass große Unterschiede zwischen Rücksichtnahme auf bestehende Einschränkungen einer Person, Überbehütung oder Mitleid bestehen. Das muss man sehr bewusst differenzieren und für sich reflektieren. Rücksichtnahme ist notwendig und angebracht, weil fehlende Rücksichtnahme zu einer Überfor-

derung von Behinderten führen kann. Im Gegensatz dazu ist Überbehütung nicht angebracht und sogar schädlich und kann zu Unterforderung führen.

Die beste Lösung im Umgang mit Menschen mit Behinderungen ist, diesen Personenkreis in seiner Ganzheit wahrzunehmen und zu akzeptieren und nicht unter dem Gesichtspunkt der körperlichen oder geistigen Einschränkungen. Normalität im Umgang miteinander, behindert oder nicht, muss das Ziel aller Bemühungen sein.
„Man darf sie weder überschätzen noch unterschätzen, sondern sollte sie einfach schätzen."

Dieser Text basiert nicht auf einer wissenschaftlichen Erhebung, sondern auf einer Kombination aus Fachkompetenz als Diplom-Pädagogin und Selbsterfahrung als Betroffene.

Shila Masoumi-Hefzabad ist Diplom-Pädagogin in Köln

Die Bedeutung sozialer Erfahrungen für die Strukturierung des menschlichen Gehirns
Gerald Hüther

Zusammenfassung:
Die Herausformung der erst nach der Geburt endgültig geknüpften Nervenzellverbindungen im menschlichen Gehirn erfolgt erfahrungs- und nutzungsabhängig. Die entscheidenden Erfahrungen die Kinder und Jugendliche dazu bringen, ihr Gehirn auf eine bestimmte Weise zu nutzen und damit auch zu strukturieren, sind psychosozialer Natur, also Beziehungserfahrungen. Der Beitrag fasst die in den letzten Jahren von Neurobiologen gewonnenen Erkenntnisse über die „soziale Konzentration" des menschlichen Gehirns zusammen und leitet auf dieser Grundlage ab, welche Beziehungserfahrungen Kinder und Jugendliche mit ihrem Erziehern und Lehrern machen müßten, um die schulischen Lernangebote optimal nutzen zu können.

Das Nervensystem der Tiere, ursprünglich einmal entstanden als ein System zur Lenkung und Steuerung der Beziehungen zwischen den inneren und äußeren Zellen der ersten Vielzeller, wurde – je komplexer diese Beziehungen zwischen innerer und äußerer Welt zu werden begannen – zunehmend erweitert, vernetzt und effektiver ausgeformt. Als zentrales Koordinationszentrum dieses inneren Beziehungssystems entstand das Gehirn, in dem nun auch alle aus der äußeren Welt eintreffenden sinnlichen Wahrnehmungen zusammengeführt und zu inneren Bildern, sog. Repräsentanzen, über die Beschaffenzeit der äußeren und der inneren Welt zusammengefügt werden konnten. Mit zunehmender Komplexität dieses Gehirns wurde es immer besser möglich, mit anderen Individuen in Kontakt zu treten, Informationen auszutauschen und schließlich sogar individuell gemachte Erfahrungen von einer Generation zur nächsten weiterzugeben. Keine andere Lebensform hat diese Fähigkeit so weit entwickelt wie der Mensch.

1. Schulen als Einrichtungen zur transgenerationalen Überlieferung von Wissen und Erfahrung

Für die transgenerationale Überlieferung von bisher gesammeltem Wissen und bisher gemachten Erfahrungen an die jeweils nachfolgenden Generationen sind in unserem Kulturkreis spezielle Einrichtungen – Schulen – geschaffen worden. In diesen Schulen soll die jeweils nachfolgende Generation all das lernen, worauf es nach Meinung derjenigen ankommt, die schon älter sind und „Schule machen". Diese Meinungen haben sich im Verlauf der Menschheitsentwicklung immer wieder verändert. Die sogenannten „primitiven Völker" waren noch der Ansicht, dass es für ihre Kinder auf alles, was sie selbst wussten und konnten, gleichermaßen ankomme. Die „Schule" für das spätere Leben ihrer Kinder fand im täglichen Zusammenleben in der Familien-, Sippen- und Stammesgemeinschaft statt. Hier wurde das gesamte Wissen über die Gestaltbarkeit von Beziehungen erlernt: von Beziehungen zwischen den Menschen untereinander, zwischen den Menschen und der sie umgebenden Natur, zwischen den Menschen und dem, was sich „hinter" den wahrnehmbaren Naturerscheinungen „verbarg": Gespenster, Geister und Götter.

Erst mit der zunehmenden Spezialisierung einzelner Mitglieder dieser ursprünglichen Gemeinschaften wurden auch spezielle Einrichtungen erforderlich, „Spezialschulen" zum Erwerb ganz besonderer Fähigkeiten und Fertigkeiten. Bald hatte jede Kaste ihre eigene „Schule". Neben den verschiedenen Handwerkerschulen entstanden bereits sehr früh verschiedene Formen von Priesterschulen, in denen die Schüler all das lernen sollten, worauf es für die Gestaltung von „geistigen" Beziehungen damals ankam. Parallel dazu wurden speziele Kampftechnik-, Militär- oder Kadettenschulen eingerichtet, um die dafür ausgewählten Nachkommen in die wichtigsten „weltlichen" Formen der Gestaltung von Beziehungen – Strammstehen und Kriegführen – zu unterrichten.

Aus diesen Urformen von Schule haben sich im Lauf der letzten zwei Jahrhunderte die heutigen „allgemeinbildenden Schulen" entwickelt. Bis heute sind sich die für diese Schulen Verantwortlichen nicht so recht einig, was die Schüler dort eigentlich lernen sollen. Anfangs war es eine Mischung aus Katechismus, Gehorsam, Lesen, Schreiben und Rechnen, später auch Übungen für den Leib (Sport) und für die Seele (Singen, Kunst). Ihre Geschichte (d.h. die Geschichte der jeweiligen Herrscher) sollten die Schüler ebenso kennen lernen, wie die jeweils herrschenden Grundregeln für die Gestaltung und Einhaltung der jeweiligen „schichtspezifischen" gesellschaftlichen Beziehungen. Als die Technik ihren Siegeszug angetreten hatte, wurde die Vermittlung naturwissenschaftlich-technischer Kenntnisse immer wichtiger, und seit Beginn des Informationszeitalters sollen die Schüler nun auch lernen, wie informationsverarbeitende Systeme funktionieren. Allerdings beschränkt sich diese Ausbildung bisher weitgehend auf die Vermittlung von Wissen darüber, wie man einen Computer bedient.

Das muss sich ändern, und das wird sich auch ändern, denn die Welt, in die Kinder und Jugendliche heute hineinwachsen, hat sich in den letzten Jahrzehnten dramatisch verändert. Als Schlüsselqualifikation für morgen wird von den nächsten Generationen etwas verlangt, was „Arbeitgeber" schon heute händeringend suchen, und was den Menschen in unserer technisierten, hektischen und leistungsorientierten Gesellschaft offenbar zunehmend abhanden zu kommen droht: psychosoziale Kompetenz, also die Fähigkeit, gemeinsam mit anderen Menschen nach tragfähigen Lösungen für die Bewältigung gegenwärtiger und zukünftiger Herausforderungen zu suchen. Leider ist diese Fähigkeit nicht wie englische Vokabeln lern- und abfragbar. Es handelt sich hierbei nämlich um eine Form von Wissen, die auf eigener Erfahrung beruht. Um sie zu erwerben, brauchen junge Menschen Vorbilder, also Menschen, die diese Fähigkeit besitzen und sie Kindern und Jugendlichen vorleben. Und sie brauchen eigene Erfahrungen, die ihnen zeigen, dass schwierige Lösungen nur gemeinsam mit anderen gefunden und umgesetzt werden können. Ohne solche Vorbilder und ohne solche Erfahrungen ist dem sich unter Kindern und Jugendlichen ausbreitenden Defizit an psychosozialer Kompetenz nur schwer beizukommen.

Unerwartete Schützenhilfe zur Überwindung dieser Misere kommt nun seit einigen Jahren von einer Disziplin, der man dieses kaum zugetraut hätte. Die Hirnforscher haben auf ihrer Suche nach dem, was das menschliche Gehirn zu dem macht, was es ist, eine bemerkenswerte Erkenntnis zutage gefördert: All jene Bereiche und Regionen, in denen sich das menschliche Gehirn von dem unserer nächsten tierischen Verwandten am stärksten unterscheidet und von denen all jene Funktionen gesteuert werden, die wir als spezifisch menschliche Leistungen betrachten, werden erst nach der Geburt durch eigene Erfahrungen endgültig herausgeformt. Die wichtigsten Erfahrungen, die einen heranwachsenden Menschen prägen und die in Form komplexer neuronaler Verknüpfungen und synaptischer Verschaltungen in seinem Gehirn verankert werden, sind Erfahrungen, die in lebendigen Beziehungen mit anderen Menschen gemacht werden. In all jenen Bereichen, wo es sich von tierischen Gehirnen unterscheidet, wird das menschliche Gehirn durch Beziehungen und Beziehungserfahrungen mit anderen Menschen geformt und strukturiert. Unser Gehirn ist also ein soziales Produkt und als solches für die Gestaltung von sozialen Beziehungen optimiert. Es ist ein Sozialorgan.

2. Das Gehirn als soziales Konstrukt

Das menschliche Gehirn ist formbarer – und deshalb auch verformbarer –, als das selbst die Hirnforscher noch bis vor wenigen Jahren geglaubt hatten. Keine andere Spezies kommt mit einem derart offenen, lernfähigen und durch eigene Erfahrungen in seiner weiteren Entwicklung und strukturellen Ausreifung gestaltbaren Gehirn zur Welt wie der Mensch. Nirgendwo im Tierreich sind die Nachkommen beim Erlernen dessen, was für ihr Überleben wichtig ist, so sehr und über einen vergleichbar langen

Zeitraum auf Fürsorge und Schutz, Unterstützung und Lenkung durch die Erwachsenen angewiesen, und bei keiner anderen Art ist die Gehirnentwicklung in solch hohem Ausmaß von der emotionalen, sozialen und intellektuellen Kompetenz dieser erwachsenen Bezugspersonen abhängig wie beim Menschen. Das gilt insbesondere für den jüngsten Teil des Gehirns, das Stirnhirn.

Erst in den letzten 10 Jahren ist es den Gehirnforschern und Entwicklungspsychologen vor allem mit Hilfe der sog. bildgebenden Verfahren gelungen nachzuweisen, welch nachhaltigen Einfluss frühe Bindungserfahrungen darauf haben, wie und wofür ein Kind sein Gehirn benutzt, und welche Verschaltungen zwischen den Milliarden Nervenzellen deshalb beson-ers gut gebahnt und stabilisiert und welche nur unzureichend entwickelt und ausgeformt werden. Diese Erkenntnis beginnt sich jetzt erst allmählich unter den die Erziehung und Sozialisation der nachwachsenden Generation lenkenden Erwachsenen auszubreiten.

Nicht viel anders verhält es sich mit der zweiten wichtigen Erkenntnis, die sich zwangsläufig aus der Tatsache ergibt, daß die frühkindlichen Bindungen nur der erste Schritt eines langen und komplizierten Sozialisationsprozesses sind. Im Verlauf dieses Prozesses lernt jedes Kind, sein Gehirn auf eine bestimmte Weise zu benutzen, indem es dazu angehalten, ermutigt oder auch gezwungen wird, bestimmte Fähigkeiten und Fertigkeiten stärker zu entwickeln als andere, auf bestimmte Dinge stärker zu achten als auf andere, bestimmte Gefühle eher zuzulassen als andere, also sein Gehirn allmählich so zu benutzen, dass es sich damit in der Gemeinschaft in die es hineinwächst zurechtfindet. In unterschiedlichen Kulturen aufwachsende Kinder erwerben dabei zum Teil sehr unterschiedliche, kulturell tradierte Fähigkeiten. Die Kinder der Eingeborenen des amazonischen Regenwaldes lernen auf diese Weise bis zu einhundert verschiedene Grüntöne zu unterscheiden und die der Inuit im nördlichen Polarkreis ein Dutzend verschiedene Formen von Schnee auseinanderzuhalten. Und auch unsere Kinder erwerben im Verlauf dieses Prozesse all jene Fähigkeiten und Fertigkeiten, auf die es eben für das Leben in unserem Kulturkreis ganz besonders ankommt, und indem sie das tun, werden auch die dabei immer wieder aktivierten neuronalen Verschaltungen stärker und intensiver benutzt, ausgebaut und entwickelt.

Alles, was auf diese Weise erst im Verlauf der ersten Lebensjahre gelernt werden muss, wird von anderen Menschen übernommen. Keine dieser kulturspezifischen Leistungen ist angeboren. Alles, worauf ein Kind später stolz ist, was es als Persönlichkeit ausmacht, was es weiß und kann, ebenso wie das, was es denkt und fühlt, ja sogar das, was es wünscht und träumt, und nicht zuletzt das, was es als seine Muttersprache erwirbt, verdankt es dem Umstand, dass andere Menschen ihm bei der Benutzung und Ausformung seines Gehirns geholfen haben. Ohne erwachsene Vorbilder hätte ein Kind womöglich noch nicht einmal aufrecht zu gehen gelernt, es wäre nicht in der Lage, sich in einer bestimmten Sprache auszudrücken, es wüsste nicht, was essbar und was giftig und gefährlich ist. Auch wir selbst hätten weder Fahrradfahren noch irgendein hierzulande alltägliches Gerät zu bedienen gelernt. Wir könnten nicht schreiben, lesen und rechnen, auch nicht musizieren, singen und tanzen, wenn uns niemand gezeigt hätte, wie das geht. Wir wären der äußeren Welt und unseren inneren Antrieben hilflos ausgesetzt, wüssten nicht, worauf wir besonders zu achten haben, hätten nicht gelernt, all die vielen komplexen Bewegungsabläufe und feinmotorischen Handlungen zu steuern, die man nur von anderen Menschen lernen kann und wir wären auch kaum in der Lage, irgendwelche in uns aufkommenden Impulse zu kontrollieren.

All das und noch vieles mehr muss jedes Kind im Verlauf eines schwierigen und daher auch sehr störanfälligen Entwicklungsprozesses erst erlernen. Dass das geschieht, erscheint uns so selbstverständlich, dass wir kaum je darüber nachdenken, was aus unserem Gehirn geworden wäre, wenn wir keine Gelegenheit bekommen hätten, uns all diese Fähigkeiten und Fertigkeiten im Verlauf unserer ersten Lebensjahre von anderen Menschen anzueignen. Es wäre ein Gehirn geworden, in dem all dass, was zum Zeitpunkt der Geburt noch nicht fertig ausgereift ist, sich nicht so weiter entwickelt, organisiert und strukturiert hätte, wie das nun einmal geschehen ist. All die hochkomplexen Verschaltungen, die nicht automatisch entstehen, sondern die nur dann herausgeformt und stabilisiert werden können, wenn sie auch immer wieder aktiviert und benutzt werden, wären ohne die vielen Anregungen und Ermunterungen, Maßregelungen und Ermahnungen, also ohne die aktive Einflussnahme anderer Menschen auf unsere Hirnentwicklung nicht entstanden. Unser Gehirn ist in viel stärkerem Maß, als wir in eigener Selbstüberschätzung zuzugeben bereit sind, durch diese anderen Menschen und all dass, was diese wiederum von anderen Menschen übernommen haben, strukturiert worden.

Diejenige Hirnregion, in der all diese komplexen, nutzungsabhängigen neuronalen Verschaltungen letztendlich zusammenlaufen, ist eine Region, die beim Menschen zuletzt und am langsamsten ausreift: der Frontaloder Stirnlappen, der präfrontale Cortex. Es ist diejenige Gehirnregion, die in besonderer Weise daran beteiligt ist, aus anderen Bereichen der Großhirnrinde eintreffende Erregungsmuster zu einem Gesamtbild zusammen zu fügen und auf diese Weise von „unten", aus tieferliegenden und früher ausgereiften Gehirnregionen generierte Erregungen und Impulse zu hemmen und zu steuern. Ohne Frontalhirn kann man keine zukunftsorientierten Handlungskonzepte und inneren Orientierungen entwickeln. Ohne Frontalhirn kann man nichts planen, kann man die Folgen von

Handlungen nicht abschätzen, kann man sich nicht in andere Menschen hineinversetzen und deren Gefühle teilen, auch kein Ver-antwortungsgefühl empfinden. Unser Frontalhirn ist diejenige Gehirnregion, die in besonderer Weise durch denjenigen Prozess strukturiert wird, den wir Erziehung und Sozialisation nennen.

Die lange Zeit aufrechterhaltene und bis heute vorgenommene Trennung zwischen Gehirnentwicklung und der Entwicklung des Verhaltens, Denkens und Fühlens, ja selbst des Gedächtnisses hat sich inzwischen als ebenso schwerwiegender Irrtum erwiesen wie die Vorstellung, dass der Prozess der strukturellen Ausreifung und Umformung des menschlichen Gehirns gegen Ende des 3. Lebensjahres weitgehend abgeschlossen sei. Inzwischen ist deutlich geworden, wie eng die Entwicklung auch des Gedächtnisses an die Ausformung und Reifung cerebraler Strukturen gebunden ist. Insbesondere die Ausreifung synaptischer Netzwerke im Neokortex ist auf spezifische interaktionale Stimulation angewiesen. Um diese Strukturen ausbilden zu können, suchen und brauchen bereits Neugeborene die lebendige Interaktion mit andern Menschen. Die bereits intrauterin entstandenen neuronalen Verknüpfungen bilden nur ein vorläufiges Muster für einen noch kontext- und nutzungsabhängig herauszuformenden späteren Zustand. Bei neuen Erlebnissen werden die dabei synchron aktivierten neuronalen Netzwerke miteinander verknüpft. Sie repräsentieren durch ihre Aktivitätsmodalität in der „Innenwelt" des Gehirns das Geschehen in der „Außenwelt" in symbolischer Weise. Zum Wiedererkennen kommt es immer dann, wenn die gleichen neuronalen Netze erneut aktiviert werden.

3. Was die Lernlust und die Entdeckerfreude stärkt: Vertrauen

Kinder lernen immer, und sie lernen immer, indem sie sich zu dem, was sie erfahren und was es in der Welt zu entdecken gibt, in Beziehung setzen. Genau wie wir als Erwachsene müssen auch Kinder versuchen, jede neue Wahrnehmung und jede neue Erfahrung an etwas anzuknüpfen, was bereits da ist, was sie schon wissen und können, was ihnen also bereits irgendwie vertraut ist. Und wie bei uns Erwachsenen ist auch die Bereitschaft von Kindern, sich auf etwas Neues einzulassen, etwas Neues anzuprobieren um so größer, je sicherer sie sind und je größer das Vertrauen ist, mit dem sie sich in die Welt hinauswagen. Jede Art von Verunsicherung, von Angst und Druck erzeugt in ihrem Gehirn eine sich ausbreitende Unruhe und Erregung. Unter diesen Bedingungen können die dort über die Sinneskanäle eintreffenden Wahrnehmungsmuster nicht mit den bereits abgespeicherten Erinnerungen abgeglichen werden. Es kann so nichts Neues hinzugelernt und im Gehirn verankert werden. Oft wird die Erregung und das damit einhergehende Durcheinander im Kopf sogar so groß, dass auch bereits Erlerntes nicht mehr erinnert und genutzt werden kann. Das einzige was dann noch funktioniert, sind ältere, sehr früh entwickelte und sehr fest eingefahrene Denk- und Verhaltensmuster. Das Kind fällt dann zurück in solche Verhaltensweisen, die immer dann aktiviert werden, wenn es anders nicht mehr weiter geht: Angriff (Schreien, Schlagen), Verteidigung (nichts mehr hören, sehen, wahrnehmen wollen, stur bleiben, Verbündete suchen) oder Rückzug (Unterwerfung, Verkriechen, Kontaktabbruch). Jedes Kind verliert so seine Offenheit, seine Neugier und sein Vertrauen – und damit die Fähigkeit, sich auf Neues einzulassen. Dieser Zustand ist für Kinder genau so schwer auszuhalten wie für Erwachsene. Sie fühlen sich ebenso ohnmächtig und beschämt und reagieren mit Wut, Zorn oder gar mit Resignation auf die erlebte Enttäuschung.

Die Gefahr, dass Kinder in solche Situationen geraten, läßt sich nur abwenden, wenn ihnen Gelegenheit geboten wird, genau das zu stärken, was sie mehr als alles andere brauchen, um sich mit anderen Menschen und dem, was sie in der Welt erleben, in Beziehung zu setzen: Vertrauen. Nichts ist in der Lage, das Durcheinander im Kopf besser aufzulösen und die zum Lernen erforderliche Offenheit und innere Ruhe wieder herzustellen, als dieses Gefühl von Vertrauen. Deshalb suchen alle Kinder enge Beziehungen zu Menschen, die ihnen Sicherheit bieten und ihnen bei der Lösung von Problemen behilflich sind, die ihnen nicht nur sagen, sondern selbst vorleben, worauf es im Leben ankommt und ihnen auf diese Weise Orientierung bei der Entdeckung ihrer eigenen Möglichkeiten zur Gestaltung ihres Lebens bieten.

Vertrauen ist das Fundament, auf dem alle unsere Entwicklungs-, Bildungs- und Sozialisierungsprozesse aufgebaut werden. Vertrauen braucht ein Kind auch später, wenn es erwachsen geworden ist, mehr als alles andere, um sich der Welt und anderen Menschen offen, ohne Angst und Verunsicherung zuwenden und auch schwierige Situationen meistern zu können. Dieses Vertrauen muss während der Kindheit auf drei Ebenen entwickelt werden:

- als Vertrauen in die eigenen Möglichkeiten, Fähigkeiten und Fertigkeiten zur Bewältigungen von Problemen,
- als Vertrauen in die Lösbarkeit schwieriger Situationen gemeinsam mit anderen Menschen und
- als Vertrauen in die Sinnhaftigkeit der Welt und das eigene Geborgen- und Gehaltensein in der Welt.

Lehrer und Erzieher, die selbst verunsichert sind oder ständig verunsichert werden, bieten die schlechtesten Voraussetzungen dafür, dass dieses Vertrauen wachsen kann. Was Kinder also stark und offen macht, hängt von der Stärke und Offenheit der Erwachsenen ab, unter deren Obhut sie aufwachsen.

4. Was die Lernlust und die Entdeckerfreude zerstört: Verunsicherung und Druck

Damit es Kindern gelingt, sich im heutigem Wirrwarr von Anforderungen, Angeboten und Erwartungen zurechtzufinden, brauchen sie Orientierungshilfen, also äußere Vorbilder und innere Leitbilder, die ihnen Halt bieten und an denen sie ihre Entscheidungen ausrichten. Nur unter dem einfühlsamen Schutz und der kompetenten Anleitung durch erwachsene „Vorbilder" können Kinder vielfältige Gestaltungsangebote auch kreativ nutzen und dabei ihre eigenen Fähigkeiten und Möglichkeiten erkennen und weiterentwickeln. Nur so kann im Frontalhirn ein eigenes, inneres Bild von Selbstwirksamkeit stabilisiert und für die Selbstmotivation in allen nachfolgenden Lernprozessen genutzt werden. Die Herausbildung komplexer Verschaltungen im kindlichen Gehirn kann nicht gelingen,

- wenn Kinder in einer Welt aufwachsen, in der die Aneignung von Wissen und Bildung keinen Wert besitzt (Spaßgesellschaft);
- wenn Kinder keine Gelegenheit bekommen, sich aktiv an der Gestaltung der Welt zu beteiligen (passiver Konsum von Lernstoffen und Medienangeboten);
- wenn Kinder keine Freiräume mehr finden, um ihre eigene Kreativität spielerisch zu entdecken (Funktionalisierung);
- wenn Kinder mit Reizen überflutet, verunsichert und verängstigt werden (Überlastung);
- wenn Kinder daran gehindert werden, eigene Erfahrungen bei der Bewältigung von Schwierigkeiten und Problemen zu machen (Verwöhnung);
- wenn Kinder keine Anregungen erfahren und mit ihren spezifischen Bedürfnissen und Wünschen nicht wahrgenommen werden (Vernachlässigung).

Das Gehirn, so lautet die vielleicht wichtigste Erkenntnis der Hirnforscher, lernt immer, und es lernt das am besten, was einem Heranwachsenden hilft, sich in der Welt, in die er hineinwächst, zurecht zu finden und die Probleme zu lösen, die sich dort und dabei ergeben. Das Gehirn ist also nicht zum Auswendiglernen von Sachverhalten, sondern zum Lösen von Problemen optimiert. Und da fast alles, was ein heranwachsender Mensch

lernen kann, innerhalb des sozialen Gefüges und des jeweiligen Kultur-
kreises direkt oder indirekt von anderen Menschen „bezogen wird" und
der Gestaltung der Beziehungen zu anderen Menschen „dient", wird das
Gehirn auch nicht in erster Linie als Denk-, sondern als Sozialorgan gebraucht und entsprechend strukturiert.

Es ist beeindruckend, dass die moderne Gehirnforschung inzwischen im
Stande ist, all diese Erkenntnisse aus objektiven, jederzeit wiederholba-
ren und nachprüfbaren Befunden abzuleiten. Sie kann mit Hilfe ihrer neu-
en Verfahren zeigen, wie regionale Netze aufgebaut und verknüpft werden, wie globalisierende Transmittersysteme die dort ablaufenden Aktivie-
rungsprozesse verbinden und harmonisieren, wie sich Erregungsprozesse
ausbreiten und auf tiefer liegende emotionale Zentren übergreifen, welche Botenstoffe dadurch vermehrt ausgeschüttet werden und wie diese
Stoffe als Wachstumsfaktoren und als Regulatoren der Genexpression
die Stabilisierung und Bahnung neuer Verschaltungsmuster ermöglichen
und begünstigen. Und es läßt sich inzwischen auch nachweisen, dass
Angst, Stress, Überreizung und äußerer Druck die Herausformung komplexer Verschaltungen im kindlichen Gehirn ebenso behindern wie Unterforderung, mangelnde Anregungen, Verwöhnung oder Vernachlässigung.
Aber das, worauf es wirklich ankommt, damit dieser komplizierte
Entwicklungsprozess im Gehirn möglichst vieler Kinder gelingt, können
Hirnforscher nicht: Sie können die Verhältnisse nicht ändern, unter denen
Kinder in unserer gegenwärtigen Gesellschaft aufwachsen. Und sie können auch nicht dafür sorgen, dass Kinder und Jugendliche bei der nächsten PISA-Studie auf die Frage, wie gut sie sich in ihren Lernanstrengungen
durch ihre jeweiligen Lehrer unterstützt fühlen, anders als bisher (im Durchschnitt) antworten: schlecht.

Literatur

Eisenberg, L.: The social construction of the human brain. In: Am J. Psychiatry
152/1995, pp. 1563-1575.
Gebauer, K./Hüther, G. (2001): Kinder brauchen Wurzeln. Düsseldorf: Walter.
Gebauer, K./Hüther, G. (2002): Kinder suchen Orientierung. Düsseldorf: Walter.
Gebauer, K./Hüther, G. (2003): Kinder brauchen Spielräume. Düsseldorf: Walter.
Gidd, J. N./Blumenthal, J./Jeffries, N.O. et al.: Brain development during childhood
and ado-lescence: a longitudinal MRT study. In: Nature Neuroscience 10/1999,
issue 2, pp. 861-863.
Henry, J.P.: Psychological and physiological responses to Stress: The right
hemisphere and the hypothalamo-pituitary-adrenal axis, an inquiry into problems
of human bonding. In: Inte-grative Physiological and behavioral science 28/1993,
pp. 369-387.
Hüther, G. (1997): Biologie der Angst. Göttingen: Vandenhoeck & Ruprecht.

Hüther, G. (1999): Die Evolution der Liebe. Göttingen: Vandenhoeck & Ruprecht.

Hüther, G. (2001, 32002): Bedienungsanleitung für ein menschliches Gehirn. Göttingen: Van-denhoeck & Ruprecht.

Hüther, G. (2004): Die Macht der inneren Bilder. Göttingen: Vandenhoeck & Ruprecht.

Hüther, H./Bonney, H. (2002, 42003): Neues vom Zappelphilipp. ADS/ADHS ver-stehen, vor-beugen und behandeln. Düsseldorf: Walter.

Liu, D./Diorio, J./Day, J.C./Francis, D.D./ Meaney, M.J.: Maternal care, hippocampal synap-togenesis and cognitive developments in rats. In: Nature neuroscience 3/2000, pp. 799-806.

Rutter, M.: Nature, nurture, and development: from evangelism through science toward policy and practice. In: Child Development 73/2002, S. 1-21.

Schore, A.N.: The effects of a secure attachment relationship on right brain development, af-fect regulation, and infant mental health. In: Infant Mental Health Journal, 22/2001, pp. 7-66.

Singer, W.: Development and plasticity of cortical processing ardritectures. In: Science 270/1995, pp. 758-764.

Spitz, R.: Angeboren oder erworben? Die Zwillinge Cathy und Rosy – eine Natur-geschichte der menschlichen Persönlichkeit und Entwicklung. Vortragsreihe, Hrsg.v.L. Köhler. Wein-heim/Basel: Beltz 2000.

Zum Weiterlesen:

1. G. Hüther: Biologie der Angst, Vandenhoeck & Ruprecht Göttingen, 1997.

2. G. Hüther: Die Evolution der Liebe, Vandenhoeck & Ruprecht Göttingen, 1999.

3. G. Hüther: Bedienungsanleitung für ein menschliches Gehirn, Vandenhoeck & Ruprecht, Göttingen, 2001.

4. G. Hüther: Die Macht der inneren Bilder, Vandenhoeck & Ruprecht, Göttingen, 2004.

5. G. Hüther, H. Bonney: Neues vom Zappelphilipp. Walter Verlag Düsseldorf, 2002.

6. G. Hüther, I. Krens: Das Geheimnis der ersten neun Monate. Walter Verlag Düsseldorf 2005.

7. K. Gebauer, G. Hüther: Kinder brauchen Wurzeln, Walter Verlag Düsseldorf, 2001.

8. K. Gebauer, G. Hüther: Kinder suchen Orientierung, Walter Verlag Düsseldorf, 2002.

9. K. Gebauer, G. Hüther: Kinder brauchen Spielräume, Walter Verlag Düssel-dorf, 2003.

10. K. Gebauer, G. Hüther: Kinder brauchen Vertrauen. Patmos Verlag Düssel-dorf 2004.

11. C. Nitsch, G. Hüther: Kinder gezielt fördern. Gräfe und Unzer, München, 2004.

12. J. Prekop, G. Hüther: Die Schätze unserer Kinder: Ein Entdeckerbuch für Eltern und ande-re neugierige Schatzsucher. Kösel-Verlag 2006-06-20 13

13. G. Hüther, W. Bergmann: Computersüchtig. Kinder im Sog der digitalen Me-dien. Patmos-Verlag 2006

Warum macht Integration schlau?
Gerald Hüther und mittendrin e.V.

1. Herr Prof. Hüther, in Deutschland werden behinderte Kinder in Sonderschulen unterrichtet, weil man ihnen einerseits einen Schonraum bieten und sie andererseits besonders intensiv fördern will. Ist dieses Konzept aus Sicht eines Hirnforschers sinnvoll?

Wie die neueren Erkenntnisse der Entwicklungsneurobiologie deutlich machen, wird während der Phase der Hirnentwicklung ein großer Überschuss an Nervenzellen und ein Überangebot an Nervenzellfortsätzen und Nervenzellverknüpfungen im kindlichen Gehirn bis zum Ende des ersten Lebensjahres bereitgestellt. Erhalten bleibt von diesem Überangebot nur das, was später im Leben auch wirklich genutzt und gebraucht wird. Der Rest verkümmert wieder. Da das menschliche Gehirn nicht zum Auswendiglernen von Wissensinhalten sondern für das Lösen von Problemen optimiert ist, brauchen Kinder möglichst viele und möglichst verschiedenartige Herausforderungen und Aufgaben, an denen sie wachsen, eigene Erfahrungen sammeln und in Form komplexer Verschaltungsmuster in ihrem Gehirn verankern können. Und weil wir Menschen auch schon als Kinder unsere wichtigsten Erfahrungen in der Beziehung mit anderen Menschen machen, wäre es „hirntechnisch" günstig, wenn Kindern Gelegenheit geboten wird, mit anderen Menschen in Beziehung zu treten, die anders sind als sie selbst, die älter oder jünger sind, die unterschiedliche Begabungen besitzen, manches besser, anderes schlechter können als sie selbst. Wer Kinder nach bestimmten Gesichtspunkten aussortiert und voneinander trennt, hindert sie also zwangsläufig daran, voneinander zu lernen und miteinander die Welt zu gestalten.

2. Viele Eltern befürchten, ihr behindertes Kind würde entmutigt, wenn es sich in der Schule täglich mit nicht behinderten Kindern messen muss.

Diese Sorge ist solange durchaus gerechtfertigt, wie die Eltern eines behinderten Kindes befürchten müssen, dass ihr Kind von den anderen Kindern ausgelacht, ausgegrenzt und abgewertet wird. In einer solchen Schule würde das behinderte Kind wohl eher leiden und sich nicht gut entwickeln können. Es ist bedauerlich, dass in den meisten öffentlichen Schulen solche Zustände, also ein solches Schulklima, eine solche Beziehungskultur herrscht.

Wenn es gelänge, diese Verhältnisse zu verändern und ein Klima der gegenseitigen Achtung und Wertschätzung in unseren Schulen zu entwickeln, wäre diese Angst der Eltern eines behinderten Kindes nicht länger nötig. Gegenwärtig sind wir aber in den meisten Schulen noch weit von einer auf diese Weise veränderten Beziehungskultur entfernt.

3. Welche Vorteile kann ein behindertes Kind daraus ziehen, gemeinsam mit anderen Kindern zur Schule zu gehen?
Behinderte Kinder brauchen Achtung und Wertschätzung, aber keinen Schonraum. Sie wollen im richtigen Leben entdecken, was in ihnen steckt, aber nicht in ein Refugium für Behinderte eingesperrt werden. Wahrscheinlich machen wir viele von ihnen erst dadurch, dass wir sie wie Behinderte behandeln, zu Behinderten.
Da wäre also noch viel Spielraum für neue Formen des Miteinanders. Theoretisch jedenfalls. Praktisch scheitert aber fast jeder Integrationsversuch an den Vorbehalten und Vorurteilen einer auf Wettbewerb ausgerichteten und durch fragwürdige Leistungsansprüche geprägten Schulkultur.

4. Bei nicht behinderten Kindern in integrativen Schulen beobachtet man ein besseres Sozialverhalten. Aber lernen sie deshalb mehr?
Aus neurowissenschaftlicher Sicht müsste das zentrale Anliegen von Schule und Bildung die Aufrechterhaltung der angeborenen Entdeckerfreude und Gestaltungslust jedes einzelnen Kindes sein. Was wir gegenwärtig als „Lernen" bezeichnen – also Wissenserwerb zum Zweck der Erlangung guter Schulzensuren – erzeugt genau das Gegenteil: Angst, Druck und Null Bock auf Schule, geschweige denn Freude am Lernen und eigenen Gestalten.
Die Frage, ob nicht behinderte Kinder in integrativen Schulen nicht nur sozial kompetenter würden, sondern auch mehr lernen, lässt sich demzufolge nicht an besseren oder schlechteren Schulzensuren ablesen. Man müsste fragen, ob sie ihre Lust am Lernen länger bewahren, ob sie später kreativer sind, mutiger, verantwortungsbewusster. Aber das, worauf es am meisten ankommt, spielt ja in unserem gegenwärtigen Schulsystem die geringste Rolle, wahrscheinlich deshalb, weil es so schlecht messbar ist.

5. Besteht die Gefahr, dass schnell lernende Schüler durch langsam lernende in ihrer Entwicklung gebremst werden?
Lernen ist doch nicht wie Autofahren, wo es (nach Meinung mancher Leute) darauf ankommt, dass man möglichst schnell irgendein Ziel erreicht. Lernen ist ein Prozess, ein Weg, sich die Welt zu erschließen, Erfahrungen zu sammeln und zu einer starken, souveränen, beziehungsfähigen Persönlichkeit heranzureifen.
So betrachtet, macht es sehr viel Sinn, wenn schnell lernende Schüler ein wenig gebremst werden. Sie hätten dann mehr Zeit, den anderen zu helfen (was eine sehr gute Lernerfahrung ist), oder sich selbst neues Wissen

zu erschließen, das im Lehrplan nicht vorgesehen ist und wofür sie daher auch normalerweise keine Zeit haben.

6. *In anderen europäischen Ländern ist es normal, dass behinderte Kinder auf allgemeine Schulen gehen, in Deutschland gibt es dennoch viele Vorbehalte. Warum sind die Vorteile gemeinsamen Lernens so schwer vermittelbar?*

Offenbar haben viele Menschen in Deutschland nur wenig eigene Erfahrungen im Umgang und im Zusammenleben mit Menschen gemacht, die anders sind, anders fühlen und anders Denken und Handeln als sie selbst. Wo die eigene Erfahrung fehlt und wo es schon immer so war, dass man lieber andere Menschen ausgegrenzt (oder gar umgebracht) hat, anstatt sie einzubeziehen, wird man sehr leicht verunsichert und reagiert mit Angst und Ablehnung, wenn man Menschen begegnet, die anders sind als man selbst ist.

Das ist kein Zeichen von Stärke und Souveränität, sondern es ist eine Schwäche, die die Menschen anfällig macht für alle möglichen Vorbehalte und Vorurteile.

Da man seine eigenen Vorurteile natürlich gern bestätigt sieht, finden Medien, die solche Vorbehalte unterstützen, einen guten Absatzmarkt. Und damit dreht sich das Karussell der Ablehnung alles Fremden, Andersartigen und „Unnormalen" nun schon seit Jahrzehnten im Kreise. Solange die Menschen hier in Deutschland keine anderen Erfahrungen mit - in ihren Augen - „andersartigen" Menschen machen, wird sich daran wohl auch auf absehbare Zeit kaum etwas ändern.

Prof. Dr. G. Hüther ist Neurobiologe und leitet die Zentralstelle für Neurobiologische Präventionsforschung an der Psychiatrischen Klinik der Universität Göttingen. Schwerpunkte seiner gegenwärtigen Tätigkeit: Einfluss psychosozialer Faktoren und psychopharmakologischer Behandlungen auf die Hirnentwicklung, Auswirkungen von Angst und Stress und Bedeutung emotionaler Bindungen. Zahlreiche wissenschaftliche Publikationen und populärwissenschaftliche Darstellungen (Sachbuchautor). Mitbegründer von Winfuture.de (Netzwerk Erziehung und Sozialisation) und Mitorganisator der „Göttinger Kinderkongresse".
Korrespondenz:
Prof. Dr. Gerald Hüther
Psychiatrische Universitätsklinik
von Sieboldt Str. 5
37075 Göttingen

7 GRÜNDE FÜR DIE INTEGRATION BEHINDERTER KINDER
mittendrin e.V.

1. Auch Integration muss man lernen

Die Integration behinderter Menschen ist in unserer Gesellschaft Konsens. Theoretisch. Praktisch sieht man behinderte Kinder in Deutschland weder auf der Straße, noch auf Spielplätzen oder in Sportvereinen. Die meisten besuchen vom 6. Lebensjahr an Förderschulen, in denen sie ganztags unterrichtet und versorgt werden. So haben sie zehn bis zwölf Jahre lang bis zum Ende der Schulzeit kaum noch Kontakt zum Alltagsleben der Gesellschaft. Die Gesellschaft, in die sie nun integriert werden sollen, ist für sie eine fremde Welt. Und umgekehrt: Die meisten reagieren unsicher und irritiert, wenn sie auf behinderte Menschen treffen. So wird Integration nicht gefördert, sondern behindert.

2. Das Förderschulsystem liefert keine überzeugenden Ergebnisse

Behinderte Kinder werden heute in Förderschulen unterrichtet, mit dem Argument, dass sie nur dort entsprechend gefördert werden könnten. Aber wie viel lernen sie wirklich? Fakt ist, dass 80 Prozent aller Förderschüler die Schule ohne berufsqualifizierenden Abschluss verlassen. Neuere Untersuchungen melden begründete Zweifel am Konzept der Förderschulen an. Der Verdacht: Zu viel behüten und zu wenig fordern bedeutet letztlich: zu wenig fördern.

3. Die Existenz der Förderschulen fördert die soziale Selektion

Die Förderschulen werden mehr und mehr zum Auffangbecken für all jene Kinder, die im "normalen" Schulbetrieb stören. Anstatt ihnen die notwendige Hilfe und Zuwendung zu geben, werden sie in die Förderschulen wegberaten. Fast alle Förderschul-Typen verzeichnen erschreckend hohe Anteile von sozial benachteiligten Kindern und Migrantenkindern. Sie werden - auf Dauer - von der Mitte der Gesellschaft abgekoppelt. Denn der Weg zurück ins „normale" Bildungssystem gelingt den wenigsten.

4. Wir brauchen jeden

Schon nach dem Jahr 2010 rechnen Wirtschaftsforscher mit einem beginnenden Mangel an Facharbeitern in Deutschland: es wüchsen zu wenig junge Arbeitskräfte nach, ganz zu schweigen von jungen und gut ausgebildeten Arbeitskräften. Fast jeder Förderschüler wäre willens und in der Lage, einen verlässlichen Beitrag für die Gesellschaft zu leisten. Die wenigsten Förderschüler bekommen dazu die Chance. Zusammen mit den Hauptschülern, denen ebenfalls niemand eine Chance gibt, dürften es inzwischen an die fünfzehn Prozent der Jahrgänge sein, die diese Gesellschaft als wirtschaftlich nutzlos aussortiert. Das ist nicht nur unmenschlich. Das ist dumm.

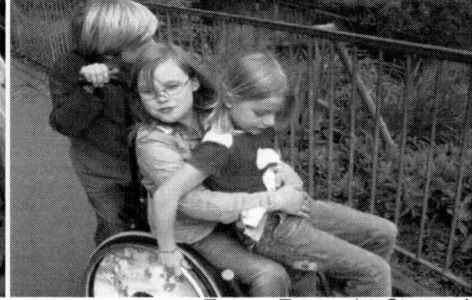

Fotos: Ruprecht Stempel

5. Mehr Vielfalt nützt allen Kindern

In Deutschlands Schulen werden Kinder unterrichtet, als ob die Natur sie geistig genormt hätte. Wir teilen die Kinder im Alter von zehn Jahren in drei (bzw. mit den Förderschulen vier) Güteklassen ein und geben uns der Illusion hin, fortan homogene Lerngruppen zu unterrichten. Diese Art der Rasenmäher-Pädagogik verschwendet die individuellen Begabungen und hat uns die desaströsen Ergebnisse der PISA-Studien beschert. Die Schule für Alle ist die Schule der Zukunft. Sie setzt auf individuelle Förderung. Sie wird damit nicht nur den lernschwachen Schülern gerecht, sondern auch den hoch begabten.

6. Gegen die Spaltung der Gesellschaft

Deutschland leistet sich ein Schulsystem, das den überkommenen Bildungsvorstellungen einer ständischen Gesellschaft angepasst ist. Das „dreigliedrige" Schulsystem formt schon aus Schülern Angehörige getrennter sozialer Schichten, die fortan nur noch unter Ihresgleichen verkehren. So spaltet Schule die Gesellschaft - und zieht Eliten heran, die Ihren Lebensstil für das Maß aller Dinge halten. Das fördert Vorurteile, Sprachlosigkeit und soziale Ignoranz. Es schürt soziale Konflikte und untergräbt die Demokratie.

7. Integration ist kein Problem, dessen Für und Wider diskutiert werden kann, sondern Aufgabe jeder demokratischen Gesellschaft

Und ein Grund dagegen? Viele Förderschüler, heißt es, würden in den allgemeinen Schulen untergehen.

Schulen sind für Kinder da - nicht umgekehrt. Wenn die Schulen zu schlecht sind für behinderte Kinder - dann müssen die Schulen besser werden. Spätestens die PISA-Ergebnisse haben gezeigt, dass nicht nur behinderte Kinder in unseren Schulen untergehen. Die Zahlen der „Sitzenbleiber", Schulabbrecher und Aussortierten sprecht Bände. Bildungspolitik ist kein Thema für Sonntagsreden. Die Gesellschaft muss mehr in die Schulen investieren: in mehr Lehrer, besser ausgebildete Lehrer, deutlich kleinere Klassen und individuelle Förderung.